Jorge Luis Borges.
Intervenciones sobre pensamiento y literatura

William Rowe
Claudio Canaparo - Annick Louis
(compiladores)

Edición a cargo de Alejandro Kaufman

Jorge Luis Borges.
Intervenciones sobre
pensamiento y literatura

PAIDÓS

Buenos Aires - Barcelona - México

Los trabajos incluidos en el presente volumen han sido presentados en la Borges Centenary Conference, organizada por el King's College of London y la Universidad de Exeter, Londres, 15-17 de setiembre de 1999.

Cubierta de Gustavo Macri

Motivo de cubierta: *Reptil que sube* (1920), de Xul Solar. Gentileza de la Fundación Pan Klub. Museo Xul Solar

1ª edición, 2000

© 2000 de todas las ediciones

    Editorial Paidós SAICF
    Defensa 599, Buenos Aires
    e-mail: paidosliterario@ciudad.com.ar
    Ediciones Paidós Ibérica SA
    Mariano Cubí, 92, Barcelona
    Editorial Paidós Mexicana SA
    Rubén Darío 118, México DF

Queda hecho el depósito que previene la Ley 11.723
Impreso en la Argentina. Printed in Argentina

Impreso en Verlap
Comandante Spurr 653, Avellaneda, en setiembre de 2000

ISBN 950-12-6515-3

Índice

III
La historia y las referencias de Borges

IV
La reflexión y las formas de Borges

V

Agradecimientos

British Academy
British Film Institute
Editorial Paidós
Editorial Seix Barral
Embajada Argentina en Londres
Institute of Latin American Studies
King's College London
Senate House Library (University of London)
University of Exeter

Marcos Bednarski
Tony Bell
Catherine Boyle
Margarita de Pablo
James Dunkerley
Sarah Farthing
Mary Furlong
Elena García-Sagüés
Marita Gottheil
Raúl Illescas
Robin Kilpatrick
Rogelio Pfirter
Luis Rebaza-Soraluz
Hugo Santiago
George Steiner
Alejandro Vaccaro
Julia Walworth
Lynn Williams
Florián Ziche

Prólogo

UNO

Un congreso de académicos en torno a un escritor notorio y ya fallecido suele convertirse en la repetición de una serie de lugares comunes o en una exhibición de los nombres de sus participantes. Evitar estas dos situaciones, que conocíamos de antemano, fue uno de los objetivos que perseguíamos al realizar una conferencia en torno al centenario del nacimiento de Jorge Luis Borges.

Sin intentar coartar la libertad de ideas de los participantes y con el único límite de un período fijo de tiempo, creímos que un grupo pequeño de participantes era siempre mejor que una marea de universitarios en las ya clásicas sesiones maratónicas a que nos tienen acostumbrados los congresos y los simposios actuales. La propuesta era debatir antes que ninguna otra cosa. También procuramos cierta informalidad y una atmósfera relajada.

Tratamos, en definitiva, de reunir escritores, intelectuales, cineastas y académicos de varias regiones –latinoamericanos, europeos y estadounidenses– en torno a la obra de Borges sin que ello se convirtiera fatalmente en un ritual de reverencia a quien se considera hoy el mayor escritor argentino y uno de los más célebres de Occidente.

DOS

De los debates acaecidos durante el encuentro, este libro no puede dar cuenta enteramente. Recordamos solo algunas intervenciones.

Con inusitada y bienvenida regularidad, por ejemplo, se discutió acerca de la relación de Borges con la escritura de la historia y los posibles alcances biográficos de sus posiciones políticas. Como se señalara, no ha sido siempre fácil discriminar si se opta por cuestionar a Borges sus opiniones o se discute una teoría de la representación. Tampoco se ha podido disociar siempre la construcción críti-co-ficcional realizada por el mismo Borges de la historia textual de su producción y de la recepción de esta.

Sin embargo, la cuestión que generó más asperezas, inquietud y apasionadas réplicas fue un problema que *indirectamente* pertenece a la obra de Borges: la in-suficiencia epistémica de los denominados estudios literarios (o crítica literaria universitaria) para explicar los fenómenos político-culturales, en este caso, la obra de Jorge Luis Borges. Afortunadamente para la progresión del debate no se postularon alternativas institucionales a dicha cuestión como la de los denomina-dos "estudios culturales" sino que se la afrontó en torno a un agotamiento de los valores simbólicos y cognitivos que giran alrededor de la institución universita-ria y, en forma más fundamental, alrededor de ciertas postulaciones de la moder-nidad tanto científica como literaria.

Este planteo surgió en parte vinculado a la problemática del valor literario, inseparable de la de la posición del sujeto crítico, y en torno a la cual se manifes-taron varias concepciones. Hubo planteos que implicaron la defensa de una fun-ción social del crítico en vías de desaparición que suscitaría la consiguiente nostalgia. Esta posición de "guardianes del sentido" aparece hoy como un sínto-ma de resistencia a los cambios del campo cultural, no solo rioplatense, sino tam-bién mundial. Cambios éstos que, sin ser lo mismo que las modas del mundo letrado, ocasionan malestar e inquietud en la medida en que están acarreando mutaciones tanto en las instituciones como en las concepciones literarias.

Sin duda no es casual que estos debates surjan con cierta pasión en torno a Borges, uno de los pocos escritores argentinos cuyo proyecto literario no se iden-tificó nunca plenamente con una institución. Desde una posición variable a lo largo de su carrera cuestionó los valores estéticos de toda la gama de institucio-nes culturales, llegando, incluso, a disociar el conocimiento y la formación inte-lectual de la posibilidad de constituir parnasos y construir jerarquías literarias. Borges propone un canon, pero lo llama biblioteca y lo materializa en una colec-ción de libros que prologa en el final de su vida.

Podría decirse, quizá, que la insuficiencia epistémica de los estudios literarios actuales para afrontar el fenómeno Borges sea a la vez un problema que tiene que ver con los aspectos específicos de la obra borgiana como también con la instan-cia de una necesidad de repensar la literatura en términos de expectativa y crea-ción del porvenir. No habría, en este sentido, señal más indicativa de la necesidad de releer la obra de Borges.

Tres

El hecho de no considerarse un "especialista en Borges" y de no poseer un fluido "español" llevó a George Steiner a la decisión de no editar en este libro la ponencia con que inauguramos la *Borges Centenary Conference* en homenaje al autor.[1] Sin embargo, Steiner asistió al encuentro de Londres y no a Ginebra, sitio al cual había sido invitado para la ocasión. Hecho, en definitiva, que nos invita a comentar en forma breve sus palabras.

Steiner destaca una paradoja esencial en relación con la obra de Borges: brevedad y elogio de la brevedad por parte de Borges que, sin embargo, genera la reacción opuesta, es decir, inmensa proliferación de escritos.

> Borges, virtuoso, sin lugar a dudas, de la brevedad, que puede incluso ser tachado de miniaturista dada la extrema concisión de sus textos más famosos, dejó tras de sí una producción literaria de inconmensurables y abrumadoras dimensiones. He aquí la paradoja: infinito mosaico, minúscula pieza. (p. 1)

Steiner destaca, no obstante, que existe aún gran cantidad de materiales que ignoramos o desconocemos, por ejemplo, la correspondencia de Borges. La ponencia de Steiner en gran medida trató de sugerir interrogantes: ¿Cómo dirimir una biografía, cómo utilizarla, cómo construirla? ¿Es Borges un clásico? ¿La obra de Borges justifica los monumentos académicos? ¿Cuál es el *motor* de Borges y su obra?

Steiner asegura:

> Borges establece una categórica distinción entre ética, que él mismo define como una de sus preocupaciones, y política, de la que se abstiene y desentiende fríamente. Ahora bien, semejante distinción no puede justificarse. La ética y la política son una misma cosa. La política y la ética no pueden disociarse. (p. 2)

Evidentemente, Steiner no se refiere aquí a una asociación entre ética y política en los términos de Jürgen Habermas o de John Rawls sino en los de Hannah Arendt.

Comparando a Borges con Samuel Beckett y Vladimir Nabokov, Steiner reflexiona asimismo sobre el plurilingüismo que exhibió Borges y, sin saberlo, destaca también su raíz rioplatense, es decir, su carácter erudito pero también autodidacto. Por ejemplo, en el caso de la lengua italiana:

> Borges parece, y sólo parece, dominar el italiano lo suficiente como para escribir entre 1945 y 1951 los nueve ensayos dantescos. Perdonen mi escepticismo, pero creo que se puede demostrar que, aun cuando es evidente que el italiano de Borges le permitía leer la *Commedia*, Borges trabajaba, principalmente, a partir del Dante español. La afirmación contraria, pretender que Borges manejaba con gran habilidad el complejo y difícil italiano de la *Commedia* debería tratarse con cautela. ¡Son tantas las pre-

---

1. Elena García-Sagüés transcribió y tradujo la conferencia de George Steiner. De allí proceden las citas.

guntas que surgen acerca del espectro de Borges! El Dante de Borges parece estar inspirado tanto en la versión española como en el original. (pp. 6-5)

Derivado en parte de esta cuestión de poliglotía surge el tema del judaísmo en Borges. "Borges estaba obsesionado con el judaísmo", asegura Steiner. No sólo por su "flirteo con la cábala" sino también en la recurrencia, por ejemplo, de personajes y autores de origen judío y alemán.

Según Steiner:

> No hay escritor moderno alguno comparable con Borges en lo que a la elección de los personajes y lugares se refiere, ni tan siquiera Joyce. Ninguno se ha centrado en el arcano explicativo de los diferentes aspectos bizantinos, del bibliotecario, de los hermeneutas, como lo hizo Borges. (p. 9)

Y ello en parte explicaría el favorecimiento académico y universitario del que goza y que, según Steiner, no es más que el inicio de un fenómeno de alcances más vastos.

> La exégesis de Borges se está industrializando y no estamos sino al inicio del proceso, estoy convencido. Algunos de los artículos presentados aquí, en esta conferencia, ilustran esta faceta. (p. 9)

Debido a ello,

> Es posible que la preeminente tarea a la que esta asamblea ha de hacer frente y para la que está capacitada no sea sino la de salvar a Borges de Borges, ayudando al simple lector [...]. (p. 10)

Esta ayuda, según Steiner, se basaría en identificar dos elementos contrastantes:

> [...] a detectar el complejo humor –humor para el que existe en inglés una palabra intraducible que no hay norteamericano capaz de pronunciar: *pawky* (perspicaz), P-A-W-K-Y. Un humor perspicaz, *d'à-côté, du coin de la bouche*. Igualmente hemos de facilitar la comprensión de la extrema violencia presente no sólo en las famosas historias en las que los gauchos de los suburbios apuñalan con gran facilidad. Las pinceladas de violencia tiñen un gran número de ficciones: policíacas, de miedo, etc. Borges es sin lugar a duda un singular escritor de violencia extrema, aspecto que lo relaciona con Poe y De Quincey. (p. 10)

Por último,

> [...] al conmemorar a este gran genio, a este maestro de la escritura, debemos confrontarnos sin miedo a ciertos dilemas nada insignificantes. Dilemas humanos, polí-

ticos, pero también literarios: su inhabilidad a la hora de crear personajes con vida propia. Con Joyce nos es imposible recorrer sus páginas, por secretas o complejas que sean, sin que nos deslumbre el resplandor de la presencia humana. Maestría shakespeariana que consiste en dar vida a la ficción y que encontramos igualmente en Beckett, incluso en sus monólogos más oscuros, pero no en Borges. Hay en Borges otros elementos, gran número de elementos, ¿pero dónde está aquella originalidad ligada a la creación que empuja a un Flaubert que muere en agonía a gritar: "Muero como un perro y esa puta desgraciada de Bovary vivirá para siempre", declaración fundamental a la hora de comprender la literatura: *"Cette putain foutue de Mme. Bovary vivra pour toujours"*. He aquí un pacto con la eternidad: vivirá para siempre, ahí están sus huellas y el olor de su vestido. Y en ellos, y sólo en ellos, en la vida eterna, estriba la gran literatura, la grandeza de esta y otras artes. En Borges, esta eternidad parece estar ausente. Encontramos en su obra, evidentemente, infinidad de elementos por los que deberíamos estarle profundamente agradecidos y lo estamos. Su suntuoso y gran talento es motivo de regocijo y gozo, pero, creo, que el regocijo o gozo sería más modesto si nos confrontáramos a las complejas y arduas cuestiones aquí expuestas. (p. 10)

"¿Por qué esa insistencia de Borges en irse a morir afuera de Buenos Aires?", fue la pregunta con que Steiner cerró el debate que siguió a su ponencia. Un rechazo hacia la Argentina, en cuanto país y no en cuanto cultura rioplatense, fue la respuesta que cruzó por la mente de varios participantes, aunque nadie se animase a decirlo en presencia de Steiner.

Cuatro

Si durante un largo tiempo la bibliografía borgiana pareció concentrarse en una serie de temas y cuestiones precisos, sin duda excesivamente reductores de la obra, en la actualidad esta situación parece estar superada. La publicación de una parte del material inédito (o casi) de Borges dio lugar a que la crítica diversificara sus centros de interés. Aun después de su muerte, Borges sigue renovando su corpus, y nosotros seguimos descubriendo "nuevos Borges". Así, a cierta reverencia crítica han sucedido la sorpresa y nuevos intentos por dar cuenta de los fenómenos que conforman y rodean la obra borgiana.

No obstante, es interesante observar que la rápida incorporación –en general inteligente y productiva– del vasto corpus de "nuevos Borges" a la crítica, no ha sido acompañada de una reflexión acerca del fenómeno. Las estrategias de selección y descarte, así como los problemas planteados por los textos inéditos en forma de libro hasta después de la muerte del escritor, por los manuscritos y por los textos de atribución dudosa, han sido escasamente evocados en el debate crítico. La rápida asimilación de un corpus vasto y a veces sorprendente rara vez ha dado lugar al planteo de los problemas suscitados por esta renovación de la obra borgiana.

Como un intento de responder a estos cambios en el modo de leer a Borges, la *Borges Centenary Conference* intentó abrir un espacio a prácticas poco conocidas para el público, con especialización o sin ella, como la tarea de guionista y editor del autor. Durante el congreso se proyectaron las dos películas cuyo guión escribió Borges con Adolfo Bioy Casares y Hugo Santiago, *Invasión* (1969) y *Les Autres* (1974). También se realizó, en la Biblioteca de la Universidad de Londres, una exposición de primeras ediciones, revistas, antologías y fotografías pertenecientes a la colección de Alejandro Vaccaro, coleccionista y biógrafo de Borges. Gracias a la presencia de Hugo Santiago, quien además de trabajar en colaboración con Borges fue su amigo durante largos años, y de Alejandro Vaccaro, estas exhibiciones fueron acompañadas de comentarios especializados y testimonios que aportan datos importantes sobre el vínculo entre Borges y el cine y acerca del "Borges editor".

Los compiladores
Londres, septiembre de 1999

I

1. Borges como problema[*]

JUAN JOSÉ SAER

En tanto que polemista, a Borges no le hubiese disgustado, quizás, ver refutadas no pocas de sus afirmaciones, y criticadas algunas de sus actitudes. Buena parte de sus ensayos, reseñas, artículos o conferencias, son verdaderas descargas de artillería, y a veces incluso meras variantes del acto surrealista por excelencia, consistente, como es sabido, en salir a la calle con un revólver y disparar contra la multitud. Todo es pretexto para el ataque: su ensayo "La postulación de la realidad" pretende tener como objetivo la refutación de Benedetto Croce y su teoría de la expresión pero, después de haber leído las dos o tres páginas donde defiende con energía al clasicismo, convencidos de que la promesa era un simple pretexto para el ataque, debemos resignarnos a esperar eternamente esa refutación. Su defensa de un par de poemas de Whitman le permite derrumbar en bloque a los poetas franceses, calificándolos, sin nombrarlos individualmente, de tristes aprendices de Poe. En grupo, los surrealistas, los freudianos, los nacionalistas, o uno por uno, se llamen Valéry, Joyce, Ezra Pound, Dostoievsky, Baudelaire, Mann, etcétera, todas esas figuras ilustres van cayendo una detrás de la otra bajo sus proyectiles, como las siluetas planas que desfilan en la cinta sin fin de una barraca de feria. Aunque a veces su malhumor es justificado, y sus argumentos pueden llegar a ser pertinentes, sentimos que hay una agresividad estructural en su temperamento, que su modo de afirmarse consiste en atacar, y que es cuando piensa estar oponiendo razones justas a algún adversario, real o fantasmático, que mejor funcionan sus genuinas dotes retóricas. A decir verdad, su actitud es menos la de un crítico que la de un polemista. Para el verdadero crítico todo debe ser sometido a examen, tanto los argumentos propios como los ajenos; para el polemista, en cambio, el asunto consiste únicamente en ganar la discusión. Estas distinciones son de orden moral o intelectual, de ningún modo estético: un crí-

[*] El presente trabajo ha sido publicado en *La narración-objeto*, Buenos Aires, Seix Barral, 1999.

tico escrupuloso y justo puede ser un escritor mediocre, y ya sabemos que definir a alguien como polemista no supone necesariamente considerarlo un buen escritor. Kafka, que nunca se peleó con nadie, es infinitamente mejor escritor que André Breton, que sin embargo escribió algunos magníficos panfletos.

Los títulos de los ensayos de Borges, *Inquisiciones, Otras inquisiciones, Discusión*, su interés por el arte de injuriar, el argumento de "Los teólogos", de sus cuentos policiales, de sus historias de cuchilleros, y su predilección (verbal) por la épica, son pruebas más que suficientes de su agresividad orgánica. Sus columnas de los años treinta en *El Hogar* constituyen un verdadero Juicio Final literario: recompensas y condenas son distribuidas sin inhibiciones, con el profesionalismo puntilloso de un inquisidor, y la imperturbabilidad, para decirlo con sus propias palabras, "de quien ignora la duda". Todo sería perfecto si a veces la designación de ciertos réprobos o elegidos no nos dejara un poco perplejos, y sobre todo si el dogma que decidió sus destinos fuese realmente satisfactorio. Pero no pocas veces sentimos que el capricho, y también el prejuicio, e incluso ciertas emociones confusas y contradictorias que con el paso de los años se convirtieron en manías, cristalizadas hasta volverse comportamientos rígidos y previsibles, orientaban esa depuración casi religiosa. De modo que son los textos mismos de Borges los que autorizan mi intervención que quiere ser, no polémica, sino crítica, es decir, según lo definí más arriba, dispuesta a examinar con la mayor imparcialidad posible, además de mis propios supuestos teóricos, o como quiera llamárselos, algunos puntos problemáticos (uso la palabra a propósito porque sé que a él no le gustaba, como tampoco a mí me gustan patria, caballeros, antepasado, postrer o vindicación) en la obra de Borges.

Esa obra es difícil de delimitar, de describir, de definir. Por algunas razones que trataré de aclarar, una buena parte de ella es poco interesante. Eso pasa con casi todos los autores, pero la religión popular que existe en torno a Borges, y que tiene desde luego ciertas causas perfectamente explicables, viene sembrando desde hace tres décadas una triste confusión, aun en algunos estudiosos que podríamos reputar como serios. Estamos viviendo una época curiosa en la cual los especialistas quieren ser aprobados por los legos, e incluso a veces no desdeñan recibir sus lecciones. Y en el caso de Borges, son los legos los que parecieran tener una influencia determinante en su valoración, mayor aún que la de los especialistas e incluso mayor que la que debería emanar de los textos mismos. Desde 1965 más o menos –ya tendría que ser un lugar común afirmarlo por escrito– la vida pública de Borges ha eclipsado a su obra literaria, aunque podemos suponer que esta tendencia estaba inscrita en su carrera desde un principio, ya que la mayor parte de sus textos son colaboraciones periodísticas, y ya desde los años veinte, las cuestiones de política literaria o relativas a la intervención de los escritores en la vida pública, sobre temas culturales o políticos, ocuparon una parte de sus actividades. Desde muy joven, su trabajo como fundador, director o redactor de revistas literarias, o como miembro de movimientos de vanguardia, fue modelándolo según un tipo muy definido de personalidad literaria, producto en general de los grandes centros urbanos, una mezcla de periodista, de intelectual, de creador, de difusor y agitador cultural y de crítico, esas diversas actividades que, hasta hace poco, solía englobar la denominación un poco gris de "hombre de letras". En los años treinta y cuarenta, antes de pasar a ser el escritor oficial de la Argentina, que parecía ocupar todo el espacio literario, como antes había ocurrido con Leopoldo Lugones, con el que por otra parte tenía cierta tendencia a identificarse, empezó a publicar en grandes diarios populares, como *Crítica*, por ejemplo, y más tarde en *La Prensa*, *La Nación*, y otros diarios bienpensantes del *establishment* argentino, comenzando a desarrollar una actividad editorial intensa como antólogo, prologuista, traductor, consejero y director de colecciones. En cuanto a las revistas propiamente literarias, colaboró en muchas, en *Sur* principalmente, y fue fundador o cofundador de algunas, como *Proa* o *Anales de Buenos Aires* y, si no me equivoco, *Destiempo*. Esta actividad múltiple y constante que duró hasta mediados de los años sesenta, por no decir toda su vida, y que le dio su perfil en tanto que "hombre de letras", es la anticipación de su presencia un poco oprimente en la vida pública, pero sobre todo debe ser tenida en cuenta para explicar la característica principal de su obra, que se constituye exclusivamente a través de la forma breve. Aunque ya me he ocupado desde otro punto de vista de este problema, debo recordar que según sus propias declaraciones, que probablemente eran sinceras, la novela no lo atraía demasiado, pero es de hacer notar que en medio de todas sus actividades debieron faltarle el tiempo y la paciencia para escribir una.

En esos distintos peldaños que fue escalando durante su carrera, su vida privada, su trabajo literario y su presencia pública estuvieron estrechamente entrelazados, pero a partir de 1960 más o menos, tal vez desde 1955 ó 1956, se empieza a producir una divergencia cada vez mayor entre sus apariciones públicas y la realidad textual de su obra. Es verdad que, a causa de su ceguera, sus intervenciones privilegiaban la forma oral, a través de declaraciones, entrevistas, programas de radio y televisión, discursos y conferencias, y su incapacidad de realizar por sí solo el trabajo concreto de la lectura y de la escritura lo obligaban a hacerse leer en voz alta y a dictar los textos que iba elaborando, pero su ceguera es anterior a esa etapa, y me parece que las razones de la divergencia creciente entre su obra propiamente dicha y su personalidad pública fueron más bien culturales y políticas.

En este dominio podemos decir que, a pesar de sus declaraciones tardías sobre el escaso interés que despertaba en él la política, Borges fue un verdadero militante. Su situación en tanto que hombre de letras tal como acabo de describirla, sumada a su temperamento polémico, lo convirtió en una figura principalísima del debate cultural, ya desde los años veinte, no solamente en la Argentina sino en buena parte del mundo hispánico. Temas tan diversos como el yrigoyenismo, el meridiano cultural de América, el idioma de los argentinos o su tradición, los componentes positivos o negativos de la esencia nacional, etcétera, ocuparon sus intervenciones; pero a medida que el horizonte europeo se oscurecía, el nacionalismo y el liberalismo, el comunismo y el nazismo, se convirtieron para él en verdaderas preocupaciones intelectuales que hubiese considerado indigno eludir, y si no siempre fueron objeto de intervenciones o de artículos, transparentan todo el tiempo en notas periodísticas, ensayos o textos de ficción cualquiera sea el tema de que traten. La más justa y lúcida de las decisiones éticas que tomó y cuyas consecuencias empiezan a aparecer en muchos de sus textos, incluidos los de ficción, como "El milagro secreto" por ejemplo, fue la denuncia constante de la persecución de los judíos por el régimen nazi. En esos años de la Segunda Guerra Mundial, la evolución positiva de su pensamiento político alcanzó lo que podríamos llamar su fase más elevada, y hay un texto –otra intervención pública– que explaya el punto final de esa evolución positiva y a la vez anuncia, con claridad inquietante, su ulterior e interminable descomposición: la "Anotación al 23 de agosto de 1944". Como se recordará, ese artículo celebra la liberación de París, acontecimiento que le permite descubrir que "una emoción colectiva puede no ser innoble", pero sobre todo observar el hecho inesperado de que de esa emoción participa también "el enigmático y notorio entusiasmo de muchos partidarios de Hitler". Esa reacción contradictoria –que con menos sutileza pero tal vez con más pertinencia podríamos calificar de oportunismo– sugiere la tesis principal del artículo: Hitler, los nacionalistas, los fascistas, son también occidentales, y no pueden querer la derrota de Occidente; por lo tanto, si Hitler perdió la guerra fue porque en el fondo sabía que no tenía razón y quería ser vencido. Un detalle curioso de ese artículo es que la autoridad de Freud, que durante toda su vida fue su *bête noire*, así como la de no pocos occidentales por otra parte, viene a sustentar la tesis de que "los hombres gozan de poca información acerca de los móviles profundos de su conducta". Pero la conclusión del artículo se inicia con un par de frases crudamente explícitas y vagamente aterradoras: "Para los europeos y americanos, hay un orden –un solo orden– posible: el que antes llevó el nombre de Roma y que ahora es la cultura de Occidente. Ser nazi (jugar a la barbarie enérgica, jugar a ser viking, un tártaro, un conquistador del siglo XVI, un gaucho, un piel roja) es, a la larga, una imposibilidad mental y moral".

Esas dos extrañas frases compendian el pensamiento político de Borges y anticipan sus tomas de posición venideras. No me detendré en el sofisma grosero de atribuir toda la cultura a Occidente y toda la barbarie a sus adversarios o a los que meramente poseen otra, ni en el hecho de que los conquistadores del siglo XVI, al igual que los piratas holandeses o ingleses que los abordaban para pillarlos y mandarlos al fondo del mar representaban en su tiempo la cumbre tecnológica, económica y cultural de Occidente, ni en la identificación odiosa de indios y de gauchos, que fueron justamente exterminados por occidentales, con la barbarie nazi que con sus teorías de autoexaltación germánica y su pseudofiliación ario-griega pretendían justamente –lo mismo que los ingleses en la India o en África del Sur, los franceses en el Sahara o los españoles en América– encarnar el momento supremo de la civilización occidental, y no comprendían por qué las otras naciones, de Europa o de cualquier otro lado, no se sentían orgullosas de haber sido anexadas y ocupadas por ellos, a tal punto que encontramos la misma filiación greco-gérmanica en Heidegger, cuando pretende que solo el griego y el alemán son lenguas aptas para la filosofía; todos esos pequeños detalles, inepcias y sofismas, los dejo de lado para limitarme a subrayar la afirmación perentoria: "Para los europeos y americanos [léase estadounidenses] hay un orden –un solo orden posible– el que antes llevó el nombre de Roma y que ahora es la cultura de Occidente".

Esta perspectiva kafkiana de Occidente, la de un ineluctable y único orden posible (que, por otra parte, recuerda tenuemente la burda propaganda ultraliberal sobre el fin de la historia), explica quizá los extravíos posteriores de Borges, que lo llevaron a encarnar, no únicamente la resistencia antiperonista y anticomunista, sino conservadora, de manera tan provocadoramente extrema en algunos casos que ni siquiera a él mismo podían escapársele las incoherencias, y es tal vez la vaga conciencia de ese hecho lo que parecía causarle una constante irritación, incitándolo a asumir actitudes y a formular declaraciones cada vez más chocantes. Esas posiciones extremas fueron explotadas por diversos círculos del poder argentino u otros que han decidido desde hace tiempo atribuirse la encarnación de Occidente, y si bien seguía publicando en los diarios y revistas habituales, ahora daba conferencias en el Círculo Militar y publicaba en *Selecciones del Reader's Digest* o en los *Cuadernos* del congreso por la libertad de la cultura. En una América latina atormentada por la violencia, en el marco de los últimos conflictos de la guerra fría, eligió su campo con total lucidez, pero sin el coraje ni la energía intelectual que nos hubiese inducido a respetarlo, ya que trató de atenuar el alcance de su elección por medio de la ironía o de una supuesta indiferencia. La lógica de las declaraciones que treinta años más tarde causarían tanto escándalo ya estaba inscrita en la concepción de Occidente que tenía en 1944.

Todos estos problemas únicamente en apariencia son extraños a su literatura. La primera tarea que se presenta es, como dije antes, delimitar, describir y definir su obra válida. Pero ese problema no atañe en nada a lo que se ha dado en llamar el público; existe únicamente para sus lectores. Por el capítulo tercero del libro VI de *Las Confesiones*, donde Agustín cuenta que vio a su maestro Ambrosio retirado en su celda fijar la mirada en el libro abierto sobre el atril, y absorber lo escrito moviendo apenas los labios, sin emitir ningún sonido, tenemos la primera imagen del lector silencioso tal como lo concebimos actualmente. El silencio, entonces, el retiro, la concentración, le son imprescindibles para ejercer su actividad, y el cuerpo en reposo parece ser también condición necesaria, ya que no debemos olvidar que si Hamlet se pasea con su libro, no es porque en realidad esté leyendo sino porque simula la lectura al mismo tiempo que la demencia. A veces una exaltación extrema, muy semejante a la alegría, que se difunde por todo el cuerpo, y que nos producen ciertas lecturas, nos induce a releer el texto en voz alta, sobre todo a alguna otra persona respetada y querida con quien queremos compartir el efecto de la lectura. Pero para el lector verdadero, el silencio y la inmovilidad son de rigor –y uno de los placeres suplementarios de la lectura es justamente el círculo mágico que instala a nuestro alrededor, poniéndonos momentáneamente al abrigo de la agitación externa–. El aislamiento y la inmovilidad, el silencio y la concentración, estimulan todas las facultades que el ejercicio de la lectura requiere –la atención, la imaginación, la inteligencia, la asociación–, y las operaciones adquiridas o desarrolladas mediante el aprendizaje, la percepción del ritmo y de los diversos aspectos de la materialidad del lenguaje, la comparación, la crítica, la exigencia lógica, poética o sensorial de lo escrito. Para la obra de un escritor, no hay ninguna otra dimensión, aparte de la lectura directa, en la que pueda ser conocida, gozada y juzgada, y ninguna referencia externa a lo que podríamos llamar la experiencia textual debería contar para que, desde un punto de vista exclusivamente estético, la valoremos de la manera más justa posible. Pero ciertos elementos externos, biográficos, culturales en sentido amplio, pueden servirnos para entender y explicar ciertas características o incluso ciertos accidentes del texto. Un ejemplo que puede resultar claro es la exclusividad de la forma breve en la obra borgiana, como consecuencia de sus orígenes circunstanciales, periodísticos o de cualquier otra índole. Aun sus textos más largos, "El inmortal", "Nueva refutación del tiempo", "La poesía gauchesca", siguen siendo breves, y otros como *El Martín Fierro*, *Evaristo Carriego* o *Leopoldo Lugones*, que poseen cierta extensión, asumen una forma que podríamos llamar rapsódica, ya que, lo mismo que en esa forma musical, consiste en la acumulación lineal de fragmentos heterogéneos, no siempre lógica o temáticamente emparentados. *Evaristo Carriego* sería el ejemplo más evidente de esa manera de proceder, y varios de sus libros parecen haber dado cabida a ciertos textos suplementarios con el único fin editorial de abultar un poco el volumen. Como ocurre a menudo con las recopilaciones de textos breves, algunos de sus mejores libros dan la impresión de haberse armado solos: tal es el caso de *Otras inquisiciones* o de *El hacedor*.

Una tarde de 1967 ó 1968 me dijo mientras paseábamos por una calle de Santa Fe que un escritor debe ser juzgado por lo mejor que ha escrito, y espero que ya haya quedado claro que eso es justamente lo que estoy tratando de hacer. Pero hay dos hechos que me dejan perplejo: uno son las irregularidades en la constitución del corpus borgiano, y el otro la naturalidad, por no decir la pasividad, con que la crítica parece considerarlas. A menudo he podido observar que una estimación estética correcta no siempre sugiere la elección de los textos estudiados, y que su valor específicamente literario no parece ser tenido en cuenta por quienes se interesan en ellos. Es como si el solo hecho de ser textos de Borges los transformase mágicamente en literatura, y se empieza a explicarlos sin haber pasado previamente por la experiencia de la lectura desinteresada y gozosa sin la cual ningún texto literario puede aspirar a serlo.

En lo relativo al primero de esos dos fenómenos curiosos, el corpus borgiano propiamente dicho, baste dar como prueba de su carácter poco definido el hecho de que sus obras completas empiezan a publicarse en 1953 y que no hay de ellas dos ediciones que coincidan. La publicación prematura de esas inconclusas obras completas a principios de los años cincuenta representa un verdadero enigma, y creo que una vez más debemos atribuirla a la influencia de factores no literarios. Decididos opositores a Perón, los miembros de *Sur*, de las editoriales y de las instituciones culturales que gravitaban en torno a la revista, y que habían tenido que desagraviar a Borges después de un penoso incidente municipal, pensaron quizás que la publicación en forma de obras completas de textos como "Una vindicación del falso Basílides" o "El enigma de Edward Fitzgerald" asestaría un rudo golpe a la barbarie justicialista. Esos sobrios libros grises, enmarcados de un doble rectángulo gris oscuro, con el nombre de Borges en letras de imprenta negras y el título del libro en minúsculas rojas es ɪ.ɴ edición preferida, y casi todos los volúmenes de la serie original me acompañan todavía, pero la lógica puramente literaria de su aparición anticipada se me escapa, sobre todo si tenemos en cuenta que, después de *El hacedor*, Borges publicó unos quince libros más. A partir de 1974, las posteriores obras completas en uno o más volúmenes tienen el mismo carácter anacrónico de las primeras ya que eran relegadas, en el momento mismo en que veían la luz del día, al purgatorio de los objetos filológicamente no identificados por la incesante actividad de creación y de publicación del propio autor.

Yo centraría el interés principal de la obra borgiana –ya lo he dicho varias veces– entre finales de los años veinte y finales de los años cincuenta. Dos fechas cómodas podrían enmarcarla, 1930 y 1960, y dos libros clave, que la abren y la cierran, *Evaristo Carriego* y *El hacedor*, pero no debemos perder de vista que, a causa de su preferencia por la forma breve, esos libros fueron siendo escritos poco a poco en los años anteriores a su publicación. Por razones que no puedo desarrollar ahora, pero que en definitiva son bastante obvias, excluyo las antologías, las notas editoriales no recogidas en volumen, y los libros escritos en colaboración, misceláneas, antologías temáticas, monografías, así como también los textos literarios, en general paródicos, escritos en colaboración con Bioy Casares y publicados con pseudónimo o no; globalmente, este ajuste corresponde a la primera edición de tapa gris de sus obras llamadas completas, a la que yo agregaría la reciente publicación de sus crónicas literarias en *El Hogar*, reunidas con el título de *Textos cautivos*, porque pertenecen a los años decisivos de su creación. Por supuesto que antes de 1930 y después de 1960 escribió varios textos de primer orden, pero la densidad y la intensidad de esas tres décadas produjeron la materia central de su literatura. La poesía, el ensayo y la ficción breve son las principales formas que asume, pero si aparecen en ella ciertos géneros muy codificados como el cuento fantástico o policial, también podemos repertoriar ciertas páginas inclasificables en tanto que género, como muchos pequeños textos en prosa de los cuales se encuentran varios en *El hacedor*, aunque no exclusivamente, y entre los que podrían servir de ejemplo "El simulacro", "Borges y yo", "El puñal", "El cautivo", etcétera. Creo que las categorías clásicas –prosa/verso, ficción/no ficción, fantástico/realista– resultan demasiado rígidas para encarar la obra borgiana, ya que hay una continua transmigración estilística y temática que se desplaza a través de las formas y de los géneros; el mismo tema puede ser tratado en verso o en prosa con una configuración estilística semejante, o una misma idea poética puede ser expresada extensamente en versos regulares o de manera breve en verso libre, como es el caso de "Límites". También, ciertas consideraciones de sus ensayos son a menudo retomadas en sus cuentos fantásticos, o los mismos nudos temáticos le sirven tanto para escribir cuentos fantásticos como cuentos realistas. Así que para una estimación correcta de su obra las distinciones de forma y género resultan inútiles, y también lo son desde un punto de vista teórico más general, y la honesta diferencia que él mismo establece entre los textos narrativos de *Historia universal de la infamia*, basados en personajes que existieron realmente, y sus posteriores relatos de ficción, carece de sentido y parte de una posición ingenua en lo relativo al referente, posición por otra parte que su obra transgrede sin cesar, y es un ejemplo más de la contradicción permanente entre su teoría y su práctica literaria, punto al que me referiré un poco más adelante.

La militancia criollista, por no decir localista, de los primeros años de su vuelta a Buenos Aires, dejó una huella importante en su obra que, si se eclipsó bastante en el período 1930-1960, después de encontrar su culminación en *Evaristo Carriego*, reapareció poco después, con una insistencia exagerada que, en la Argentina por lo menos, desvirtuó su sentido. No voy a cometer el error de desterrar de su obra esa vertiente que, aunque me parece secundaria, le ha dado un placer legítimo a muchos de sus lectores, pero quiero recalcar una vez más su atenuación en el período de sus logros más altos en cuanto a su perfección formal, a su exactitud estilística y a su universalidad. Sin duda posible es la recreación de esa vena criollista y localista la que ha suministrado el contexto referencial de algunos de sus mejores cuentos, como "El Aleph", "Funes el memorioso", "El muerto" o "El sur", pero ese contexto es superado por una visión poética y filosófica más rica y profunda que en los meros melodramas arrabaleros como "Hombre de la esquina rosada" o "La intrusa". Inversamente, es conocido el hecho de que, en relatos tales como "El hombre en el umbral" o el clásico "La muerte y la brújula", el elemento local es transformado en ambiente exótico, y las calles de Buenos Aires y de los suburbios se transmutan en vagas ciudades de la India o en curiosas toponimias francesas. Esa reelaboración de lo local y de lo universal en una materia novedosa y personal es lo que le da el sabor particular a su escritura, y a través de ella reaparece en su obra, de una manera muy marcada, una tendencia esencial de la cultura rioplatense. Lo que tantos nacionalistas le criticaban era por cierto su rasgo más genuino y, por paradójico que parezca, es su criollismo de sainete lo menos nacional de su creación, ya que los estereotipos que propende la estética criollista son tan representativos del Río de la Plata como las novelas de Agatha Christie de la realidad social inglesa.

Integrado al diseño general de la obra, el criollismo podría servir como ejemplo, o de modelo como se dice ahora, de otros atributos del texto borgiano, tales como el saber, la crítica, el humor, la fantasía filosófica, en especial metafísica, o la especulación lírica. Obnubilados por ciertas precisiones que son solo retóricas, muchos han pretendido ver una fuerte propensión matemática en sus textos, que se rastreará en vano en ellos y que por cierto su autor jamás reivindicó. Los pocos esquemas vagamente algebraicos que aparecen, como en "Examen de la obra de Herbert Quain" por ejemplo, parecen cumplir un papel puramente decorativo, y cuando se leen con atención sus ensayos, se puede comprobar que a menudo la argumentación borgiana es fragmentaria, sostenida más por el temperamento afirmativo del autor que por la lógica de la exposición; su eficacia proviene, no del rigor demostrativo, sino de su vivacidad estilística y formal. Los atributos de que hablaba más arriba, que en sí no tienen ninguna significación literaria, son transmutados por la singularidad extrema de su escritura. Por separado no poseen ningún valor propio: existen en la unicidad que el soplo viviente de esa escritura les otorga. El texto borgiano, en la plenitud de sus logros, por la misteriosa fuerza del arte, legitima, gracias a la magia que le es propia, la extracción dudosa de algunos de los atributos que lo componen. Y como en no pocos casos de la historia literaria, su obra es la refutación colorida y rugosa de la exangüe teoría que pretende sustentarla.

Es en las vertientes intelectuales propiamente dichas, la erudición, la crítica y la teoría literaria, a partir de las cuales muchos estudiosos consideraron que era adecuado caracterizar su obra, donde en realidad aparecen los principales desajustes entre su pensamiento y la realidad de sus textos. La erudición, que es más bien superflua para la creación artística, y que sin embargo aparece como uno de los componentes más evidentes del texto borgiano, es bastante improbable, y el análisis más somero descubre infinitas lagunas, fuentes limitadas, y una tendencia a preferir las curiosidades a lo corriente, lo lateral a lo principal, lo oscuro a lo eminente. Su manera de iluminar el pasado filosófico y literario crea una ilusión óptica que, en un juego de luces y de sombras, proyecta una luz viva sobre ciertos autores y deja al resto en la oscuridad. De más está decir que esas preferencias son totalmente legítimas en un escritor, siempre y cuando no se las llame erudición, porque la palabra implica la posesión de un saber que abarca uno o varios campos a la vez, y en los dos casos supone una visión de conjunto de ese saber. La necesidad de expresar por escrito la opinión que le merecían sus lecturas y la dispersión periodística de su trabajo dan la impresión de una gran diversidad de intereses que, cuando se observan retrospectivamente, a pesar de la cantidad de sus referencias, que a veces pueden resultar inútiles o excesivas, se percibe un poco la repetición, por no decir la pobreza, y quisiera que se entienda de inmediato que esta afirmación supone desde mi punto de vista más un elogio que una crítica o, para ser más exacto, que se trata de un reconocimiento de la legitimidad poética de la obra borgiana y de una observación crítica dirigida a algunos de sus analistas. Para resumir el problema podríamos decir que, puesto que la erudición no es un elemento esencial de la obra artística, no es perjudicial para la de Borges esa que a tantos críticos ha subyugado, porque en realidad no se trata de una verdadera erudición: le falta el aspecto exhaustivo y sobre todo imparcial de la verdadera erudición, la capacidad de poner sobre el tapete todos los factores de una tradición, y no meramente aquellos que han sido seleccionados por el gusto o la toma de partido. El reflejo polémico, siempre latente en Borges, lo atrinchera en una parcialidad constante, que si bien puede resultar fecunda desde el punto de vista artístico, no es demasiado confiable como actitud intelectual.

En cuanto a la teoría y a la crítica literaria, la cosa aparece cada vez más clara: las teorías literarias de Borges recomiendan lo opuesto de lo que el Borges literariamente válido practicó. Su defensa insistente del clasicismo, que empieza ya desde 1932 con "La postulación de la realidad", escrita con el fin de refutar la teoría de la expresión de Croce, no alcanza a ser más que la exposición fragmentaria de algunos aspectos del relato clásico, pero, para evitar el riesgo de toparse con alguna frase expresiva ejemplifica, no con un texto literario, sino con una larga cita de Gibbon. Para Borges esa escritura es "generalizadora y abstracta" hasta lo invisible, y pretende que ese carácter es el que define al método clásico, observado siempre según él, entre otros, por Cervantes. La cita del Quijote es narrativa, sin representación directa de los acontecimientos, lo cual, como la de Gibbon, facilita su demostración, pero podríamos desde luego extraer mil del mismo libro que prueban exactamente lo contrario. Y argumenta: "La imprecisión es tolerable o verosímil en literatura, porque a ella propendemos siempre en la realidad". Si esta afirmación fuese cierta, el método clásico, lejos de constituir una relación abstracta de los hechos, sería un modo de expresar la imprecisión referencial.

Es obvio que podríamos ejemplificar lo contrario desde los comienzos mismos de la literatura occidental, y si tomamos como ejemplo, en el canto segundo de la *Ilíada*, la invocación a las musas que precede al "Catálogo de las naves", podemos observar que al final de su invocación el poeta, al confesar su impotencia para describirlas a todas, no evoca en términos generales y abstractos su situación, sino que actualiza por medio de una expresión inmediata su sentimiento de lo que podríamos llamar los límites empíricos de la pretensión realista. También el verso de Teognis "Odio este mundo incomprensible" podría servirnos de ejemplo, pero no necesitamos ir tan lejos: un párrafo del propio Borges basta para refutarlo. Me refiero al fragmento esencial de su obra, en todo caso a uno de los más citados y de los más admirados, el final de "Nueva refutación del tiempo":

> Negar la sucesión temporal, negar el yo, negar el universo astronómico, son desesperaciones aparentes y consuelos secretos. Nuestro destino (a diferencia del infierno de Swedenborg y del infierno de la mitología tibetana) no es espantoso por irreal; es espantoso porque es irreversible y de hierro. El tiempo es la substancia de que estoy hecho. El tiempo es un río que me arrebata, pero yo soy el río; es un tigre que me destroza, pero yo soy el tigre; es un fuego que me consume, pero yo soy el fuego. El mundo, desgraciadamente, es real; yo, desgraciadamente, soy Borges.

Lo que contiene ese texto no es únicamente la vaga versión mediatizada y abstracta de algún modo de ser posible de la temporalidad, que a causa del carácter impreciso del lenguaje y de la dispersión de nuestras percepciones, sensaciones y representaciones estamos obligados a resumir en un idioma convencional, sino la evidencia inmediata del individuo Borges de estar atrapado en ella. No refiere un saber indirecto e impersonal del sujeto acerca del tiempo, sino que, por la organización anafórica particular del párrafo, inscribe la insistente angustia de sentirse atrapado en él, la angustia presente, y tal vez preverbal, que persiste detrás de las variadas metáforas que tratan de vestirla para que su expresión sea más exacta.

En cuanto a su conocida irritación ante las vanguardias, expuesta con mayor o menor virulencia según los períodos, si bien en muchos casos parece justificada por el carácter demasiado programático y más declarativo que creador de tantos movimientos que las proclamaron, no debemos olvidar que sus primeras armas las practicó en dos o tres de esos movimientos y que el ultraísmo, con su poética basada exclusivamente en la metáfora, tema que le interesó toda su vida desde un punto de vista teórico, dejó su huella en la mejor poesía que escribió. Su reacción ante los excesos de la vanguardia lo condujo a lo que podríamos llamar sus excesos clasicistas y a propender, como decía más arriba, aun en el plano estilístico, lo opuesto simétrico de lo que practicó. El estilo borgiano, en sus momentos verdaderamente logrados, es anticlásico por excelencia: lo es por su entonación coloquial, por sus componentes léxicos, por sus contrastes abruptos, por el uso de la adjetivación y, sobre todo, por sus incorregibles tendencias enumerativas. La enumeración caótica, que Leo Spitzer consideraba como la estructura distintiva de la poesía moderna, y que encontramos en los principales poetas vanguardistas latinoamericanos, Vallejo, Huidobro, Neruda, etcétera, se aplica sin ningún esfuerzo a la poesía, y sobre todo a la prosa de Borges. El procedimiento de la enumeración caótica aparece a cada paso en sus textos, no solamente en *Historia universal de la infamia* donde constituye –junto a un trabajo particular sobre la adjetivación– la constante estructural, sino también en todos sus textos mayores, hasta la desmesurada enumeración anafórica de "El aleph", cuyo fin no es agotar el contenido del universo, sino apenas rescatar al azar, para el asombro, el terror o la memoria, lo que el pobre balbuceo del narrador puede ir nombrando de esa multiplicidad vertiginosa. Esas enumeraciones dispares que apuestan sabiamente a la eficacia de una contigüidad disonante, pueden tal vez tolerar muchos de los nombres que se intente darles, pero de ninguna manera el de clásicas.

Desde los primeros textos manieristas de los años veinte, la escritura borgiana tiende a limar las estridencias con el fin de volverse clásica, cosa que, en los grandes textos, felizmente para nosotros, no logró del todo: por ejemplo, ya sabemos que, por las deliberadas contradicciones lógicas y semánticas que contienen, títulos como "Historia de la eternidad" o "Nueva refutación del tiempo" son de índole manierista: es evidente que, en tanto que tal, la eternidad no puede ser abarcada por la historia, sin contar con el hecho de que de su condición de eterna quedan excluidos el accidente, la sucesión, el cambio y la relación de causa a efecto, todos esos factores constitutivos del acontecimiento y que son objeto de estudio para el historiador, mientras que "Nueva refutación del tiempo", exhibe con desparpajo una vistosa petición de principio, ya que la noción de nueva, que es de orden temporal, niega desde un punto de vista lógico la tesis de que el tiempo no existe. Probablemente *El hacedor* sea el libro en el que culmina su intención de clasicismo, o en el que, sin conseguirlo totalmente, se acerca más a la realización de ese proyecto. Con paciencia y lucidez –le llevó dos décadas alcanzar las cimas de su arte– fue elaborando su poética en un viaje incesante hacia la sobriedad pero al final, cuando se convirtió en militante obcecado de la simplicidad, cayó en el simplismo. Pretenderse clásico fue para él una manera más de declararse conservador, no porque el clasicismo le pareciera un ideal artístico más noble, sino porque el desorden lo aterraba y el presente, con sus matices infinitos, semejante al núcleo llameante de "El Aleph", le parecía ingobernable. Pero el análisis que aplicó a Hitler, a Chesterton, y un poco a todos sus personajes, reales o imaginarios, también era válido para él: demasiado a menudo, somos lo opuesto de lo que creemos o de lo que declaramos ser.

Su instinto de artista, por suerte, y por decirlo de algún modo, lo traicionó. En la etapa intermedia –entre 1930 y 1960– de su penosa regresión hacia la norma, buscando el reparo de lo respetable y de lo convencional, fueron grabadas esas estelas de desmesura, de violencia y de gracia que son *Historia universal de la infamia, Historia de la eternidad, El Aleph, Ficciones, Otras inquisiciones, El hacedor*.

Esos textos mágicos, en los que chisporrotean mil momentos luminosos, figuran una y otra vez la tensión extrema de los conflictos, conscientes o no, que lo asediaban, y de los que todo texto literario de valor es el resultado. Por eso, si como intelectual, Jorge Luis Borges, por varias razones, genera nuestro escepticismo y aun nuestra reprobación, como artista, por sus logros más altos, merece también nuestro gozoso reconocimiento.

II. *La literatura y las tramas de Borges*

2. Senderos cruzados

HERNÁN DÍAZ
UNIVERSIDAD DE BUENOS AIRES

Con sólo unos de meses de diferencia se han rememorado el sexagésimo aniversario de la muerte de Lugones y el centenario del nacimiento de Borges. Las efemérides son caprichosas y siempre caen víctima de la pasión por los múltiplos de diez, pero de todos modos hay algo que *habla* en el hecho de que, con tanta proximidad, se recuerde la muerte de Lugones y se conmemore el nacimiento de Borges. Es que, en efecto, es así: Lugones murió y Borges nació.

A la hora de leer a Borges y a Lugones el uno contra el otro, acaso el problema de las influencias, de las afiliaciones y de las fracturas pase a un segundo plano: el punto en que ambos se relacionan más íntimamente es, tal vez, en el modo en que ambos conjugaron su literatura (y la invención de su propia figura autoral) con la política y cómo invocaron y conjuraron los personajes en los que esta conjunción suele tomar cuerpo. Porque la misión de conformar un mito secular que el nacionalismo le impone a la literatura necesita siempre de un oficiante, de una figura apostólica, fundadora de discursividad, llámesele vate nacional, escritor oficial, intelectual orgánico, figura paterna. Así, tanto en Borges como en Lugones se lee prominentemente el proyecto de la creación de una literatura nacional. Y éste es el punto donde la esfera política y la literatura se perforan mutuamente. La narración de la nación se construye entonces sobre la base de un régimen de exclusiones y de apropiaciones que siempre coagula en determinados modos de representación y en concepciones y usos de la lengua. A partir de estas coordenadas puede verse que a mediados de la década del veinte Lugones y Borges se encontraban en instancias diferentes de la evaluación de la relación entre literatura y sociedad. Si bien el proyecto de ambos es, en cierta medida, congruente, es precisamente debido a esta discordancia en los modos de delimitación de estas series que los alcances de las poéticas y políticas de Borges y de Lugones difieren: Lugones, el Aquiles desaforado, nunca llega. Borges, la tortuga morosa, detenida por los límites de la especificidad de su escritura, en virtud de su propia lentitud logra trascenderlos.

En este sentido, podría decirse que, de algún modo, los representantes de lo que usualmente se considera la vanguardia histórica en la Argentina y Lugones hicieron recorridos inversos: mientras Lugones venía de la decadencia hermética del rubenismo para luego abrir su literatura gradualmente hasta tornarla en una forma de intervención social explícita, el martinfierrismo partió de un ataque a la literatura como institución autónoma y separada de la vida cotidiana (ahí están todas y cada una de las líneas del "Manifiesto" de *Martín Fierro* y los editoriales de, por ejemplo, *Prisma, Inicial* y *Proa* para probarlo) para luego hacer un viraje –en muy corto tiempo– a la concepción de literatura que antes habían rechazado, es decir, una literatura "escalada a las estanterías de las bibliotecas" –como dice el "Manifiesto..."–, una literatura replegada sobre sí misma, y es esta suerte de autofagia literaria la que, precisamente, le habían reprochado al Lugones modernista. Sin embargo, en la configuración del modernismo, Lugones había encontrado mecanismos que le permitieron desplegar de un modo recíprocamente mimético una política y una poética. Por una parte, en el modernismo puesto en serie con la producción de Lugones, puede leerse el problema de la determinación de una esfera literaria y cómo debe ser entendida esta determinación: si debe ser considerada en un sentido llano y decadente de un hermetismo artepurista o si, por el contrario, es vista como negación determinada. Ya las condiciones de producción (donde la profesionalización del escritor juega un rol central) y los modos de circulación del modernismo (principalmente, la importancia que tuvo la prensa –y no las revistas literarias, sino periódicos como *La Nación*–) parece desmentir la suposición de que la literatura era para esta escuela una suerte de relicario inviolable. Pero, por otra parte, se ha afirmado una y otra vez el carácter acríticamente autónomo de Lugones, empezando por Viñas, que define la literatura de Lugones como "un arte adscripto al artepurismo"[1] hasta llegar a uno de los últimos libros sobre el modernismo –*Modernismo, Modernity and the Development of Spanish American Literature*, de Cathy Jrade[2]–, que también sostiene esta lectura. Si a primera vista las condiciones materiales que determinaron al modernismo y la relación que el propio Lugones mantuvo con la esfera política parecen desmentir esta posición (esta es la perspectiva de Rama en *La ciudad letrada* y de Ramos en *Desencuentros de la modernidad en América Latina*), ¿qué es lo que permite sostener la hipótesis de un modernismo decadentemente autónomo? Habría, a primera vista, un momento inmanente, material de los textos, que permitiría sostener esta afirmación y se trata, desde luego, de una relación con el lenguaje. Muchos críticos (y pienso, por ejemplo, en Viñas, Jitrik, Real de Azúa, Jrade) han definido el modernismo por su léxico ampuloso, por su

---

1. Viñas, David: *Literatura argentina y realidad política*, Buenos Aires, Centro Editor de América Latina, 1982, p. 240.
2. Austin, University of Texas Press, 1998.

suntuosa tendencia aristocratizante, por su exquisitez empalagosa. Viñas habla de un "léxico ornamental" y de "sus transposiciones suntuosas y espectaculares".[3] Esta es, también, la posición de Jitrik, que dice que el modernismo es "recogimiento aristocratizante, sentimiento de soledad y delicadeza",[4] o de Real de Azúa, que caracteriza al modernismo por "el regodeo en lo 'selecto', 'lo refinado', lo 'exquisito', lo 'aristocrático' y en sus señas materiales".[5] Jrade también habla de la "elegancia opulenta" del modernismo lugoniano y de "su riqueza fantástica, empalagosa"[6] e incluso Borges destaca "la magnificencia verbal" de Lugones.[7] Esta opulencia (que es reconocida como operación estética en el prólogo a *Lunario sentimental*) está puesta, según el mismo Lugones, al servicio del aspecto melopeico de la poesía que, por los mismos años, y poniendo el acento en la dimensión rítmica de la música, les servía a los formalistas rusos para delimitar, de un modo autónomo, al discurso poético. Y es, acaso, de esta profusión léxica puesta al servicio de la "musicalidad" de la que Girondo toma distancia cuando dice en uno de sus "Membretes" que "Musicalmente el clarinete es un instrumento muchísimo más rico que el diccionario".[8] Entonces, nuevamente, ¿decadencia *turriebúrnica* –como le gustaba decir al propio Lugones– o intervención negativa?

En este encierro monádico, en el adensamiento de las barreras que Lugones le impone a su literatura para aislarla en su especificidad, el texto se ve forzado a replegarse sobre sus propios materiales –lingüísticos, desde luego– olvidándose, por así decirlo, del mundo. Claro que estos materiales no son, en última instancia, más que historia sedimentada. Así pues, la intervención crítica sobre los materiales que Lugones recorta se revela como una intervención política mediada. Es en este sentido que pueden leerse, por un lado, la ampulosidad verbal de su poesía y, por otra parte, el fetichismo bélico y tecnológico de sus relatos. Son presagios mudos de sus futuros alaridos, un silencioso eco prospectivo. El corte se da, claro, a partir del centenario, donde la riqueza de algún modo premoderna de su poesía –antes cristalizada en terciopelos, encajes y gemas– se convierte en esa égloga al Mercado Central que es "Oda a los ganados y a las mieses" y donde el acero de las bayonetas de la independencia de sus guerreros gauchos y el metal de las máquinas de sus inventores desquiciados se funde para forjar aquella espada que, finalmente, para el bien de los pueblos, ha llegado. "Las llaves de

---

3. Viñas, ob. cit.

4. Jitrik, Noé: *Leopoldo Lugones, mito nacional*, Buenos Aires, Palestra, Colección Agrante, 1960, p. 18.

5. Real de Azúa, Carlos: "Modernismo e ideologías", en *Punto de Vista* (separata), año IX, n° 28, noviembre de 1986, p. 6.

6. Jrade, ob. cit., p. 116.

7. Borges, Jorge Luis y Betina Edelberg: *Leopoldo Lugones*, Buenos Aires, Pleamar, 1965, p. 22.

8. Girondo, Oliverio: "Membretes", en *Martín Fierro*, año III, n° 32, 4 de agosto de 1925.

la paz son de oro y hierro y no están en los parlamentos ni en las urnas de sufragar",[9] dice Lugones. Estos habían sido los materiales de su literatura y ahora son los materiales de su intervención política abierta y es esta inmediatez respecto del campo político la que lo desplazará de su lugar de poeta nacional. Puesto que toda función abiertamente política resulta intolerable para la especificidad de la serie literaria que, paradójicamente, las "vanguardias" terminan de instituir.

Sin embargo, Borges leerá, en el Lugones poeta –con excepción, acaso, del *Lunario sentimental*–, de modo exclusivo, una decadencia que lo liga al aislamiento del arte decimonónico. "Lugones quiso incorporar a su idioma los ritmos, las metáforas, las libertades que el romanticismo y el simbolismo habían dado al francés".[10] Pero junto con la *importación* de un tono vienen sus sentidos. Si Lugones incorpora la música, el tono de la literatura francesa de Hugo hasta el simbolismo, junto con él viene, también, una idea de lo que la literatura es: "los temas del hastío, de la evasión y del exotismo [...] serán luego predilectos de los modernistas".[11] Y Borges pondrá el acento una y otra vez sobre la *evasión* modernista tan presente en Lugones, una evasión mediante la cual la literatura pretende, supuestamente, escapar de sus determinaciones. Pero estos "temas" que menciona Borges no son, en última instancia, más que palabras. Borges demostrará, entonces, su pleno dominio del arte de injuriar y en sus textos de juventud intentará desplazar a Lugones impugnando su concepción y uso del lenguaje. En una reseña del *Romancero* (publicada en *Inicial*, I, n° 9, enero de 1926, p. 208), dice: "El pecado de este libro está en el no ser: en el ser casi libro en blanco, molestamente espolvoreado de lirios, moños, sedas, rosas y fuentes y otras consecuencias vistosas de la jardinería y la sastrería. De los talleres de corte y confección, mejor dicho".[12] La efectividad de esta crítica es discutible. El mismo tipo de impugnación podría hacérsele a Borges sin –supongo– perjuicio de su propia obra: al fin y al cabo, todos hemos fatigado su literatura moteada de laberintos, anaqueles, espejos, puñales y tigres.

Martín Fierro aparece en 1924, un año después de que Lugones publicara *Acción*, que reúne sus conferencias patrióticas del Coliseo, y en pleno furor de la hora de la espada. En sus inicios, la revista hace un intento de quebrar con el mundo relativamente autónomo del modernismo, pero, como se ha dicho, al poco tiempo pueden ya empezar a leerse las marcas de un arte aristocráticamente replegado sobre sí mismo. Mientras Lugones se abre, las nuevas generaciones se cierran. Así, en los números 12 y 13 puede leerse que *Martín Fierro* es "una em-

9. Lugones, Leopoldo: "La hora de la espada", en *Acción. Las cuatro conferencias patrióticas del Coliseo*, Buenos Aires, Círculo Tradición Argentina, 1923, p. 21.

10. Borges, Jorge Luis: *Lugones*, ob. cit., p. 12.

11. Ídem, p. 18.

12. Borges, Jorge Luis: "Leopoldo Lugones, *Romancero*", en *El tamaño de mi esperanza*, Buenos Aires, Seix Barral, 1994, p. 96.

presa desinteresada cuyo móvil primordial [es] intentar la creación de un ambiente artístico". Un año había pasado de la fundación de la revista y tan sólo nueve números separan a esta edición del "Manifiesto..." donde se gritaba la necesidad de un arte vital. Nueve números y ya se pretende "la creación de un ambiente artístico". En el número 38, Evar Méndez escribe un editorial intitulado "Rol de *Martín Fierro* en la renovación poética actual". Allí se encuentra una definición de *ambiente*[13] y resulta claro que este *ambiente* es no solo un corte aséptico de la sociedad sino que, además, se opone a los programas de la mayoría de las vanguardias históricas europeas tanto en sus aspiraciones reguladoras y ordenadoras (ámbito "regulador", "orientador", "cohesivo": todo lo contrario a la diseminación que proponen los manifiestos europeos) como en la enfática insistencia en categorías que las vanguardias siempre se afanaron en liquidar: "creación", "autor", "obra". Cuando se trata de la relación de este *ambiente* con la esfera política, la actitud es la misma:[14] en "Aclaración" (un editorial de los números 44 y 45), los miembros de *Martín Fierro* dicen: "Nada tiene que ver este periódico ni quiere interesarse por ningún partido político de los que actúan en el país; está por encima de ellos, porque, por sí mismo, constituye un partido superior, enteramente desinteresado de las cuestiones materiales [...] en ninguna forma permitirá *Martín Fierro* que [sus redactores] lo comprometan, o giren, o embarquen en su credo, contradiciendo su línea de conducta y su programa, y ni siquiera se llegue a sospechar que decline sus miras: las más orgullosas y pretenciosas que sea dable imaginar en cuanto a pureza de intenciones en el dominio del arte". Este es también el caso de todas las revistas de la "nueva generación" donde participó Borges.

"Pureza de intenciones en el dominio del arte." Para quienes habían intervenido contra el artepurismo preciosista de Lugones y del modernismo, la frase es extraña. "Enteramente separado de cuestiones materiales." Separación. Este cor-

---

13. "El propósito de formar un ambiente (repetiré una vez más mi estribillo: clima propicio para la creación; amistosa o fraternal unión de los escritores; cohesión de los elementos dispersos según sus afinidades; orientación clara de las aspiraciones y tendencias estéticas; emulación de los autores, estímulo creado por el ambiente, gran acicate para crear la obra), fue punto fundamental de la acción y propaganda de *Martín Fierro*[...]."

14. El *ambiente* literario de *Martín Fierro*, que se reunía en "comidas, exposiciones y actos públicos diversos" ("Rol de *Martín Fierro* en la renovación poética actual") se parece más a los ágapes literarios del siglo pasado que a los programas de vanguardia que por esos mismos años recorrían Europa. Basta con pensar en Marinetti y su antorcha ansiosa por reducir a cenizas "los museos, las bibliotecas y las academias de cualquier tipo"; en el programa de Huelsenbeck y Hausmann para el dadaísmo en Alemania de 1920, que pretendía "La unión revolucionaria internacional de todos los hombres y mujeres creativos e intelectuales sobre la base del comunismo radical" y "la expropiación para alimento para toda la sociedad"; en la declaración de 1925 del Bureau de Investigaciones Surrealistas que declara "No tenemos nada que ver con la literatura" y, más adelante "Estamos determinados a hacer la revolución"; en el "Asco dadaísta" del manifiesto de 1918.

te generalmente se manifiesta en una oposición entre lo alto –el arte– y lo bajo –"las cuestiones materiales"– (y esta polaridad cobra una nueva dimensión y una nueva intensidad en el marco de la discusión con Boedo). *Martín Fierro* ha escalado hasta la cima de la torre de marfil y "está *por encima* de los partidos políticos", porque por sí mismo "constituye un partido *superior*" que no permitirá "que se llegue a sospechar que *decline* sus miras". Es sintomático, pues, que cuando *Martín Fierro* se asienta en Florida, se vanaglorie de estar en un piso alto: "¡Qué lindo poder abrir la ventana y poder escupir en silencio nuestro desprecio a las alimañas que *no pueden trepar hasta nosotros!*".[15]

Dentro de esta ambigüedad respecto del rubenismo –que la "nueva generación" parece impugnar por meras razones de estilo, dejando en pie, sin embargo, toda una concepción de la literatura, dejando en pie *la literatura*–, las estrategias para tomar distancia de los materiales y formas modernistas variará según los casos. Girondo, por ejemplo, hará hablar a los objetos de la modernidad siguiendo su movimiento y obedeciendo su legalidad interna y sin tratar de traducir su idioma a lenguas preexistentes. Esta es su respuesta al mundo premoderno de princesas y estanques propuesto por "las huestes de Rubén". Borges, por su parte, se concentrará en las hipérboles del modernismo. Contra la abundancia lugoniana, Borges ensayará una poética de la austeridad: "el escritor que, arrimándose a un diccionario y desmintiendo su propio modo de hablar escribe *orvallo* en vez de *garúa* y *ventalle* en vez de *abanico*, ejerce con ello una estéril pedantería, pues las palabras rebuscadas que emplea no tienen mayor virtud que las cotidianas".[16] Testimonio de esto es el mundo cotidiano de los patios, las veredas, los almacenes y la profusión de diminutivos de su obra temprana. La parquedad es un movimiento que le permite, entonces, constituirse como una voz nueva y así fue visto, incluso, por los críticos del momento (Roberto Ortelli en *Inicial*: "Hay una imagen pura, que sin recurrir a los adjetivos pomposos ni a los desarrollos inútiles, nos conmueve profundamente").[17] Esta impugnación a la pletórica escritura lugoniana seguirá presente aún en la etapa madura de Borges: acaso el único poeta más escatológicamente profuso –y con más preferencia por el azul y todos sus matices– que Lugones en la historia de la literatura argentina sea Carlos Argentino Daneri (y en este contexto, el segundo nombre del poeta de "El Aleph", la escritura expansionista y la relación con Lugones no son casuales, sino que cristalizan, precisamente, en una narración de "lo argentino" –su literatura, la invención de su especificidad–). Sin embargo, Borges es, como Lugones, un expansionista

15. "*Martín Fierro* 1926", en *Martín Fierro*, n⁰ˢ 27 y 28.

16. Borges, Jorge Luis: "Acerca de Unamuno, poeta", en *Inquisiciones*, Buenos Aires, Seix Barral, 1993, p. 115.

17. Ortelli, Roberto A.: "Dos poetas de la nueva generación", en *Inicial*, I, n° 1, octubre de 1923, p. 63.

del lenguaje y es en este expansionismo donde se lee la confluencia de literatura y política. El propio Borges deja esto claro: "Lo grandioso es amillonar el idioma, es instigar una política del idioma".[18] La triangulación entre riqueza, lengua y política conforma el campo material de los signos de la nación. Borges llega, de algún modo, al mismo lugar de su predecesor en quien siempre se ha leído un correlato entre riqueza lingüística y un proyecto político. Claro que esta "riqueza" no está anclada en la profusión léxica, como en Lugones, sino que, lejos del fetichismo verbal, propone, por así decirlo, *una totalidad utópica*. La especulación sobre lenguas infinitas recorre toda la obra de Borges (y este artículo, "El idioma infinito", es el primer proyecto en su serie de invenciones de gramáticas. Cabe recordar aquí textos como "Examen de la obra de Herbert Quain", "La biblioteca de Babel", "La escritura del Dios", "El idioma analítico de John Wilkins", "Funes el memorioso" y la mención recurrente de la cábala –una concepción numérica del lenguaje– pueden ser leídos en este sentido). Hay, siempre, en las ficciones lingüísticas de Borges, un ansia acumulativa. Pero si este es uno de los juegos predilectos de las ficciones teóricas de Borges, Lugones, por el contrario, *escribe* –quiere escribir– *con* una lengua infinita. Pero esta triangulación se expande a cuadrilátero con el surgimiento de una nueva arista: la escritura de una mitología, de una religión secular que dé cuenta de un origen. Este nuevo ángulo se conforma a partir de la intersección de dos segmentos: la invención de una religión para la Argentina –la preocupación borgiana por el arquetipo– y la construcción romántica de una tradición. Este último aspecto, la invención de un pasado específico, se relaciona con la parvedad borgiana –la saga suburbana– y con su trabajo con la cultura popular, pero también, principalmente, con una intervención en la lengua.

La intervención programática de Borges y Lugones en el lenguaje (sus proyectos de lenguas infinitas) hace contrapeso en un intento de consolidar e imponer una ficción sobre el pasado de la lengua. Así, ninguno de los dos fue ajeno a la filología: Lugones escribe las primeras seiscientas páginas del *Diccionario etimológico del castellano usual*, que no logran terminar con la letra "A" y Borges, a lo largo de su obra –tal vez a partir de "Las inscripciones de los carros"– observa, anota y analiza el habla de los argentinos. Esto también está presente en algunos manifiestos de juventud de nuestras reaccionarias vanguardias, donde una supuesta modernidad se conjuga con una confusa versión de un nacionalismo romántico que quiere inventar una tradición mitológica y tiene una preocupación constante por el folclore y la tierra.[19]

---

18. Borges, Jorge Luis: "El idioma infinito", en *El tamaño de mi esperanza*, ob. cit. p. 39.

19. Verbigracia: "Pero la existencia de una tradición americana y argentina, henchida del contenido virtual de un arte futuro, conmovida con el latido íntimo de mil formas vagas en oscura gestación, eso no puede negarse, porque es una exigencia *ideal*, es decir necesaria, postulada por las condiciones mismas de nuestra cultura y que tampoco podríamos negar sin negarnos a nosotros mismos.

Tanto en el caso de Lugones y su *riqueza* léxica como en el de Borges con su *parvo* vocabulario (en contraste con su dilatación gramatical y su avidez metafísica), lo cierto es que parece haber una especificidad de lo argentino que hay que recuperar y defender y en esta dirección parece ir la línea filológica que ambos despliegan. Es ya famosa la posición antiinmigratoria de Lugones y su horror frente a "la plebe ultramarina".[20] El Borges de los años veinte comparte el nacionalismo de Lugones y en "Queja de todo criollo" se espanta de que "nuestra ciudad se llama Babel" y siente que "Ya la república se nos extranjeriza, se pierde".[21] En este punto, Borges sigue obedientemente a Lugones. Incluso, en plena hora de la espada, Borges escribirá: "En el viento hay banderas; tal vez mañana a fuerza de matanzas nos entrometeremos a civilizadores del continente. Seremos una fuerte nación [y en un eco prospectivo se escucha aquí *La patria fuerte*]. Por virtud de esa proceridad militar, nuestros grandes varones serán claros ante los ojos del mundo. Se les inventará, si no existen. También para el pasado habrá premios. Confiemos, lector, en que se acordarán de vos y de mí en ese justo repartimiento de gloria..."[22] El Lugones posterior a 1923 se presiente allí: el tono de arenga, la sangre, el fetichismo marcial, la grande Argentina, el héroe nacional y, ante todo, la necesidad de invención de una mitología para la nación, de un héroe, de un *arquetipo*. Está, también allí, explícitamente, la sed de posteridad, un deseo que ha recorrido siempre las declaraciones de Borges, aunque en su vejez fuera enunciada negativamente tras el recatado velo de la modestia.

Sin embargo, este nacionalismo de zaguán del joven Borges, arraigado en la tierra elemental de un folclore inventado es un nacionalismo particular: es un nacionalismo sin Estado. Si Lugones propone en sus inicios socialistas y en su ocaso fascista (hay que exceptuar aquí la época de su apoyo a Quintana), formas del Estado contrarias a la tradición clásica –liberal– del Estado moderno, desde una tímida anarquía hasta el corporativismo militarista, Borges erige su relato de la nación a imagen y semejanza de su concepción de la literatura. Si el rasgo particular de la construcción borgiana de la cultura argentina es su marginalidad, que la desliga productivamente de una tradición central, el rasgo del nacionalismo borgiano consistirá en estar desligado productivamente de la centralidad del Estado. La máquina estatal es frecuentemente denostada (el Estado aparece repre-

---

Aun sin realidad en nuestro pasado histórico, esa tradición estaría condicionada, en función del futuro, por la presciencia de una cultura en barruntos, presciencia que hierve en el fondo del *espíritu* americano como vibra calladamente en la gorja del pájaro dormido el canto que ha de verter al nacer del alba. Anticipaciones de ese despertar y de ese canto auroral adviértense aquí y allá; adviértense sobre todo en la empeñosa dedicación de cierto núcleo de nuestra juventud estudiosa y seria a la investigación paciente del acervo tradicional americano y de su arqueología y folklore". "Nuestro argentinismo", en *Inicial*, I, n° 7, Buenos Aires, diciembre de 1924, pp. 3-8 (las bastardillas son mías).

20. Lugones, Leopoldo: *El payador*, Caracas, Biblioteca Ayacucho, 1979, p. 15.

21. Borges, Jorge Luis: "Queja de todo criollo", en *Inquisiciones*, ob. cit. p. 145.

22. Ibíd.

sentado casi siempre como una instancia represora y penal –la aparentemente torpe institución policial, como marca del género– en "La muerte y la brújula" o en "El indigno", el rabioso homenaje a Arlt; como máquina judicial y verdugo en "Deutsches Requiem" o "El milagro secreto"). Borges gustaba decir que de su padre, además de un biblioteca, había heredado el anarquismo. Hay, entonces, por otra parte, una disolución del Estado en una suerte de utopía de una democracia radical que, al mismo tiempo que redefine el problema de la cohesión de una totalidad social, recoloca –necesariamente– los modos de determinación de los sujetos en tanto tales dentro de estas sociedades (el argumento ornitológico de la sociedad del Simurg, donde sujeto y totalidad se construyen en una negación y superación mutua; "La secta del Fénix" o, mejor aún, la sociedad de "El congreso" donde la constitución de estas comunidades o instituciones consiste en su expansión hacia una totalidad indeterminada y, por ende, a su disolución).

Este descentramiento se lee también, como ha sido dicho, en las apropiaciones y los desplazamientos borgianos de "toda la cultura occidental". Tras la recuperación arqueológica de cierta especificidad argentina de la lengua como reacción y defensa ante el babelismo inmigratorio, Borges recorta la "cultura occidental" en una apropiación que demuestra no ser, desde luego, como él pretendía, total. No es, entonces, la Europa del inmigrante la que le interesa a Borges. Si Lugones pretendió afiliar la tradición argentina al linaje de la Grecia clásica, Borges comienza por la operación inversa e incorpora la tradición europea en la argentina y habla así de "El genial compadrito Cristóbal Marlowe"[23] o dice: "Sospecho que Carriego ya está en el cielo (en algún cielo palermense [...]) y que el judío Enrique Heine irá a visitarlo y ya se tutearán".[24] Claro que Borges y Lugones están apelando a zonas culturales bien diferentes y esto queda claro en un debate crucial cuyo objeto es el *Martín Fierro*. Ambos deben intervenir en el Cantar de Cantares para inventarse un lugar fuerte en el campo literario. La apuesta de Lugones es, desde luego, *El payador*, cuyo programa consiste en demostrar que el poema de Hernández pertenece a la épica, con lo cual no hace más que reforzar su proyecto de helenizar la Argentina. Borges, por su parte, vuelve una y otra vez al *Martín Fierro*, pero su primer texto crítico sobre este problema –"La poesía gauchesca"– es, a la vez, en primer lugar, como ya es sabido, un desplazamiento de *Martín Fierro* –que es leído como una novela– y, por otra parte, una respuesta a Lugones: "La legislación de la épica –metros heroicos, intervención de los dioses, destacada situación política de los héroes– no es aplicable aquí".[25] En este sentido, la operación de Lugones tiende a legitimar la tradición

---

23. Borges, Jorge Luis: "El *Fausto* criollo", en *El tamaño de mi esperanza*, ob. cit., p. 15.

24. Borges, Jorge Luis: "La pampa y el suburbio son dioses", en *El tamaño de mi esperanza*, ob. cit., p. 25.

25. Borges, Jorge Luis: "La poesía gauchesca", en *Discusión*, en *Obras completas*, Buenos Aires, Emecé, 1974, p. 197.

anclándola en un pasado con autoridad, en tanto que el movimiento de Borges es –alterando, una vez más, la lógica de los precursores–, legitimar el pasado arrojándolo hacia el futuro de una tradición por venir. El *Martín Fierro* es un material, está allí para ser moldeado y reescrito y así lo hace en la "Biografía de Tadeo Isidoro Cruz" y en "El fin".

La Europa de Borges –la de la insistente biblioteca de su padre– incluye, además, el otro de Europa: Oriente y África. Esta es, también, una impronta de Lugones, estudioso del mundo árabe y egipcio, presentes en muchos de sus relatos y que le sirven, de algún modo, para articular el positivismo de principio de siglo con las doctrinas secretas de las que era devoto. Incluso podría decirse que en la ficción de Lugones, las ciencias ocultas ocupan un lugar semejante al que tiene la metafísica en Borges. Madame Blavatsky y, digamos, Schopenhauer parecen funcionar, respectivamente, como usinas de literatura fantástica y como dispositivos que legitiman y enmarcan los relatos al mismo tiempo que los distorsionan y desdibujan. Oriente, entonces, es visto, no tanto como el lugar de lo exótico, como una colección de *chinoiseries*, sino antes bien como los dominios de saberes diferentes de los de Occidente y, por ende, como la posibilidad de postular nuevos modelos causales para la narración: de ahí que Oriente esté plagado de arqueólogos e iniciados filósofos ocultistas en Lugones y de sinólogos y filósofos del lenguaje –o del arte– en Borges.

En su *Leopoldo Lugones*, publicado en 1955, Borges desestima las supuestas aventuras revolucionarias de su generación para decir que, en última instancia, no ha sido más que un descendiente de Lugones y que "Desde el ultraísmo hasta nuestro tiempo, su inevitable influencia perdura creciendo y transformándose".[26] Ya veinte años antes, en 1937, en un artículo de *El Hogar* –"Las 'nuevas generaciones' literarias"–, la posición era la misma: si bien, según Borges, él y su generación "tenían el deber de ser otros" distinguiéndose de Lugones, llega a la conclusión de que finalmente no fueron más que "involuntarios y fatales alumnos –sin duda la palabra 'continuadores' queda mejor– del abjurado *Lunario sentimental*". Esta es la posición del *Lugones* de Borges, que no en vano fue desaprobado por, por ejemplo, Girondo. Borges intenta –con magro éxito– una reconciliación con Lugones al costo de desestimar –acaso por las razones menos interesantes– su etapa "vanguardista", movimiento que también concuerda con la mesura que se espera de un prócer literario. A la hora de intentar hacer las paces, Borges no elige, entonces, el último Lugones, el Lugones "comprometido" (y aquí no importa el signo político de este compromiso, sino qué relación con la literatura se juega en esta decisión), aquel que considera que el escritor es "un

26. Borges, Jorge Luis: *Leopoldo Lugones*, ob. cit., p. 12.

27. Lugones, Leopoldo: "El escritor ante la libertad", en *La Nación*, suplemento literario, 2ª sección, Buenos Aires, domingo 16 de mayo de 1937, p. 1, recogido en *La misión del escritor*, Buenos Aires, Ediciones Pasco, 1999, p. 57.

servidor del pueblo",[27] sino el Lugones que vuelca la literatura sobre sí misma, el Lugones que hace dialogar a Hamlet con el Quijote (el género de diálogos de –o con– muertos o de personajes de ficción será continuado por Borges; sin ir más lejos, este es el modo en el que habla con Lugones desde el prólogo a *El hacedor*). El *Martín Fierro* que quiere reconciliar arte y vida, el Borges que ensaya una ortografía de la oralidad, el Borges rosista, ese Borges que se opone a un Lugones modernista, olvidado del mundo en el regodeo con sus materiales –con la lengua–, iniciará un camino que lo llevará a transitar hexágonos plenos de aquellos anaqueles de los cuales antes se había querido bajar, en tanto que Lugones escribe romances para el olvido, una novela para el oprobio y artículos políticos para la posteridad. En el medio, revoluciones –Septiembre, la Libertadora–. En estos recorridos inversos, Lugones y Borges, necesariamente, se cruzan: Lugones ha caído del pedestal del poeta nacional bajo el peso de sus textos políticos; Borges –que encerrado en su literatura la trasciende– va rumbo a su despacho de director de la Biblioteca Nacional.

3. *Una cita impertinente: Borges y Osvaldo Lamborghini*

ADRIANA ASTUTTI
UNIVERSIDAD DE ROSARIO

"En Polonia como en Sudamérica todos prefieren lamentarse de su condición inferior, de menores y peores, en vez de aceptarla como un nuevo y fecundo punto de partida", afirma Witold Gombrowicz en el prólogo que escribe en 1947, cuando traduce en la Argentina su *Ferdydurke* al español.

Repitiendo a Gombrowicz, pero sin citarlo, en 1985, "poco antes de morir en Barcelona, Osvaldo Lamborghini le escribía a su amiga Tamara Kamenszain, también escritora, lo siguiente: "La 'Argentina' no es ninguna raza ni nacionalidad, sino puro estilo y lengua".[1] Para algunos, Lamborghini era un genio, para otros, un maldito y para otros, simplemente un invento.[2] Su escritura, que juega con estas imágenes y se ríe de la ilusión de excepcionalidad en la que cada una se autoriza, es una de las pocas escrituras invaluables producidas en la literatura argentina de las tres últimas décadas y es, a nuestro entender, una de las pocas que producen como efecto de lectura, después de Borges y Arlt, la misma pregunta por el escritor: *¿es o se hace?* Por la lectura de Lamborghini, tanto Borges como Arlt, como el paradigma con que se los limita, pero sobre todo, como el propio Lamborghini, quedan al borde del escándalo o de la payasada.[3] Pero como Bor-

---

1. Libertella, Héctor: "Una lectura al cuadrado", en *Las sagradas escrituras*, Buenos Aires, Sudamericana, 1993, p. 212.

2. Nacido en Buenos Aires en 1940, Lamborghini murió en Barcelona en 1985. Publicó en vida *El Fiord*, en 1969, *Sebregondi retrocede*, en 1973 y *Poemas* en 1980, en editoriales pequeñas. Algunos relatos aparecieron en las revistas *Sitio*, *Crisis* e *Innombrable*, en Buenos Aires. En 1988 César Aira reúne parte de su obra en *Novelas y cuentos* (Barcelona, Ediciones del Serbal). En 1994 y en la misma editorial aparece *Tadeys*. Quedan inéditos todavía numerosos textos.

3. Hemos analizado el uso menor que hace Lamborghini de su biografía y su nombre propio en respuesta tanto a las estrategias de la vanguardia como a las esencializaciones de lo marginal en "Lamborghini, Osvaldo: yo soy la morocha, el marne, el cachafaz", *Boletín 5*, Rosario, Grupo de Estudios de Teoría Literaria, 1996, y en "Mientras yo agoniza", *Boletín 6*, Rosario, Grupo de Estudios de Teoría y Crítica Literaria, 1998.

ges es el escritor canonizado en el momento en que Lamborghini escribe, y no Arlt, es con esa *lectura canónica* de Borges con quien el enfrentamiento es más directo. Y es de eso que nos vamos a ocupar. Para hacerlo, y en virtud de que es la burla y la traición como lección del maestro lo que nos interesa señalar, tomaremos sólo una escena en la que estos dos escritores se encuentran, detrás de una verja. Pero primero pasaremos rápidamente por Borges: por el modo en que Borges se enfrentó a *sus* mayores y a la consigna de escribir una literatura nacional, en los textos que giran alrededor de "El escritor argentino y la tradición".

En una entrevista que le hacen en 1973, cuando todavía los dos vivían, Osvaldo Lamborghini dice que Borges "ha desarrollado y enseñado un método renovador, mejor dicho, transgresivo: leer los textos, no como lo propone una sucesión temporal o histórica, sino a partir del sistema de relaciones interiores a la literatura que esos mismos textos instauran".[4] Borges, dice, nos enseñó una manera transgresiva de establecer relaciones. La declaración de Lamborghini no deja de ser taimada. Sabe decir no al rotundo rechazo a Borges, que a nadie hubiera sorprendido en un joven escritor de vanguardia en una época de militancia feroz en la Argentina, pero lo hace como "el que sonríe con el cuchillo bajo la capa", para nombrar con Borges al posible traidor.[5] No será esta entrevista, ciertamente, la única vez que Lamborghini se encuentre con Borges. La cita se repetirá en otros sitios, y en estos futuros encuentros del maestro con el joven escritor, el menor (Borges, Lamborghini) vuelve a traicionar los monumentos de la literatura nacional para inventar la fábula del nacimiento del escritor, la búsqueda de la lengua nueva y el hallazgo del tono, del estilo, en la impropiedad de una voz.

Atento a la fabulación del maestro, Lamborghini actúa su propia fábula para cumplir "por una colección ágrafa de resentimiento e ineptitud– su deseo, deleo más íntimo: como la perla íntima, como: el íntimo cuchillo en la garganta: escribir. Algo íntimo" (p. 91). Allí, en esa ambigua identidad, los nombres de Lambor-ghini y Borges surgen no para designar una vida o una escritura individual sino como productos de un agenciamiento en el que entran la vida, la tradición, la política, la escritura y también la lectura. Entonces, la obra meramente literaria de los dos forma un continuo con su correspondencia, sus ensayos, sus declaraciones políticas para nombrar, en la ocurrencia del azar, del error, del escándalo o de la payasada, la experiencia irreductible de la diferencia como frontera, orilla o

---

4. Cfr. Di Paola, Jorge: "Osvaldo Lamboghini: Un museo literal", entrevista, en *Revista Panorama*, Buenos Aires, 22 de febrero de 1973.

5. La cita pertenece a "De las alegorías a las novelas". El que sonríe con el cuchillo bajo la capa es la traducción que da Borges a la versión de Chaucer del verso de Bocaccio: "Y con hierros ocultos las Traiciones", también según la traducción de Borges. En ese pasaje de lo general a lo individual, ocurrido en una traducción de 1382, Borges sitúa el pasaje de especies a individuos, de las alegorías a la novela. Cfr. Borges, Jorge Luis: *Otras inquisiciones*, en *Obras completas*, Buenos Aires, Emecé, 1974, p. 746. Citaremos los textos de Borges, salvo aclaración, por esta edición.

verja. Así, como ocasión de la diferencia es que se vuelven *menores* estos dos escritores en el seno de la literatura argentina. *No porque lo sean ni porque se propongan serlo*, sino porque la relación los sorprende en esa posición, que deciden actuar.

Ciertamente esta relación sería caprichosa si entendemos la escritura argentina contemporánea como un objeto dado y ausente de conflicto y si la leemos fuera de las experiencias de subjetivación que la conforman. Si la leemos en la sucesión que establece la Historia de la Literatura Nacional, que, como se sabe, se inauguró con Ricardo Rojas leyendo la literatura gauchesca. No lo es si entendemos que "toda literatura 'nacional', si es que hay tal cosa, se hace *contra* otras literaturas 'nacionales', y en última instancia, contra sí misma".[6] No lo es si precariamente la consideramos no lo que escriben unos cuerpos nacidos dentro de determinados límites geográficos sino aquello que se articula a pesar de ellos en algo ambiguamente reconocible como *estilo*.

Borges le disputó a sus contemporáneos la invención de un espacio: las fronteras de Buenos Aires, para él "las orillas", y desde allí reescribió tanto la cultura occidental como la literatura nacional "en el cruce de la cultura europea con la inflexión rioplatense del castellano en el escenario de un país marginal. [...] Borges trabajó con todos los sentidos de la palabra orilla (margen, filo, límite, costa, playa). [...] En las orillas define un *territorio original* que le permite implantar su propia diferencia".[7] En ese espacio, que aparece y se modifica a lo largo de una serie de ensayos de su juventud, en sus primeros libros de poemas y en algunos textos de ficción, a lo largo de toda su obra, Borges inventó una orilla que unas veces fue el lugar de la nostalgia, otras el de la traición y otras el del encuentro de dos legalidades diferentes. Y desde esa orilla leyó la cultura occidental y la literatura nacional.[8]

6. Grüner, Eduardo: "La Argentina como pentimento", en *Un género culpable*, Rosario, Homo Sapiens, 1996, p. 33. En este ensayo, Grüner define la literatura nacional como una suma de paternidades extranjeras que presionan sobre "nuestra" "lengua" literaria para transformarla en lo que "es", a saber, un *estar siendo* en permanente redefinición.

7. Si decimos que peleó por inventar ese espacio es porque en muchos de los trabajos de las décadas de 1920 y 1930 se puede ver cómo Borges disputa ese espacio como propio. No es una invención desde la nada la que hace sino que la funda en Carriego. Carriego, dice, es el inventor del arrabal. Sólo que ese arrabal de Carriego puede entenderse de muchas maneras: los de Boedo lo entendían a su manera. La estrategia de Borges no sólo niega ese lado de Carriego (el del tango llorón, el de la costurerita que dio el mal paso, el del patetismo de la vida de "los pobres", como Borges los denomina en *Evaristo Carriego*) sino a ignorar toda otra lectura que no sea la que lo propone a él como inventor. Véase Sarlo, Beatriz: *Borges, un escritor en las orillas*. Buenos Aires, Ariel, 1995, pp. 51-55, y *Una modernidad periférica. Buenos Aires, 1920 y 1930*, Buenos Aires, Nueva Visión, 1988.

8. Acerca del nacionalismo y de la figura del traidor en Borges, véase Panesi, Jorge: "Borges nacionalista", *Paradoxa*, n° 7, Rosario.

Un detalle, no importa si casual, nos deja ver el humor de Borges al respecto. Existen dos ensayos de T. S. Eliot acerca del estoicismo de Séneca en Shakespeare. La editorial Emecé los traduce en la Argentina en la colección Grandes Ensayistas, dirigida por Mallea, en el tomo II de *Los poetas metafísicos*, en 1948. La versión original de esos ensayos aparece en Londres, en 1932, en *Selected Essays*, y reúne ensayos escritos entre 1917 y 1932. Los títulos en la traducción castellana son los siguientes: "Séneca en traducción isabelina" y "Shakespeare y el estoicismo de Séneca".[9] Todos conocemos el ensayo de Borges aparecido en *Sur*, en la década de 1930 sobre las inscripciones de los carros. Borges lee, literalmente, las inscripciones de los carros y reflexiona sobre ello: "Importa que mi lector se imagine un carro. [...] Persiste el carro, y una inscripción en su costado. El *clasicismo del suburbio* así lo decreta" (*OC*, p. 148; las bastardillas son nuestras). El ensayo se titula "Séneca en las orillas".[10] Es obvio que Borges, en este ensayo paródico, está jugando con la tradición, pero también, sospechamos, está jugando con otras lecturas contemporáneas de la tradición, que no se piensan como cruzando de una a otra orilla sino desde la periferia al centro. Después de todo, Eliot es un escritor americano en Inglaterra, un "inverosímil compatriota de los 'Blues de Saint Louis'" que "en esa isla (no sin algún recelo inicial) encontró su mujer, su patria y su nombre", dice Borges, en la misma biografía sintética en que dice que "el volumen *Selected Essays* (Londres, 1932) abarca lo esencial de su prosa".[11] Y si Eliot elige una objetividad tan aséptica como elegantemente erudita para argumentar sus dos ensayos sobre Séneca e inscribir a Séneca como precursor de las obras de Dante y Shakespeare, con las respectivas diferencias, Borges inventa un personaje llamado Borges que recoge inscripciones de carros verduleros y de toda estirpe en sus paseos por las orillas. Un personaje cuya enunciación instaura una intimidad cómplice, pero también burlona, con el lector, que es, en la primera versión del ensayo, nada menos que el lector del primer número de la revista *Sur*, dirigida por Victoria Ocampo. "Pero el honor, pero la tenebrosa flor de este censo, es la opaca inscripción *No llora el perdido*, que nos mantuvo escandalosamente intrigados a Xul Solar y a mí, hechos, sin embargo, a entender los misterios delicados de Robert Browning, los baladíes de Mallarmé y los meramente cargosos de Góngora. *No llora el perdido*; le paso este clavel retinto al lector" (*OC*, p. 151). Escandalosamente intrigado habrá quedado, suponemos, ese lector, que

---

9. *Poetas Metafísicos II*, Buenos Aires, Emecé, 1948, pp. 79-134 y pp. 160-178, respectivamente.

10. Borges, Jorge Luis: "Séneca en las orillas", *Sur*, n° 1, Buenos Aires, verano de 1931, pp. 174-179. Posteriormente incluido, con el título de "Las inscripciones de los carros", en *Evaristo Carriego*, en *OC*, ob. cit. Citamos por la edición de Emecé. Para un análisis de Borges ensayista véase Giordano, Alberto: "Borges: la forma del ensayo", en *Modos del ensayo*, Rosario, Beatriz Viterbo, 1991. Sobre este ensayo de Borges véase también Sarlo, Beatriz: ob. cit., pp. 109-115.

11. Borges, Jorge Luis: "T. S. Eliot", *El Hogar*, suplemento literario, 25 de junio de 1937. Citamos de J. L. Borges, *Textos cautivos*, Buenos Aires, Tusquets, 1986, pp. 142-143.

es un lector que se quiere "culto", ávido por insertarse, aunque desde el Sur, en la Tradición, ante un párrafo como ese o ante el desparpajo de este otro encuentro: "*Derecho viejo*. Esa charlatanería de la brevedad, ese frenesí sentencioso, me recuerda la dicción del célebre estadista danés Polonio, de *Hamlet*" (*OC*, p. 150).

Cómo se las arregló Borges para publicar este ensayo en la revista de Victoria Ocampo es algo difícil de explicar, sobre todo cuando se piensa en esta forma del ridículo que Borges *actúa por elección*, en nombre propio dentro de su obra y que ella encarna como una fatalidad, cuando se piensa en la forma en que Victoria Ocampo se cuenta a sí misma visitando a Virginia Woolf. Entonces, Victoria Ocampo, siente: siente hambre y se reconoce orgullosa en esa hambre, y además siente culpa porque roba a la otra el tiempo de la escritura, pero se excusa de ese robo en su carencia, y siente no la ventaja de su distancia sino su distancia como una urgencia: "Vengo de demasiado lejos y tengo demasiado poco tiempo para permitirle a usted que me distraiga. Flush, por favor, no ronque usted tan fuerte mientras ella habla", le dice, Victoria Ocampo, en el colmo del patetismo, al perrito faldero de los Woolf. Mientras la dicción de Hamlet, que le suena a Borges como otra versión de "derecho viejo", es uno de los tantos encuentros en que Borges le saca la lengua a la Tradición, en este encuentro con Virginia Woolf, y con Flush, Victoria Ocampo construye sus minorías –en tanto se reconoce americana o argentina o escritora o mujer–, nunca menor, sino representando, luchando, para que también se incluya a la que viene del Sur, a la marginal. Elige, entonces, a la clandestinidad del uso, a la complicidad de la burla, o a la violencia solapada de la risa, la seguridad de la militancia y el combate por una reivindicación.[12]

Ese es el humor que Lamborghini aprende en Borges: el que deja al otro en posición ampulosa, culturosa y un tanto ridícula pero desde una enunciación que inventa a su vez un personaje curioso y también un poco ridículo con el que el autor elige compartir nada menos que el nombre propio (el que descubre el Aleph, sí, pero humillado como escritor y como amante y con un alfajor santafecino en la mano). Esa es la forma de la ironía con que Borges deja perplejos a los

---

12. Traté de comparar la actitud frente a la mayor de las dos hermanas Ocampo, Victoria y Silvina, en "Escribir como (cómo) una mujer: Victoria y Silvina Ocampo", inédito. Para una lectura de Victoria Ocampo, véase Molloy, Silvia: *El teatro de la lectura: cuerpo y libro en Victoria Ocampo*, p. 27, en Orbe, Juan (comp.), *Autobiografía y escritura*, Buenos Aires, Corregidor, 1994, y Sarlo, Beatriz: "Victoria Ocampo o el amor de la cita", en *La máquina cultural*, Buenos Aires, Ariel, 1998.

Para la diferencia entre devenir menor, minoritario y constituir, reconocerse en una minoría en el sentido en que aquí son usados véase Deleuze, Gilles y Guattari, Felix: *Kafka, por una literatura menor*, cap. VIII, México, Era, 1975; *Mil mesetas*, cap. 4: "20 noviembre 1923 –Postulados de la lingüística", y cap. 10: "1730– Devenir-intenso, devenir-animal, devenir-imperceptible", Valencia, Pre-Textos, 1988, en especial p. 290 y ss.

lectores argentinos.[13] Ese, el humor con que derrota, en "El escritor argentino y la tradición",[14] tanto a la lectura de Rojas como a la de "los nacionalistas" y de Lugones sobre la literatura gauchesca.

Otro tono, a la vez más combativo y más indirecto, es el que elige en sus cuentos sobre el *Martín Fierro*, "Biografía de Tadeo Isidoro Cruz" y "El fin", para decir lo que los otros callaron sobre la literatura gauchesca: que era producto del encuentro de dos culturas antagónicas con dos legalidades diferentes y que, según la legalidad que tanto Lugones como Rojas defendían, Martín Fierro no era un héroe sino un borracho, un cuchillero y un desertor.

Otro tono, signado por el exceso, es el que usa en "La fiesta del monstruo", el cuento que escribe junto con Bioy Casares contra Perón y que publica en Montevideo, donde se parodia el lenguaje de los "cabecitas negras" y se retoma "La refalosa", el poema de Ascasubi, y "El matadero" de Esteban Echeverría, para decir otra vez el conflicto entre argentinos, sólo que ahora Borges y Bioy no dejan de señalar que ese no sólo es un conflicto social, también es un conflicto racial. Y para hacerlo, en un laberinto complicado de seudónimos, notas al pie y versiones que intentan hacer olvidar al lector quiénes firman el cuento, le roban la voz a sus enemigos políticos, los "cabecitas negras" de Perón, un grupo de obreros criollos, polacos e italianos, y en esa voz les hacen contar cómo, durante una celebración del partido, mataron de una manera tan brutal como casual a un estudiante judío que pasaba: "Era un miserable cuatro ojos, sin la musculatura del deportivo. El pelo era colorado, los libros bajo el brazo y de estudio",[15] dice el narrador. En ese humor de Borges también se detuvo Lamborghini y lo desvió y lo cruzó con otros, como Castelnuovo, que también, desde la vereda de enfrente, pretendían ganarle al peronismo la representación del marginal, en dos relatos inauditos, *El fiord* (1969) y "El niño proletario" (1973), dos relatos que, a la vez que ponen en evidencia el robo que la serie de Borges, Ascasubi y Echeve-

---

13. Cfr. Bioy Casares, Adolfo: "Caprichos: sobre la crítica de las ficciones", *Babel. Revista de libros*, año III, n° 19, septiembre de 1990, p. 29, donde se habla de los malentendidos que generó el uso de apócrifos en Borges entre sus contemporáneos.

14. Publicado originalmente en *Sur*, n° 232, enero/febrero de 1955 e incorporado como ensayo final de *Discusión* en *Obras completas*, Buenos Aires, Emecé, 1957. La conferencia es posterior a 1941, fecha de publicación de "La muerte y la brújula". En ese ensayo el humor diluye al sujeto e instaura otra temporalidad que deja sin argumentos a sus opositores. Hicimos una lectura detenida de cómo Borges se enfrenta en sucesivos ensayos con la lectura institucionalizada (Rojas, Lugones, "los nacionalistas", pero también Güiraldes) de la tradición nacional en "Una mínima confidencia: el escritor argentino y la tradición", en Sergio Cueto, Alberto Giordano y otros: *Borges: ocho ensayos*, Rosario, Beatriz Viterbo, 1995.

15. Cfr. Borges, Jorge Luis y Bioy Casares, Adolfo: "La fiesta del monstruo", en *Nuevos cuentos de Bustos Domecq*, en Jorge Luis Borges, *Obras completas en colaboración*, Buenos Aries, Emecé, 1991, pág. 401.

rría hacen de la voz del enemigo político, mezclan todas las voces en una continuidad sin escansiones para subrayar la diferencia que las anima.[16]

Pero hay otro tono, que Borges usa para decirse escritor en dos ocasiones: una en "El escritor argentino y la tradición" y otra en el prólogo a "Evaristo Carriego". Allí Borges actúa la intimidad y el pudor. Empecemos por "El escritor argentino y la tradición". Es en la forma de este ensayo donde se dan cita por primera vez, en las respuestas de Borges a la pregunta por la tradición de la cultura argentina, un estilo y un escritor; donde por primera vez la consigna deja de leerse como una orden para volverse una contraseña, un *lugar de paso*. Cansado ya de los términos en que los otros –Rojas, Lugones, las vanguardias de Boedo y Florida, los nacionalistas– lo habían planteado, Borges se toma la libertad de plantear ahora él mismo ese problema no ya en función del espacio, nuestro espacio argentino, nacional, sudamericano, minoritario, sino en función de dos tiempos que difieren y lo hacen no ya, es obvio, de la manera en que diferían los tiempos de la cultura europea y americana desde la perspectiva del subalterno, de quien siempre se ve a sí mismo cronológicamente desfasado, en atraso y, en el mejor de los casos, a punto o en camino de llegar a un orden mayor, de madurar.[17] Lejos de esta distinción, estos tiempos difieren de una manera absolutamente radical, siendo uno el tiempo de los otros, el del error, que es el tiempo laborioso y sucesivo del proyecto y de la intención, que incluso, dice Borges, ambiguamente confidente, es el tiempo de sus propios errores: "Séame permitida aquí una confidencia, una mínima confidencia. Durante muchos años, en libros ahora felizmente olvidados, traté de redactar el sabor, la esencia de los barrios extremos de Buenos Aires". Ese es el giro, casi imperceptible de "El escritor argentino y la tradición", que disuelve esta lógica en la del otro tiempo, el tiempo instantáneo, impredecible y vago del encuentro: "He encontrado días pasados una curiosa confirmación. […] *Hará* un año [y la imprecisión es lo que aquí importa], escribí una historia que se llama "La muerte y la brújula" que es una suerte de *pesadilla* […]; publicada esa historia, mis amigos me dijeron que al fin habían encontrado el sabor de las afueras de Buenos Aires. Precisamente porque *no me había propuesto encontrar* ese sabor, porque me había *abandonado* al sueño, pude lograr, al cabo de tantos años, lo que antes busqué en vano" (las bastardillas son nuestras). Es en

16. Josefina Ludmer es quien lee la serie de cuentos en que Borges retoma la gauchesca y analiza la lectura política de Borges de esa tradición y establece la serie de estos textos de Ascasubi, Echeverría y Borges en lo que ella dio en llamar "Las fiestas del monstruo" y en esa serie el uso político que se hace de la voz del otro. La culminación de esa serie se da, según Ludmer, en *El fiord*, de Osvaldo Lamborghini y su lado de afuera, el revés, en la escena del degüello del indio por Martín Fierro, en el poema de Hernández, *del otro lado de la frontera*. Cfr. su libro *El género gauchesco. Un tratado sobre la patria*, Buenos Aires, Sudamericana, 1998.

17. Respecto de la respuesta "subalterna" de Victoria Ocampo a este problema en comparación con la de Borges cfr. nuestro trabajo "Victoria Ocampo: V.O.", *Boletín 3*, Rosario, Grupo de Estudios de Teoría Literaria, 1993.

este tiempo que instaura lo nuevo donde vemos la respuesta que revierte la tradición en "El escritor argentino y la tradición". No donde dictamina que la ausencia de camellos del Corán demuestra la autenticidad del Corán. No donde nos señala nuestra confraternidad en lo extranjero con los judíos o los irlandeses de la tradición occidental –respuestas que, aunque nieguen una tradición son, en última instancia, meros principios de reconocimiento en otra tradición que no deja de caer en el error de "esencializar los márgenes" y fijarlos, quitándoles su potencia– sino donde sigue asegurando que no debemos temer y que debemos pensar que nuestro patrimonio es el universo, experimentar, ensayar todos los temas *en el tiempo paradójico del sueño voluntario, dirigido, que es la literatura*. Allí asistimos con asombro a la constelación irreverente de una nueva consigna, que promete al escritor argentino que en el olvido del reconocimiento tal vez pueda innovar: "'Innovar' es un verbo defectivo, igual que 'mentir'. No se dice 'yo innovo'. Si lo hago, tendrá que decirlo otro, y en otro momento. No por modestia, sino por las posiciones relativas en la historia. Si lo hago, es porque en definitiva lo hice, y no lo supe", dice César Aira; "mis amigos me dijeron que al fin habían encontrado el sabor de las afueras de Buenos Aires", cuenta Borges.

Lo nuevo es el acontecimiento de lo nuevo y eso, que no se puede testimoniar, aparece en el pasaje: de una a otra lengua, o de la escritura por la oralidad. Lo nuevo surgirá de la escritura entendida como ensayo, en que tanto lo propio como lo ajeno no son sino pretextos para ese pasaje *entre* lo escrito y lo oral: "estas palabras hay que oírlas, no leerlas", se apunta en "La trama", entre paréntesis: *¡Pero, che!* repite pero no equivale a *¡Tú también, hijo mío!* en las dos versiones del relato; *Triste Le Roy* menta pero no sustituye a Adrogué en "La muerte y la brújula", la locución inglesa *kill his man*, tiene su versión directa, *matar a su hombre*, en castellano, y puede "descifrarse" como *matar al hombre que tiene que matar todo hombre*. Pero necesita, para traducir la ética que Borges quiere para el criollo, recrear en la escritura la queja y la gravedad de la *dicción* del criollo entrado en años o del orillero: "Quién no debía una muerte en mi tiempo, *le oí* quejarse con dulzura una tarde a un señor de edad. No me olvidaré tampoco de un orillero, que *me dijo* con gravedad: 'Señor Borges, yo habré estado en la cárcel muchas veces, pero siempre por homicidio'".[18]

Lo nuevo surge como hallazgo, como ensayo, y como impropiedad. La palabra asombro es la única que ronda sus efectos con justicia. Borges habló de esa imposibilidad de testimoniar el acontecimiento en un ensayo que tituló "El pudor de la historia". Los acontecimientos históricos, dijo allí, los que dividen el tiempo en dos e introducen un cambio, un antes y un después en los relatos, pudorosos, pasan inadvertidos para quienes conviven con ellos y de sus efectos in-

---

18. Cfr. "Poesía gauchesca", en *Discusión*, *OC*, p. 195, y "La trama", en *El hacedor*, *OC*, p. 793. Las bastardillas son nuestras.

mediatos sobre esas gentes solo podemos imaginar el asombro: el asombro, por ejemplo, que habrán sentido los griegos al ver aparecer en escena por primera vez a un segundo actor. Ese asombro, que no pertenece sino al acontecimiento, a su imprevisible efectuación indiferente, desaloja la experiencia. Entonces, la respuesta que permitía escapar al complejo de haber llegado siempre un poco tarde era tan simple como elegirse "a second actor", un replicante, un segundo actor que instaura otro tiempo, otro orden, *ambos imprevisibles e inauditos*, en la comedia de la tradición. Es allí donde la pregunta subalterna por la minoría se vuelve el desafío de lo menor.[19] Es allí donde la respuesta por la tradición disuelve la autoridad en la línea delgada que tiene ocasión *entre* el escritor argentino *y* la tradición, en el espacio, otra vez escénico y oral, de la confidencia, "una mínima confidencia" de un sujeto fuera del tiempo y del yo.[20]

Esa intimidad ambigua de la "mínima confidencia", intimidad exterior a sí misma que se confunde con la escena pública, teatral, vuelve en el prólogo que Borges agrega a *Evaristo Carriego*, para extrañar el espacio de lo familiar. En ese prólogo Borges vuelve a su infancia y recrea el espacio en que esta transcurrió. En otra mínima confidencia Borges vuelve a diluir la certeza en el error:

> Yo creí, durante años, haberme criado en un suburbio de Buenos Aires, un suburbio de calles aventuradas y de ocasos visibles. Lo cierto es que me crié en un jardín, detrás de una verja de lanzas, y en una biblioteca de ilimitados libros ingleses. Palermo del cuchillo y la guitarra andaba (me aseguran) por las esquinas, pero quienes poblaron mis mañanas y dieron agradable horror a mis noches fueron el bucanero ciego de Stevenson, agonizando bajo las patas de los caballos, y el traidor que abandonó a su amigo en la luna, y el viajero del tiempo, que trajo del porvenir una flor marchita, y el genio encarcelado durante siglos en el cántaro salomónico, y el profeta velado del Jorasán, que detrás de las piedras y de la seda ocultaba la lepra (*OC*, p. 101)

19. El desafío que implica pensar la distancia no como ventaja, a pesar del aura de prestigio que la periferia pueda llegar a tener en las teorías contemporáneas. Tampoco como pobreza o fatalidad. Sino recordar que la distancia y la marginalidad son la *condición de enunciación de esa literatura*. La afirmación de esa distancia en la respuesta de Borges es entonces una respuesta política que Borges nos arroja, en tanto sudamericanos, como desafío y única manera de convertir la pesadilla en libertad (no olvidemos que Borges dice en "El escritor argentino y la tradición" que encontró el tono de su literatura inadvertidamente al escribir "La muerte y la brújula", que es una suerte de "pesadilla"). Leemos en esa respuesta una resistencia sin reacción que actúa sobre los órdenes de la cultura mayor, y que, lejos de instaurar una "verdadera originalidad", cuestiona la noción misma de original, de cultura alta y baja, de propiedad y verdad en que se basa la cultura mayor.

20. Por este pasaje, *entre*, que Borges llama orilla o tono, como espacio de la diferencia cultural, diferencia como poder y no como distancia o como exotismo, la frontera deviene entonces tanto una línea espacial como el hueco que hace resonar la diferencia en la intimidad, y señala, allí, el choque de identidades grupales, culturales, opuestas (como latinoamericano, como argentino o como escritor, etcétera).

Como ya señaló la crítica, en este jardín de la cita Borges establece un cruce de dos culturas y en ese cruce sienta su literatura.[21] Un cruce que, al complicar la frontera entre civilización y barbarie revela el ambiguo "destino manifiesto" de sus personajes. Destino que no es, justamente, sino cruzar la frontera. Lamborghini se detiene en eso. Parte de esas relaciones interiores de la literatura de las que hablaba en la entrevista del comienzo es el cruce de las fronteras *en la novela familiar*. Una novela en que aparece un Borges que recoge en el cruce de la frontera la memoria de su abuela inglesa, hacia 1872, frente a los indios, del otro lado de la verja con lanzas, por ejemplo, o un Borges niño que lee novelas de aventura inglesas, de este lado de la verja con lanzas, en el Palermo de la infancia, o un Borges casi adolescente, que cruza la frontera del país hacia Europa con sus padres llevando de contrabando el Martín Fierro. Quien haya leído "El jardín de senderos que se bifurcan" sabe que esta apelación a un jardín en la rememoración de infancia poco tiene que ver en Borges con un paraíso perdido y mucho con la traición. Como en todas las fronteras nombradas, las lanzas traicionan en la lectura del cruce una encrucijada. Eso es lo que repone Lamborghini en las lanzas del prólogo a *Evaristo Carriego*: el arma con que los indios defendían su lugar en el desierto y lo que *separa* a Borges del Palermo de las orillas y su destino de cuchilleros. De este lado de la verja está el jardín y la casa paterna, y del otro la amenaza *de afuera*. Si hay verja de lanzas es porque el límite dice la existencia de un peligro, de una amenaza, de una tensión, de una guerra.

Si en la síntesis de la cultura inglesa con el pintoresquismo nacional (léase milonga o gauchesca o incluso inscripciones en los carros) otros encuentran un le-

---

21. Sarlo, en el libro citado, se detiene sobre este prólogo y la serie de cuentos que pasa por él, sobre todo en "El Sur" e "Historia del guerrero y la cautiva". Daniel Balderston, en "A lo nativo: civilización y barbarie en 'Historia del guerrero y la cautiva' " hace un análisis de este cuento desde la perspectiva autobiográfica en el que destaca la fecha en que Borges escribe el cuento, 1949, dos años después de "La fiesta del monstruo" (1947), en función de las relaciones de Borges con el peronismo, y la fecha en que Borges, en el cuento, sitúa el encuentro recordado de su abuela inglesa con la cautiva inglesa. Esa fecha, 1872, recuerda a su vez Balderston, es el año en que Hernández publica la Ida de *Martín Fierro*, que, como se sabe, culmina con la fuga de Fierro y Cruz del otro lado de la frontera, a la tierra de los indios, además de ser un año clave en la gestión de la campaña del desierto; y también la fecha de la matanza de Tandil, en la que un grupo de inmigrantes, muchos ingleses, perecieron en manos de los gauchos. La fecha, entonces, dice las dos violencias del país, hacia los gringos de adentro y hacia los indios de afuera. Balderston subraya que Borges, lejos de resolver el conflicto en una síntesis armoniosa, dice su fascinación por la parte de afuera, por la frontera, en esos cuentos. Fascinación a la que él llama su "destino sudamericano", pero que también Balderston lee en sus preferencias por las novelas de aventuras. Balderston registra que la abuela inglesa, que aparece en "Historia del guerrero y la cautiva", es quien lee a Borges su primera novela completa, que es *Huckleberry Finn* y que concluye así: "Me doy cuenta que tengo que escaparme y llegar a la frontera antes que los otros, porque la tía Sally quiere adoptarme y civilizarme y no lo puedo aguantar. Ya estuve allí". Cfr. Balderston, Daniel: *Fuera de contexto*, Rosario, Beatriz Viterbo, 1996, cap. 6, pp. 131-157.

gado borgiano que *autoriza* la literatura nacional, Lamborghini repite lo que Borges pone *entre* esos dos espacios: la verja de lanzas, para ficcionalizar otra novela familiar donde otro personaje menor encuentra su destino también por ocurrencia de un error, de un azar. En este encuentro de enemigos separados por las lanzas de la verja, Lamborghini escribirá la guerra entre "los piojosos" y el niño de clase media y volverá a separar a los de acá de los de allá para reescribir la cultura popular desde el seno de la novela familiar en una intimidad actuada como comedia del replicante, del segundo actor, del hermano menor. Escribe *El pibe Barulo*, que es una cruza de géneros menores (como si no le bastara ser gato y cordero quiere también ser perro, diría Kafka): de comic con melodrama y de novela de iniciación con fotonovela, y sitúa a su personaje, Roberto Arnaldo Gasparparini, alias Barulo, niño, amenazado por un destino "vernáculo" que le viene *de afuera*, también en un jardín, protegido otra vez por una verja con lanzas que separa el lado de acá del lado de allá. Si allí Lamborghini nos hace leer las lanzas de la casa familiar de Borges, las hace resonar con las lanzas del *Martín Fierro* cuando este pelea con los indios, en la frontera. Es Borges leyendo el *Martín Fierro* el que vuelve en la novela familiar de Lamborghini –el Borges que dice que "en una pieza de hotel, hacia mil ochocientos ochenta y tantos, un hombre soñó una pelea" y que "Esto que fue una vez vuelve a ser infinitamente"–[22] y corrige el paisaje idílico del prólogo del mismo Borges al *Evaristo Carriego*. Si hay lanzas, dirá Lamborghini, es porque hay guerra. La verja, entonces, es una línea que separa dos lados: "de un lado de la línea hay un costado protector para mí y del otro, de exclusión para los demás".[23] Y si la amenaza puesta en boca del indio en la frontera contra Martín Fierro atenta contra el género (y no sólo contra el género gramatical de las lanzas) "Acabau, cristiano / metau el lanza hasta el pluma",[24] también lo hacen las palabras puestas en boca de los "piojosos, niños pordioseros" que, del otro lado de la verja con lanzas, repiten el vaticinio terrible a Barulo: "Era más terrible aún su vaticinio. Nació culón y el Destino no perdona. [...] Nal se resistía a creerlo, golpeaba con los puños la lanza de la verja". Lamborghini se agencia las lanzas de Borges y vuelve a cruzarlas con Martín Fierro

---

22. En *El hacedor*, 1960, en *OC*, p. 797. Lamborghini lee esas frases literalmente y en "Las hijas de Hegel", un relato escrito en 1982, a más de un siglo de la publicación de la Ida de *Martín Fierro*, la repetición de "En una pieza de hotel" de Borges, y de "para alejar el fastidio de la vida de hotel", de la carta prólogo de José Hernández al *Martín Fierro*, escanden el relato una y otra vez mezcladas con datos históricos que subrayan el carácter político del *Martín Fierro*: la guerra del Paraguay, por ejemplo, la presencia de la frontera, la negación de las mujeres, en un texto doblemente fechado el día 17 de octubre de 1982. El aniversario del día del "nacimiento simbólico del peronismo", evocado en 1982, en plena dictadura militar.

23. La cita es de "Geometría de lo incomunicable: la locura", en Michel Serres, *Hermes I, La Comunicación, La comunicación*, Buenos Aires, Almagesto, 1996, p. 213.

24. Josefina Ludmer analiza este pasaje en "Otros dos desafíos con degüello", en *El género gauchesco. Un tratado sobre la patria*, ob. cit., p. 188.

para decir de nuevo un diálogo hasta entonces no escrito. Así, si en *Martín Fierro* las lanzas unen y separan a dos expulsados –el gaucho en la leva y el indio en el desierto– y en Borges la verja de lanzas une y separa dos espacios también extranjeros –las aventuras de los infinitos libros ingleses y el Palermo ajeno y perdido de los cuchilleros–, en Lamborghini el destino que acecha del otro lado de la verja con lanzas es el que, al poner a hablar a dos excluidos a la vez, los mendigos piojosos y el gordito maricón, da vuelta el género y hace que aparezca algo nuevo. Barulo marca una fecha histórica inaudita, que se vuelve contra todas las fechas históricas, cuando se cumple un destino en el relato al efectuarse la amenaza de afuera. Cuando Barulo se convierte en monstruo, algo que, nacido de todos los estereotipos de la lengua nacional, está más allá de cualquier género, más allá de cualquier historicidad: "Aquí termina una historia, o empieza otra. Pero nada de eso. Da miedo decir que empieza lo mismo con distintas variantes".[25] La novela familiar rompe la familia y la lleva del otro lado de la verja con lanzas, al lado de afuera (y no al secreto) de cualquier socialidad. Abandonados los estereotipos de la lengua nacional con que los niños se atacaban y defendían, de ambos lados de la verja, las lenguas empiezan a cambiar de lugar: es el hijo quien ahora aconseja al padre y es la madre quien adopta la lengua vulgar de los "machos" para vagar de noche por los bares del puerto.

Por esta nueva cita con Borges, en la verja con lanzas, que es una cita en el seno de la novela familiar de Borges, Barulo dice lo excluido de esa novela familiar. Dice todos los otros de la argentinidad y dice lo que en Borges se calla: la amenaza que se representa y se expulsa como un fantasma en esa novela familiar. Para hacerlo Barulo pierde el nombre, el rostro y la lengua. Corrige la firma de la escuela, Roberto Arnaldo Gasparparini, por nueva firma: "Luego se dispuso a firmar. Por un segundo se confundió, se creyó en el colegio, estuvo a punto de estampar la rúbrica "Roberto Arnaldo Gasparparini", cuando recordó su verdadera situación. [...] Tomó otra determinación. Cavando bien en la tierra para que tardara en borrarse, y con un rictus de artista maldito, firmó: *Gordo Puto*" (p. 249) y, como en el hermano de los pordioseros, este, su nuevo estilo, se manifiesta en la voz –"mi hermano hablaba normal, pero al contestarle le salió voz de mina" (p. 243)–, y en el gesto: Barulo inventa una nueva "manera de mover el piecito" (p. 270).

Al cumplirse un destino en la novela, el Pibe Barulo invierte todos los géneros, y lo hace en una lengua y en un tono menor: si la revista popular de deportes *El Gráfico*, o las enseñanzas de la escuela, o las charlas de los chicos "grandes" o los dichos del sentido común, eran los que le enseñaban a Barulo a ser varón, el melodrama de la más estereotipada estirpe, el lenguaje de las fotonovelas y de

---

25. Lamborghini, Osvaldo: *El Pibe Barulo*, en *Novelas y cuentos*, Barcelona, Ediciones del Serbal, 1988, p. 266.

la novela sentimental, son los que le enseñan a Barulo a ser mujer y es la inversión de todos esos géneros y el pasaje de uno a otro una y otra vez lo que sirve de lenguaje a esta novela "del monstruo" que anula tanto el estereotipo argentino del varón como el de la mujer, para que del capullo de la decepción nazca una mujer cuyo nombre pertenece a otra lengua: *Elizabeth*.

La condición de este nuevo estilo es otra vez la puesta en variación en la lengua materna: Elizabeth nace cuando se rompe el pacto en torno al sentido de las palabras *en la lengua materna*. Cuando la madre de Barulo, literalmente, "se da vuelta" y olvida sus sutilezas de educadora y, como a todos los hombres en la novela "cualquier palabra le da lo mismo" (p. 252). Cuando la madre se da vuelta, "como en un tango cantado al revés", cuando la madre ya no es la madre del tango –cuyo amor desinteresado del placer, fiel puro y moral es indudable,[26] "por algo tenía 'corazón de madre'" (p. 245), sino todo lo contrario, y está ahora dedicada a darle esta "paliza de puta madre" (p. 254)–, a Barulo se le revela su heterogeneidad radical: "su culo era *otro*". Si antes la madre a Barulo "lo intrigaba", este nuevo cambio, este, su nuevo humor, lo deja tan perplejo que, a partir de él, ya no tendrán nada que hablar. Barulo ve cómo la madre salta de uno a otro estereotipo sin lógica previsible. Si antes era la "madre y educadora de sus hijos", su aliada incondicional contra los abusos del "monstruo" (el padre), ahora se vuelve la contracara de esa imagen femenina: una desaforada sexual. Solo que antes lleva a sus últimas consecuencias, inauditas, otro lugar que es común para una madre: el que la volvía el lugar de pasaje de la ley del mayor al menor. Con un humor consecuente, en una función dislocada de su función, la madre le enseña lo menor como condición del goce, no del dolor.[27] Esa es su última enseñanza. "Cuando se cansó, el chico quería morir: no, ésa no era vida, era la gloria, y eso que zapateado de entre casa" (p. 251).[28] Ante el primer encuentro con la madre transformada Barulo cae en una nueva actitud rebelde, que no pasaba de ser una pose, de "artista maldito" (p. 249); aquí, en cambio, la pose se vuelve estilo. Fren-

---

26. Acerca del amor de madre como única verdad en el tango cfr. Archetti, Eduardo: "El tango argentino", en Ana Pizarro (ed.), *América Latina, literatura e cultura*, vol. 3, Campinas, Editora da Unicamp, 1995, pp. 187-217.

27. Respecto del humorista como lógico de las consecuencias de la ley, como aquel que "burla la ley por exceso de celo", y a la risa consecuente con este tipo de escrituras, risa que constituye su poder "cómico-agresivo", cfr. Deleuze, Gilles: "La ley, el humor y la ironía", en *Presentación de Sacher-Masoch*, Madrid, Taurus, 1973, pp. 83-92.

28. Respecto de las posiciones de la madre en la literatura argentina cfr. Domínguez, Nora: "El relato de la madre", en *Revista Travessía*, nº 29, "Literatura fora da Lei: gêneros ex-cêntricos", *Revista de Literatura Brasileira*, Universidade Federal de Santa Catarina, 1996, y "El desorden materno", *Revista Feminaria*, nº 13, 1994; Masiello, Francine: "Estado, género y sexualidad en la cultura del fin de siglo", en Josefina Ludmer (comp.), *Las culturas de fin de siglo en América Latina*, Rosario, Beatriz Viterbo, 1994.

te a este cambio en el sentido de las palabras de la madre, Barulo recurre, en el seno de la lengua materna, a "la sabiduría del refrán que aconsejaba 'hacer de su culo un pito', frase, como todas, que podía interpretarse [...] de varias maneras, pero que una de ellas puede permitirle a Roberto Arnaldo lo que todos hacemos sabiéndolo o no: comedidamente representar la comedia de la vida" (p. 252). En este segundo encuentro, que es la verdadera iniciación de Barulo y que no es sino otra traducción vernácula y el pasaje de la primera a la tercera persona –y de la confesión a la fabulación– de la iniciación que Rousseau cuenta en las *Confesiones*,[29] después de eso aparece Elizabeth como una *visión* de la fuga en la otra lectura de la *sabiduría* popular: "comedidamente representar la comedia de la vida".

Ese es el nuevo estilo, inaudito e impropio, que encuentra Lamborghini para retomar la literatura argentina después de Borges, en la frontera de la novela familiar, y llevarla otra vez más allá. Una forma que retoma literalmente el humor de Borges para sacar a la literatura argentina de la institución y del museo, desde el seno de lo familiar: "Una familia donde el padre *ha muerto de risa* desde que era hijo, una familia de circo con un camarín secreto: *'Ven, padre, aquí se prueba y se impone un nuevo estilo de maquillaje'*", dice Elizabeth.

"En Polonia como en Sudamérica todos prefieren lamentarse de su condición inferior, de menores y peores", decía Gombrowicz. Yo diría que no todos, ¿no?

---

29. Rousseau cuenta el goce que le causa la paliza de su nodriza, Mlle. Lambercier, en las *Confesiones*. Respecto de este pasaje en relación con la presencia del Edén en la fabulación de infancia representando el instante previo al conocimiento, que es a la vez, experiencia de la sexualidad y de la mortalidad, cfr. Egan, Susanna: "Childhood: from innocence to experience", en *Patterns of Experience in Autobiography*, The University of North Carolina Press, 1984, pp. 68-104; respecto de la efectuación de esta escena primaria en la forma retórica de este *episodio* cfr. Rosa, Nicolás: *El arte del olvido*, Buenos Aires, Puntosur, 1990, p. 60.

4. *Besando a Judas. Notas alrededor de "Deutsches Requiem"*

ANNICK LOUIS

Hasta ahora poco se ha dicho sobre la estrategia textual mediante la cual, durante los años del régimen nacionalsocialista en Alemania y de la Segunda Guerra Mundial, Borges manifestó sus posiciones ante el nazismo.[1] Su toma de posición está marcada por un *interés local*: no excluye las problemáticas específicas planteadas por este movimiento y por la guerra, pero las percibe a través de sus consecuencias y secuelas en la Argentina. En los distintos medios en que publica, procede a un análisis y a un desmontaje del discurso de los nazis y sus partidarios, siempre desde esa óptica. El despliegue de la verdadera *batalla textual* que puede observarse en los textos de la época, esencialmente en sus colaboraciones de *La Nación* y *Sur*, pero también en los prólogos, es fragmentario y lateral –es decir que pocos textos se concentran en cuestiones de la guerra en curso–, pero no por ello menos eficaz. En el ejercicio borgiano de la crítica, la reflexión no suele concentrarse; la escritura tiene así una funcionalidad múltiple, ya que los planteos reenvían siempre a varios problemas simultáneamente. Poner en contacto elementos que parecen heterogéneos (por ejemplo, lo que Borges llama "el pseudo problema de los judíos" con "el pseudo problema del lenguaje de Buenos Aires", en el texto sobre Américo Castro, para desmontar entonces la idea misma de la existencia de un problema)[2] no es necesariamente un modo de lo ecléc-

---

1. Me refiero a dos trabajos anteriores: "Borges y el nazismo", *Variaciones Borges*, n° 4, 1997, pp. 117-136, y "Borges ante el nazismo", *Río de la Plata*, n° 19-20 (en prensa).

2. Borges, Jorge Luis: "Américo Castro: *La peculiaridad lingüística rioplatense y su sentido histórico* (Buenos Aires, Losada, 1941)", *Sur*, n° 86, Buenos Aires, noviembre de 1941, pp. 66-71: "La palabra *problema* puede ser una insidiosa petición de principio. Hablar del *problema judío* es postular que los judíos son un problema; es vaticinar (y recomendar) las persecuciones, la expoliación, los balazos, el degüello, el estupro y la lectura de la prosa del doctor Rosenberg. Otro demérito de los falsos problemas es el de promover soluciones que son falsas también. [...] Al doctor Castro (*La peculiaridad lingüística*, etc.) no le basta observar un 'desbarajuste lingüístico en Buenos Aires': aventura la hipótesis del 'lunfardismo' y de la 'mística gauchofilia'.

tico; en Borges, este gesto brutal implica un modo de pensar la realidad. Sus reflexiones son siempre parciales y están invariablemente fuera de contexto, es decir, sumergidas en un contexto que les es ajeno desde el punto de vista temático. Esos disparos no dejan, sin embargo, de constituir una estructura, más fácilmente perceptible en una lectura de las primeras versiones de los textos en sus medios originales; en un primer momento, las redes internas que comunican los textos de Borges entre sí no están ocultas.

En el sistema borgiano, la exhibición reemplaza a la argumentación persuasiva. No intenta, entonces, demostrar la validez de su posición, simplemente *expone* la incoherencia argumentativa de la de los otros, las similitudes entre sistemas de pensamiento, la historia de ciertos conceptos. Recordando a Emerson, dirá en un texto posterior que los argumentos no convencen a nadie ("arguments convince nobody");[3] pero alcanza enunciar una verdad para que se imponga. Por eso, en un gesto a la vez eficaz e ingenuo, la retórica borgiana se basa en la exhibición violenta del discurso de los otros y la enunciación de las propias concepciones. A esta estrategia responde la recurrencia de una frase, ciertamente perturbadora, en los textos ensayísticos y narrativos de la época: "yo tengo para mí". Se encuentra por lo menos en: el Prólogo a *La metamorfosis* de Kafka,[4] en "Moral y literatura",[5] y un poco más tarde en "Emma Zunz"[6] y en "El seudo problema de Ugolino".[7] La expresión de una convicción interna, de una evidencia personal, marca un momento de encuentro íntimo con la verdad, con una verdad sostenida y defendida por el narrador, siempre en disputa con otras versiones.[8]

---

3. Borges, Jorge Luis y Zemborain de Torres, Esther: *Introducción a la literatura norteamericana*, Buenos Aires, Columba, 1967.

4. Buenos Aires, Losada, Col. La Pajarita de Papel, 1938, p. 10.

5. *Sur*, nº 126, abril de 1945, p. 71.

6. *Sur*, nº 167, septiembre de 1948, p. 17; luego publicado en *El Aleph*, Buenos Aires, Losada, 1949.

7. *La Nación*, 30 de mayo de 1948, 2ª sección, p. 1. Este texto pertenece a una "serie" de reflexiones sobre el infierno, en particular tal como aparece en Dante, que Borges escribe en la segunda mitad de los años cuarenta y la primera de los cincuenta, más tarde incorporados a los *Nueve ensayos dantescos*, Madrid, Espasa Calpe, 1982. Sin duda, el interés por el tema puede ser vinculado tanto al período del peronismo y al rechazo de Borges por este movimiento como a las variantes de una misma frase en dos textos de la época: en "La biblioteca de Babel" (primera edición en *El jardín de senderos que se bifurcan*, Buenos Aires, Sur, 1941; luego en *Ficciones*, a partir de la primera edición): "Que el cielo exista, aunque mi lugar sea el infierno"; en "Deutsches Requiem", Otto Dietric zur Linde afirma: "Que el cielo exista, aunque nuestro lugar sea el infierno". Entre estas dos citas, se percibe el pasaje de una posición individual a una grupal. A la vez, el tratamiento de la noción de infierno, "hace serie" con otros textos de ese período que se concentran en la historia de la interpretación de frases ambivalentes y los debates que suscitó, en particular en el terreno de la filología, como el mencionado "El seudo problema de Ugolino" y "El noble castillo del Canto cuarto", *La Nación*, 22 de abril de 1951, 2ª sección, p. 1.

8. Josefina Ludmer, en *El cuerpo del delito. Un manual*, Buenos Aires, Perfil, 1999, ha señalado la existencia de un vínculo entre el problema de la verdad (y su cuestionamiento) y personajes judíos en la obra de Borges; ver en particular el capítulo "Cuentos de verdad y cuentos de judíos", pp. 401-456.

Besando a Judas. Notas alrededor de "Deutsches Requiem"

En el terreno de la ficción, en uno de los pocos cuentos de los años cuarenta que tratan explícitamente del nazismo, "Deutsches Requiem", se pone en escena un combate por imponer una verdad, mediante una estrategia *oblicua*: la de la exhibición de la versión (presentada como verdad) de un criminal nazi.

LA BARBARIE ENCARNADA

"Deutsches Requiem" se publicó por primera vez en *Sur*, en febrero de 1946,[9] mientras se desarrollaban los célebres procesos de Núremberg a los jerarcas nazis.[10] El texto presenta las confesiones escritas de un criminal nazi, Otto Dietrich zur Linde, que acaba de ser condenado a muerte por su actuación como director de un campo de concentración, el de Tarnowitz.[11] Otto Dietrich propone una justificación de su propio comportamiento, que funciona a la vez como una justificación del nazismo; paradójicamente, el personaje afirma no identificarse con este movimiento, aunque sí con la idea de una Alemania fuerte y superior.[12] Concluye que Alemania se sacrificó en la infamia para acabar con las dolencias que afectan a Occidente, el cristianismo y la piedad, y forjar así un mundo de fuerza y violencia. Las cinco notas del editor y el epígrafe proponen una interpretación diferente de lo narrado por Otto, e incluso cuestionan su relato. En una lectura cronológica, y en los medios de publicación primeros de la producción borgiana del período, puede verse de qué modo se va anunciando "Deutsches Requiem",

9. *Sur*, n° 136, febrero de 1946, pp. 7-14.

10. El célebre proceso a los jerarcas nazis comenzó el 20 de octubre de 1945 y finalizó el 1° de octubre de 1946. Otros juicios a los responsables de campos de exterminio y de prisioneros se desarrollaron simultáneamente, en Alemania y en Polonia. Los diarios argentinos siguieron minuciosamente el desarrollo de Núremberg así como los de otros juicios. Acerca de Núremberg, véase *Nazi Conspiration and Aggression. Office of United States Chief of Counsel For Prosecution of Axis Criminality*, Washington, United States Government Printing Office, 1946, vols. I-VIII, y *La Nación* en el período do señalado.

11. No existió un campo de concentración con este nombre. Pero Tarnow es una ciudad polaca, en Galicia, a 72 kilómetros al este de Cracovia, donde la historia de la comunidad judía es interesante e importante. Dos acontecimientos se destacan en particular; en el siglo XIX, fue uno de los centros importantes de difusión y florecimiento de la Haskalah, el movimiento de Ilustración Judío, donde se encontraba el escritor Mordecai David Brandstaedter. Durante la ocupación alemana, en la Segunda Guerra Mundial, el gueto de Tarnow fue uno de los que intentó una sublevación, el 1° de septiembre de 1943.

12. En este aspecto del discurso de Otto Dietrich puede verse hasta qué punto Borges percibe un fenómeno vinculado al nazismo; la atracción, en un primer momento, de una serie de intelectuales de la época por ciertas postulaciones del nacionalsocialismo acerca de la identidad y esencia alemanas. En este sentido es interesante relacionar el *Doktor Faustus* de Thomas Mann con este texto de Borges.

mediante breves referencias en artículos críticos de la época y en algunas ficciones.[13]

En 1940, en el final de "Definición de germanófilo",[14] Borges escribe: "No es imposible que Adolf Hitler tenga alguna justificación; sé que los germanófilos no la tienen". Este primer paso hacia el cuento, apunta más bien a probar el carácter incoherente de los germanófilos que a afirmar la existencia de una posible justificación de Hitler; por lo tanto, la idea de justificarlo sería una cuestión retórica, una propuesta ficcional, destinada a subrayar la imposibilidad de lo otro: la justificación de los germanófilos argentinos.

La larga reflexión que Borges propone acerca de Hugh Walpole[15] en 1943 marca la orientación que va a tomar esta *posibilidad de justificación*, antes presentada como una cuestión retórica. Entre los elementos que señala acerca del libro de Walpole (*The Killer and the Slain*), hay dos particularmente interesantes. El primero es el centro de la crítica que Borges hace a la novela: todo es inequívoco. También marca el problema que se propuso el autor, es decir: "(la presentación verosímil de un ser íntegramente perverso)", y asevera que esto es imposible, luego agrega que aún "no lo ha resuelto ningún teólogo y ningún literato".[16] De "Definición de germanófilo" a "La última invención de Hugh Walpole" se pasa entonces de algo *no del todo imposible* (que Hitler tenga alguna justificación) a *lo imposible narrativamente, técnicamente* (representar de modo verosímil un ser perverso). Con el agregado de que, según la postulación borgiana, lo inequívoco destruye la verosimilitud del mal.

No por nada teólogos y literatos se encuentran sentados a la misma mesa; para Borges, es un problema que concierne a ambos, pero no separadamente; las ficciones teológicas y la teología ficcionalizada están vinculadas y se alimentan unas a otras. En "Deutsches Requiem", Otto Dietrich está impregnado de una retórica apocalíptica, en parte proveniente del discurso bíblico. No se trata de un

---

13. Por razones de espacio, dejo de lado aquí la reflexión sobre la noción misma de *generación, adelanto, construcción de un texto*, es decir, los problemas que plantea una lectura de este tipo. Me parece evidente, sin embargo, que el circuito propuesto, más o menos evidente por otra parte, debe ser ampliado en función de la inscripción del texto en otras redes menos temáticamente relacionadas con "Deutsches Requiem", tal como lo propongo al final del artículo. De hecho, la totalidad de los escritos de Borges en la época constituye uno de los contextos de producción del cuento, en la medida en que la Segunda Guerra Mundial, el nazismo y sus consecuencias en la Argentina son una referencia constante en ellos y se inscriben en el cuento aunque de manera poco directa. El interés estaría en determinar precisamente *cómo* lo hacen.

14. *El Hogar*, Buenos Aires, 13 de diciembre de 1940, p. 3.

15. "La última invención de Hugh Walpole", *La Nación*, 10 de enero de 1943, segunda sección, p. 1.

16. Es célebre el uso de los paréntesis en Borges. En le período trabajado, puede reconstruirse un *relato de los paréntesis*, es decir, del sentido construido a partir de los fragmentos puestos entre paréntesis.

rasgo exótico: Borges trabaja un elemento del discurso de los jerarcas nazis –al menos después de la derrota de Alemania–, particularmente visible en los textos póstumos de Robert Ley (uno de los enjuiciados, jefe del Frente Laboral entre 1933 y 1945, que se suicida en el comienzo de los juicios de Núremberg, el 24 de octubre de 1945). En ellos pueden encontrarse frases como: *Please forgive me, I did not know any better; I shall sacrifice myself in order that reason shall prevail; So I commit myself into the hands of my creator to await his decision; We deserted God and so God deserted us.*[17]

Otro elemento vinculado con la Biblia en el texto es el epígrafe del texto: "Aunque él me quitare la vida, en él confiaré. Job, 13: 15" (p. 7).[18] Job es ese personaje bíblico que es objeto de una especulación entre Dios y el Diablo; el Diablo lo va despojando de todo lo que tiene, casa, familia, salud –como Otto lo va perdiendo todo en el cuento, aunque en orden exactamente inverso– para poner a prueba su fe. La frase, una de la más célebres de la Biblia, condensa fielmente el libro en sí, y ha trascendido como expresión de una fe inquebrantable. Pero se trata de un error de traducción de la Vulgata; según los exégetas contemporáneos, la frase dice: "Mira, me va a aniquilar, y no me queda ninguna esperanza; sin embargo, quiero asumir mi responsabilidad ante él",[19] y solo así tiene un sentido en el contexto del libro de Job en que aparece.[20] Ambas versiones pueden, de hecho, relacionarse con el relato; pero sin duda la cita de la Vulgata, la que Borges eligió, conociera o no el error, plantea una serie de problemas respecto del texto: ¿de quién proviene la frase: de Otto, del editor, de una tercera instancia narrativa, la que los coloca frente a frente? Si se trata de Otto, ¿se refiere al nazismo, a Hitler? ¿O acaso proviene de las víctimas de Otto refiriéndose a él, o al nazismo? ¿La reenvía Otto a quienes lo enjuician y condenan a muerte?

El vínculo entre el epígrafe y el texto es *equívoco*, para usar términos que en Borges expresan la calidad literaria, especialmente a la hora de representar el mal.[21]

---

17. "Farewell message of Robert Ley", "Political testament" de Robert Ley : *Nazi Conspiration and Aggression. Office of United States Chief of Counsel For Prosecution of Axis Criminality*, ob. cit. Esta retórica bíblico-apocalíptica se encuentra también en Julius Streicher, el célebre editor de *Der Stürmer*, condenado a muerte en Núremberg.

18. Los números de página corresponden a la edición de *Sur*.

19. Esta versión recuerda los dos párrafos iniciales de "Deutsches Requiem". También en el "Farewell message of Robert Ley", ob. cit., hay un párrafo similar: "I am prepared to take this responsibility upon me. I am not trying to evade it cowardly".

20. Acerca de los problemas de traducción del libro de Job, véase: Gordis, Robert: *The book of Job. Commentary, New Translation and Special Studies*, Nueva York, The Jewish Theological Seminary of America, 1978.

21. "La última invención de Hugh Walpole", ob.cit. Equívoco, y no ambivalente. Lo ambivalente es aquello que tiene dos sentidos que entran en oposición, o varios sentidos diferentes; lo equívoco es aquello cuyo sentido es difícil de determinar, que se produce con la intención de obstaculizar la interpretación, "lo indecible" en términos de Josefina Ludmer. Véase "¿Cómo salir de Borges?", en esta misma compilación.

Otro momento de "anuncio" estaría marcado por la aparición de la figura de Judas, cuando publica "Tres versiones de Judas"[22] en agosto de 1944. En este cuento se propone la idea de que la encarnación de Dios sobre la Tierra no es Jesús, sino Judas, ya que el suyo es el verdadero sacrificio; irónico y patético a la vez, el texto oscila en su posición respecto de Nils Runeberg, el teólogo que considera a Judas como el mesías oculto. Del mismo modo, Otto Dietrich afirma que los nazis son las verdaderas víctimas de la guerra, y que se sacrificaron en función de un objetivo humanitario y común, la gestación de un mundo y un hombre nuevos: "Hitler creyó luchar por *un* país, pero luchó por todos, aun por aquellos que agredió y detestó" (p. 13). Para quien conoce las declaraciones tardías de nazis, o supuestos ex nazis, es evidente la función anticipatoria del texto; en su discurso, se encuentra a menudo una justificación de la guerra y de las razones de la adhesión al nazismo que se volvió corriente más tarde, muy marcada por una forma particular de humanismo cristiano, un uso en gestación por entonces.[23]

El interés de Borges por la figura de Judas parece venir menos de la traición cometida por el personaje bíblico (sin duda lo que había interesado al Roberto Arlt de *El juguete rabioso)* que de la idea de una búsqueda voluntaria de la degradación, es decir, de un modo del sacrificio que implica aceptar encarnar el papel del verdugo. Como dice Otto, tratando de consolarse por no poder pelear en la guerra y de justificarse por aceptar el cargo de director del campo de concentración de Tarnowitz: "Morir por una religión es más simple que vivirla con plenitud" (p.10).

En "Tres versiones de Judas", la interpretación que Runeberg hace del papel de Judas tiene dos estrellas tutelares. Una previsible en la tradición interpretativa de la figura de Judas es De Quincey. En su célebre versión, De Quincey empieza declarando que todo lo que la tradición nos ha transmitido sobre Judas es falso, frase que Borges retoma a su manera en "Tres versiones de Judas".[24] Judas

---

22. *Sur*, n° 118, agosto de 1944, p. 7-12; luego en *Ficciones*, Buenos Aires, Sur, 1944.

23. Para no citar sino un ejemplo célebre, las declaraciones de Hans Robert Jauss cuando en 1996 se publicó evidencia de que había sido algo más que un soldado raso en la Segunda Guerra Mundial; su justificación se asemeja a la de Otto: mi generación quería participar de la historia, nosotros forjamos la Europa unida, humanista y humanitaria de hoy. Véase, por ejemplo: "L'étrangeté radicale de la barbarie nazie a paralysé une génération d'intellectuels", *Le Monde des livres*, 6 de septiembre de 1996, p.VIII, reportaje de Maurice Olender.

24. De Quincey escribe: "Not one thing, but all things, must rank as false which traditionally we accept about him", "Judas Iscariot", en *Collected Writings*, Edimburgo, Adam and Charles Black, 1863, t. VI, pp. 1-34; Borges: "No una cosa, todas las cosas que la tradición atribuye a Judas Iscariote son falsas (De Quincey, 1857)". Nótese la desaparición de la primera persona plural, que excluye al hablante de la afirmación.

traicionó a Cristo para decidirlo a actuar, a mostrar su poder y crear un reino de Dios en la Tierra.[25]

La otra referencia es menos previsible, ya que en la lectura actual del campo cultural de la época en la Argentina el personaje en cuestión es generalmente asociado a Victoria Ocampo: T. E. Lawrence, Lawrence de Arabia. El epígrafe del texto viene de *Seven Pillars of Wisdom*, CIII, y dice: "There seemed a certainty in degradation".[26] Más que una explicación psicológica del destino de Judas –y del de Otto–, puede decirse que Borges propone buscar la verdad contenida en la degradación, en la infamia, en el victimario. Y, aunque parezca paradójico, este intento de explicación –en el sentido de explanar, desarrollar sentidos e inscripciones culturales a partir de las cuales producir ficción– no constituye una justificación del nazismo, ni la de un torturador nazi. Sin embargo, juega con la ficción de una justificación posible.[27]

La ficción, entonces: "Anotación al 23 de agosto de 1944",[28] ensayo de *Sur*, propone el siguiente paso hacia las confesiones de Otto Dietrich zur Linde. Borges ensaya lo imposible: "Hitler quiere ser derrotado", afirma, así como el personaje del cuento asegura que los nazis han sido, sin saberlo, el instrumento de su propia derrota. ("Muchas cosas hay que destruir para edificar el nuevo orden; ahora sabemos que Alemania era una de esas cosas.[...] Se cierne ahora sobre el

---

25. Esta tradición es ya un clásico en la interpretación de la Biblia tal como se la ha practicado (y se la practica) en las universidades británicas; se encuentra también en una famosa versión moderna, la ópera rock *Jesus Christ Superstar* (1970), de Tim Rice y Andrew Lloyd Webber. Un elemento interesante en De Quincey es el hecho de que Judas parece encarnar para él el estereotipo del judío, imagen en la que pueden encontrarse rastros del antisemitismo de la época.

26. En "Lawrence y la Odisea", *Sur*, año 4, n° 25, octubre de 1936, Borges presenta una visión de Lawrence opuesta en varios puntos a la de Victoria Ocampo. Es sabido que Lawrence es una presencia importante en *Sur*; como personaje, también interesó a Liddell Hart, en quien Borges se interesó a su vez. "El jardín de senderos que se bifurcan" (volumen con el mismo título, Buenos Aires, Sur, 1941), dedicado a Victoria Ocampo, quien en 1942 publicaría en *Sur* su ensayo "338.171 T.E.", presenta a la *Historia de la guerra europea* de Liddell Hart como el origen del relato. La historia de las publicaciones de y sobre Lawrence en *Sur* también es relevante para entender el sentido de estas redes. Ambos textos parecen, de hecho, haber sido escritos al mismo tiempo. Hay algunos textos y referencias más en la obra de Borges a Lawrence, por ejemplo, la nota "Lawrence de Arabia", *El Hogar*, 13 de noviembre 1936, p. 120, y la traducción de un fragmento de *The mint* hecha con Bioy Casares (*Sur*, julio-octubre de 1947, p. 247-251); según Estela Canto, Borges dio una conferencia sobre Lawrence en los años cuarenta (no hay datación precisa del evento) a la que asistió Victoria Ocampo. Véase *Borges a contraluz*, Madrid, Espasa Calpe/Austral, 1989, p. 161.

27. Se reenvía también en este texto, en relación con el deseo de acercarse a la infamia, a Euclydes da Cunha por el "el heresiarca de Canudos" y a Almafuerte; de hecho, el texto contiene prácticamente la misma nota acerca de él que se encuentra en "Teoría de Almafuerte", *La Nación*, 22 de febrero de 1942, 2ª sección, p. 1; pero allí, el Conselheiro es llamado "el profeta de los 'sertanejos'". El circuito que lleva del heresiarca al profeta queda por explorar.

28. *Sur*, n° 120, octubre de 1944, pp. 24-26.

mundo una época implacable. Nosotros la forjamos, nosotros que ya somos su víctima. ¿Qué importa que Inglaterra sea el martillo y nosotros el yunque?", p. 14.) También en este artículo se discriminan las posiciones personales en la realidad de los intentos ficcionales: "Ser nazi (jugar a la barbarie enérgica, jugar a ser un viking, un tártaro, un conquistador del siglo XVI, un gaucho, un piel roja) es, a la larga, una imposibilidad moral". Aquello imposible en la realidad, se desplaza hacia el terreno de la ficción; en el cuento, lo *posible* es postular que lo monstruoso colabora sabiéndolo o sin saberlo con su propia destrucción. Es imposible que el Adolf Hitler real haya deseado ser derrotado (la afirmación es mía); pero la realidad ha mostrado que es posible ser nazi. En la ficción borgiana, se invierte el orden de posibilidades: Hitler quiere ser derrotado, nadie puede ser nazi a menos que busque contribuir a la destrucción del nazismo. Otto recurre a la Biblia para explicar este fenómeno: a David que juzga a un desconocido y lo condena a muerte y oye después la revelación, *Tú eres aquel hombre* (p. 14). Pero en el cuento, David es también David Jerusalem, el poeta admirado y destruido por Otto; personaje denunciado como ficcional y simbólico por el editor desde sus notas. Es la estructura que adquiere la búsqueda en Borges, como puede verse también en "El simurg y el águila"[29] (donde varios pájaros buscan al simurg, y terminan descubriendo que ellos mismos son el simurg): el que busca es lo buscado.[30] En este ensayo, Borges afirma que el águila es inverosímil, pero el simurg es imposible.

En "Anotación al 23 de agosto de 1944" Borges opone al nazismo un orden, el único posible para los europeos y americanos: "el que antes llevó el nombre de Roma y que ahora es la cultura de Occidente". Poco después, en "Nota sobre la paz",[31] afirma: "Decir que ha vencido Inglaterra es decir que la cultura occidental ha vencido, es decir que Roma ha vencido; también es decir que ha vencido la secreta porción de divinidad que hay en el alma de todo hombre, aun del verdugo destrozado por la victoria". Se trata, sin embargo, de una Roma no sólo antigua sino imaginaria –habría que decir *literario-imperial*–, sin ningún punto en común con la Italia de Mussolini, por supuesto; la Roma imperial a la que Inglaterra identifica su propio imperio. Una Inglaterra que no es menos literaria, es la Inglaterra *real* de la literatura, que Borges concibe dominada por una virtud literaria esencial: la ausencia de nacionalismo burdo, y, por lo tanto, de color local, una literatura marcada por el final de su era colonial.[32] Es la Inglaterra

29. *La Nación*, 14 de marzo de 1948, 2ª sección, p. 1; en este texto, que Borges incluye en *Nueve ensayos dantescos*, se menciona también el episodio de David.

30. Ver también: "La flor de Coleridge", *La Nación*, 23 de septiembre de 1945, 2ª sección, p.1; "Sobre el *Vathek* de Beckford", *La Nación*, 4 de abril de 1943, 2ª sección, p. 1.

31. *Sur*, n° 129, julio de 1945, pp. 9-10.

32. Acerca de las dos realidades en Borges, y su relación, remito al artículo de Enrique Pezzoni: "Aproximación al último libro de Borges", en *El texto y sus voces*, Buenos Aires, Sudamericana, 1986, y también al de Josefina Ludmer de esta misma compilación: "¿Cómo salir de Borges?". Sobre el im-

de Wells, Kipling, Macaulay, pero también la Inglaterra *vencida* de "Historia del guerrero y la cautiva".[33] Porque si el imperio inglés se extingue, el de la literatura se despliega; la literatura en plena autonomía, sin dependencia alguna de lo real. En "Tres versiones de Judas", la revelación del nombre oculto de Dios es asociada a la revelación del de Roma.[34]

LAS LETRAS ARMADAS

De este modo, entre 1940 y 1945, en algunos ensayos y un cuento se va generando un texto ficcional. Puede decirse que durante esos años, la escritura de Borges va liberando y a la vez preparando el terreno para este cuento. Liberándolo porque sus tomas de posición claramente en favor de los aliados y el contexto de publicación –*Sur* también se declaró explícitamente en contra del nazismo– lo ponen a salvo de todo malentendido ideológico, ya que el cuento puede aparecer como una justificación del nazismo. Sus lectores de la época, y los de *Sur*, no pueden ignorar de qué lado está. Pero además de este contexto de publicación y de lectura, el texto mismo toma ciertas precauciones: la confesión de Otto Dietrich es denunciada como ficcional, como una construcción ficcional que debe ser leída como tal, por el texto mismo a través de las notas al pie de página, presentadas como notas del editor. Estas notas explicitan el carácter ficcional de la "autobiografía" del personaje e impiden toda identificación con él, quebrando el pacto de credibilidad entre el narrador y el lector. Sin embargo, esta puesta frente a frente de dos instancias no es resuelta; nada prueba que la verdad esté del lado del editor, aunque el lector tienda a otorgarle su fe a las instancias vinculadas al marco editorial del texto.

"Deutsches Requiem" se inscribe también en otras redes de significado de la producción de Borges de la época.

Una primera sería la que lo vincula a las biografías de hombres infames. Tal vez sea innecesario mencionar *Historia universal de la infamia*,[35] pero a las biogra-

---

perio, véase Richards, Thomas: *The Imperial Archive. Knowledge and the Fantasy of Empire*, Londres, Verso, 1993, y Ludmer, Josefina: *El cuerpo del delito. Un manual*, ob. cit., pp. 216-223.

33. En "Tres versiones de Judas", Runeberg llega a la idea de que develar el secreto del verdadero mesías, Judas, implica sufrir el castigo divino; entre los ejemplos que recuerda y que generan en él esta idea (causa o consecuencia de su locura y de su muerte) se encuentra el de Quintus Valerius Sorianus, que aparece bajo el nombre de Valerio Sorano, quien "murió por haber divulgado el oculto nombre de Roma".

34. En "El jardín de senderos que se bifurcan", el problema de Syu Tsun es indicar un nombre secreto.

35. Dejo de lado aquí las biografías de escritores de *El Hogar*, que plantean otros problemas.

fías infames habría que agregar el trabajo con las confesiones autobiográficas ficcionales, en la línea de las que se publican bajo seudónimo en *Crítica*, bajo el título de "Confesiones",[36] compuesto por algunos de los textos más tradicionalmente leídos como autobiografías de Borges.

Otra serie es la del "narrador Borges" que aparece a partir de los años cuarenta en varios relatos de Borges; es un narrador identificado en general al nombre Borges, que Enrique Pezzoni llamaba el "narrador *moron*";[37] es un narrador un poco tonto, a quien se le cuenta una historia, un poco en la tradición del "oyente-narrador-scriptor" de "Hombre de la esquina rosada"; se encuentra en cuentos de la época, como "Funes el memorioso",[38] "La forma de la espada",[39] y más tarde en "La redención".[40] Dentro de ese contexto, la primera frase de "Deutsches Requiem" ("Mi nombre es Otto Dietrich zur Linde", p. 8) adquiere una importancia particular, ya que impide desde el comienzo la expectativa que un narrador "yo" puede suscitar en el lector en la época; toda identificación posible con ese "narrador Borges", ya conocido de los lectores, queda descartada.[41]

Una tercera red de lecturas, sería lo que llamo la *biografía o crónica de las letras armadas*. Se ha postulado tradicionalmente, siguiendo esencialmente al Borges de los años cincuenta, el del prólogo del segundo *Evaristo Carriego*,[42] la existencia de

36. "Confesiones: Dreamtigers, Los espejos velados, Un infierno, Las uñas", firmado "Francisco Bustos", último escrito de Borges aparecido en la *Revista Multicolor de los Sábados*, 2(58), 15 de septiembre de 1934, p. 7, ilustración de Parpagnoli. En la edición de 1952 de *Otras Inquisiciones*, se publican bajo el título de "Inscripciones": *"Dreamtigers"*, "Diálogo sobre un diálogo", "Las uñas", "Los espejos velados" y *"Argumentum Ornithologicum"*; pero a partir de la edición en volumen de *El Hacedor* (1960). En *El Hacedor*, no forman parte de una sección, mientras que en *Destiempo* 1(1), Buenos Aires, octubre de 1936, pp. 3 y 5, Borges publica *"Dreamtigers"*, "Las uñas", "Los espejos velados" y "Diálogo sobre un diálogo" (este último será también retomado en *El Hacedor*, 1960), bajo el título de "Inscripciones". "Un infierno" viene de "La duración del infierno", *Síntesis*, 3(25), junio de 1929, pp. 9-13; retomado en *Discusión* a partir de 1932.

37. *Enrique Pezzoni, lector de Borges*, Buenos Aires, Sudamericana, 1999.

38. *La Nación*, 7 de junio de 1942, 2ª sección, p. 3, ilustración de Alejandro Sirio.

39. *La Nación*, 26 de julio de 1942, 2ª sección, p. 1, ilustración de Alejandro Sirio. Además del tipo de narrador y de la cercanía temporal entre los dos textos, las dos ilustraciones de Sirio remiten una a la otra proponiendo una lectura del texto.

40. *La Nación*, 9 de octubre de 1949, 2ª sección, p. 3, ilustración de Alejandro Sirio. En volumen en *El Aleph*, bajo el título de "La otra muerte".

41. Véase Louis, Annick: *Jorge Luis Borges: oeuvre et manoeuvres*, París, L'Harmattan, 1997, cap. IV, para la relación de Borges con los medios de publicación y sus estrategias de publicación; regidas en general por la idea de dar siempre al lector lo que no espera, ya se trate de un público popular o de uno de "pares".

42. El párrafo al que aludo, del prólogo de la edición de 1955 en que aparece la escisión entre el afuera y el adentro separados por un muro y una verja de hierro, se encuentra casi textual en "Agradecimiento a la demostración ofrecida por la S.A.D.E.", *Sur*, nº 129, julio de 1945, pp. 120-121, el mismo número donde se publica "Nota sobre la paz". El nacimiento de la temática de esta disociación está entonces estrechamente vinculado al final de la Segunda Guerra Mundial y al surgimiento

un conflicto entre las armas y las letras en su literatura. Antes y durante la Segunda Guerra Mundial, esta interpretación temática que carga de nostalgia la actividad literaria parece altamente cuestionable. Semejante disociación es inexistente en el Borges del período anterior a 1945, que orienta sus esfuerzos hacia la creación de lo que puede llamarse *una literatura armada*, aunque tal vez sería más acertado decir una *literatura arma*, porque la escritura es un arma.[43]

Esta posición, probablemente, no representa, en un sentido general, ninguna novedad; las concepciones borgianas siempre tienen un lado banal cuando se intenta describirlas en función de su contenido. Sin embargo, este "contenido" –el hecho de que Borges fuera antinazi, que adhiriera a la causa aliada, hechos que pertenecen a la historia de lo que Enrique Pezzoni llamaba "el sujeto Borges"–[44] es menos interesante y notable que la estructura que Borges genera para desplegar sus posiciones. Adherentes a la causa aliada hubo otros en el Buenos Aires de la época;[45] esto es menos importante en la óptica de Borges que la expresión literaria de esta adhesión: es allí donde está la ideología, fuera del texto.

En el caso de "Deutsches Requiem", el acercamiento al verdugo –que evita cuidadosamente toda psicología, por supuesto, y que no es precisamente inequívoco– traduce un modo de producir sentido que apuesta a la vez a lo imposible en la realidad y al efecto de verosimilitud de lo equívoco. Buscando besar a Judas, Borges invierte los órdenes de la tradición: acerca del horror del nazismo, véase su justificación por Otto Dietrich zur Linde.

New Haven y Londres, agosto-septiembre de 1999

---

del peronismo, pero también a la defensa de una estética particular, en la que la identidad nacional no constituye exclusivamente una inscripción temática.

43. Es precisamente en el ya mencionado texto sobre Lawrence, "Lawrence y la Odisea", donde Borges analiza con ironía el prejuicio de considerar superior la traducción de Lawrence de la Odisea por ser el traductor de "naturaleza homérica". Su versión no es ni superior ni inferior a la de Andrew Lang, "sedentario helenista de Oxford" dice él; y agrega que esto es "alarmante", es una "escandalosa comprobación": "La literatura es arte verbal, es arte de palabras." Habría que añadir que las posiciones literarias, así como la eficacia de estas, también lo son. De allí el intento de creación de estrategias literarias combativas a la vez autónomas y específicas.

44. Ob. cit.

45. Sobre la posición de Victoria Ocampo, Roger Caillois y la revista *Lettres Françaises*, véase Louis, Annick: "Caillois-Borges ou qu'est-ce qui s'est passé?", Actas del Colloque Roger Caillois, parcours d'une oeuvre, intérieur, extérieur, Francia, Dominique Guéniot/Colección "Hommes et textes en Champagne"/Langues/Diffusion, Kliencksieck, 2000.

5. Demoliendo hoteles

JENS ANDERMANN
UNIVERSITÄT BIELEFELD

Estas cosas, ahora, son como si no hubieran sido, pero en una pieza de hotel, hacia mil ochocientos sesenta y tantos, un hombre soñó una pelea. Un gaucho alza a un moreno con el cuchillo, lo tira como un saco de huesos, lo ve agonizar y morir, se agacha para limpiar el acero, desata su caballo y monta despacio, para que no piensen que huye. Esto que fue una vez vuelve a ser, infinitamente; los visibles ejércitos se fueron y queda un pobre duelo a cuchillo; el sueño de uno es parte de la memoria de todos.

Jorge Luis Borges, "Martín Fierro"

Está vacío el cuarto de hotel: hasta que yo entro. Luego, si entro, yo estoy. Está lleno. El cuarto de hotel.

Osvaldo Lamborghini, *Las hijas de Hegel*

Quizás por algo más que el mero azar, el último cuento que Borges le dedica a la serie gauchesca es, como las novelas de Güiraldes, una narrativa de iniciación. La coincidencia genérica entre *Don Segundo Sombra* y "La noche de los dones" –relato publicado en el *Libro de arena* (1975)–, sin embargo, hace resaltar aun más las diferencias entre ambos textos, ante todo, la imposibilidad del segundo de compartir la felicidad de la media distancia que había caracterizado al primero, la posesión segura y gozosa del recuerdo que resonaba en su nostalgia placentera. En cambio, el tono de "La noche de los dones" produce una sensación radicalmente distinta: es, dice Borges, "tal vez el relato más inocente, más violento y más exaltado"[1] de la colección que integra, tal vez incluso de toda la serie de reescrituras gauchescas. Está narrado en un ritmo apurado, afiebrado; el mismo,

---

1. Borges, Jorge Luis: "Epílogo", en *El libro de arena* [1975], en *Obras completas*, Buenos Aires, Emecé, 1990, t. III, p. 72.

seguramente, como aquella vez cuando el narrador "iba de grupo en grupo, contándole a la gente lo que había visto",[2] y buscando retener lo visto en palabras, tarea que ha venido cumpliendo, podemos inferir, desde entonces: "son tantas las veces que he contado la historia que ya no sé si la recuerdo de veras o si sólo recuerdo las palabras con que la cuento" (ND: 44).

Lo que narra esa voz hastiada es, paradójicamente, un cuento sobre la demora: sobre el flujo implacable e imparable de la significación, que hace que, fatalmente, los recuerdos se atrasen en volver y se posterguen a pasados futuros. Es por eso que mi lectura observará, en primer lugar, a la reflexión narrativa que el cuento encierra sobre el *status* de su objeto popular, la trama gauchesca de la muerte de Juan Moreira, y en términos más generales sobre el complejo y problemático trabajo que realiza la narrativa borgiana sobre la tradición criolla que convoca y cuestiona. Borgianamente, también, propongo empezar por la última capa de palabras de ese palimpsesto, por el último texto de la serie que ha de ser el más original de todos precisamente por su lejanía de los comienzos y por el artificio mayor que esa distancia le impone.

"Se debatía el tema del conocimiento" (ND: 41). El cuento empieza por ubicar su argumento en un contexto absurdamente infinito: lo que se discute es la singularidad de los acontecimientos, esto es, si el otro se puede conocer en su diferencia o sólo ser re-conocido como idéntico. El problema, a su vez, es sobre los signos y la memoria: "mi padre, creo, dijo que Bacon había escrito que si aprender es recordar, ignorar es de hecho haber olvidado" (ND: 41). Bacon –mi padre– yo: hasta llegar a nosotros, los lectores, esta hipótesis sobre el olvido pasa por tres interlocutores, tres desvíos (porque el primero en pronunciarla, el autor, es siempre el menos confiable de los testigos, y cuya versión depende de la precaria memoria de los dos siguientes). Aquí, sin embargo, la tensión surge de la posición intermedia del filosofema entre dos escenas narrativas: la del relato que sigue (del ejemplo) y la otra que lo enmarca, la de la tertulia cafetera. Ambos relatos son narraciones mnemónicas; evocan un momento clave de la infancia: el haber presenciado un hecho que después fue literatura, en el uno, y el haber presenciado su re-presentación oral, en el otro. Al revés de la frase del padre que cita una frase de Bacon, el cuento es una escritura que cita una narración oral, al mismo tiempo que la cuenta en tanto acontecimiento, *performance*. Son dos variaciones, dos desvíos respecto de un núcleo idéntico que es su diferir de otra diferencia.

Ese modelo básico –dos situaciones narrativas unidas y separadas por una reflexión sobre repetición y diferencia que las identifica como dos maneras, dos géneros de relatar lo mismo (¿lo mismo?)– es característico de buena parte de la ficción de Borges: piénsese, por ejemplo, en "Historia del guerrero y la cautiva" o,

---

2. Borges, Jorge Luis: "La noche de los dones", ídem, p. 44. En adelante abreviaré ND.

también, en "Pierre Menard, autor del Quijote". Como sugiere Ricardo Piglia, se trata del efecto de una poética genealógica que inscribe críticamente su intervención en el cruce de dos linajes –gauchesca y europeísmo–, operación que corona y agota el sistema literario del siglo anterior.[3] Sin descartar la lectura de Piglia, me gustaría observar algo más en la poética de la demora de "La noche de los dones": una suerte de desborde permanente de la propia economía narrativa del cuento, dinámica que excede el modelo de una escritura bisagra.

La historia propiamente dicha empieza a contarse, pues, luego de un debate que cuestiona de antemano sus presupuestos narrativos, por lo que ella se convierte en una apuesta enorme y desmesurada: relatar una experiencia, historiar una pasión. "Yo les *podría contar lo que me dejó* cierta noche que *suelo traer a la memoria*, la del treinta de abril del 74" (ND: 41, las bastardillas son mías). Poco después de comenzado, sin embargo, el cuento en el cuento que introduce un nuevo tiempo y espacio –un relato de iniciación campestre que trae ecos del *Don Segundo Sombra* ("Por aquel tiempo, uno de los peones, Rufino, me inició en las cosas de campo. Yo estaba por cumplir mis trece años; él era bastante mayor y tenía fama de animoso", ND: 41)– tendrá que ceder, a su vez, el lugar a otra narración cuya voz oral resuena en el interior de la voz del narrador interior. La voz de esta nueva narradora que llaman la Cautiva es una voz cautiva en otra voz, una voz doblemente solicitada –como lo es el cuerpo al que pertenece y que parece, curiosamente, esquivar las dos solicitudes que lo vienen reclamando: "La muchacha habló como si estuviera sola y de algún modo yo sentí que no podía pensar en otra cosa y que esa cosa era lo único que le había pasado en la vida. Nos dijo así" (ND: 42).

Juego de dobles, la voz oral se bifurca en escenas idénticas, salvo por un elemento que las desvía: en esa nueva inflexión, donde el cuento interior descubre en sus entrañas, en el lugar de la epifanía iniciática (de *la experiencia*), *otro cuento*, el texto adquiere una profundidad vertiginosa e insólita. Porque si bien, como lo sugiere su narrador (uno de sus narradores), el relato debe leerse como un rito de pasaje arquetípico que, al revelárselas en una misma noche, le enseñó que "esas dos cosas esenciales" (ND: 44) de la vida, el acto que la engendra y el que la agota, son básicamente uno mismo; la presencia irritante de ese fragmento de *otro* texto que desvía a la narración entera, insinúa la posibilidad de otra lectura, también "desviada". Conviene detenernos –demorarnos– en ese relato doblemente encerrado que "refresca la memoria" (ND: 42): recuerdo de la adolescencia como lo es la narración que lo enmarca, es algo como el habla de la *mnemosis* –demora y deseo–, una suerte de evocación mística de un pasado que siempre está por ocurrir:

---

3. Véase Piglia, Ricardo: *Crítica y ficción*, Buenos Aires, Siglo XX, 1993; "Borges y los dos linajes", *Fierro* 2, 22 (1985), p. 32.

Como en secreto, me fui enterando que los indios podían caer como una nube y robarse los animales. A las mujeres las llevaban a Tierra Adentro y les hacían de todo. Hice lo que pude para no creer. [...] De puro cavilar, yo casi tenía ganas que se vinieran y sabía mirar para el rumbo que el sol se pone (ND: 42).

Lo irresistible del secreto está, precisamente, en que nunca se lo revela. No se sabe –no se dice– qué les hacen los indios a las mujeres que llevan al desierto; pero el término que da nombre a ese silencio ("de todo") lo carga de una plenitud donde también cabe lo verdaderamente insólito: la posibilidad de un goce impensable y que lo convertiría al desierto en el espacio de un deseo femenino cautivo en una voz y un territorio patriarcales.[4] Así, la invasión, cuando al fin se produce (si es que se produce), es más que nada la de un horizonte sobre la mirada que había investido en él sus deseos: la realización soñada de un sueño. Hasta es posible imaginar que fuera de ahí, del sueño de la Cautiva, jamás hubo invasión alguna. Cuando se le pregunta por quién había dado el aviso del malón, ella se limita a una respuesta sumamente evasiva: repite la frase anterior. "Corrimos a mirar *por el lado que yo siempre miraba. Era como si* todo el desierto *se hubiera* echado a andar" (ND: 43, las bastardillas son mías). Marcas en el lenguaje del deseo de que las cosas fuesen como se las recuerda, la fantasía de una pasión mantenida en suspenso por su repetición, infinitas veces, "como quien dice una oración, de memoria" (ND: 43). Leído así, el relato de la Cautiva revela su otra faz, la de una ficción de venganza. Porque, a diferencia del malón que causará la destrucción de la estancia, es indiscutiblemente real el espacio del cautiverio, pero no allá, en el desierto, sino acá, de este lado del "horizonte". El rapto no es el final del cuento de la Cautiva sino su principio ("Cuando me trajeron de Catamarca yo era muy chica" ND: 42); su prisión no es el desierto sino la tierra de los cristianos –la estancia primero, el prostíbulo después– y su voz suena "siempre como si estuviera muy lejos" (ND: 43), porque de hecho lo es; habla con los acentos del exilio. A los indios en el origen se superponen los de la memoria, aunque sin poder restablecer una unidad perdida de antemano. En cambio, su invasión desde el eterno más allá de los recuerdos multiplica el corte y sitúa la ficción en una suerte de exilio del exilio.

4. La gauchesca como tratado, no (solo) sobre la patria sino sobre la normativización de las pasiones, y por lo tanto sobre la exclusión de los erotismos ilícitos que se van proyectando, a menudo en imágenes siniestros y grotescos, hacia los espacios y los cuerpos *otros*: es esta, en grandes líneas, la lectura del género que propone Nicolás Rosa en un artículo sugerente que traza puentes entre las novelas rurales de principios de siglo de Enrique Amorim y las "reescrituras" bufas del género de los hermanos Lamborghini. Véase Rosa, Nicolás: "El paisano ensimismado o la tenebrosa sexualidad del gaucho", en Noé Jitrik (comp.), *Atípicos en la literatura latinoamericana*, Buenos Aires, UBA, 1996, pp. 395-416.

La "invasión" es, otra vez, doble: a la figura visual del malón que nunca termina de atravesar el umbral de la polvareda que lo precede, se superpone la intromisión, en el espacio oral del relato, de nuevas voces:

> Hablaba la Cautiva como quien dice una oración, de memoria, pero yo oí en la calle los indios del desierto y los gritos. Un empellón y estaban en la sala y fue como si entraran a caballo, en las piezas de un sueño. Eran orilleros borrachos. Ahora, en la memoria, los veo muy altos (ND: 43).

En lo que podríamos describir como una demora en el restablecimiento del espacio exterior, la memoria fantasmática de la Cautiva avanza sobre aquella del narrador, contaminándola de su irrealidad que es el diferir infinito de los recuerdos. Es como si, a pesar de que ya calló la voz que las evocaba, el flujo de las memorias del malón continuara repercutiendo en la otra narración donde se nos iba a contar "de veras la historia" de la última noche de Moreira. Propongo una lectura: que la narración "de veras", ahí donde el narrador cuenta cómo le es revelada la "verdad" de la vida a través de los dos actos que la enmarcan, es una suerte de reinstauración de la "verdad de lo simbólico" frente a un desvío que, inexorablemente, la precederá. La súbita aparición en escena de los orilleros borrachos termina con el malón fantasmático de la Cautiva, justo cuando este estaba por avanzar sobre la estancia (sobre la patria) y la voz narradora por tomar el espacio entero del cuento. Moreira y los suyos vuelven a reinstalar el régimen narrativo en el cuento, pero también ellos caen víctimas del embrujo, de una memoria que, oblicuamente, los aleja y engrandece, hasta confundirlos con otros recuerdos, recuerdos de otros.[5] La muerte de Moreira restablece un estado de soberanía en el país, tal como la voz con que se la narra –un realismo lacónico, casi policial– lo hace en el cuento; pero ambas soberanías sufren el desvío de algo que las excede. Ese doble desvío, quisiera sugerir, le sirve a Borges como fun-

---

5. Los pocos elementos del texto de Gutiérrez que vuelven a aparecer en el cuento de Borges lo hacen, como en un sueño, a modo de desfiguraciones, desplazamientos e inversiones. Así, mientras en *Juan Moreira* el último combate del cuchillero se libra en pleno día, después de que la patrulla lo sorprende durmiendo la siesta, en Borges la acción transcurre en un confuso escenario nocturno. Salvo por Moreira y el sargento Chirino, quien lo mata, en las dos versiones, clavándole la bayoneta en la espalda, están ausentes en Borges los actores principales del combate. Podemos inferir, sin embargo, que el encuentro sexual del narrador con la Cautiva se produce en la misma pieza de la pulpería donde, en Gutiérrez, es sorprendido Moreira, como si, de hecho, cada una fuese "la pieza de un sueño" de la otra. Un elemento más que hace su aparición en las dos narraciones es el perro de Moreira ("Cacique" en Gutiérrez): pero mientras, en la primera, es el compañero inseparable de su dueño que al final aúlla sobre su tumba, en Borges un Moreira borracho lo mata de un talerazo. Véase el capítulo XVI de la novela de Eduardo Gutiérrez, *Juan Moreira* [1879], Buenos Aires, Centro Editor de América Latina, 1993, pp. 224-239.

damento de una política de la reescritura:[6] un uso de la gauchesca que difiere de las apropiaciones literarias del desierto como espacio identitario, *tropográfico*, de la nacionalidad.

La mirada del pulpero Recabarren en "El fin" nos propone otra perspectiva hacia el problema del fluir infinito de la memoria donde nos ha dejado "La noche de los dones": es otra versión, monstruosa, de la mirada del deseo clavada en el horizonte y en el borde interior del texto donde permanece cautiva, mirada pura que pertenece a un cuerpo paralizado que ya sólo puede contemplar y escuchar las voces y los cuerpos de otros que sí pueden cantar y pelear. Para Josefina Ludmer, esa posición narrativa es una "representación de dios";[7] Enrico Santí sugiere que se trata de un lector a punto de dormirse, a medio camino entre leer y soñar la escena de la muerte de Fierro.[8] Repitiendo quizás las dos propuestas, me gustaría adelantar una tercera: la de que el dios-lector-soñador es una cifra de la memoria, como perspectiva narrativa paralizada en su posterioridad respecto de la materia de sus recuerdos, cifra de la distancia irreducible que media entre escritura y acción (canto y combate), entre el acto que imagina un pasado en pluscuamperfecto y este pasado.

La pregunta sería, entonces, ¿qué significa volver sobre la gauchesca desde la perspectiva del deseo de una (voz) cautiva? En "La noche de los dones", antes de atravesar el horizonte de ese deseo, el texto se detiene, se da vuelta y vuelve a entregar el mando al otro narrador, junto con los dones de una iniciación masculina. Pero ya nos ha revelado que en su interior acecha otro deseo, otra ficción. La ficción de una cautiva, ficción cautiva que, por supuesto, imagina el derrumbe de aquella otra que la encierra: la invasión deseada y temida por la Cautiva, el malón de Tierra Adentro, es otra variante de la historia que Borges había contado en "El fin", otra versión –la definitiva– de escribirle un final a la patria gauchesca. Como una suerte de implosión narrativa, el relato de la Cautiva desborda el texto que lo encierra; de la misma manera como lo hace el cuerpo de aquella cautiva anterior cuya inmensa presencia física había excedido los límites del cuarto y de la voz que la evocaba desde otra memoria.

Lo que se supone por detrás de esta desmesura, ese irritante "más allá" que yace del otro lado del horizonte, es interiorizado en Borges como borde interior de la ficción. Borges rescata a la frontera criolla como puro potencial estético, como la región del desborde de sentido, desde la empatía momentánea de otro exilio "en un increíble país":

6. Tomo el término en préstamo de Michel Lafon; véase su *Borges ou la reécriture*, París, Seuil, 1990.

7. Ludmer, Josefina: *El género gauchesco*, p. 235.

8. Santí, Enrico Mario: *"Martín Fierro en Borges"*, en ídem, *Escritura y tradición. Texto, crítica y poética en la literatura hispanoamericana*, Barcelona, Laia, 1988, pp. 22-27.

Eso lo fue diciendo en un inglés rústico, entreverado de araucano o de pampa, y detrás del relato se vislumbraba una vida feral: los toldos de cuero de caballo, las hogueras de estiércol, los festines de carne chamuscada o de vísceras crudas, las sigilosas marchas al alba; el asalto de los corrales, el alarido y el saqueo, la guerra, el caudaloso arreo de las haciendas por jinetes desnudos, la poligamia, la hediondez y la magia.[9]

Esas imágenes fantásticas de una otredad cuya inmediatez, o "vida feral", yace inexorablemente *por detrás de ellas*, por detrás del inglés rústico que la nombra y calla, y del español que lo transcribe, encierran una poética de la posterioridad. Borges reescribe las tramas de la gauchesca con las voces –a partir de las posiciones sujetivas– que el género había callado, voces que desbordan su territorio y su lenguaje. De esa manera, la escritura puede, momentáneamente, vislumbrar lo que está del otro lado de su horizonte: escribir en el silencio. Las cautivas o, en términos más generales, *las voces restantes* con las que Borges (re)escribe la literatura nacional, son alegorías del doble exilio de la escritura en su posterioridad irredimible: sus relatos desbordantes son una permanente puesta en incertidumbre de la integridad del espacio ficcional que las encierra.

Trabajar con las voces restantes, escribir otra vez el género desde los pliegues y los silencios es el primer artificio de Borges, no tanto para recordar la tradición sino más bien para aprovechar el inmenso potencial narrativo del olvido. Es por eso que el segundo artificio consiste en algo que podríamos llamar la desautentización del comienzo, en demostrar su irreducible ficcionalidad, su falta de origen. Volvamos, pues, a ese fragmento donde Borges reescribe *Martín Fierro* imaginando de nuevo la escena del "pobre duelo a cuchillo" entre Fierro y el Moreno, pero imaginando también –y sobre todo– a Hernández soñándolo en el doble exilio del "hotel fastidioso" que –según Lugones– se llamaba como el país. "Hospedaje de la lengua", como bien lo caracteriza Casullo,[10] ese espacio transitorio de un exilio interior prefigura la morada paradójica que es la casa de los Borges en Palermo; tal como será rescatada desde la posterioridad de un segundo prólogo que se adelanta, como una antesala de la memoria, a la escritura pasada. La casa familiar, en Borges, es un espacio heterotópico al interior de países probables, países con los que se comunica su escritura replegándose sobre sí misma y proyectándolos a su alrededor desde el santuario interior que es la biblioteca.[11] La casa imaginada por el segundo prólogo del *Evaristo Carriego* es la misma que la casa laberíntica de "El jardín de senderos que se bifurcan", habitada por una escritura mínima y devoradora. Es, también, un espacio en dispersión

9. Borges, Jorge Luis: "Historia del guerrero y la cautiva", *OC*, t. I, p. 559.

10. Casullo, Nicolás: "La sureña lucidez en Borges", en AA.VV., *Filosofía y literatura en la obra de Borges*, Cuadernos ARCIS-LOM 3, 1996, p. 37.

11. Véase al respecto Lafon, Michel: "Sémiologie de l'espace dans l'œuvre de Jorge Luis Borges", *Imprévue*, 2, 1982, pp. 47-85.

que sigue reproduciéndose en otras casas, otros relatos: un sótano en la calle Garay, un bolichón en Lobos, desbordado por el cuerpo de una cautiva.

Borges convierte, entonces, a la gauchesca en un pretexto de los epílogos que se le escriben, e instala en su origen a un Hernández que es igual a él mismo, imaginando una trama desde el doble exilio de su letra posterior. La lectura de Borges revela en lo gauchesco su carácter de convocatoria permanente hacia una voz popular que constituye y excede su espacio genérico. Revela que la identidad del género reside en su desborde e inscribe, por eso, como desborde a su propia intervención paródica que se le da una voz y un silencio a aquella *doblemente otra* que mira hacia el borde interior del género y de la nacionalidad. La "Tierra Adentro", aquí, es el silencio en el interior de una narrativa territorializada, un desierto de nomenclaturas e indecible refugio de una pasión que genera una escritura expansiva e insaciable.

Desde la década de 1880, y con renovado fervor a partir del Centenario, los arquitectos del patrimonio cultural habían reemplazado la *topografía* de la nación producida por la literatura de la generación del '37 y los gauchescos por una *tropografía* de la nacionalidad. Borges reconoce la irreversibilidad de esa reconversión simbólica, pero desde su escritura posterior vuelve a reconstruir la alianza con lo popular como *un tono que desborda* el relato que lo encierra. Si en los relatos *tropográficos* de viajeros lectores donde se había edificado la nacionalidad como espacio cultural predominaba un enfoque antológico y totalizante que inventaba perspectivas panópticas sobre una topología espiritualizada, Borges elige sistemáticamente los géneros menores y fragmentarios –el comentario al margen, la reseña ficticia, la glosa–, para escribir en ellos un desafío dramático al canon. El escenario fronterizo de las orillas es el que elige para restituir a las voces su literariedad. De algún modo, su escritura se desplaza sobre la *tropografía* como si ésta fuera, otra vez, una *topografía*, un escenario de posibles aventuras: se apoya sobre el nacionalismo cultural anterior que había iconizado a la otredad popular, pero para descubrir la literariedad desbordante de los íconos y proceder al derrumbe del orden patrimonial desde su borde interior. Lo gauchesco es en Borges lo popular cautivo en una letra canónica y que la desborda; cuando lo popular traspasa ese límite y se constituye fuera del control de la escritura, ésta vuelve a convertirse en *El matadero*: "La fiesta del monstruo", cuento escrito con Bioy Casares en 1947, marca ese otro límite de la literatura borgiana, el límite histórico, digamos, donde termina su convocatoria hacia el otro y donde ese otro deja de representar una mera potencialidad narrativa, un *truc del perfecto cuentista*. La poética de la posterioridad que inventa Borges le escribe un final, entonces, no a la gauchesca sino a una serie de relatos normativizadores que habían construido con ésta una *tropografía* de la nacionalidad. Volviendo sobre y desde un origen popular hecho de conjeturas insólitas y mostrando su proclividad al exceso y al desborde, Borges construye sobre estas líneas de fuga una literatura.

Más que como clausura del sistema literario de la Argentina decimonónica, por lo tanto, podríamos pensar esa estética de la reescritura como una vuelta hacia el gesto fundante, el de "mirar para el rumbo que el sol se pone", de contemplar el desierto y temer y desear la aparición de los otros. La literatura de Borges surge de un desatar permanente de las apropiaciones simbólicas por parte de la tradición culta: su insistencia juguetona en la literariedad irreducible de la diferencia cuestiona la noción misma de "propiedad" que sostiene estas construcciones canonizantes del patrimonio argentino. En realidad (en la realidad que postula la literatura), nos dice, todo intento de llenar posteriormente de proyectos y proyecciones de identidad el vacío inicial, sólo supo contribuir a la desmesura de este vacío al agregársele nuevos escombros, nuevas voces otras, nuevos desbordes. Después de tantas palabras, la que sigue en pie, aparentemente, es la primera de todas, el significante de lo exterior, el desierto.

6. Borges y las literaturas imposibles

Daniel Scarfó
Yale University

Borges comienza el último de sus nueve ensayos sobre Dante escribiendo: "Mi propósito es comentar los versos más patéticos que la literatura ha alcanzado". Los textos de Borges son, como los de Dante, pausas de un fluir literario que conjugan satisfactoriamente lo roto, lo despedazado: la enciclopedia de Tlön como obra incompleta, los vestigios de Almotásim. Esta ponencia intenta tal acercamiento a Almotásim, a las voces continuamente desaparecidas.

Hay una literatura perdida, "latente", que evoca ciudades perdidas. Pretender recuperarla constituye una empresa atroz. Nos señala Borges que el ejecutor de una empresa atroz debe imaginar que ya la ha cumplido, como la empresa imposible de Pierre Menard, como "la busca de Averroes" o "el acercamiento a Almotásim", cuyas enseñanzas se darían oralmente a los que pudieran oír una parte del horror. "El acercamiento a Almotásim" sería así un acercamiento a los "esfumados" de la literatura.

Las obras no hechas del pasado y del futuro testimonian la agonía de la literatura, entre cadáveres literarios y promesas de paraísos que se renuevan. Sabemos que Borges heredó la idea de que somos fragmentos de un Dios que se destruyó a sí mismo en su deseo por la inexistencia: un escritor (Dios) muerto o desaparecido, un escritor "imposible".

Para Borges el ejercicio de la litertura era revelador de nuestras imposibilidades. Su literatura nos habla de lo que somos y no podemos ser, del fracaso, de las tragedias, de lo inútil. Una literatura que descubre fragilidades, pérdidas, fatigas.

La escritura de Borges, tan preocupada por la mediación entre creación poética y realidad, es un esfuerzo constante por meditar sobre una pérdida de sujeto. Y esta ponencia pretende situarse dentro de esa perspectiva donde lo inquietante es la ambigüedad de la posición del sujeto imposible de la escritura. Borges refiere a "algo intraducible" en el sentido de expresado sólo en el lenguaje de la naturaleza o de la música, o no traducible en palabras.

La muerte es la subjetivación del poeta imposible que se asume como objeto-sujeto del olvido. En uno de sus ensayos sobre las *Mil y una noches* aparece la mención a la "Ciudad de bronce", uno de los cuentos de la colección, cuyo tema es el triunfo universal de la muerte. Todo muere pero *Las mil y una noches* no son algo que ha muerto. A ese respecto, nos lee a Hawthorne:

> Resolvamos –dijo Kenyon– que éste es precisamente el lugar donde la caverna se abrió [...] Imaginemos el enorme y oscuro hueco, impenetrablemente hondo, con vagos monstruos y con caras atroces mirando desde abajo y llenando de horror a los ciudadanos que se habían asomado a los bordes...
>
> Yo creo –dijo Miriam– que no hay persona que no eche una mirada a esa grieta, en momentos de sombra y de abatimiento, es decir, de intuición.
>
> Esa grieta –dijo su amigo– era sólo una boca del abismo de oscuridad que está debajo de nosotros, en todas partes... (OC, t. II, p. 60).

Esta oscuridad, aquella noche, constituyen el hogar de las literaturas "imposibles". Borges escoge los libros, pero sabe que la realidad honda está atravesada por la violencia. "El Sur" es la historia de una derrota que es, a la vez, hogar y destino de las literaturas "imposibles".

Acorde a Borges, el "objeto" de la literatura es el aleph que aparece en la caída al sótano de una casa condenada a la destrucción. Una literatura posible que relata tal caída no sería más que una burla de una memoria que el lenguaje traza y traiciona. A menos que sea la incansable repetición de un paseante que no deja de vagar hasta que encuentra la muerte. ¿No es la lucha contra la muerte, contra su propia imposibilidad, lo que caracteriza a la escritura?

Con esa muerte, Borges describe una experiencia imposible que se establecería como suplemento de la naturaleza. A la tesis de que solo puede narrarse el acto de narrar, Borges habría opuesto la escritura de un "tema" al que le faltaban "pormenores, rectificaciones, ajustes" (OC, t. I, p. 496).

La escritura literaria no es el hecho estético sino una respuesta a la imposibilidad de éste que transmite su *impresentabilidad*, manifestándose como una pérdida. Por eso no hay posibilidad de expresión de las literaturas imposibles, sino solo de alusión.

En Tlön los sustantivos son imposibles porque no existe un lenguaje que imprima continuidad sobre la discontinuidad de la materia en el tiempo. Lo mismo sucede con verbos como "perder", inconcebible en Tlön porque, si los objetos carecen de continuidad en el tiempo y de identidad en el espacio, ninguno puede perderse. Cuando algo así sucede con un objeto, un simulacro aparece: estos *hrönir* son utilizados por los arqueólogos de Tlön para inventar el pasado. En Tlön "perder" es olvidar y "encontrar" es recordar: ambas acciones producen *hrönir*.

¿Es posible, como leemos en "Pierre Menard, autor del Quijote", "exhumar y resucitar esas Troyas", esos "originales"? Ningún discurso puede dar totalmente cuenta de esas literaturas imposibles. Quien se obstina no tiene otra opción que designar las literaturas imposibles como a Almotásim, por sus reflejos, por las huellas dejadas en otras literaturas y en los "libros imposibles", acercándose mediante un movimiento concéntrico, volviéndolas posibles en una órbita.

Entre las obras planeadas y no realizadas por Borges y Bioy había una historia (planeada también con Silvina Ocampo) sobre un escritor provinciano francés que se veía atraído por un oscuro maestro, ya muerto. El joven escritor colecciona las obras del maestro y encuentra sus manuscritos inéditos que resultan ser borradores, "brillante, esperanzadamente incompletos" (Bioy Casares, 1994, p. 145). Entre esos borradores encuentra una lista de prohibiciones para la buena escritura: en esencia se dice allí que lo mejor es evitar escribir.

El relato "El acercamiento a Almotásim" concluye justo cuando el diálogo clave debe comenzar. En Borges todos los textos e impulsos explicativos aparecen incompletos. Cotidianamente nos apoyamos en la creencia de que cualquier texto tiene la capacidad de arrojar luz sobre su tema; aquí, en contraste o en adición, encontramos que en estos textos se vislumbrarían posibilidades sombrías, más o menos irrelevantes y provisorias ("un acervo indeciso de borradores contradictorios", como llama Yu al manuscrito de Ts'ui). Está claro que el *Quijote* de Menard debía permanecer inacabado.

Detrás de "El milagro secreto" está la idea de que la obra de arte no necesita realizarse, o sea, no necesita ser posible en el caso de la literatura. "Avatares de la tortuga" comienza con la historia de la frustración del héroe que no puede alcanzarla por la segunda paradoja de Zenón, donde faltan los puntos infinitos que deben recorrer Aquiles y la tortuga, así como en *El proceso* y *El castillo* en Kafka faltan los capítulos intermedios. Esta coincidencia no le parece casual a Borges.

La alusividad borgiana sería la del conversador orillero que no puede ser único y directo narrador o razonador y que se complacería en discontinuidades, en generalidades, en fintas (OC, I, p. 150).

El *Sartor Resartus* de Carlyle constituye una biografía apócrifa de un tal Dr. Teufelsdröckh, y Carlyle cita de los escritos místicos de este doctor como si existieran, agregando sus propios comentarios. Todo el *Zohar* está lleno de engañosas referencias a escrituras imaginarias que han llevado a postular la existencia de literaturas perdidas. Como en el caso de la *Teoría de Almafuerte*, un libro que Borges tampoco escribió pero del cual nos da un resumen, Moses de León cita de libros imaginarios que pudo haber escrito o pudo haber querido escribir. Sabemos que la invención de autores y libros que no existen pero podrían existir constituye un importante nexo entre Borges y la cábala. Borges hallaba mejor simular la existencia previa de esos libros y solo ofrecer un comentario. Tanto la novela *El acercamiento a Almotásim* de Mir Bahardur Ali como las fuentes citadas de Carlyle y Moses de León solo existen en ese "inmóvil y extraño mundo de objetos posibles" (Alazraki, 1988, p. 28) que es el universo borgiano. "El acercamiento a Almotásim" y "Pierre Menard, autor del Quijote" (el primero siendo modelo para el segundo), son presentados como ensayos literarios que discuten la obra de un escritor que no existe y dan toda clase de información engañosa al respecto.

Los problemas de estos textos "no escritos siendo escritos" también se presentan en "El jardín de senderos que se bifurcan". Asimismo, el nombre dado a una enciclopedia escrita en uno de los lenguajes de Tlön refiere a una visión en el gnosticismo tardío de que existía un *orbis tertius* entre el *orbis primus* espiritual (imposible) y el inferior, o causal (posible). -

Mientras Borges nos propone imaginar un escritor francés contemporáneo escribiendo algunas páginas que reproducirán textualmente dos capítulos de *Don Quijote*, esta imposibilidad no es otra que la que sucede en toda traducción. Donde hay un doble perfecto en un mismo lenguaje, original y origen desaparecerían (Blanchot, 1959, p. 119): "Mi recuerdo general del Quijote, simplificado por el olvido y la indiferencia, puede muy bien equivaler a la imprecisa imagen anterior de un libro no escrito" (OC, p. 448).

En sus entrevistas Borges ha afirmado que todos los grandes maestros de la humanidad han sido maestros orales. Asimismo recuerda que de Cristo sabemos que escribió una sola vez algunas palabras que la arena se encargó de borrar. En Oriente existiría aún el concepto de que un libro no debe revelar las cosas sino ayudarnos a descubrirlas. Las cosas no deberían estar escritas siendo escritas.

Si Dante es todos los escritores, si la *Comedia* es una reescritura de textos anteriores, todo creador borraría las letras del manuscrito arquetípico platónico y trazaría su versión personal, para que otro creador futuro borre a su vez "lo escrito", y así infinitamente. No habría algo así como lo "escrito" sino lo "siendo escrito".

El protagonista de "El jardín de senderos que se bifurcan" especula sobre la posibilidad de un libro infinito. Los escritores de Tlön no firman sus libros ya que se ha establecido que todas las obras son la obra de un solo autor, intemporal y anónimo. La *First Encyclopedia of Tlön* es una utopía textual donde los lenguajes imaginarios socialmente imposibles pueden ser exactos aun clasificando lo "real" según estructuras paradójicas o abismales.

Este proyecto del Libro utópico es en la parodia de Menard la obra "subterránea", "inconclusa", el *Quijote*. En "La escritura de(l) Dios", Dios es una letra, y el mundo es esa letra transformada en un único libro. En "La memoria de Shakespeare" vemos que, finalmente, el libro canónico no es para Borges más que una vana tentación: una tentación de orden, un olvido de la belleza de lo cotidiano.

Alegoría sobre la imposibilidad de la escritura (Fernández Ferrer, 1992, p. 491), "El Aleph" nos recuerda que toda obra literaria persigue la utopía de un Aleph. Por otra parte, todo lo que puede hacerse, pensarse o decirse estaría escrito en uno de los libros de "La biblioteca de Babel". Estaríamos ante la presencia del texto absoluto que nunca clausura sus páginas, de un "libro de arena", libro infinito.

En los innumerables sistemas teológicos y metafísicos, Borges ha percibido un infatigable esfuerzo por comprender e interpretar el universo. La sola pluralidad de estos sistemas sería, acorde a nuestro autor, indicativa de su fracaso. Estamos en el problema de la traducción, de la lectura. Menard es un lector que quiere leer el *Quijote* escribiéndolo. Tarea "imposible", palabra que pone Borges en boca del lector, previendo y construyendo su reacción.

El cuento de Borges es una enseñanza de la humildad y relatividad con que debe encararse toda lectura. Por eso Borges habla de la "casi divina modestia de Pierre Menard", por eso ocultó o no terminó su obra. Porque "es casi imposible" hoy lo que aconteció entonces. Estamos en la era de la incomprensión.

Borges sentía sin duda una gran atracción por los textos "incomprensibles" o por la lectura de los textos como "incomprensibles". El lenguaje, la escritura, los textos no serían sino certificaciones de impenetrabilidad (Aizenberg, 1990, p. 261). "La biblioteca de Babel" contiene todos los libros posibles en todas las lenguas imaginables, y esos libros son absolutamente incomprensibles. En este cuento encontramos la idea de estar perdido en el universo, de no comprender. La biblioteca es el universo y su lógica permanece inaccesible a los hombres que sólo pueden concebirla bajo la figura de un infinito no experimentable. Todo pasado, presente y futuro estaría escrito en algún libro cuyos contenidos son inabordables o contradictorios. Los hombres sabrían que su destino está escrito y que sus vidas han sido organizadas en función de una búsqueda de sentido inevitable e inútil.

Este relato recibió, del propio Borges, la calificación de historia kafkiana. El hombre kafkiano acaba por rendirse a la alienación y acepta la imposibilidad de conocer las causas de su ajusticiamiento, los motivos que impiden su ingreso en el castillo. Borges concluyó así que el sentido original de un texto nunca podría ser recapturado.

En "Pierre Menard…" desde el primer párrafo el narrador nos habla de una obra *"visible"*. La escritura de esta palabra en itálica es del mismo Borges, lo que habla de su intención de remarcar y, al mismo tiempo, relativizar este aspecto de la obra. Que nos hable de una obra *visible* nos abre a la expectativa: ¿hay una que no lo es? *Visible* … ¿significa legible?

La idea del *Corán* como *la madre del Libro* depositado/a en el Cielo y persistiendo en el centro de Dios, la idea del universo como libro de Dios, otorgan el marco de lo imposible e ilegible a ser sugerido mediante los libros sagrados e imposibles que podemos leer, como el "Zahir", palabra árabe para "visible", "manifiesto": uno de los atributos de Allah mencionados en el Corán (57:3): "He is the First and the Last, the Manifest (*zahir*), and the Hidden (*batim*)".

Almotásim es el maestro demasiado grande para sospechar su existencia. La historia de ese acercamiento a Almotásim es para nosotros una aproximación a los "esfumados" de la literatura, los excluidos de los excluidos a un punto tal que no pueden siquiera ser representados.

"En el abarrotado mundo de Funes no había sino detalles, casi inmediatos." El "casi" de la narración pretendería mediar entre la instancia de lo posible y la de lo imposible (Moreiras, 1992, p. 119). Su don le quita a Funes la posibilidad de la escritura. Tanto la narrativa como el conocimiento están basados en una dialéctica entre lo que recordamos y lo que olvidamos. Funes quiere escribir pero no puede.

En dos poemas titulados "Límites", Borges entrega lo que ya no puede ver al olvido. La ceguera prefigura el avance de la muerte. En el prólogo a *Benito Cere-*

no leemos: "El olvido bien puede ser una forma profunda de la memoria" (Borges, 1988, p. 55). En el prefacio a *A History of the World*, Alexander Ross declara hablar más con los muertos que con los vivos, hecho que Borges bien pudo haber tenido en mente cuando lo cita en "El inmortal".

La sola pluralidad de los sistemas teológicos y metafísicos por comprender el universo sería, para Borges, indicativa del fracaso de esa búsqueda. "La busca de Averroes" es la historia de una frustración donde Averroes es comparado con el dios frustrado "mencionado por Burton". El epílogo enfatiza este fracaso de Averroes señalando las similitudes entre la tarea borgiana de recrear a Averroes y la fallida recreación de Aristóteles por parte de aquel.

También entre las obras *visibles* de Menard se encuentra una monografía sobre el *Ars magna generalis* de Ramón Lull. En la obra de Borges el armazón de Lull representa la vanidad del intelecto humano y sus continuos fracasos: "No hay ejercicio intelectual que no sea finalmente inútil" (OC, I, p. 449). En "El fin" el narrador señala que a un *gentleman* solo pueden interesarle causas perdidas.

En "La lotería en Babilonia" los babilonios ensayan una "teoría general de los juegos" condenada al fracaso. Las búsquedas que emprenden los personajes culminan en huecos: una imagen de agotamiento de posibilidades que nos lleva al fin de la intelectualidad, a la sonrisa trágica de quien ha partido de un lugar imposible, deviniendo desde entonces en fracturas: fallando. De quien vive en un mundo que es producto de su fallida arquitectura. "La lotería en Babilonia" es la historia de una derrota. La actitud es de desafío: es el poeta aceptando la condición de fracaso de la palabra en relación con la realidad y creando una realidad nueva a partir de este fracaso.

Borges insiste con los casos de frustrados poetas, por la nobleza que ve en el fracaso. En la literatura argentina encuentra en Almafuerte la idea de la derrota, del fracaso como fin (Chiappini, 1991, p. 40). En *Bouvard et Pécuchet* ve los esfuerzos de los escribas como un reflejo irónico del fracaso de Flaubert y el suyo propio por interpretar el universo.

La invención "Pierre Menard, autor del Quijote" fue paralela a la de otra historia. Borges habría usado aquella otra historia nunca escrita para su Pierre Menard: la historia de un escritor que intenta lo imposible.

La idea cabalística de que el mundo es la escritura secreta de Dios, imposible de ser leída, está claramente presente en Borges. El dilema de las literaturas y los libros imposibles recuerda el hecho de que la potencia y el gesto estéticos sean tanto parte del juego como el poema ya realizado y "actualizado". Esto ocurre al leer a Borges.

Borges cree que Kafka "llega a esa desesperación del laberinto" en función de la "empresa imposible". Y lo perfila como un escritor que acaso deba su celebridad al azar, a ciertos infortunios en la vida y quizás más aún al empecinamiento ante esa "imposibilidad" de las cosas (Chiappini, 1991, p. 37). Recordemos que Kafka trabajaba con esta conciencia de la imposibilidad de escribir. Como ha señalado Steiner, el tema de Babel era una de sus preocupaciones: en "La construcción de la Muralla China" proponía una nueva versión de ese tema. El fracaso del desafío babélico habría estado en su fundamentación: el proyecto era una obra destinada a la infinitud.

El Libro que explicaría todos los otros libros y la existencia de la misma biblioteca no existe en Babel ni en Tlön. Babel, presente y real, o Tlön, ausente e imaginaria, no serían sino hipérboles de la literatura. En nuestro mundo ese libro existe como una posibilidad, como una apuesta, imagen incompleta, siempre inacabada, que concilia el posible Babel y el imposible Tlön: la literatura.

En un texto que la revista *El Urogallo* publicó después de su muerte, Borges escribe: "No hay libro que no contenga su contra-libro, que es su revés". Para Herbert Quain, todo libro que excluya a su propio opuesto debe considerarse incompleto. Borges esboza una teoría de la literatura paradójica y antiliteraria. La literatura sería literatura de la literatura, el "objeto" de la literatura sería vertiginoso. El tema del poema "El otro tigre" refleja esta visión del arte y la literatura como dominio de lo imposible. La literatura es en Borges una plenitud inminente que no se realiza, una paradoja basada en una imposibilidad.

Borges enfatiza la nostalgia de presencia, la impotencia inscrita en ella. Una concepción de la práctica estética condicionada por este énfasis hace del arte una relación paradójica entre *ausencias* y *presencias*. Por una razón similar se había interesado en Almafuerte, en quien veía la paradoja de una íntima virtud que se abre camino a través de una forma a veces vulgar (Vázquez, 1996, p. 33). Refiere con respecto a los tratados publicados y no publicados de Aristóteles la noción de la literatura como insinuación. Como juego entre lo posible y lo imposible.

Muchos de los escritos de Borges problematizan una degeneración-regeneración de la escritura en donde se vive de muerte y se muere de vida. Sus obras descubren la infinidad de lo posible e imposible. En "El milagro secreto", la escritura genera la muerte de Hladík y el nacimiento del texto. El epígrafe de "Biografía de Tadeo Isidoro Cruz (1829-1874)" reza: "I'm looking for the face I had / Before the world was made". Ese rostro antes de nacer, de caer, es el rostro de las literaturas "imposibles". La sentencia "Y la reina dio luz a un niño que fue llamado Asterión" viene de la *Bibliotheca*, un tratado de mitología antigua que podría ser una versión condensada de Apolodoro de su más extenso estudio *On the Gods*, ahora perdido. Borges nos da en este epígrafe la clave de la escritura como nacimiento, como caída en la literatura, ese otro laberinto. La imaginación proyectaría en la cultura un sueño en el cual "superaríamos" nuestras frustraciones frente al mundo. Vencidos por lo impenetrable de la realidad, inventaríamos en la cultura nuestra propia realidad. Sabemos que hay otra que constantemente nos asedia, que hace sentir la enormidad de su *presencia*.

Para Borges tan fácil era componer narraciones oníricas e inconsecuentes como imposible componerlas de modo que no sean ilegibles. *El Golem*, sin embargo, se le presentaba como ejemplo de lo increíblemente onírico y extremadamente legible: la vertiginosa historia de un sueño (*Textos cautivos*, p. 230). Definió a los sueños como el género estático más antiguo (en *Borges en la escuela freudiana de Buenos Aires*, p. 33) y sostuvo que el escritor tiene que saber aprovechar las prohibiciones, tiene que vivir de aprovechar las imposibilidades (ídem, p. 35).

Borges tiende a alinearse junto a los que, dentro de la literatura, parecen tratarla como un juego vacío, actitud que se sustenta en nuestra ineptitud para explorar la realidad con el lenguaje. A la vez que vuelve *ausencia* todo lo que toca, la estética borgiana sueña con aperturas a una *presencia* radical.

El fantasma de la muerte en el arte ya deambulaba para Borges en los textos de Macedonio. La literatura se erige como discurso de "otra cosa", como presencia de una supuesta ausencia, como negación de su presencia. Por eso Macedonio afirmará la escritura como plena presencia donde todo es "provisional", "inacabado".

Esa visión de la literatura como condensación de lo incontenible, esta insistencia en aproximarse a lo inalcanzable es una condición de lo que subyace a la obra narrativa y crítica de Borges: la poesía. A Borges no le interesa tanto el pensamiento de Pascal como su escritura fragmentaria, hecha de pensamiento e intuiciones contradictorias, de la sensación de impotencia y extravío que se experimenta ante la inmensidad e incomprensibilidad del cosmos. El repertorio de Borges de lo posible y lo imposible es tan vasto que se podrían dar varias conferencias sobre cada posibilidad e imposibilidad en su canon.

La lectura, los libros, la biblioteca, llevan siempre en los relatos de Borges a la enfermedad y a la muerte. Hay un antiintelectualismo muy firme en Borges y en la tensión que aquel genera se juega a menudo toda la construcción de sus relatos, en los que prevalece la idea de que la biblioteca y los libros empobrecen, y que las vidas simples constituyen la verdad. Lo vivido, la oralidad, las pasiones elementales: habría una poética allí, que Borges divisa en Almafuerte.

En el texto ya citado que la revista *El Urogallo* publicó después de su muerte, Borges afirmó que lo que importaría es lo que queda sin ser dicho. Escribir sería relacionarse con lo siempre ausente o lo que está presente como ausencia (Collin, 1990, p. 83-84).

El personaje al que Borges llama Borges desesperaría por el carácter imposible de su desmesurado proyecto. La tarea del falso dios, el demiurgo menor que se sabe destinado a proponer absolutos que no lo son en verdad sino que afirman la imposibilidad del absoluto haciéndolo posible en su misma negación, generaría siempre el mismo camino: se trata de saber que "lo imposible es" (García Ponce, 1981, p. 85). En la base de las especulaciones metafísicas borgianas se encontraría la intuición de la vanidad del conocimiento intelectual y la convicción de la imposibilidad de penetrar el dibujo último del mundo si este existiera.

Finalmente, la obra de Borges constituye un llamado de atención sobre la descomposición de la personalidad, de la historia literaria, del pensamiento orientado y didáctico, de la aceptada secuencia narrativa, del personaje rotundo.

Borges reconoce que "la literatura es un arte que sabe profetizar aquel tiempo en que habrá enmudecido, y encarnizarse con la propia virtud y enamorarse de la propia disolución y cortejar su fin", y a pesar de ese desencantado resumen persigue una acumulación de letras acaso prescindibles, practica un ejercicio acaso inútil.

BIBLIOGRAFÍA

Aizenberg, Edna: "Borges and the Hebraism of Contemporary Literary Theory", en Aizenberg, Edna (ed.) *Borges and his successors: The borgesian impact on Literature and the Arts*, Columbia, University of Missouri Press, 1990.
Alazraki, Jaime: *Borges and the Kabbalah*, Cambridge (Inglaterra); Nueva York, Cambridge University Press, 1988.
Bioy Casares, Adolfo: *Memorias*, Barcelona, Tusquets, 1994.
Blanchot, Maurice: *Le livre à venir*, París, Gallimard, 1959.
Borges, Jorge Luis: *Biblioteca Personal: prólogos*, Buenos Aires, Alianza, 1988.
—— *Borges oral*, Buenos Aires, Emecé, 1979.
—— *Obras completas*, Buenos Aires, Emecé, 1989.
—— "Prólogo" a Santiago Dabove: *La muerte y su traje*, Madrid, Libertarias, Prodhufi, 1993.
—— "Teoría de Almafuerte", *La Nación*, Buenos Aires, 1942.
—— *Textos cautivos*, Barcelona, Tusquets, 1986.
Chiappini, Julio: *Borges y Kafka*, Rosario, Zeus, 1991.
—— *Borges y Almafuerte*, Rosario, Zeus, 1993.
Collin, Françoise: "The third tiger; or From Blanchot to Borges", en Aizenberg, Edna (ed.), *Borges and his successors: The borgesian impact on Literature and the Arts*, Columbia, University of Missouri Press, 1990.
Fernández Ferrer, Antonio: "El Aleph de 'El Aleph'", *Cuadernos Hispanoamericanos*, vol. 505-507, Madrid, 1992.
Fleming, Leonor: "Un dios múltiple. Una lectura de 'Las ruinas circulares'", *Cuadernos Hispanoamericanos*, vol. 505-507, Madrid, julio-septiembre de 1992.
García Ponce, Juan: *La errancia sin fin*, Barcelona, Anagrama, 1981.
Moreiras, Alberto: "Circulus Vitiosus Deus: Borges y El fin de la memoria", *Siglo XX/20th Century*, Boulder, vol. 9, 1-2, 1991-1992.
Vázquez, María E.: *Borges: esplendor y derrota*, Barcelona, Tusquets, 1996.
EFBA: *Borges en la escuela freudiana de Buenos Aires*, Buenos Aires, Agalma, 1993.

7. "El Aleph" y el lenguaje epifánico

Julio Ortega
Brown University

En la Biblioteca Nacional de Madrid se encuentra el manuscrito de "El Aleph," que Borges había regalado a Estela Canto, a quien le está dedicado el cuento; ella lo vendió en 1985 a la casa de remates Sotheby's de New York, donde la Biblioteca lo adquirió. Esta transacción efectiva no deja de ser irónica: subraya el espacio moderno que postula el cuento, un espacio dominado por el comercio que transforma la ciudad, derriba las casas y confunde los valores. En todo caso, el celo de la amiga preservó ese manuscrito único.[1]

En un cuaderno escolar Minerva, de hojas cuadriculadas, con letra menuda y precisa, Borges parece haber terminado "El Aleph" hacia comienzos de 1945. Sorprendentemente, las primeras páginas están escritas con una caligrafía casi sin interrupciones y con muy pocas tachaduras mientras que luego hay páginas muy revisadas, alguna de ellas incluso vuelta a copiar. Se pueden advertir dos tintas y hasta tres hojas diferentes, intercaladas, una de ellas de papel membretado. Incluso en sus correcciones Borges es sistemático: abre corchetes de distinto tamaño frente a la palabra tachada y lista los términos que podrían sustituirla. Construye así su breve "Thessaurus" de alternativas, demostrando su control del proceso de la composición pero también su conciencia lingüística. Ese proceso convierte el manuscrito en un verdadero taller de "El Aleph", que empieza en la carátula –donde el autor consigna notas, citas y títulos, incluso el primer cuarteto del poema atribuido a Carlos Argentino–, pero no termina en el cuaderno, ya que la "Posdata del 1º de marzo de 1943" es posterior al manuscrito, lo que de-

---

1. Con Elena del Río Parra preparo una edición crítica del cuento basada en el manuscrito. A un análisis filológico del manuscrito debe seguir otro, histórico y literario. En su espléndida edición anotada de las *Œuvres complètes*, Jean-Pierre Bernés ha descrito el manuscrito y ha interpretado el proceso de su escritura. Ciertamente, este no solo es valioso por su riqueza filológica sino porque, al menos para mí, sugiere una traza manual (un taller del cuento) donde la idea misma del Aleph es primero convocada y luego encontrada, como una revelación de la grafía que suscita su espacio epifánico.

muestra, en efecto, que no forma necesariamente parte de la fábula sino que es la primera lectura de "El Aleph" (del cuento, no del Aleph mismo) y, por lo tanto, la primera puesta en duda del Aleph (del objeto, no del cuento).

El cuento nace así de una operación de la crítica, esto es, de la lectura relativizadora. La página de la enumeración del universo visto en el Aleph, es la más laboriosa: Borges ensayó varios órdenes, y finalmente enumeró con claridad, del 1 al 32, los segmentos. Aunque Borges ha explicado que la dificultad de esta enumeración se debe a la necesidad de considerar asociaciones íntimas y contrastes, el principio de recomposición parece deberse también a la prosodia, al ritmo y a la dicción. Se trata, claro está, del discurso místico, entre el éxtasis contemplativo y la elocuencia absorta.

Estela Canto evoca, en su *Borges a contraluz*, algunas circunstancias de la escritura de este cuento. Dice ella recordar que en el verano de 1945 Borges le anunció que iba a escribir un cuento sobre un lugar que encerraba "todos los lugares del mundo", y que quería dedicárselo. Otro día, Borges le llevó un caleidoscopio, donde se podían ver "todos los objetos del mundo", y jugaba con él con el sobrino de ella. Pero también recuerda que "[Borges] vino a casa con el manuscrito garabateado, lleno de borrones y tachaduras, y me lo fue dictando a máquina. El original quedó en casa y las hojas dactilografiadas fueron llevadas a la revista *Sur*, donde se publicó el cuento" (p. 208). Se publicó en el número de setiembre, el mismo año de 1945. Algunas imprecisiones, evidentes en la prosa sumaria de Canto, no permiten tomar al pie de la letra sus recuerdos, lo que es lamentable, ya que es el principal testigo del relato. Afirma ella que le dijo a Borges: "Pienso vender el manuscrito cuando estés muerto, Georgie." A lo cual él respondió: "Caramba, ¡si yo fuera un perfecto caballero iría ahora mismo al cuarto de caballeros y, al cabo de unos segundos, se oiría un disparo!" (p. 248).

La tentación de ver en este breve milagro de la letra no sólo un taller sino, a su modo, un Aleph de la grafía es, ciertamente, otra contaminación del cuento, que impone la suma de su visión simultánea como una serialización del lenguaje mismo, a tal punto que todo lo que escribimos sobre este cuento sería parte de esa enumeración ilimitada; lo cual más que un instante revelador de todo el espacio posible (como pretendía el autor) sería una revelación de la naturaleza misma del lenguaje, capaz de consignar, en efecto, todas las sentencias como si fueran una cita literaria prevista por la virtualidad sin fondo de ese "inconcebible universo", la escritura. "El Aleph" (el cuento como poética narrativa, como alegoría del acto literario mismo) demostraría, entonces, que los límites del lenguaje no son los límites del universo.

Pues bien, el manuscrito nos permite ingresar a la construcción del cuento y del mismo Aleph. Resulta interesante que, aun cuando el objeto estaba definido como esfera capaz de contener el "inconcebible universo", no tenía aún su nombre exacto (limitaba aun con el lenguaje), ya que el manuscrito llamó al objeto mediador "mihrab", que es un espacio sagrado en la religiosidad musulmana. Así, el título inscrito en tinta roja en la primera página parece posterior a la escritura del cuento. Carlos Argentino Daneri aparece en el manuscrito como Carlos Argentino Viterbo, y como hermano de Beatriz. Parece evidente que Borges decidió hacerlos primos cuando sospechó que serían amantes, y que en el Aleph estarían las cartas ("obscenas, increíbles, precisas") que ella escribió a Carlos Argentino. Borges, en cambio, siempre fue "Borges" (un personaje libresco y discreto, pero también habitante de la misma república literaria que el odioso Carlos) pero no por meras razones autobiográficas. Más bien, porque solamente en primera persona y en el inmediato pasado del acto de ver ("vi... vi... vi...") es posible referir la visión del Aleph (o en el ilustre modelo del Apocalipsis), ese instante que el lenguaje sólo puede extraviar, apenas contemplar y parcialmente referir. También por eso es pertinente la cronología prolija del relato: las fechas indican que Beatriz murió en 1929 pero que todavía en 1941 "Borges" visita la casa (el día de su cumpleaños, contradiciendo así el día de su muerte), repitiendo el culto de una ceremonia melancólica. Esto es, el excesivo presente de la historia, donde ocurre la visión del Aleph, se produce muy cerca del presente de la escritura, donde se recuenta ese pasado inmediato. Pero la posdata se acerca más al presente para-textual (1° de marzo de 1943), ocupando así el tiempo de la lectura donde, en verdad, el cuento se aleja de la fábula para dirimir su intriga. Ahora entendemos que la estrategia del relato ha sido doble: primero, persuadir al lector de la licencia fantástica de la existencia del Aleph; pero luego de esa credibilidad suspensa, introducir la duda, relativizar la existencia única del Aleph sugiriendo que se trata de "un falso Aleph", ya que hay muchos, e incluso cualquier cosa podría ser un Aleph, en tanto vehículo capaz de suscitar el temeroso asombro de lo sagrado.

Pensar el espacio, como pensar el tiempo, son operaciones de la metafísica que Borges ha frecuentado. Maurice Blanchot habló del "prodigioso y abominable Aleph" como una "perversión" del mundo "en la suma infinita de sus posibles" (*El libro que vendrá*, pp. 109-112). El espacio que se hace, de pronto, presente en el instante de la visión es una simultaneidad impensable, que sostiene todo el espacio extensible, y se abre así un campo de la visión que excede el campo de la mirada. Esa mirada registra en la tradición la contemplación mística del Paraíso o del Apocalipsis, así como sus breves instancias promediadas por la fruición de uno u otro signo, por las "epifanías" fugaces. Solo que, en la versión borgiana, el espacio es el lugar inverso que permea la muerte. Tanto como el pensamiento metafísico sobre el tiempo confirma el instante inverso del sujeto. Cuando Derrida (*Speech and phenomena*, p. 54) afirmó que decir "yo" es declarar "yo soy mortal," repitió a Borges, quien en "El inmortal" y otros relatos había puesto al revés la reflexión metafísica sobre el sujeto al concebirlo como criatura temporal. De modo que el espacio prolonga la sombra de la melancolía, impone el ritual fúnebre de la memoria y confirma el extravío de un sujeto sin albergue en este mundo. El tiempo, por su lado, confirma la mortalidad del sujeto como la prueba de su encarnación, paradójica y nostálgica, ya que un tiempo trascendente no requeriría ni del tiempo ni del sujeto.[2]

La operación borgiana reescribe la tradición mística para situarla en la dimensión del lenguaje, allí donde las palabras no son suficientes aunque son todo lo que nos resta: el lenguaje refiere el mundo como sombra melancólica pero puede, de pronto, revelarlo en un instante/instancia fluido de una visión/versión precipitada por las palabras. Si estas mediaciones de ver y anotar eran en sí mismas atributos del *raptus* místico, en la lección borgiana son posibilidades fortuitas del acto literario, de su rigor suscitador y su transmutación poética.

En "El Aleph" ocurre que la metafísica del espacio es una disputa por el lugar deshabitado. En primer término, abandonado por Beatriz. Si en la *Comedia* ella aguarda a las puertas del Paraíso, promesa de la lectura de la teología, en "El Aleph" el camino es al revés: la pérdida de su presencia, del sujeto mediador/religador, nos lleva de la memoria al olvido. No en vano el *Fedro* es el tratado platónico más aludido por Borges: la palabra (la voz, la lectura) está más cerca de la memoria que la escritura (la literatura). En el lugar donde están todos los lugares, en el Aleph de la lectura transparente, está Beatriz, pero ya no su presencia sino su olvido, su cadáver y sus cartas secretas. La revelación mística deja paso a las revelaciones domésticas; la encarnación del verbo prometido es reemplazada por la verdad descarnada del verbo melancólico. En segundo lugar, la ciudad misma abandona, vacía, el espacio: el aviso de cigarrillos rubios en la Plaza Constitución es "el primero de una serie infinita" de cambios. El valor de la novedad presume rehacer el espacio en el nombre de lo moderno, impone la mecánica de la sustitución, que trabaja a favor del olvido.

Carlos Argentino preside, como un Dante de signo contrario, ese espacio de pérdida que es lo moderno. En las notas a su *The Aleph and other stories, 1933-1969*, Borges se distancia de la relación entre su cuento y la *Comedia* de Dante que la crítica ha advertido, aunque nada ha dicho de *La Vita Nuova*. Entre sus varias fuentes, además del cuento "The Crystal Egg" de H. G. Wells, ha señalado al matemático Georg Cantor que llamó "Aleph" a los números "transfinitos", aquellos que no cambian si se les suma otro, y al filósofo Bertrand Russell, que explicó también la serie ilimitada a que esos números virtuales remiten. En una charla ("Mi prosa"), Borges precisó uno de los motivos del relato: "Yo había leído en los teólogos que la eternidad no es la suma del ayer, del hoy y del mañana, sino un instante, un instante infinito, en el cual se congregan todos nuestros ayeres como dice Shakespeare en *Macbeth*, todo el presente y todo el incalculable

---

2. Puede consultarse mi propuesta de leer "El Aleph" como una poética narrativa del autor en mi *Una poética del cambio*. Se amplía ese comentario en " 'El Aleph' revisitado", incluido en mi *Arte de innovar*.

porvenir o los porvenires. Yo me dije: si alguien ha imaginado prodigiosamente ese instante que abarca y cifra la suma del tiempo, ¿por qué no hacer lo mismo con esa modesta categoría que es el espacio?... Bueno, yo simplemente apliqué esa idea de la eternidad al espacio". En todo caso, la "vindicación del hombre moderno" que hace Carlos Argentino remite a uno de los mitemas superiores de la modernidad, la comunicación universalizada: "Lo evoco –dijo[...]– provisto de teléfonos, de telégrafos, de fonógrafos, de aparatos de radiotelefonía, de cinematógrafos, de linternas mágicas, de glosarios, de horarios, de prontuarios, de boletines..."[3]

Estos instrumentos de abolir las distancias ("para un hombre así facultado el acto de viajar era inútil") son del todo sustituibles; pero el programa moderno de abandonar el espacio habitable e introducir el espacio sustitutivo a nombre de la comunicación es, a su vez, otra serie sin fin. El salón-bar que "el progresismo" de Zunino y de Zungri ha puesto de moda es contiguo a la casa de Carlos y Beatriz, en la calle Garay, y no es por eso casual que al final estos modernizadores urbanos, que son dueños del inmueble, terminen derribándolo para ampliar su negocio. No deja de ser intrigante la relación familiar de Carlos y Beatriz, primos hermanos, personajes de una familia tradicional seguramente desplazada por las nuevas burguesías. Más verosímil hubiese sido que fuesen hermanos, pero es más patético que sean primos solitarios: los distingue el abandono de la familia, su pérdida de continuidad en la sustitución de las clases. Carlos Argentino y el padre de Beatriz viven en esa casa alquilada, donde los padres de Carlos deben haber acogido a Beatriz y a su padre; esta pérdida de lugar sugiere el desplazamiento social de Beatriz, que había vuelto a la casa después de su divorcio. Parece sintomático, entonces, que Carlos Argentino haya utilizado el Aleph para tratar de recuperar el mundo perdido, aunque sólo sea en el lenguaje que limita su versión del mundo. Apoderarse del orbe conocible explica su patetismo, pero intentar un lenguaje literario lo hace grotesco, y perseguir la fama lo torna banal. Por eso, su empresa es meramente literaria (social, previsible, hecha en la "república de las letras"), y confirma la pérdida de cualquier noción de un arte genuino. Pero su empresa es también ingenua: al duplicar el mundo en el lenguaje, al utilizar las palabras para meramente representar, concede que lo real es lo dado, lo nombrable y legible; por lo cual su descripción limita sólo con el tedio y termina demostrando el abandono de la literatura. El Aleph, para él, es un objeto de su propiedad, que le sirve como un mirador privilegiado. Irónicamente, un "moderno" como Carlos Argentino representa la lectura genealógica, aquella que se explica por la mecánica reduccionista de los orígenes, donde los archivos y museos dictaminan que cualquier cosa viene de cualquier parte. Por su lado,

---

3. A falta de ediciones escrupulosas de las obras de Borges, citamos aquí por la edición más a mano. Borges, Jorge Luis: *El Aleph*, Madrid, Alianza/Emecé, 1971, pp. 155-174.

"Borges" representa la lectura procesal, la que en la tradición actualiza la noción de lo nuevo, la del cambio como la puesta en crisis de las representaciones dadas.[4]

"Borges", en efecto, dice directamente que nada le asombró más que el hecho de que todos los actos que vio "ocuparan el mismo punto, sin superposición y sin transparencia". Esto es, lo asombroso no es el mundo retrazable sino el instrumento que nos permite su revelación simultánea. Por eso, no es necesario duplicarlo en el lenguaje, sino referirlo en una enumeración, que rehúsa el modelo de una serialización ya que acontece a la vez como instante y simultaneidad. Así, el Aleph es una alegoría del acto literario (desfundante, abierto) y su naturaleza proteica ocurre en el espacio marginal, en el sótano de una casa que será demolida. También por eso tiene sentido el hecho de que este cuento haya sido decisivo para que Gabriel García Márquez lograra forjar una metáfora de la lectura como eje del universo cifrado (orígenes) y descifrado (procesos) en *Cien años de soledad*. Ese hecho me parece más importante para la literatura que el ligero impacto de Borges en la "nueva crítica" francesa.[5]

Ahora bien, ¿qué clase de espacio es este donde prevalece la sustitución, la usurpación y la pérdida? Dominada por el comercio (la publicidad, el progreso, la modernización urbana, la tecnología), la ciudad, en verdad, está ocupada por el mercado. El espacio tiene en esta lógica permutativa un valor de cambio, una implícita violencia y competencia, que contamina las relaciones, sustituye otros valores, y finalmente ocupa el lenguaje mismo y vacía la literatura. La pequeña república de las letras anunciada por Carlos Argentino Daneri, la sociabilidad literaria, es también un subproducto del mercado, del desvalor impuesto. Por eso, hasta el lenguaje se exterioriza, socializado, y es parte él mismo de la racionalidad de una espacialización normativa, dictada por el mercado. En "El Aleph", como en varios textos literarios de la época, ese mercado representa una fase de modernización intensa pero también una de racionalidad dominantemente social; y quizá por eso la familia tradicional termina en esta pareja de primos y con este

---

4. Se ha repetido que en la historia de Carlos Argentino Daneri hay una sátira literaria contra el Premio Nacional de Literatura famosamente perdido por Borges en 1941. *El jardín de senderos que se bifurcan* fue presentado a ese concurso, pero el ganador fue Eduardo Acevedo Díaz por su novela *Cancha larga*; otros dos narradores también realistas obtuvieron el segundo y tercer premio. El número 94 de *Sur* (julio de 1942) incluye un largo desagravio a Borges. Recuenta el episodio Rafael Olea Franco en su *El otro Borges. El primer Borges* (pp. 273-275).

5. Puede consultarse Gérard Genette, "L'utopie littéraire", en *Figures 1*. Desde una lectura estadounidense, es más sugestivo el ensayo de John Barth, "The Literature of Exhaustion". Véase, con provecho, las compilaciones de Jaime Alazraki, *Critical Essays on Jorge Luis Borges* y *Jorge Luis Borges*. Analizan el diálogo de Borges con teorías del lenguaje y modelos narrativos, Emir Rodríguez Monegal, *Borges por él mismo*; Arturo Echevarría, *Lengua y literatura en Borges*; Lelia M. Madrid, *Cervantes y Borges: la inversión de los signos*; Michel Lafon, *Borges ou la reécriture*.

solterón tímido en que Borges se representa, platónico y sentimental, modesto y perdedor, pero último testigo del discurso epifánico, de la nostalgia de su visión.[6] Se trata, entonces, de la ciudad como necrópolis: se levantan los nuevos edificios sobre las ruinas de la ciudad habitable. Solo que en esas ruinas está el Aleph. Si la fábula del cuento nos dice que este instrumento permite la actualidad epifánica, su implicación mística nos sugiere que es tarde para esa recuperación. El tiempo litúrgico se ha extraviado en el espacio sustituido. Si el mundo es una escritura divina, y si el Aleph es la grafía que remite infinitamente a esa lectura, parece deducirse, entonces, que esa lectura no tiene otra consecuencia que la contemplación. Por eso, al comprobar esa traza de un Dios ausente, "Borges" nos dice:

> [...] vi mi cara y mis vísceras, vi tu cara, y sentí vértigo y lloré, porque mis ojos habían visto ese objeto secreto y conjetural, cuyo nombre usurpan los hombres, pero que ningún hombre ha mirado: el inconcebible universo.
> Sentí infinita veneración, infinita lástima. ("El Aleph", p. 171)

Vi tu cara, ¿cuál cara? La del lector, muy probablemente, leyendo el informe diferido y buscándose en la visión inclusiva. Pero si repasamos con cuidado la conclusión veremos que el informe es sinecdótico, no solamente en la parcialidad y fragmentación enumerativa, sino también en el nombre usurpado del objeto secreto que nadie ha visto. Dios, naturalmente. Pero aquí, "el inconcebible universo". Esto es, la escritura de Dios, leída como un milagro (el término sugiere ver más). Y por eso, la característica sumisión mística: veneración y piedad. Solo que esta revelación no tiene consecuencias, no se convierte en una postulación dialógica: la voz de Carlos Argentino es "aborrecida". Y "Borges" concibe su "venganza" (negar la visión del Aleph). Esto es, regresamos a la ciudad de las sustituciones, a la sombra melancólica que prevalece.

Pero si antes volvemos a considerar la oposición Carlos Argentino/"Borges" como dos perspectivas del lenguaje del Aleph, podríamos considerar otra oposición, más interna: la del lenguaje de la mímesis empobrecedora del cosmos y la

---

6. Aunque el título "El Aleph" es posterior a la idea del objeto propiciador de la visión mística, su hallazgo no solo es afortunado sino que sugiere también que el proceso de la escritura se refleja en la noción de un espacio mediador que la pone a prueba. Parece claro que el nombre del Aleph no impone una intención autoral, y por lo mismo el lector no requiere reducir el cuento a la determinación religiosa asociada al Aleph hebreo y la Cábala. Sobre el tema puede consultarse el recuento de Edna Aizenberg, *The Aleph Weaver: Biblical, Kabbalistic and Judaic Elements in Borges*. Un amplio análisis de "El Aleph" se encuentra en Gene H. Ben-Villada: *Borges and his Fiction, A Guide to his Mind and Art*. Borges menciona el Aleph ya en su libro descartado *Inquisiciones* (1925); en el ensayo "Ramón Gómez de la Serna", escribe: "¿Qué signo puede recoger en su abreviatura el sentido de la tarea de Ramón? Yo pondría sobre ella el signo Alef que en la matemática nueva es el señalador del infinito guarismo que abarca los demás" (p. 124).

del lenguaje doxológico del asombro divino de lo real. En esa diferencia operativa, por un lado, y celebratoria, por otro, del lenguaje, podríamos también comprobar la presencia de dos sujetos de identidad antagónica: Carlos, por un lado, que representa la glosa degradada del arte, y "Borges", el narrador que requiere de su nombre propio, de su identidad artística, no para hacerse más verosímil sino para hacerse merecedor de la liturgia del Aleph, cuyo exceso de presencia hace insuficiente al lenguaje de lógica mimética. Solo un informe parcial puede referir lo contemplado, pero las palabras que, ahora sí, representan la "veneración" del cosmos, están poseídas por el asombro extensivo, por la empatía revelada, por el don de nombrar el verbo restituido. También por ello, Carlos Argentino responde por el lenguaje de la ciudad del comercio y el progreso, es un comediante que se disfraza de escritor para encontrarse, pero que en el proceso se pierde sin saberlo, como tantos en la comedia literaria. Mientras que "Borges" responde por el lenguaje de una ciudad interior, que parece no tener ya puentes hacia esta otra, pero que acontece gracias a la plenitud del lenguaje de una fe remota, que habla en el nombre de las cosas como alabanza y asombro. Más platónico y metafísico que cristiano, este lenguaje mana de la caverna y ocupa la plaza sagrada, pero no hay cómo procesar su ilimitada promesa. (Esa promesa se insinúa en el cuento en las hipérboles de duración, en los aumentativos de extensión: "incesante y vasto universo", "un principio de éxtasis", "dilatar hasta lo infinito", "esos ya ilimitados", "aludía infinitamente a Beatriz", "infinita veneración, infinita lástima", "ilimitada y pura divinidad", "vi todas las cosas".) Pero se trata, al final, de un lenguaje superior a nuestras fuerzas. En la literatura solo aparece como traza o huella, tal vez de la nostalgia del orden platónico, aquel que sostendría al sujeto y su lenguaje en su ciudad y su república, en el diálogo y el Eros, en el hacer mejor de cada quien y el creer superior común. Perdido ese orden, se han perdido la poesía, el poeta y la ciudad.[7]

Solo nos queda, por lo tanto, abandonar la fábula de la fe: su demanda sería excesiva para la temporalidad del lenguaje. "Felizmente, al cabo de unas noches de insomnio, me trabajó otra vez el olvido." Esto es, "Borges" nos ha dejado el Aleph en las manos y se ha descargado de la demanda de su visión. El lenguaje

---

7. Esta discusión se basa en el magnífico tratado de Catherine Pickstock, *After Writing. On the Liturgical Consummation of Philosophy*. Inspirado por la persuasiva desconstrucción que la autora hace de las interpretaciones de Derrida en torno al *Fedro*, podría uno llegar a sospechar que Borges ha reescrito el diálogo platónico: la ciudad de Fedro (el comercio) y la ciudad de Sócrates (nómada y a la vez ciudadano) oponen funciones polares del discurso, entre la representación y la doxología. Ciertamente, la nostalgia metafísica suele ocurrir en un contexto diferido por el escepticismo estoico, que asume la perspectiva del informe (la narración) sobre la excepción (la fábula). Sobre el pensamiento borgiano pueden consultarse los tratados estimulantes de Serge Champeau, *Borges et la Métaphysique* y de José M. Cuesta Abad, *Ficciones de una crisis. Poética e interpretación en Borges*. Djelal Kadir ha calificado el pensamiento borgiano como paso de la "ontología a la antología" en su ensayo "Rhetoric and the Question of Knowing".

epifánico no pertenece a la cotidianidad: el milagro debe ser transferido, contado para ser pasado a otros, y la fábula misma debe, en seguida, ser relativizada. Ocurre también en "El Zahir", donde el narrador, abrumado por una moneda que contiene el universo, finalmente la entrega como parte del pago a un comerciante, o sea, le hace cumplir su función de moneda en el mercado que la serializa, de mano en mano, con un valor asignado. Y ocurrirá también en "El libro de arena", donde el narrador abandona ese libro que es todos los libros en el rincón de un estante. Otro comprador, otro lector, tendrán en sus manos la moneda o el libro, y los pasarán a su vez a otros para librarse de su gravamen sin discurso, como quien se libera de una divinidad sin culto.

La posdata, así, tiene la función de relativizar la experiencia mística y de devolvernos al lenguaje referencial y, con él, a Carlos Argentino. La Editorial Procusto ha "lanzado al mercado" una antología de su libro, que ha obtenido el segundo premio del Concurso Nacional de Literatura. Pero la perpetuación del Aleph en la mala literatura lleva consigo la puesta en duda del Aleph visto en la casa de la calle Garay:

> ¿Eligió Carlos Argentino ese nombre, o lo leyó, *aplicado a otro punto donde convergen todos los puntos*, en alguno de los textos innumerables que el Aleph de su casa le reveló? Por increíble que parezca, yo creo que hay (o que hubo) otro Aleph, yo creo que el Aleph de la calle Garay era un falso Aleph. (p. 173)

Como vemos, esta puesta en duda devuelve el Aleph, ahora, al discurso literario al cuestionar la idea de un Aleph original: si hay más de uno, la serie demuestra que no hay origen ni fin, solo equivalencias. Por eso mismo, no importa cómo llegó Carlos a ese nombre, ello no invalida a su Aleph. Y, además, no puede haber un falso Aleph y otro verdadero. Cualquier Aleph es, al final, el Aleph. "Borges" (¿Borges?) enumera enseguida sus "razones". Nos provee de una lista de objetos mediadores equivalentes, que culmina en la columna de la mezquita de Amr, en El Cairo, en cuyo interior está el universo. (Los místicos, lo sabíamos, "en análogo trance, prodigan los emblemas"; pero ahora sabemos que también lo hacen los narradores escépticos.) Pero aun tras ese relativismo erudito, la columna donde sí está el Aleph nos devuelve a la fábula, esto es, a la nostalgia metafísica del relato: el espacio, al final, es recuperado por la figura central del templo.

Una cita sugiere el recomienzo de esa fábula: "En las repúblicas fundadas por nómadas, es indispensable el concurso de forasteros para todo lo que sea albañilería" (p. 174). El cuento concluye con la economía del olvido, que era un alivio a poco de haber visto el Aleph, ya que el narrador existe de este lado del lenguaje, allí donde está perdiendo "los rasgos de Beatriz". La ciudad litúrgica se debe a los albañiles de la ciencia sagrada, pero la república (la nacional como la de las letras) está hecha sobre el espacio desértico, donde la muerte no tiene ya sentido en la vida, separadas ambas en la serie de vaciamientos que incluye la pérdida de la casa, de la familia, de la pareja, y del mismo lenguaje epifánico. Así, la literatura promedia entre el habla extraviada de la plenitud y el habla descentrada de lo moderno. El escepticismo nos devuelve al presente resignado de las verificaciones, a la ciudad del olvido.

Entre uno y otro lenguaje, el instante epifánico ha acontecido como un leve espejismo del desierto, sin referencialidad y sin continuidad, puesto en duda para ser cedido al lector no como una resolución de la fe sino como una pregunta de la metafísica. Al centro de este relato del desamparo, perdida la ciudad de Beatriz, y sin otro discurso que su lección de asombro, ese lenguaje nos aguarda en una escalera que desciende o en una columna ascendente.[8] Antes de dejar la posdata, vale la pena recordar que la mezquita de Amr es bien conocida por su mihrab; lo que hace pensar que el canje de nombres de "mihrab" por "Aleph" es incluso posterior a esa nota; es también la reinscripción de un espacio heteróclito.

Roberto Paoli (en su excelente estudio de fuentes *Borges, percorsi di significato*) creyó ver en Beatriz una figura promiscua, simétricamente opuesta a la Beatriz teologal de Dante. Daniel Devoto ("Aleph et Alexis") vio en Beatriz a una imagen infernal, a una prostituta, recobrada por el amor desdichado y por la aventura espiritual. Para adelantar una nota de cautela, vale la pena advertir que casi toda lectura de Borges es, de antemano, una sobrelectura, ya que Borges prodiga las referencias y cualquier pista lleva a cualquier otra. "El Aleph", es cierto, tiene la apariencia de la sobredeterminación: Platón y Dante, por un lado, la mística y la parodia por otro, suponen, en efecto, un residuo semántico que "satura" las referencias y las alusiones. La lectura genealógica –que establece una populosa familia como el origen del texto y, por lo tanto, remite la ficción a su archivo, donde cada palabra es explicada hasta hacerse trivial– es una lectura, al final, reductora y sancionadora. La arqueología de "El Aleph", por ello, corre el peligro de agotar las representaciones posibles del cuento, hasta vaciarlo de sentido, sin explicar por ello su proyección, su actualidad, su mayor demanda. Allí donde se cruzan los lenguajes, los personajes, las versiones y las lecturas, se abre también un espacio nuevo: un lugar del cambio dentro de la tradición más normativa. Ese cambio concierne a la poética, a la innovación del espacio literario como la presencia/ausencia de su (improbable) saber genuino (ética del don gratuito) y "paidéutico" (juego del hacer y decir). No pocos críticos han ejercido, involuntariamente, el oficio de Menard con Borges: han leído literalmente sus referencias, citas y remisiones librescas. Hay, incluso, un crítico germánico que ha listado sus fuentes país por país para demostrar que Borges viene de todas partes. Otro ejemplo de esta lectura es el mito de que Borges leyó el *Quijote* primero en inglés; el propio Borges inició esa broma, que no es sino una versión del sarcasmo de Byron cuando dijo que había leído por primera vez a Shakespeare en italiano.

8. Sobre la modernidad paradójica de Borges ha escrito un agudo ensayo Michel Lafon: "Borges y la modernidad".

BIBLIOGRAFÍA

Aizenberg, Edna: *The Aleph Weaver: Biblical, Kabbalistic and Judaic Elements in Borges*, Potomac, Scripta Humanistica, 1984.
Alazraki, Jaime: *Critical Essays on Jorge Luis Borges*, Boston, G. K. Hall, 1987.
—— *Jorge Luis Borges*, Madrid, Taurus, 1984.
Barth, John: "The Literature of Exhaustion", en *The Atlantic Monthly*, 2, 1967.
Ben-Villada, Gene H.: *Borges and his Fiction. A Guide to his Mind and Art*, Chapel Hill, The University of North Carolina Press, 1981.
Blanchot, Maurice: *El libro que vendrá*, trad. Pierre de Place, Caracas, Monte Ávila, 1969.
Borges, Jorge Luis: *El Aleph*, Madrid, Alianza/Espasa Calpe, 1971.
—— *The Aleph and Other Stories, 1933-1969*, Nueva York, Dutton, 1970
—— *Oeuvres complètes* (ed.: Jean-Pierre Bernés), París, Gallimard, Bibliotèque de la Pleïade, 1993.
—— "Mi prosa", *La Jornada Semanal*, México, 16 de junio de 1996.
Canto, Estela: *Borges a contraluz*, Madrid, Espasa Calpe-Austral, 1989.
Champeau, Serge: *Borges et la Métaphysique*, París, Librairie Philosophique J. Vrin, 1990.
Cuesta Abad, José M.: *Ficciones de una crisis. Poética e interpretación en Borges*, Madrid, Gredos, 1995.
Derrida, Jacques: *Speech and Phenomena, and Other Essays on Husserl's Theory of Signs*, Evaston, Northwestern University Press, 1973.
Devoto, Daniel: "Aleph et Alexis", *L'Herne*, 4, 1964.
Echevarría, Arturo: *Lengua y literatura en Borges*, Barcelona, Ariel, 1983.
Genette, Gérard: "L'utopie littéraire", en *Figures 1*, París, Seuil, 1966.
Lafon, Michel: *Borges ou la reécriture*, París, Seuil, 1990.
—— "Borges y la modernidad", *Anthropos. Jorge Luis Borges. Una teoría de la invención poética del lenguaje*, 142-43, marzo-abril de 1993, pp. 75-77.
Kadir, Djelal: "Rhetoric and the Question of Knowing", *Variaciones Borges*, 2, 1996, pp. 10-17.
Madrid, Lelia M.: *Cervantes y Borges: la inversión de los signos*, Madrid, Pliegos, 1987.
Olea Franco, Rafael: *El otro Borges. El primer Borges*, Buenos Aires y México, Fondo de Cultura Económica y El Colegio de México, 1993.
Ortega, Julio: "La primera letra", en *Una poética del cambio*, Caracas, Biblioteca Ayacucho, 1992.
—— "'El Aleph' revisitado", en *Arte de innovar*, México, UNAM y Ediciones del Equilibrista, 1994.
Paoli, Roberto: *Borges, percorsi di significato*, Florencia, Universita degli Studi di Firenze, 1977.
Pickstock, Catherine: *After Writing. On the Liturgical Consummation of Philosophy*, Oxford, Blackwell, 1998.
Rodríguez Monegal, Emir: *Borges por él mismo*, Caracas, Monte Ávila, 1980.

8. El hacedor de tramas secretas

Ana María Barrenechea
Universidad de Buenos Aires

Borges puede escribir textos que remiten a otros que los anteceden (orales o escritos, suyos o ajenos), textos cuyo argumento le fue ofrecido por amigas o amigos (y que en ocasiones confiesa haber trasladado en forma torpe, aunque otras manifiesta que intentará traducirlo con decoro). Por ejemplo, en el "Epílogo" a *El Aleph* (*OC*, I, p. 629) dice: "fuera de Emma Zunz cuyo argumento espléndido, tan superior a su ejecución temerosa, me fue dado por Cecilia Ingenieros". (Pero esta cita no la recuerdo –se sobreentiende– porque crea que fue así lo que ocurrió en cuanto al origen y la ejecución, ni tampoco sobre el efecto que puede producir en mí o en otros lectores.)

La señal desencadenante que Borges confiesa es variada: en un momento, un cuadro (una pintura de Watts, para el relato "La casa de Asterión" y "El carácter del pobre protagonista"); en otro, un problema de índole filosófica o metafísica, o matemática, o teológica, tan precisa como que "Dios no puede cambiar el pasado" (en "La otra muerte"). Lo cual coincide, además, con un anhelo común, el de quien fracasa y quisiera borrar la herida o la vergüenza. Todo eso aparte de que el lector pueda personalizar el tema buscando el origen en un Borges que, a menudo, amó y no le correspondieron.

Toda obra suya, cualquiera que sea el tipo de discurso o de imaginario poético o de experiencia íntima o de texto que la origina, llama al lector (quiere llamarlo, atraparlo) para que recorra y descubra o invente su propio camino. Sabemos que es así para cualquier autor, pero en el caso de Borges ese designio resulta realzado y tematizado quizá antes de Jauss y de su teoría de la recepción.

También y al mismo tiempo basta leer con detención uno de los textos de Borges, cualquiera que sea su tipo (poema, ensayo, "ficción", marginalia, paratexto, crónica bibliográfica o cinematográfica), para darnos cuenta del cúmulo de referencias a otros orales o escritos, ajenos o propios, que lo anteceden.

Por ejemplo, "La otra muerte" resulta paradigmática en ese sentido, porque aunque en el "Epílogo" de *El Aleph*, Borges cite sólo a Pier Damiani como el desencadenador de la historia, este cuento y sus paratextos forman una telaraña inextricable.

Me detendré, sin embargo, en un relato muy breve: "El etnógrafo". Lo he elegido porque en su concisión y aparente simplicidad narrativa resalta mejor la compleja red de caminos, señales y alusiones, que caracterizan la voz de Borges, quizá más fulgurante en estas prosas mínimas que oscilan entre la "ficción" y el poema. Está recogido en el *Elogio de la sombra*, 1969 (*OC*, t. III, p. 367-68, pero antes apareció en *Poemas y prosas breves*, también en 1969, pp. 160-161).

Recordemos que el prólogo al *Elogio de la sombra*, dice "En estas páginas conviven, creo que sin discordia, las formas de la prosa y el verso" y continúa que esas distinciones le "parecen accidentales y que desearía que fuera leído como un libro de versos" (*OC*, t. II, p. 354).

Volviendo a "El etnógrafo", desde la primera frase Borges propone al lector varias preguntas: "El *caso* me lo refirieron en Texas, pero había acontecido en otro estado". (p. 367; las bastardillas son mías).

Caso es una palabra usada en la nomenclatura clasificadora de tipos de relatos folclóricos (la cual se distingue, en general, por la complejidad de opiniones y modos de enfrentarla).

Según mi interpretación, Borges-escritor la eligió para darle una tonalidad cercana a un tipo de narrativa oral que colocase su texto en el área de la *creencia* sobre la *posibilidad de que haya ocurrido ese hecho* y también, en parte, para dar cierto *tono de ejemplaridad a lo relatado*. Todo lo cual lo situaría como *una metáfora de lo posible*.

También conviene destacar que dice "El caso..." y no "Este caso...", con lo cual parece inclinarse a requerir del lector cierta atención al significado del término en su uso folclórico y no como palabra del lenguaje corriente.

La continuación de la frase refuerza mi interpretación por la insistencia en los desplazamientos de lugar. Relata un *caso* trasmitido oralmente, ocurrido "en otro estado". En síntesis, Borges-narrador elige el camino de presentación de una versión oral, que pasa de un espacio a otro diferente, y que sin duda ya venía por una cadena trasmitida de boca en boca; conocida por él en uno de los Estados Unidos (Texas) y después difundida por la escritura y titulada "El etnógrafo" (con una variante, luego olvidada, que N. Helft registra en su *Jorge Luis Borges: bibliografía completa* como "El etnólogo", p. 156).

Ya veremos más adelante que esa alternancia oral/escrita se da también en copresencia simultánea a través del relato. Además la voz narrativa de un yo "Borges escritor" va pautando los acontecimientos con otras variaciones que son significativas.

Del Borges escritor, muchos críticos han señalado que busca la tonalidad hablada, pero también es verdad que la transmite por la imprenta en una prosa perfecta y económica, muy calculada bajo su aparente naturalidad.

Más compleja y misteriosa es la segunda frase del relato: "Cuenta con un solo protagonista, salvo que en esta historia los *protagonistas* son miles, visibles e invisibles, vivos y muertos" (las bastardillas son mías).[1]

Aquí el "Borges-escritor" es como otras veces no sólo el narrador que se autoanaliza (ya estudiado por mí en otras ocasiones) sino el que bajo la apariencia de una opinión dicha al pasar ("protagonista") sobre un término técnico de las poéticas (desde la *Poética* de Aristóteles en adelante) hace una afirmación filosófica y metafísica. Todos los hombres son iguales por ser seres que no conocen (no conocemos) "a donde vamos, ni de donde venimos", ni qué camino recorreremos, o para decirlo a la manera quevediana, que Borges admiraría más que la de Darío: "soy un fui y un seré y un es cansado".

No puede haber un solo protagonista en una historia;[2] cualquier destino, por extraño y único que parezca, es el destino de un hombre y, por lo tanto, de todos los hombres; es decir, el destino de un hombre que no puede no ser mortal.

Así acelera el ritmo y comprime la vida de un *protagonista*, de quien al principio se dijo que no era *uno* ("protagonista" que cuando se creó el teatro y la tragedia en Grecia tuvo un segundo interlocutor, el "deuteragonista"), ahora se amplía el grupo y se dice que hay "*miles*, visibles e invisibles, vivos y muertos".

¿Por qué elige el autor un final que debe de parecer al lector lo más alejado de la vida salvaje; un final que devolvería al personaje *a su destino norteamericano* y que, curiosamente, se parece al de Borges?

Al concluir el texto, el lector se siente como descolocado y perplejo: "Fred se casó, se divorció y es ahora uno de los bibliotecarios de Yale" (p. 368).

No faltará quien recuerde que Borges se casó con Elsa Millán de Astete, se divorció y, además, fue director de la Biblioteca Nacional (como Groussac y ciego como él cuando le dieron los libros, un paraíso en el momento en que no podía verlos) y había sido antes empleado subalterno en una biblioteca de barrio. Lo nombraron en la Biblioteca Municipal Miguel Cané, cuando veía pero era pobre y se sentía íntimamente humillado trabajando entre mujeres y hombres vulgares, clasificando libros por el sistema del Instituto Bibliográfico de Bruselas cuya disparatada ordenación (como todas las existentes según Borges) recuerda en el artículo "El idioma analítico de John Wilkins" (*Otras inquisiciones*, 1952, en t. II, p. 86).

Pero para entender –dicha con palabra borgiana– esta "discordia" entre el principio y el final, y con ella todo el relato, es necesario revisar el camino y la

---

1. Aquí la palabra "historia" se refiere al simple hecho de narrar unos acontecimientos, no la relación del contenido con la llamada *verdad histórica*, la *creencia* o la *ficción*.

2. En otro cuento memorable y mucho más extenso que este ("El inmortal", en *El Aleph*, en *Obras completas*, t. I, pp. 533-544) desarrolla la historia de quien busca el secreto de la vida eterna hasta alcanzar ese don maldito y se desespera luego por liberarse de él y volver a su naturaleza mortal.

experiencia del protagonista, el etnógrafo, que justifica la parábola vital relatada.

El extenso párrafo que comienza: "Se llamaba, creo, Fred Murdock..." describe al personaje en su juventud y se detiene sobre sus planes de un futuro abierto a lo que le propone el azar; "la mística del persa o el desconocido origen del húngaro, las aventuras de la guerra o el álgebra, el puritanismo o la orgía. *En la Universidad le aconsejaron el estudio de las lenguas indígenas*" (las bastardillas son mías).

Si se relee la enumeración caótica que expresa la apertura de los posibles y casi infinitos futuros, sorprende (por una parte) la elección de los ítem agrupados en parejas de opuestos en tensión; y además, que cada elemento en sí contrasta también por la riqueza de posibilidades que se abren a un joven y la rigidez de los estudios académicos que la universidad le inflige.

La propuesta de investigación, aparentemente reglada y reglable (por la seriedad temática, el estudio de campo, la redacción y publicación de una tesis doctoral), empuja al joven inexperto a una peligrosa experiencia cuyos alcances no prevén las autoridades ni el protagonista.

Los recuerdos de las guerras de la frontera con los indios (que mataron a uno de sus antepasados) refuerzan su entusiasmo por seguir este camino, pero la aventura lo transformará. El lector puede volver a preguntarse en este punto cuánto de su vida (y de sus tradiciones familiares y de sus lecturas y estudios anglosajones) revive en estas pocas líneas de Borges.

En relato tan económico se insiste en el cambio producido en dos años: "llegó a *soñar en un idioma* que no era el de sus padres", "llegó a *pensar* de una manera que *su lógica rechazaba*".

Borges delega en el etnógrafo personaje sus dos incógnitas esenciales: las preguntas sobre el destino del hombre y sobre el sentido (sinsentido) del universo, junto a los problemas del escritor que está obligado a manejar una lengua común y ser capaz de expresar con ella esos dilemas vividos e irresolubles.

El relato del *caso* continúa. Tomó notas que luego rompió, cumplió con ejercicios físicos y morales ordenados por el sacerdote de la tribu: "en la noche de luna llena soñaba con bisontes", se ganó su confianza y "su maestro" le reveló "la doctrina secreta". Sin despedirse volvió a su tierra.

La discordia y la transformación entre los dos polos que lo atraparon (ciudad / pradera, vida civilizada / vida primitiva) ha ido marcando la experiencia del personaje. Al volver, "*En la ciudad*, sintió nostalgia de aquellas tardes iniciales *de la pradera* en que había sentido, hace tiempo, la nostalgia de la *ciudad*".

El diálogo con el profesor revela varias cosas: que posee un secreto, que no hay palabras que puedan expresarlo pero a la vez que podría ser dicho en cien lenguajes y maneras distintas y aun contradictorias, que vale para cualquier lugar y circunstancia. Pero especialmente que el secreto importa menos que los caminos para alcanzarlo, y que cada uno tiene que recorrerlos por sí mismo.

El sabio profesor no entiende al joven ex discípulo y así el relato se cierra en círculo y podría releerse infinitamente, volviendo a la observación inicial que lo anunciaba. *Caso* narrado en lugares diversos y con protagonistas infinitos "visibles e invisibles, vivos y muertos", aunque la lengua sea a veces dubitativa ("acaso", "creo", "tal vez", "observaría" más propia de Borges que del relato folclórico y de oralidad controlada sabiamente por la escritura) afirma también una revelación recibida y en el fondo transmisible en cuanto acontecimiento lineal: "Tal fue en esencia el diálogo".

Pero su sentido queda suspendido al final, para ser interrogado incesantemente por el lector, como en muchos de los textos de Borges, con una última o penúltima frase que nos hace volver al comienzo, en tensión oximorónica e indecidible que antes adelanté: "Fred se casó, se divorció y es ahora uno de los bibliotecarios de Yale".

Y quizá también volver a pensar sin caer en lo meramente autobiográfico, que este relato dicho en tono distanciado oculta una secreta señal a su autor. El Borges que se casó, se divorció y fue bibliotecario, unas veces para su humillación y otras para su delicia, y soñó con las hazañas y los fracasos de sus antepasados o de los guerreros de Islandia y también de los bárbaros que engendraron una cadena de escritores (como el Droctulft que quizá engendró a Dante-Borges) y de los cautivos como su abuelo y su abuela en la frontera o su padre que quiso ser escritor –pero lo fue en forma desdibujada– y del cual heredó la curiosidad intelectual, la pasión por la lectura, la ceguera, pero no la libertad erótica.

BIBLIOGRAFÍA

Borges, Jorge Luis: *Obras completas*, 4 vol., Buenos Aires, Emecé, 1989.
Borges, Jorge Luis: *Poemas y prosas breves*, Buenos Aires, Emecé, 1969.
Helft, Nicolás: *Jorge Luis Borges, bibliografía completa*, Buenos Aires, Fondo de Cultura Económica, 1997.

III. *La historia y las referencias de Borges*

9. La zoología imaginaria como deslectura de las radiografías y los retratos de la nación en crisis

Raúl Antelo
Universidade Federal de Santa Catarina

Mi tema es la verdad presente en su ocultación, la verdad de un relato que no ostenta verdad pero es regido por ella, a tal punto que su visibilidad duplica la misma opacidad ficcional que trata de aprehenderla. Quiero, en especial, abordar el esfuerzo borgiano por diferir o, cuando menos, sospechar de las producciones de sentido dominantes que toman como base la vida.

Podría, entonces, partir de las "Soledades del tirano Francia"[1] recordando que es texto liminar de una serie: la de las biografías infames de Borges. En ese archivo normalizador de conductas, construido con el antídoto de la melancolía, se narra el paso de la vida como *zoé* a la vida como *bíos*, sin dejar de exhibir, al mismo tiempo, la fractura biopolítica fundamental de la sociedad moderna, la de que, en su dinámica, lo popular es aquello que no puede ser incorporado al todo del que es parte inalienable así como tampoco puede pertenecer cabalmente al conjunto en el que, pese a todo, se integra.

Para pensar este hiato, buena parte de las ficciones de integración nacional encararon el proceso de modernización como la construcción de un relato en que la nación fuese capaz de absorber lo popular. A Borges estos esfuerzos le parecían ciertamente vanos, mera nadería de la representación. Recordemos que al tiempo que biografiaba al doctor Francia, reseñaba también la ficción inclusiva de Martínez Estrada, *Radiografía de la pampa*.

> Algunos alemanes intensos (entre los que se hubiera destacado el inglés De Quincey, a ser contemporáneo nuestro) han inventado un género literario: la interpretación patética de la historia y aun de geografía. Osvaldo Spengler es el más distinguido eje-

---

1. Beltrán, Benjamín (seud. Jorge Luis Borges): "Soledades del tirano Francia" (*Revista Multicolor*, n° 55, *Crítica*, Buenos Aires, 25 de agosto de 1934), en *Borges en Revista Multicolor*, Buenos Aires, Atlántida, 1995, pp. 76-84. Ese texto podría ser leído como término de una antología monstruosa que incluiría buena parte de la literatura latinoamericana del siglo: Arguedas, García Márquez, Roa Bastos.

cutante de esa manera de historiar, que excluye los encantos novelescos de la biografía y la anécdota, pero también los devaneos craneológicos de Lombroso, las sórdidas razones almaceneras de la escuela económica y los intermitentes héroes, siempre indignados y morales, que prefiere Carlyle. Lo circunstancial no interesa a los nuevos intérpretes de la historia ni tampoco los destinos individuales, en mutuo juego de actos y de pasiones. Su tema no es la sucesión, es la eternidad de cada hombre o cada tipo de hombre: el peculiar estilo de intuir la muerte, el tiempo, el yo, los demás, la zona en que se mueve y el mundo.

Mucho de la manera patética de Spengler, de Keyserling y aun de Frank, hay en la obra de Martínez Estrada, pero siempre asistido y agraciado de honesta observación. Como todo poeta inteligente, Ezequiel Martínez Estrada es un buen prosista –verdad cuya recíproca es falsa y que no atañe a los misteriosos poetas que pueden prescindir de la inteligencia. Es escritor de espléndidas amarguras. Diré más: de la amargura más ardiente y difícil, la que se lleva bien con la pasión y con el cariño. Sus invectivas, a pura enumeración de hechos reales, sin ademanes descompuestos ni interjecciones, son de una eficacia mortal. Recuerdo para siempre una página: la que declara la terrible inutilidad de todo escritor argentino y la fantasmidad de su gloria y la aniquilación que es su muerte.[2]

A diferencia de la *radiografía*, el objetivo de las *soledades* es "no patetizar"[3] el relato y construir, en cambio, una versión apática de la experiencia. Borges no lo intenta, como los más, por medio de un ensayo centrado en las virtudes republicanas sino por el descentramiento de una serie acefálica. Esa serie presupone la existencia, al menos, de otras dos series simultáneas, la de la vida soberana y la de la vida disciplinada, en que valores diferenciales circulan sin necesariamente estar articulados entre sí. Digámoslo en pocas palabras: donde se escribe la *bíos*, se lee, pese a todo, la *zoé*. Pero aunque dichas series no sean idénticas, son sin embargo correlativas y complementarias; y aunque su desequilibrio tampoco disponga de orientación específica, es asimismo irrepetible en su azar. Por lo tanto, lo propio de esos valores que circulan entre ambas series, la individual y la colectiva, la de la verdad y la de la norma, es estar ausentes en su lugar específico, afectando así, a través de una relación de fuerza, la economímesis de un lenguaje constantemente desplazado a su exterior.

Una serie ejemplar en ese sentido es la del Minotauro que parte, en el caso de Borges, de un pequeño texto para *Crítica* (1933) sobre el dragón en la mitología

---

2. Borges, Jorge Luis: "Radiografía de la pampa" (*Crítica*, n° 6, 6 de septiembre de 1930), en *Borges en Revista Multicolor* (ed. Irma Zangara), Buenos Aires, Atlántida, 1995, pp. 214-215. El texto ya había sido recuperado por Jorge B. Rivera en el dossier *Borges*, Buenos Aires, El Mangrullo, 1976, pp. 61-62.

3. "No hay cosa indigna que no haya sido traducida en risible: ejemplos, el dolor, el hambre, la estafa, la humillación, los vómitos, en la novela picaresca –error casi tan lúgubre como el de desplegar esas miserias para patetizar", admite en un fragmento eliminado de "La poesía gauchesca" y preservado en "El coronel Ascasubi", *Sur*, n° 1, Buenos Aires, primavera de 1931, p. 139.

germánica, definido como "el insomne celador subterráneo de un tesoro escondido".[4] En busca de mutaciones y mezclas heterogéneas, en otra reseña de mayo de 1939, en este caso sobre *The Dragon Book*, Borges rescata, en la antología de Evangeline D. Edwards, "nociones de una zoología monstruosa, que recuerda los bestiarios de la Edad Media", y la no menos famosa alegoría de la mariposa de Chuang Tzu, citada, por ejemplo, en "Los avatares de la tortuga" (diciembre de 1939), "Nueva refutación del tiempo" (1947) y "La muralla y los libros" (octubre de 1950). A estos casos, cabe agregarles los recursos ficcionales de "Hombres en las orillas" (1933), "La casa de Asterión" (1947), "Abenjacán el Bojarí, muerto en su laberinto" (1951) o "El hilo de la fábula" (1985), esto para no citar la más obvia, la del *Manual de zoología fantástica* (1957). En todos ellos, el Minotauro vela un tesoro escondido, el tesoro de una casa (*oikos*) donde han ocurrido cosas monstruosas y cuyo fin último es dar abrigo a quien fue concebido por una ley (*nomos*) igualmente monstruosa. La duplicidad del relato se expone cuando reparamos que el monstruo vela los poderes político-judiciales pero su proliferación poética expone, en toda su crudeza y generalizada potencia solar, el *thesaurus* infinito y enciclopédico de una serie que desconoce todo límite.

Por eso mismo diríamos que a esa serie, en efecto, no se la puede leer en marcos exclusivamente nacionales porque señala, por el contrario, el entre-lugar (asintético y no dialectizable) del sentido, un sentido donde el valor mundo circula. Platón (*Timeo*, 30 b) dice que el mundo es un animal dotado de alma, *kosmon zoon empsújon*. Podríamos pensar entonces que en la serie acefálica del Minotauro circula el valor mundo y que en ella se produce un tipo específico de sujeto: el disidente.

Es en los ejemplos europeos de la misma serie, entretanto, donde se ve más clara su línea de fuga. *Minotaure*, la revista de Bataille, Leiris y el archienemigo de Borges, Caillois, también impugnaba, al igual que el escritor argentino, la versión romántica del encuentro fortuito para postular una nueva concepción de experiencia que nada le debía a la vivencia. Los textos que mejor ilustran la búsque-

---

4. "No lo posee ni lo aprueba: lo guarda. Ese empleo es tradicional: en la Gesta de Beowulf –que corresponde al año setecientos de nuestra era– el dragón es siempre apodado el guardián del tesoro, así como la batalla es el juego de las espadas y el mar es el camino de las velas o el sendero del cisne. El dragón viene a ser un condenado, una especie de espíritu elemental vinculado a una pila de metales que de nada le sirve, ni siquiera de argumento para esperanzas –ya que no puede concebir el valor del dinero, el menos material y más abstracto de todos los valores. El dragón, en la cueva que es su cárcel, vigila noche y día el tesoro. Ignora el sueño, como lo ignoran los ardientes huéspedes del infierno, cuyos párpados maldecidos nunca se abaten sobre los miserables ojos. Vigila esas monedas inexplicables y esos duros collares que aprieta y no vislumbra en la oscuridad. Alguna vez –sólo se trata de esperar unos siglos– el predestinado acero del héroe –Sigurd o San Jorge o Tristán– penetrará en la sórdida cueva y lo acometerá, lo herirá de muerte y lo salvará." Cfr. "El dragón (Antiguos mitos germánicos)" (*Revista Multicolor* nº 7, 23 de septiembre de 1933), *Borges en Revista Multicolor*, Buenos Aires, Atlántida, 1995, p. 39.

da de un concepto de agotamiento de lo empírico son precisamente los de la teoría paranoico-crítica (Dalí-Lacan). Detengámonos en esta formulación.

En "Le problème du style et les formes paranoïaques de l'expérience",[5] Lacan parte de dos series, la psiquiátrica (paranoia) y la filosófico-jurídica (personalidad), para mostrarnos que lo humano nō pasa de una original estructuración de afectos por medio de la cual el ser vivo se realiza, simbólicamente, a través del lenguaje, significándose a sí mismo como sujeto deseante o como ciudadano, comprobando así que todos los hombres son animales pero no todos los animales devienen hombres. La paranoia, por tanto, se define, a su juicio, como un conflicto que le sobreviene al hombre cuando sus ideas, normalmente reguladas por la razón, se encuentran bajo el efecto de automatismos corporales, llegándose en última instancia a una encrucijada teórica donde la serie de argumentos organicistas, que cree poder explicar todas las causas del mal, colide con la serie psicogénica, imposibilitada, del mismo modo, de cualquier explicación racional para el desvío. Pero en ese cruce de caminos que se bifurcan, en el fondo mismo del laberinto de la experiencia degradada, nos aguarda, justamente, el Minotauro, el enigma. Como mini *thesaurus*, los textos disidentes de la revista *Minotaure* nos ofrecen entonces una enciclopedia acefálica de la que el Minotauro borgiano es su variación diferencial. Por su intermedio, comprendemos que la teoría de Lacan, ese fragmento que nos permite reconstituir una secuencia monstruosa por estar situado en el cruce de dos series, rechaza, al igual que la ficción borgiana, tanto el materialismo mecanicista del modelo orgánico, como el idealismo metafísico de la "formación" y del "carácter", mostrándonos así su común extracción ética spinozista. Pero vale recordar también que, antes aún de la síntesis de Funes, que bien podría recibir, como subtítulo, el programa de Lacan, "de la psicosis paranoica y sus relaciones con la personalidad", Borges mismo impugna, como los disidentes minotáuricos, las hipótesis explicativas de la cultura, tanto las derivadas del economicismo[6] como las del idealismo,[7] proponiéndonos, en cam-

---

5. *Minotaure*, n° 1, París, pp. 68-69.

6. En la reseña de *Studies in a Dying Culture* de Christopher Caudwell, Borges recrimina que el libro, "concebido bajo el melancólico influjo del materialismo dialéctico", se empeñe en reducir Bernard Shaw, H. G. Wells y los dos Lawrence "a símbolos de una cultura moribunda. La injusticia es notoria, pero el fervor y la feliz belicosidad del autor logran que la olvidemos. *Studies in a Dying Culture* (como su precursor, *Illusion and Reality*) ha sido redactado en el dialecto peculiar del marxismo" (aparecido en *El Hogar*, 24 de febrero de 1939; en *Textos cautivos*, Barcelona, Tusquets, 1986, p. 304). En otra oportunidad, al comentar *A Short History of Culture* de Jack Lindsay (*Sur*, septiembre de 1939, p. 66) argumenta que "el procedimiento del autor es muy conocido: interpretar los hechos contemporáneos (de los que algo sabemos) mediante los instintos y ceremonias de los hombres de Cro Magnon (de los que los ignoramos todo). Para perfeccionar la confusión inherente a ese método pintoresco, Lindsay recurre al psicoanálisis y al marxismo. En la historia, ve la prehistoria y en la prehistoria ve al doctor Sigmund Freud". Estos textos pueden hoy ser consultados en Borges, Jorge Luis: *Borges en* Sur. *1931-1980*, Buenos Aires, Emecé, 1999.

7. Mientras Bertrand Russell (*The analysis of mind*, 1921, p. 159) "supone que el planeta ha sido

bio, la estructura acefálica de sus ficciones que, no menos que la reflexión lacaniana, mucho le deben a la *Ética* de Spinoza, tal como leemos en tantos fragmentos de la secuencia, de "Los avatares de la tortuga" a "Borges y yo".

Sabemos que *Le mont Analogue* de René Daumal deriva de la traducción de Ibarra de "El acercamiento a Almotásim", publicados ambos en la misma revista *Mesures*. Es menos recordado que el pensamiento de Daumal encuentra sus fuentes, como Spinoza, como Borges, en la Cábala judía y en el Vedanta hindú. Raro es recordar que en 1932 el disidente francés ya se proponía revitalizar una tradición, a la que no llama monista sino *no-dualista*, porque no perseguía las recompensas de la virtud sino la virtud misma en cuanto acción apática, sin desear jamás recibirla, es decir, "désirant toujours *agir*, et non jamais *pâtir*".[8] No es imposible, por tanto, asociar esta teoría al esfuerzo desarrollado por su íntimo amigo, Lacan, en su tesis de 1932, abierta, sintomáticamente, con una definición del *affectus* de Spinoza

Esa serie no-dualista, a la que llamo minotáurica, reconstruye restrospectivamente la consistencia ontológica, tanto del *bíos* individial como de la *zoé* de masa, pero nos obliga, en cambio, a recorrer y rearmar un mundo laberíntico donde la simultaneidad de presentes absolutamente incompatibles y la diseminación de pasados no necesariamente verdaderos coexisten lado a lado, dando a la verdad consistencia estriada. No se trata, por lo tanto, de evaluar la reconstrucción como restauración de lo vivido sino como desafío a la creación de nuevos vinculos éticos por medio de la potencialización de lo falso. En esa serie, cuya virtud es resultado de fuerzas actuantes, la verdad, siempre diferida y virtual, reside, sin embargo, en lo inactual de toda experiencia, en su vacío irrepresentable.

Esto se lee en varios pasos de Borges. En una reseña de 1927, piensa lo animal admitiendo que "esclavizamos o exterminamos a las bestias y para que nos sirvan de todo, las conchabamos después para la moral. Ya hay un alfabeto de la

---

creado hace pocos minutos, provisto de una humanidad que 'recuerda un pasado ilusorio [...]' Stapledon, buen imaginador de quimeras, fantasea que el universo consta de una sola persona –mejor, de una sola conciencia– y de los procesos mentales de esa conciencia. Esa persona (que naturalmente es usted, el lector) ha sido creada en este preciso momento y dispone de un sentido completo de recuerdos autobiográficos, familiares, históricos, topográficos, astronómicos y geológicos, entre los que figura, digamos, la circunstancia irreal de empezar a leer esta nota" (Borges, Jorge Luis: "Olaf Stapledon. *Philosophy and living*", *Sur*, n° 64, enero de 1940, p. 85). Un año más tarde, en "La creación y P. H. Gosse", retoma el argumento de Wells. Admirador de la obra de Stapledon, lo compara a Wells y destaca que "Wells alterna sus monstruos –sus marcianos tentaculares, su hombre invisible, sus selenitas macrocéfalos– con hombres irrisorios y cotidianos: Stapledon construye y describe mundos imaginarios con la precisión y con buena parte de la aridez de un naturalista. No deja que percances humanos interrumpan el espectáculo de sus fantasmagorías biológicas" ("Olaf Stapledon", *El Hogar*, 19 de noviembre de 1937; ahora en *Textos cautivos*, ob. cit, p. 187).

8. Daumal, René: "Le non-dualisme de Spinoza ou la dynamite philosophique", *Nouvelle Revu Française*, año 22, n° 248, París, 1 de mayo de 1934, p. 787.

ética en todas partes, cuya letra de majestad es el león y de viveza el zorro y de ternura la paloma y de alma atravesada la *oblicua hiena*. El manejo de ese alfabeto o simbología comporta un género especial literario, que es el de la fábula".[9] Su condena será más clara seis años después, en "La eternidad y T. S. Eliot", cuando aduce el carácter desviante del canon que "ha producido un monstruo peculiar –la antología histórica– donde se quieren conciliar el goce literario con la distribución precisa de glorias. Ha bendecido aberraciones como la fábula que degrada los pájaros del aire y los árboles de la tierra a tristes ornamentos de la moral".[10] Contra la impotencia de la verdad y de su goce, la potencia de lo falso traza en el centro mismo de la *res pública*, el diseño de una ficción ambigua y ambivalente, *sacer*,[11] donde *nomos* y *physis* se indiferencian para afirmar la condición minotáurica generalizada que archiva (conserva e instituye) la ley soberana que determina toda otra ley.

He rápidamente esbozado dos tipos de respuestas para la crisis de entreguerras. Tanto unas como las otras, es decir, las ficciones de interpretación nacional, patéticas, a la manera de Martínez Estrada, como las del archivo universal borgiano, apáticas, se arman en el cuadro de la norma y lo anormal, la ley y el desvío, el enigma y el monstruo. Una es el límite de la otra, el punto en que retorna sobre sus propios pasos. Por eso lo anormal, el desvío, el monstruo son más que lo prohibido; combinan, como diría Foucault,[12] lo prohibido (*quicquid non potest facere*) y lo imposible (*quicquid non potest fieri*). De ese modo, el monstruo borgiano, que va más allá de la antología y más allá de la fábula, proponiéndonos "un clasicismo recto, que juzgara según su propio canon y prescindiera de piedades históricas",[13] hace más que transgredir, desconocer o violar la ley. La deja inerme y sin voz, apática, porque no espera a la ley para situarse fuera de sus límites. Lo monstruoso de esa acción reside precisamente en la inteligibilidad tautológica de su autonomía que transforma todo límite en liminar de sentidos y experiencias.

9. Borges, Jorge Luis: "Domingo Sasso – Psico-zoología fantástica, Buenos Aires, 1927", en *Textos recobrados. 1919-1929*, Barcelona, Emecé, 1997, p. 312. En el prefacio a *Fábulas. En prosa y en verso* (Buenos Aires, 1933, 2ª ed., que incluye "Psico-zoología pintoresca" y "En broma y en serio") Sasso confiesa que la mayoría de las fábulas fue publicada, entre 1922 y 1926, en la revista *Fray Mocho*.

10. Borges, Jorge Luis: "La eternidad y T. S. Eliot", *Poesía*, vol. 1, nº 3, Buenos Aires, julio de 1933, p. 6.

11. La duplicidad de la ley y del criminal, el aspecto *sacer* de la norma jurídico-social, fue destacado por Caillois y retomado recientemente por Agamben.

12. Foucault, Michel: *Les anormaux*, Cours au Collège de France, 1974-1975, París, Gallimard-Le Seuil, 1999.

13. Borges, Jorge Luis: "La eternidad y T. S. Eliot", ob. cit., p. 7.

10. Biografías mínimas/ínfimas y el equívoco del mal

CELINA MANZONI
UNIVERSIDAD DE BUENOS AIRES

> *Porque en cada libro hay una apuesta contra el olvido, una postura contra el silencio que sólo puede ganarse cuando el libro vuelve a abrirse...*
>
> George Steiner

Entre los múltiples gestos que realiza en sus momentos finales nuestro breve y terrible siglo, una predilección por lo infame como objeto estético modula de una manera nueva, irritante a veces, polémica casi siempre, la pregunta sobre las relaciones entre la escritura y lo inefable; reproduce el desconcierto ante el desafío de imaginar modos de relatar el horror, lo indecible, aquello que las palabras o las imágenes solo parecen poder desplegar si ejercen necesariamente algún tipo de violencia sobre sí mismas y sobre la materia narrada.[1]

En el inicio de esta reflexión, un texto de Borges, *Historia universal de la infamia*, pero también la productividad de su lectura en una escritura de los noventa que recupera y aun expande la voluntad transgresiva, el exceso y el desenfado de aquellos primeros relatos de 1935. Si *Historia universal de la infamia* instala, como en el cuento de Saki, el deleitable estremecimiento, el efecto liberador e incluso de "verdad", que provoca la novedosa conjunción de lo horrible con lo bondadoso en la heroína de "The Story Teller" ("she was horribly good"),[2] encuentro la misma antigua seducción por el mal en *La literatura nazi en América*

---

1. Pienso en las diversas operaciones que realizan *Maus* (1973) de Art Spiegelman, *Morirás lejos* (1980) de José Emilio Pacheco, *La vita è bella* de Roberto Begnini (1999), o *La escritura o la vida* (1995) de Jorge Semprún.

2. Saki, "The Story Teller", en *The Complete Works of Saki*, Londres, Penguin, 1992. A partir de esa caracterización, "There was a wave of reaction in favour of the story. The word horrible in connection with goodness was a novelty that commended itself. It seemed to introduce a ring of truth from the aunts' tales of infant life".

de Roberto Bolaño, quien también realiza una recuperación de lo infame en otro contexto, el de una lucha sorda entre olvido y memoria, que parecen escenificar algunas novelas recientes de autores chilenos.[3] Es como si el repetido oficio persuasivo de la dictadura hubiera realizado un desgaste de las palabras que luego busca perpetuarse en una retórica que formula la "democracia de los acuerdos" y con ella la política de la transacción y del olvido.[4]

Uno de los modos de construcción del olvido en algunos textos de la literatura chilena más reciente consistiría en su reelaboración del espacio de la patria como un mito condensado en la imagen de la gran casa familiar que, herida pero aún reconocible como propia, recoge a los hijos dispersos.[5] *La literatura nazi en América*, en cambio, desde la intemperie, o quizá desde la supervivencia de un naufragio, se propone a la lectura como una forma de resistir al olvido; amparada en un título provocativo y en una construcción extravagante, crea el necesario distanciamiento, una condición sin la cual no parece posible narrar el horror, como se ve también en los procedimientos a que apelan algunos de los textos antes mencionados (la historieta en *Maus*, la fragmentación y la confrontación de diversos registros en *Morirás lejos*, el grotesco en *La vita è bella* o la elección del día domingo para una mejor inteligencia de la pesadumbre y el espesor de la tortura cotidiana en el texto de Semprún). Aunque un ostensible paratexto propone su inclusión en el marco genérico "novela", está armada como una serie de biografías individuales al estilo de *Historia universal de la infamia* de Jorge Luis Borges.[6] Pero, mientras Borges elige llamar a sus biografías "ejercicios de prosa narrativa", Bolaño se inclina por "novela" quizás en persecución de un sentido cercano al utilizado por Wilcock para definir *El estereoscopio de los solitarios*: "una novela con setenta personajes principales que nunca llegan a conocerse".[7]

Pese al pronóstico negativo, algunos de los personajes de la novela de Bolaño llegan a conocerse; la coincidencia más o menos vaga en una estética que sustenta la práctica de una literatura llamada "nazi", de pronto consigue reunir a un acaudalado prohombre porteño con un jefe de la barra brava de Boca. Argentino Schiaffino, alias *El Grasa*, alcanza la fama de la televisión en la que opina sobre los temas más diversos: la decadencia de las jóvenes democracias latinoamericanas, el futuro del tango, el desconocimiento de los límites de la patria y "la obra de Borges, Bioy Casares, Cortázar y Mujica Láinez a quienes jura no haber leído en su vida pero sobre

---

3. Roberto Bolaño, *La literatura nazi en América*, Barcelona, Seix Barral, 1996. Todas las citas remiten a esta edición; en adelante el número de página va entre paréntesis.

4. Nelly Richard, "La cita de la violencia: convulsiones del sentido y rutinas oficiales", *Punto de Vista*, año XXII, n° 63, Buenos Aires, abril de 1999, pp. 26-33.

5. La base de esta hipótesis radica en una lectura, que no puedo desarrollar aquí, de Isabel Allende, *La casa de los espíritus*, Buenos Aires, Sudamericana, 1985, y de la novela de Carlos Cerda, *Una casa vacía*, Santiago de Chile, Alfaguara, 1996.

6. Jorge Luis Borges, "Historia universal de la infamia" [1935], Buenos Aires, Emecé, 1954.

7. J. Rodolfo Wilcock, *El estereoscopio de los solitarios* [1972], Buenos Aires, Sudamericana, 1998.

quienes lanza atrevidas conclusiones" (p. 171). Por su parte, Juan Mendiluce Thompson escribe en las revistas *Letras criollas* y *La Argentina moderna*, así como en diferentes diarios de Buenos Aires "que acogen entusiasmados o estupefactos sus diatribas contra Cortázar, a quien acusa de irreal y cruento; contra Borges, a quien acusa de escribir historias que 'son caricaturas de caricaturas' y de crear personajes exhaustos de una literatura, la inglesa y la francesa, ya periclitada, 'contada mil veces, gastada hasta la náusea'; sus ataques se hacen extensivos a Bioy Casares, Mujica Láinez, Ernesto Sabato (en quien ve la personificación del culto a la violencia y de la agresividad gratuita), Leopoldo Marechal y otros" (pp. 23-24).

La coincidencia en un espacio escriturario que responde a códigos lo suficientemente extraños, lábiles y extendidos como para vincular y cruzar personajes que se reconocen en estéticas diferentes y en un diferente origen social es emergente más bien de un programa común compartido que quizá esté sintetizado en la biografía de uno de ellos, Silvio Salvático.

> Entre sus propuestas juveniles se cuenta la reinstauración de la Inquisición, los castigos corporales públicos, la guerra permanente ya sea contra los chilenos o contra los paraguayos o bolivianos como una forma de gimnasia nacional, la poligamia masculina, el exterminio de los indios para evitar una mayor contaminación de la raza argentina, el recorte de los derechos de los ciudadanos de origen judío, la emigración masiva procedente de los países escandinavos para aclarar progresivamente la epidermis nacional oscurecida después de años de promiscuidad hispano-indígena, la concesión de becas literarias a perpetuidad, la exención impositiva a los artistas, la creación de la mayor fuerza aérea de Sudamérica, la colonización de la Antártida, la edificación de nuevas ciudades en la Patagonia (p. 49).

Cada una de las treinta biografías que se organizan bajo rúbricas diversas que eventualmente identifican los principales rasgos de los personajes retratados ("Magos, mercenarios, miserables" o "Precursores y antiilustrados"), se presenta encabezada por el nombre y apellido del biografiado y en algunos casos por su o sus alias, más la fecha y el lugar de nacimiento y muerte; en ese sentido, las incisiones del encabezamiento funcionan metafóricamente como las inscripciones de una lápida. Este procedimiento constituido en sistema intensifica el distanciamiento, en tanto se propone como escritura de la historia de una vida individual cumplida, ya terminada. La selección en este trabajo solo de algunos personajes que pueden reconocerse fácilmente como argentinos, se justifica, entre otras razones, en el necesario carácter de lectura no consecutiva que reclama un texto construido como un calidoscopio.[8]

8. Una cualidad que Borges atribuye a una de sus propias fabulaciones: "Como todas las misceláneas, como los inagotables volúmenes de Robert Burton, de Fraser o de Plinio, *El libro de los seres imaginarios* no ha sido escrito para una lectura consecutiva. Querríamos que los curiosos lo frecuentaran, como quien juega con las formas cambiantes que revela un calidoscopio". Borges, Jorge Luis: *El libro de los seres imaginarios* [1978], Barcelona, Bruguera, 1986.

La acumulación paródica de biografías de personajes que se identifican en una difusa cualidad de escritores nazis pero que pueden ser más bien, además de autores de metáforas desquiciadas y grotescas, miembros de grupos paramilitares, puede leerse como un modo de conjuración, pero también parece revelar un convencimiento acerca de la inevitabilidad de la repetición, de la recurrencia en distintos tiempos y espacios, de una voluntad ideológica y estética significada por la irracionalidad, la violencia, la intolerancia y los tópicos del nacionalismo cuyos clisés más burdos desmenuza. Sus blancos predilectos parecen ser la reiterada ilusión de una guerra entre argentinos y chilenos y la más real y trágica guerra de Malvinas. El epígrafe de Augusto Monterroso que encabeza la novela enfatizaría esa convicción en la inevitabilidad de lo recurrente:

> Cuando el río es lento y se cuenta con una buena bicicleta o caballo sí es posible bañarse dos (y hasta tres, de acuerdo con las necesidades higiénicas de cada quien) veces en el mismo río.

Es como si los sentidos que atraviesan cada uno de los relatos y se entrecruzan con los de otros biografiados, no estuvieran fijados para siempre; como si fueran, incluso, intercambiables y hasta infinitos aunque solo uno de ellos, la historia de "Ramírez Hoffman, el infame", estalle en todas las posibilidades de la infamia en la siguiente novela de Bolaño.[9] La intercambiabilidad con la que juega el texto, por una parte, pone en crisis, como en Borges, no solo la propia noción de personaje sino también la módica seguridad del género "biografía" y, por otra, presupone una estética que se funda, tanto en la reescritura como en una desmitificación de la escritura.[10]

En lo que se refiere a la función del elemento personaje, Macedonio Fernández ya se había ocupado en 1929, en el *Museo de la novela de la eterna*, de desplazar las seguridades de que lo investía el código de la representación.

> Célebre novela en prensa, tantas veces prometida que la vez que sale el autor no le ha jugado un boleto.
> Nadie muere en ella –aunque ella es mortal– pues ha comprendido que, gente de fantasía los personajes, perece toda junta al concluir el relato: es de fácil extermina-

9. La historia de este personaje, uno de los tres chilenos incorporados a *La literatura nazi en América*, resucita bajo otros nombres y falsos nombres "como espejo y explosión de sí misma", en *Estrella distante*, Barcelona, Anagrama, 1996.

10. Sylvia Molloy adjudica a la creación de las historias infames la posibilidad del pasaje de la biografía a la ficción; así, en Borges, el abandono de la voz nostálgica que narraba a Carriego unido a la revelación del "carácter artificial del mecanismo narrativo" le permite recuperar el espacio de la ficción que ya habían buscado Stevenson y von Sternberg: "escena de artificios que permite un reconocimiento pero no una identificación, por momentánea que sea". (Molloy, Sylvia: *Las letras de Borges y otros ensayos*, Rosario, Beatriz Viterbo, 1999, p. 32.)

ción. Tarea innecesaria que se toman los autores, con peligro de olvidos y de repetirle la muerte a alguno, de dar aquí y allá expiración a cada protagonista, como anda el sacristán apagando luces hacia el fin de la misa, por no dejar al pez vivo sin agua, al "personaje" sin novela.

Y más, que tengo seguridad que nadie vivo se ha entrado a la narrativa, pues personajes con fisiología, además de muy estorbados de cansancios e indisposiciones –por lo que no se ve a protagonistas enfermarse y retirarse en cura, sino sólo representar enfermarse como parte de su trabajo y continuar figuración activa de enfermos y moribundos– son de estética realista y nuestra estética es la inventiva.[11]

Si la intercambiabilidad de los personajes puede ser atribuida a la disolución de la noción tradicional, otros desplazamientos se justifican en un juego asentado en el deliberado embrollo de nombres y alias, de títulos de poemas y novelas, de organizaciones secretas y públicas: un entramado en el cual se entremezclan lo inventado y lo verificable reforzando la convicción de que no hay final para el horror, y connotando de otro modo el carácter del juego; la infamia se resignifica.

Entre los recursos utilizados en *La literatura nazi en América*, además del carácter traslaticio de los personajes y de los nombres, destaca el juego de los dobles y de los espejos, la acumulación y la proliferación que, unidas por la común afición a formas degradadas de la literatura, se condensa en el sintagma "literatura nazi" tematizado en el relato con variantes insospechadas, por ejemplo, los cantos de la barra brava de Boca liderada por los hermanos Schiaffino.

Por otra parte, la reescritura como estética alcanza dentro del relato uno de sus momentos más elaborados en la biografía de Edelmira Thompson de Mendiluce, quien después de una temprana dedicación a las letras y una amplia obra publicada, descubre "su manifiesta vocación de diseñadora de interiores". La lectura de "Filosofía del moblaje" de Poe la inspira para ordenar la construcción de la habitación, *repitiendo* las instrucciones del autor.[12] Con la habitación *reconstruida* "creyó llegado el momento de escribir" lo que la crítica ha considerado no solo su mejor obra sino también una prefiguración del *nouveau roman*: *La Habitación de Poe* (p. 15). El texto consta de seis partes: I, descripción de la habitación; II, reflexión sobre el buen gusto en la decoración de interiores; III, construcción "propiamente dicha" de la habitación; IV, detalles acerca de la búsqueda de los muebles; V, la descripción de la habitación reconstruida; VI, el retrato del amigo de Poe. En la parte V el biógrafo detalla:

11. Fernández, Macedonio: *Museo de la novela de la Eterna* [ca. 1929], Buenos Aires, Centro Editor de América Latina, 1967, p. 20. También Juan Rodolfo Wilcock, tanto en *La sinagoga de los iconoclastas* [1972], Barcelona, Anagrama, 1981, como en *El estereoscopio de los solitarios*, ob.cit., cuestiona la noción tradicional de personaje.

12. Poe, Edgar Allan: "Filosofía del moblaje", en *Obras en prosa II*, Madrid, Universidad de Puerto Rico - Revista de Occidente, 1956, pp. 555-561. Traducción y notas de Julio Cortázar.

La quinta parte es, otra vez, una descripción de la habitación reconstruida, similar pero *distinta* de la habitación descrita por Poe, con particular énfasis en la luz, en el color carmesí, en la procedencia y en el estado de conservación de algunos muebles, en la calidad de las pinturas (todas, una por una, son descritas por Edelmira sin ahorrarle al lector ni un solo detalle).[13]

Si consideramos que esta quinta parte reproduce las instrucciones de Poe, que en el texto de Bolaño están copiadas de la traducción castellana con pequeñas diferencias, resulta que la obra mejor de esta dama porteña es la descripción de la construcción de la descripción de la construcción del texto imaginado por Poe. Un procedimiento de escritura, reescritura y repetición que además de la sombra de Pierre Menard propone su parodia. La obra de Edelmira Mendiluce conseguirá ser "similar pero *distinta*".

Si la reposición de *Historia universal de la infamia* parece inmediata en el linaje de Bolaño, también lo es que ambos textos reconocen una zona de cruce, quiasmo, o inversión, en, por una parte, el desplazamiento que va de "historia" a "literatura" y, por otra, en la localización, donde la universalidad del texto borgiano se limita en Bolaño a América. Por último y en un sentido diferente, no de oposición sino de semejanza, "infamia" y "nazi" pueden ser leídos como un par que se corresponde: donde dice "infamia", léase "nazi", o como la figura del doble que con variantes diversas, aunque siempre inquietantes, se despliega en este y otros textos de Bolaño.

Las "biografías infames" que construye, o eventualmente reescribe Borges, responden, a su vez, a una tradición que él remite a "relecturas de Stevenson y de Chesterton y aun de los primeros filmes de Sternberg y tal vez a cierta biografía de Evaristo Carriego".[14] Por mi parte, las vinculo además con una tradición de la literatura argentina que se remonta a Sarmiento, quien inaugura la serie de lo que denomina "biografías inmorales" con el *Facundo* que se constituye en monumento literario tanto por la contundencia de su escritura como por su volumen y el consenso logrado para su canonización como texto fundacional. El monumento que son las "biografías inmorales" de Sarmiento (la de Facundo, la de Aldao y la del Chacho), se contrapone a las "biografías infames" de Borges, no solo por la divergente intencionalidad, sino también por la extensión. Las de Borges que son breves, también pueden ser pensadas como "ínfimas", no solo

13. Como un detalle curioso, Francis Korn en *Los huéspedes del 20*, Buenos Aires, Sudamericana, 1974, pp. 39-40, toma del *Almanaque de la mujer*, una información que me parece interesante reproducir con comentarios: "En el palacio que habita doña Mariana Cambaceres de Alvear, en Belgrano, encontramos una nota a la vez lírica y pintoresca: la decoración edgarpoesca realizada por Dora de Alvear en la bohardilla". Sigue un relato en el que se combinan las formas irregulares con el terciopelo negro, la iluminación fantástica y diabólica y la tonalidad sombría logradas por esta precursora de Edelmira Thompson de Mendiluce.

14. *Historia universal de la infamia*, "Prólogo a la primera edición" (1935), ob.cit., p. 7.

por su pequeñez o, eventualmente, por la relativa insignificancia de sus biografiados, sino también, en una segunda acepción, por la connotación de "vileza" que arrastra "ínfimo". Una connotación que alcanza a las biografías infames de Bolaño.[15]

En otra inflexión, por algunos de sus procedimientos, los textos borgianos pueden relacionarse con las *Vidas imaginarias* de Marcel Schwob quien despliega una serie de reflexiones y de operaciones orientadas a definir el curioso arte de la biografía.[16] En el "Prólogo" a su obra, Schwob asegura: "El arte se opone a las ideas generales; describe lo individual, desea lo único, no clasifica, desclasifica". Una opinión que puesta en relación con su propio texto, listado azaroso de biografías, aunque parece estar construido desde la perspectiva de un orden, no puede más que significar el caos, lo mismo que en Borges *El libro de los seres imaginarios* o la enciclopedia china llamada *Emporio celestial de conocimientos benévolos*.[17]

Mientras Sarmiento, de un modo oblicuo, construye un espacio de "verdad" a través del cual realiza la pasión de la literatura por hacerse cargo de la historia y construye una biografía bárbara, inmoral, que funciona como monumento histórico y literario, Borges difiere de esa misión sin desdeñar, al sesgo de otras elecciones y procedimientos, entre los que destacan la repetición y la intercambiabilidad, la recuperación de la historia:

> En 1517 el P. Bartolomé de las Casas tuvo mucha lástima de los indios que se extenuaban en los laboriosos infiernos de las minas de oro antillanas, y propuso al emperador Carlos V la importación de negros, que se extenuaran en los laboriosos infiernos de las minas de oro antillanas.[18]

La pretensión de verdad que Borges parece ilustrar con el "Índice de las fuentes" que se constituye en apéndice de su texto, produce un efecto divergente, son inclusiones que retrotraen al lector al espacio de la ambigüedad en el que lo apócrifo se instala como una continua amenaza. Con este gesto se relaciona también *La literatura nazi en América*, en la que las supuestas fuentes documentales agrupadas bajo el "Epílogo para monstruos" despliegan una lista de personajes, de libros, de revistas de juegos de simulación militar, de editoriales y revistas como "Corazón de Hierro" y "El Cuarto Reich Argentino": "Sin duda una de las em-

---

15. Y probablemente a otros textos: "Retratos reales e imaginarios" de Alfonso Reyes [1916-1920] o, como sugiere Juan José Saer, entre otros, *Memorias de un vigilante* de Fray Mocho, cuyo antecedente parece haber sido un texto anterior: *Vida de los ladrones célebres de Buenos Aires y sus maneras de robar*.

16. Schwob, Marcel: *Vidas imaginarias* [1896], Buenos Aires, Centro Editor de América Latina, 1973. Traducción de Eduardo Paz Leston.

17. Borges, Jorge Luis: "El idioma analítico de John Wilkins", en *Otras inquisiciones*, Buenos Aires, Emecé, 1960.

18. *Historia universal de la infamia*, ob.cit., p. 17.

presas editoriales más extrañas, bizarras y obstinadas de cuantas se han dado en el continente americano, tierra abonada para empresas al borde de la locura, la legalidad, la simpleza" (p. 215), cuyo origen además de diverso e incomprobable se ofrece como la zona de la mezcla y lo abigarrado que las biografías tratan de contener.

El "Índice de las fuentes" permitiría relevar la actividad de invención y de reescritura en Borges, mientras que el "Epílogo para monstruos" en Bolaño, porque esconde más de lo que muestra, volvería demencial un intento de catálogo que podría incluir, desde quizás, la *Autobiografía* de Victoria Ocampo o la biografía de Haushofer, hasta las crónicas deportivas y de la prensa sensacionalista pasando por el cine *gore*, el cine pornográfico, las *snuff movies*, la ciencia-ficción, textos de Lovecraft o de sus seguidores, de Poe, *best-sellers* y obras como *El retorno de los brujos* o *La conjura de los sabios de Sion*.

La fascinación por lo perverso, lo bárbaro, el entusiasmo por el juego y la necesidad casi compulsiva, de poner en movimiento lo oscuro, lo tenebroso, lo escondido, lo que no tiene nombre, parece alimentar estas biografías ínfimas que pueden ingresar en la categoría de "lo siniestro", pese a que los infames de su galería parecen estar más cerca del grotesco que del drama.[19] Aunque la construcción de estas biografías está presentada como un juego, la propuesta se revela engañosa como lo muestra el manifiesto de Italo Schiaffino en el que al exponer la situación del fútbol en la Argentina "se lamentaba de la crisis, señalaba a los culpables (la plutocracia judía incapaz de producir buenos jugadores y la intelectualidad roja que llevaba el país a la decadencia)". Su hermano Argentino Schiaffino, en el opúsculo que titula *Soluciones satisfactorias*, propone "como respuesta latinoamericana al fútbol-total la eliminación física de los mejores exponentes de éste, es decir el asesinato de Cruyff, Beckenbauer, etc.".

La imaginación, la invención y la arbitrariedad se reconocen en la base de una estética de la biografía imaginada y realizada por Schwob, Borges y, ahora, por el desenfado de Roberto Bolaño, quien además realiza la paradoja de otorgar a sus infames biografiados, la fama que muchos esperan lograr a través de una gloria literaria que refute a la muerte, "lo que Paul Éluard definió como la principal compulsión del artista: *le dur désir de durer*".[20] Un movimiento que también Foucault atribuye a la infamia: "una modalidad de la universal fama".[21]

---

19. La categoría de "lo siniestro" (*Unheimlich*) teorizada por Freud a partir de los cuentos de Hoffmann trabaja sobre la idea de que lo siniestro es todo lo que debería haber quedado oculto, secreto, pero que se ha manifestado. En otra inflexión de esta cuestión, recordamos que el más infame de los personajes de Bolaño se llama Ramírez Hoffman.

20. Steiner, George: "El lector infrecuente", en *Pasión intacta. Ensayos 1978-1995*, Barcelona, Buenos Aires, Siruela, Grupo Editorial Norma, 1997.

21. Foucault, Michel: "La vida de los hombres infames" [1977], en *La vida de los hombres infames*, La Plata, Altamira, 1996. Edición y traducción de Julia Varela y Fernando Álvarez-Uría. Prólogo y bibliografía de Christian Ferrer.

Biografías mínimas/ínfimas y el equívoco del mal

Las breves historias infames de los infractores de la ley que registran las fichas de asilos y hospitales estudiadas por Foucault están muy cerca de las invenciones de Borges y de Bolaño, así como de la larga serie de textos que especulan con la fascinación que siempre ha ejercido el carácter equívoco del mal e incluso con la belleza y la verdad atribuidas a lo marginal y lo infame. Como recurso de una estética desmitificadora, el procedimiento puede resultar literariamente eficaz para cambiar de sentido o por lo menos perturbar un canon que, por tomarse demasiado en serio, desdeña el espíritu desacralizador de Borges y se constituye en la confirmación de un lenguaje cuya enemistad proclama.

Buenos Aires, septiembre de 1999

11. Borges coleccionista

ÁLVARO FERNÁNDEZ BRAVO
UNIVERSIDAD DE SAN ANDRÉS, ARGENTINA

> *El decurso del tiempo cambia los libros; Recuerdos de Provincia, releído y revisado en los términos de 1943, no es ciertamente el libro que yo recorrí hace veinte años.*
>
> J. L. Borges, prólogo a *Recuerdos de provincia*

I. ANTOLOGÍAS Y MERCADO LITERARIO

Hay muchos Borges: Borges criollista, vanguardista, nacionalista, anarquista, populista. También hay un Borges racista y un Borges orientalista. Hoy voy a hablar del Borges coleccionista. Una de las imágenes más conocidas de Borges es aquella que lo retrata inclinado junto a un anaquel, buscando, tanteando casi, los lomos de sus queridos, venerados, fetichizados libros. Los libros son –fueron– un objeto y un valor de singular importancia para Borges y así aparecen referidos en muchos de sus textos. Su trabajo como crítico tanto en el periodismo como en el ensayo, su poco estudiada labor de antologista[1] e incluso su relativamente extensa tarea pedagógica desde la cátedra universitaria, así como sus funciones en diversas bibliotecas, hablan de una relación especial con los libros, relación que él mismo declaró y asumió públicamente. Me interesa detenerme entonces en Borges lector y en Borges como activista cultural y coleccionista; me interesa interrogar su peculiar relación con el libro como objeto y vehículo de difusión e intervención cultural.

---

1. Borges compiló y prologó, solo y en colaboración, más de treinta antologías entre 1920 y 1982, incluyendo antologías de su propia obra y sin incluir las ediciones de sus siempre incompletas *Obras completas* (pasibles de ser leídas también como antologías). Véanse las fuentes primarias al final del artículo y Helft (1997). Entre los escasos estudios sobre las antologías literarias en América latina pueden mencionarse Achúgar (1997) y Campra (1987). Sobre las antologías de poesía en los Estados Unidos véase Golding (1984).

Álvaro Fernández Bravo

Este trabajo intentará leer, por lo tanto, un corpus de prólogos e introducciones escritos por Borges para ediciones compiladas por él, y también algunos textos críticos en los que habla de literatura. Mi problema es el patrimonio cultural y me interesa estudiar los textos de Borges como editor y crítico y su contribución a la formación de colecciones y a la edición de antologías. La tarea de traducción y difusión de autores extranjeros comienza muy tempranamente. Durante su permanencia en España, Borges se encarga de difundir poesía de vanguardia poco conocida en la península y traduce y publica sus primeras antologías de poesía, incluyendo dos antologías de poesía expresionista alemana, en 1920. Su vinculación al grupo ultraísta permite observar esta posición característica que Borges no abandonará y que consiste en trabajar sobre las *fronteras* de las tradiciones literarias nacionales y lingüísticas, dando a conocer textos y operando activamente sobre el contenido de la tradición. Su empresa renovadora dentro de la tradición hispánica continúa apenas llega al Río de la Plata, en 1921, cuando publica una nueva antología, esta vez de poetas argentinos, en España.[2]

Estas antologías son publicadas en revistas literarias españolas pero funcionan bajo el mismo principio de las sucesivas antologías publicadas posteriormente: importar obras desconocidas y producir conjuntos (colecciones) que se leen en un contexto distinto del de su publicación original. Vemos aquí la empresa importadora de Borges, pero vemos también un rasgo característico de las antologías, que, como las colecciones en los museos, necesitan mudar su contexto habitual y ser exhibidas en espacios distintos de sus contextos originales para tener sentido. Algún tipo de distancia –espacial, cultural o temporal– debe interponerse entre los componentes de la colección y su público (Stewart, 1996).[3]

Ese mismo año de 1921, Borges publica en Buenos Aires un artículo polémico en el que discute un estudio de Manuel Machado sobre el ultraísmo. Dice Borges, citando a Machado, que "Éste crimina al ultraísmo de ser una tendencia forastera e importada, sin raigambre española, y busca una genealogía en las teorizaciones de Stéphane Mallarmé" (1997 [1921]: 108). Y le responde:

2. Su segunda antología incluye a Macedonio, Alfonsina Storni y otros poetas (Borges 1997 [1920]: 132-141). Sobre Storni es interesante la nota fuertemente crítica con que presenta a la poeta. Es interesante este gesto, característico de otras antologías como la de Menéndez Pelayo (1893-95), que recupera no solo los mejores sino también los peores poetas. Este podría ser un rasgo diferencial y específico de las antologías latinoamericanas, que no son estrictamente selecciones sino mapas, "muestras" de la literatura de la época.

3. Si comparamos las primeras antologías de Borges con las que publicaría ya en los años cincuenta y sesenta, podemos reconocer una trayectoria que lo lleva de materiales criollos o "antiguos" (Carriego, Macedonio, poesía uruguaya, literatura argentina, gauchesca) a antologías "extranjeras" (literatura angolosajona, policiales ingleses, Gibbon, Kafka). Hay una evolución de la distancia temporal a la distancia espacial y lingüística y de los materiales americanos a los materiales europeos.

Importa desentrañar si tal afirmación es justa. Aun si convenimos en el hecho de que la labor moslarmesca –o más bien la de Rimbaud, prismatizada por Apollinaire y Huidobro– ha sido el acicate inmediato que culminara en la producción del movimiento ultraísta, eso no significa absolutamente que este último carezca de castellanidad y sea engendro bastardo. Al contrario, la tendencia a escribir en sucesión de imágenes [...] campea en nuestros clásicos [...] como Góngora, Calderón, Baltasar Gracián y con principalísimo relieve, en Quevedo (Borges, 1997 [1921]: 108).

Como puede observarse, la acusación de *extranjerizante* de la que sería objeto Borges algunos años más tarde no tuvo nada de nuevo. Su respuesta apela a una argumentación que se iría refinando pero que ya es posible reconocer en esta cita. Si por un lado recibe con recelo la atribución de una genealogía impuesta (la genealogía mallarmeana asignada por Machado), de inmediato la contesta, construyendo un linaje de precursores voluntariamente elegidos. Este linaje pretende responder a la acusación de "bastardo" y, por el contrario, busca demostrar que los precursores se encuentran no en el margen sino en el centro de la tradición hispánica. Por otro lado, el fragmento pone en cuestión el concepto de originalidad, rastreando la novedad de estos procedimientos en los autores clásicos con los que identifica las imágenes ultraístas. Es decir, anuncia de algún modo ideas preliminares para lo que será su teoría sobre la ausencia de originalidad.[4]

Según podemos observar, es posible leer en torno a las antologías y al trabajo sobre la tradición un denso discurso crítico que ocupa un lugar relevante en el conjunto de su obra.[5] "El prólogo –declara en *Prólogos con prólogo de prólogos*– no es una forma subalterna del brindis; es una especie lateral de la crítica" (1996 [1974]: 14). Las antologías, entonces, pueden ser leídas en el marco de sus ataques al canon que tuvieron, como se sabe, a Lugones y a la *Historia de la literatura argentina* de Ricardo Rojas como sus blancos preferidos (Montaldo, 1989). Los ataques cuestionan el canon y ponen en duda la posición de obras y autores en el parnaso de la literatura nacional. José Hernández y el *Martín Fierro* son, en este sentido, uno de sus objetivos frecuentes, pero antes que obras u autores lo que resulta atacado por Borges es el principio constructivo del canon y acaso el mismo concepto de una jerarquía rígida y nacional, presidida por una obra maestra.[6]

---

4. Teoría que Beatriz Sarlo reconoce en *Historia universal de la infamia* pero que ya resulta enunciada en este fragmento. Véase Sarlo (1995: 118). Para el problema de los linajes construidos véase Piglia (1984).

5. Annick Louis ha observado que Borges mismo fue definido como crítico literario en los años treinta, antes que como poeta o narrador (1997: 27).

6. Pueden compararse, en este sentido, sus múltiples referencias a otros cánones nacionales presididos por figuras difícilmente asimilables con categorías duras de Nación: así, según Borges, Shakespeare es efusivo y contradice el reservado carácter británico; Dante acaso puede ser un descendiente directo de los invasores germánicos; Goethe no suscribiría la doctrina de la pureza racial aria, etcétera.

Dice al respecto:

> Una curiosa convención ha resuelto que cada uno de los países en que la historia y sus azares han dividido fugazmente la esfera tenga su libro clásico. Inglaterra ha elegido a Shakespeare, el menos inglés de los escritores ingleses. [...] En lo que se refiere a nosotros, pienso que nuestra historia sería otra, y sería mejor, si hubiéramos elegido, a partir de este siglo, el *Facundo* y no el *Martín Fierro* (Borges, 1996 [1970]: 105).

Resulta interesante en esta cita la referencia a "la historia". ¿De qué historia está hablando? Tal vez podría leerse esta afirmación como una alusión a las *historias de la literatura* que son, quizás, las que Borges querría ver modificadas o abolidas. Como en la cita anterior, Borges parece leer la *Historia* de Rojas bajo la forma de una genealogía impuesta contra la cual se revela y frente a la cual va a proponer "una nueva biblioteca" (Montaldo, 1989: 220). Es posible leer también un cuestionamiento a la idea de convertir a los estudios literarios en lo que Peggy Kamuf ha definido como "a branch, a sub-station of the historian's discipline" (Kamuf, 1997: 35).[7] La crítica se dirige a la organización histórica de los estudios literarios.

Las historias literarias serán entonces un saber problemático y Borges atacará especialmente los procedimientos de canonización establecidos en ellas. Según sostiene Jorge Panesi, "el traidor enriquece la tradición porque la amplía" (1995: 203). Aquí la empresa de Borges consiste en importar nuevos libros y autores, ponerlos en circulación y reorganizar el sistema literario intentando desarmar y rearmar genealogías. Podría compararse la tarea del traductor con la del coleccionista: ambos construyen objetos nuevos a partir de "originales" o fragmentos con los que establecen relaciones complejas y que resultan reescritos en las versiones segundas; ambos, también, dependen de una distancia lingüística o espacial y median entre contextos separados entre sí.

En este sentido, es posible leer una transición en el viaje que traslada a Borges de Europa a América. En las antologías juveniles predomina un proyecto cultural fuertemente iconoclasta, donde la adopción del ultraísmo como su religión europea funcionará en la Argentina como un instrumento para atacar (y renovar) la tradición, apuntando fundamentalmente a lo que denomina, "el rubenismo" (Borges, 1997 [1921]: 126-131). El trabajo sobre la tradición local, empleando los instrumentos aprendidos en Europa, lo hará intentar sostener esa distancia y defender, por lo tanto, la forma de su nuevo objeto, la literatura criolla. Si leemos, por ejemplo, el prólogo a *El tamaño de mi esperanza* encontramos allí declaraciones hostiles al eurocentrismo dominante en la cultura argentina e incluso una crítica de la rampante fobia antiinmigratoria. Dice allí: "A los criollos les quiero hablar [...] no a los que creen que el sol y la luna están en Europa" (1993

---

7. Enrique Pezzoni también observa las complejas relaciones entre historia y literatura. Véase Louis (1999: 57-60.)

[1926a]: 11). Contrastan estos dichos con afirmaciones posteriores donde Borges comprueba el hallazgo de la tradición ausente para su país en Europa.[8]

Si examinamos los prólogos de este período, podemos encontrar, entre la retórica criollista y nacionalista, un raro momento en que América latina –que más tarde despertaría su desprecio o indiferencia– ejerce atracción en su proyecto ideológico y literario.

El *Índice de la nueva poesía americana* (1926b) será la siguiente antología compilada por Borges. Este libro, coeditado por él, en colaboración con Vicente Huidobro y Alberto Hidalgo, resulta un episodio oportuno para analizar a Borges coleccionista. El prólogo, como otros textos de esta época, ataca una vez más al modernismo y exhorta a reemplazar su poética enmohecida por una nueva, que en Borges reproduce en este período los rasgos de los manifiestos ultraístas. Sin embargo, el eje de la embestida contra el modernismo es, precisamente, su débil americanismo, su "añoranza de Europa" (1926a: 14). Por un lado entonces, una crítica del europeísmo, pero por el otro, un ataque igualmente fuerte al latinoamericanismo. La idea de la unidad cultural hispanoamericana es denunciada en los prólogos como un mito burgués no avalado por los compiladores de la antología.[9] Hidalgo propone una nueva articulación superadora del invento latinoamericanista. Borges, por su parte, denuncia a Rodó como "un catedrático de Boston, lleno de ilusiones sobre latinidad e hispanidad" (1926b: 15).

No obstante los ataques vanguardistas a las generaciones precedentes, la antología se ocupa de reunir lo que sus compiladores denominan un *índice de la nueva poesía americana*, es decir, una colección articulada por una variable geográfica y que será en sus contenidos esencialmente hispanoamericana. La crítica de la sensibilidad modernista se apoya precisamente en la mirada hacia Europa frente a la que Borges y sus coeditores proponen una nueva estética. "La verdad poetizable ya no está sólo allende el mar" –proclama el argentino (1926b: 15). La apuesta será entonces por una sensibilidad americana, capaz de manifestarse:

> [...] en Méjico, donde el compañero Maples Arce apura la avenida Juárez en un trago de gasolina; [o] en Chile [donde] Reyes ensalza el cabaret y el viento del mar, un viento negro y de suicidio, que trae aves marinas en su envión y en el cual las persianas de Valparaíso están siempre golpeándose (1926b: 15).

8. Dice en *Prólogos con prólogo de prólogos*: "[N]uestro deber era fundar, como los Estados Unidos, una tradición que fuera distinta. Buscarla en el mismo país del que nos habíamos desligado hubiera sido un evidente contrasentido; buscarla en una imaginaria cultura indígena hubiera sido no menos imposible que absurdo. Optamos, como era fatal, por Europa y, particularmente, por Francia" (1996 [1974]: 13).

9. "Tengo premura en declarar que el hispanoamericanismo me repugna. Eso es una cosa falsa, utópica, y mendaz convertida, como no podría ser de otro modo, en una profesión idéntica a otra cualquiera. Se es hispanoamericanista como médico o comerciante. No conozco uno solo de tales parásitos que ejerza su oficio con desinterés, o así fuera sólo con disimulo", proclama Hidalgo (Borges, Hidalgo y Huidobro, 1926b: 5).

Álvaro Fernández Bravo

Es raro encontrar una colección latinoamericana en la obra borgiana.[10] Poco después su posición cambia radicalmente y Borges elige imaginar la Argentina en Europa, no en América latina, y por lo tanto reconstruye la tradición –y la colección– en esos términos. Ese será su principal argumento para atacar la canonización del *Martín Fierro* y proponer en su lugar al *Facundo*: el segundo es más coherente con la concepción de la Argentina como parte de la tradición europea con la que asociará a su país cuando abandone posiciones nacionalistas.[11] Al reorganizar la colección nacional, la posición de la Argentina como parte de América latina pierde sentido. Este proceso de reordenamiento puede leerse también en relación con la pérdida de distancia: Borges se afinca en el Río de la Plata y necesita restablecer la distancia entre la colección y su público. La empresa coleccionista buscará su objeto en la literatura europea o estadounidense que Borges difundirá desde el periodismo o bajo la forma de ediciones y antologías. Es decir, cuando el latinoamericanismo crítico que podemos distinguir en el *Índice* devenga en posiciones más rígidas, Borges lo abandonará rápidamente.

Pero incluso en esta posición inicial, simpática hacia una literatura regional latinoamericana, pueden reconocerse algunas constantes de la empresa coleccionista borgiana. Así, el cuestionamiento pragmático de la pureza lingüística y el uso de la colección para atacar la integridad cultural parecen faces de un mismo proyecto de hibridación de la tradición. Construir una colección de poesía latinoamericana es un instrumento para reformular el canon de la literatura española y enriquecerlo. "Frente al provincianismo remilgado que ejerce la Academia […] nuestro idioma va adinerándose", proclama (1926b: 17). Es decir: la poesía trabaja sobre los bordes de la tradición y sirve para cambiarla; el compilador funciona como un contrabandista que infiltra textos desconocidos en la lengua y conspira contra la pureza de la tradición desde su interior. Una de las formas posibles de la pureza es, obviamente, una tradición nacional uniforme, monolítica y unánime. La colección puede ser pensada entonces como un instrumento ca-

10. El otro caso en el que vemos interés por literatura de América latina es el de la literatura uruguaya. La mirada de Borges sobre la literatura oriental puede considerarse como otra estrategia dentro de esta política desestabilizadora de los cánones nacionalistas. Borges se definía entonces como "de Buenos Aires" antes que como argentino. Incluso apelaba a genealogías y linajes familiares para sustentar la teoría de su identidad uruguaya (Véase Borges, 1927 y 1930). Esta definición sirve para pensar una concepción de la identidad que desafía las fronteras nacionales. Su lectura de la literatura uruguaya la asimila con la de Buenos Aires (el compadre, la poesía modernista, etcétera) y tiende a borrar las fronteras entre ambas tradiciones reconstruyendo así un mapa literario en el que literatura y nación no son categorías homologables.

11. También es posible pensar –pero esta es una hipótesis muy aventurada– en la relación entre el *Martín Fierro* y el peronismo. La creciente y sostenida crítica al *Martín Fierro* como el libro canónico argentino parece agudizarse con la llegada del peronismo al poder (Borges, 1997: 84-93). Borges parece reconocer en el peronismo cierta voluntad canonizadora del *Martín Fierro* inaugurada por Lugones y Rojas, a la que se opondría terminantemente.

paz de generar nuevos conjuntos, útil para intervenir y modificar los órdenes só-
lidos, homogéneos y cerrados de las culturas nacionales.

II. EL HISTORICISMO LITERARIO

Me interesa continuar, entonces, con la crítica formulada por Borges a la or-
ganización y al establecimiento de literaturas nacionales y a su principal disposi-
tivo ideológico: las historias literarias. Aunque para nosotros resulta ya bastante
evidente, la categoría positivista de historia literaria, acuñada según sabemos por
Hyppolite Taine a partir de su *Histoire de la literature anglaise* (1863), tuvo (y tie-
ne todavía) en la Argentina un sostenido eco cuya manifestación más conocida es
la obra de Ricardo Rojas (Patterson, 1995: 251). Pero incluso antes de que co-
menzaran a publicarse historias literarias nacionales, la organización de los libros
en clases y especies apeló a categorías nacionales y lingüísticas para dividirse y
distribuirse (Chartier; Kamuf, 1997). Según lo señala Chartier, en Francia el tér-
mino *biblioteca* fue utilizado para describir antologías –colecciones y compilacio-
nes de textos– que serían ordenadas crecientemente bajo criterios nacionales. En
todo caso, Borges no parece haber leído la *Historia* de Rojas con simpatía y más
bien se dedicó a atacar el canon literario por él establecido. Es más, su misma
empresa crítica y editorial parece en gran medida dedicada a corregir, enmendar
o reponer aquellos autores a los que la *Historia de la literatura argentina* había ex-
cluido.[12]

Este procedimiento, sin embargo, no deja de resultar característico de la os-
cilación de las antologías entre un propósito conservador y un propósito valora-
tivo. Alan Golding (1984) estudia el proceso de constitución de una tradición lí-
rica en los Estados Unidos y una de sus hipótesis trabaja precisamente la tensión
entre la antología como mapa cultural o como mecanismo de evaluación estéti-
ca. Ambos propósitos conviven y se complementan en particular en las culturas
americanas, siempre forzadas a demostrar la misma existencia de una tradición
propia antes de determinar la excelencia de sus componentes. La *Historia* de Ro-
jas cumpliría hasta cierto punto con el propósito conservador y archivista (aun-
que Borges también señala sus omisiones) y las antologías de Borges participa-

---

12. Véanse, por ejemplo, los prólogos a Almafuerte, Hidalgo, Ascasubi, Gutiérrez, Banchs, Ca-
rriego, etcétera (Borges, 1996). También es importante destacar una larga enemistad entre Borges y
Rojas, acaso activada por su temprana referencia al último en el *Índice*, donde dice: "El rubenismo fue
nuestra añoranza de Europa. [...] Quede su eternidá en las antologías: queden muchas estrofas de Ru-
bén y algunas de Lugonas y otras de Marcelo del Mazo y ninguna de Rojas" (1926b: 14). Según ten-
go entendido, hay un artículo de próxima publicación que recupera unas cartas escritas por Borges
a Rojas, pidiéndole ingresar como profesor cuando Rojas era rector de la Universidad de Buenos
Aires.

rían de una búsqueda más selectiva (aunque por momentos también incluye "malos poetas", como Alfonsina Storni) (Borges, 1997: 137).

El ataque de Borges a Rojas, sin embargo, no se apoya tanto en una solidaridad con los marginados o en una cuestión de gusto, sino que su crítica es más compleja. La empresa borgiana puede pensarse como un esfuerzo cuyo objetivo no es "merely to enlarge the canon with a countercanon but to dethrone canonical *method*" (Spivak, 1993: 276). Si examinamos algunas de las declaraciones en los prólogos, podemos comprobar que Borges suscribe la idea de que "para rendir justicia a un escritor hay que ser injusto con otros" (1996 [1946]: 77). Es decir, la selección implícita en toda historia literaria no es esencialmente diferente de cualquier operación de valoración estética, a la que las antologías no serían ajenas. Lo que va a ser cuestionado por Borges es la justificación de esa injusticia, apoyada en un conjunto de procedimientos que describiré brevemente.

En primer lugar, Borges discutirá el concepto de filiación literaria descendente. Uno de los puntos centrales de esta crítica se dirige a la noción de causalidad. Como es sabido, en "El escritor argentino y la tradición" se encuentra una de las más acabadas manifestaciones de su oposición a la idea de filiación literaria y, especialmente, al concepto de descendencia al que Borges opondrá una relación intertextual diferente, horizontal u oblicua, interrumpida, no lisa, poblada de hiatos y cruces sorprendentes. El eje de la crítica al concepto de sucesión literaria parece apoyarse en un ataque al historicismo, del que las historias literarias son tributarias ideológicas (Patterson, 1995). La transposición acrítica de categorías provenientes de la historia a la literatura genera malentendidos que no se corresponden con la especificidad de los estudios literarios. En síntesis, el concepto que parece más fuertemente criticado es el de influencia, aunque la crítica no consigue escapar a algunos de los efectos más esperables de esta relación, que supone "the illusion of having fathered one's own fathers" (Bloom, 1975: 20).

La relación causa-efecto es invertida, hecha añicos, destruida. No hay un vínculo vertical padre-hijo, sino vínculos múltiples en direcciones diferentes. Pero, sobre todo, lo que está ausente en la teoría literaria de Borges es el determinismo temporal, característico del historicismo. Entre las numerosas reflexiones acerca del problema del tiempo, aparece siempre la postulación de varios tiempos paralelos o contradictorios, idea que atenta contra la noción de un tiempo único y lineal, propia del historicismo.[13]

En segundo lugar, la crítica de las historias literarias se dirige a su aspiración totalizadora. Dice en *Discusión* que la "historia de la literatura argentina es más extensa que la literatura argentina" (1974: 279). Es decir, la obra de Rojas se pre-

---

13. Sobre las ideas acerca del tiempo en Borges y su relación con las teorías del tiempo de la física cuántica véase Rojo (1999). Sobre el historicismo literario véanse Kamuf (1997) y Lentricchia (1989).

senta como una totalidad que excede incluso la suma de todas las partes que aspira cubrir.

Sylvia Molloy ha dedicado un capítulo de su libro *Las letras de Borges* a estudiar el problema de las totalizaciones y la inquietud que los sistemas holísticos, generalizadores y omnicomprensivos despiertan en su obra. A los conjuntos absolutos se oponen las series borgianas –llamadas también enumeraciones heteróclitas–. Las series son combinaciones fragmentarias que "al eliminar un elemento de la secuencia resaltan el contraste entre los elementos de la serie" (Molloy, 1979: 196). Claramente, las historias literarias pueden ser incluidas dentro del grupo de los conjuntos absolutos que tanta angustia despiertan en la obra borgiana.[14] No solo pueden leerse como órdenes totalizadores sino como estructuras jerárquicas y verticales que privilegian relaciones de filiación unidireccionales y parecen favorecer la sucesión sobre cualquier otra relación intertextual.

Las estructuras jerárquicas sucesivas se proponen como órdenes fijos y monumentales; tienen algo pétreo que resultará cuestionado en la poética borgiana. En la antología de Carriego publicada en 1963, Borges declara:

> [L]o indiscutible es que Carriego modificó, y sigue modificando, la evolución de nuestras letras y que algunas páginas suyas integrarán aquella antología a la que tiende toda literatura (Borges, 1996: 43).

La influencia no se ejerce de abajo hacia arriba, o desde el pasado sobre el presente, sino también a la inversa, pero sobre todo produce *fronteras elásticas*, cambiantes, de las que las antologías son resultado contingente: funcionan a la vez como prueba de la movilidad del canon y son también su destino provisorio. Las antologías se plantean como ordenamientos fuertemente datados y en contraste con las historias, no pretenden ser una proyección del pasado sino proyectarse sobre el futuro, replanteando el canon hacia adelante. Peggy Kamuf señala en este sentido, el carácter liminal e iterativo del concepto de literatura, difícil de ser aprehendido y más bien generador de nuevas divisiones en la distribución del conocimiento (Kamuf, 1997: 27-29; véase también Patterson, 1995: 256).

La crítica a la totalización se detiene también en otros aspectos de la organización de las historias literarias: el ataque a los límites del género, en especial por la exclusión de ensayos filosóficos o históricos que Borges lee como literatura y que, previsiblemente, las historias literarias tradicionales no incluyen. Así, en la *Antología clásica de la literatura argentina*, compilada por Borges y Henríquez Ureña, vemos la incorporación de géneros no tradicionales como las cartas (de María Sánchez), junto a textos históricos o políticos y otros más canónicos. Es inte-

---

14. Sobre esta cuestión puede consultarse, previsiblemente, el libro de Foucault (1966). Véase también Süssekind (1998).

resante que el criterio de selección no se apoya tanto en la categoría de "literatura" como en la de "escritores", a los que se diferencia por generación (excluyendo a los nacidos después de 1880). Dicen entonces:

> Hay una honda diferencia entre la literatura de aquel pasado y la que comienza después de 1880 [...]. Los pensadores [posteriores a 1880] pueden ya moverse, si lo desean, en el campo de la teoría pura; el artista puede, si lo desea, aislarse en la torre de marfil. Pero los hombres de la época anterior, desde la Revolución de Mayo hasta la conquista del desierto y la federalización de Buenos Aires, tenían que poner a prueba sus teorías en la acción; tenían que vivir la filosofía que profesaran; la literatura intervenía en las contiendas políticas. Eso da a la obra de aquellos escritores, desde Funes y Monteagudo hasta Avellaneda y Estrada, extraordinaria fuerza vital (Borges y Henríquez Ureña, 1937: 6).

Los textos seleccionados se definen simplemente como "prosa", por lo que puede comprobarse la condición liminal e iterativa del concepto de literatura empleado en la antología: como una máquina en movimiento que apropia y distribuye discursos de origen diverso, o los expulsa, pero que rehúye la inmovilidad imaginada en las monumentales historias literarias.[15]

La ciudadanía de los autores es, por supuesto, otra división fuertemente cuestionada en relación con la totalización. Borges es quizás uno de los primeros en leer a Hudson no solo como autor argentino sino como un representante de la literatura gauchesca, proponiendo una distribución nueva que altera las variables vigentes para determinar la nacionalidad de un texto.

La enumeración heteróclita, el procedimiento específico para atacar la totalización, subvierte la totalidad y plantea una disposición hecha de fragmentos, parcial e imposible de ser sometida a una imagen coherente. Esta serie interrumpida puede relacionarse asimismo con los ataques a la pureza de la tradición: la pureza se percibe como una forma de la totalidad contra la que la antología conspira.

Por último, la crítica de la concepción temporal implícita en la historia literaria resulta un punto central de su argumentación. El historicismo se apoya en un determinismo del medio que Borges ataca enfáticamente, en particular por su oposición a las lecturas telúricas de la poesía gauchesca que buscan explicarla como un producto del medio natural y también como una crítica al marxismo, que constituye por supuesto un paradigma historicista.[16] "The central commitment of historicists –dice Frank Lentricchia– [...] is to the self as product of forces over

---

15. Taine compara el manuscrito con "a fossil shell, an imprint like one of those shapes embossed in stone by an animal which lived and perished" (1967[1863]: iv:54).

16. Dice Rojas: "La pampa así vivida, alcanzó personificación histórica en el gaucho, del mismo modo que la vida gauchesca ha logrado representación literaria en el canto inicial de los payadores" (Rojas, 1960: 82).

which we exercise no control –the self as effect, not origin: that commitment makes historicists what they are" (Lentricchia, 1989: 241). Borges cuestionará la idea del yo como resultado de fuerzas exógenas, leyéndola como otra manifestación del principio de causalidad. El historicismo supone a la literatura como un mero epifenómeno de las condiciones del medio.

Frente a la relación causa-efecto, las colecciones y las antologías postulan una relación de constelación entre los miembros del conjunto o, incluso, una relación en la que "cada elemento no proviene claramente del anterior, como efecto, y no determina, como causa, al subsiguiente" (Molloy, 1979: 210). Las colecciones, universos nuevos formados por componentes en relación horizontal y cambiante, pueden ser leídas bajo esta imagen. En contraste con las historias, las antologías están compuestas por textos en relaciones variables, dinámicas, no fijas y no jerárquicas. Mientras la historia postula un orden secuencial, sucesivo y temporal, la antología se organiza como una forma discontinua, simultánea y espacial (Süssekind, 1998: 119). Mientras la historia propone un concepto del yo como resultado (y del escritor como producto de una "descendencia"), la antología imagina al yo como el origen del conjunto, como el agente de la precursión o el padre de sus padres. Noé, según señala Stewart, es la representación bíblica del coleccionista y el Arca, la primera antología (de la que quedan excluidos los pecadores). El coleccionista, por lo tanto, se resiste a un ordenamiento que concibe a la literatura en el final de una secuencia, y elige por el contrario la posición del comienzo. Funda así un orden nuevo que reformula el anterior. Este gesto parece un rasgo de lo que Golding (1984) denomina las antologías revisionistas, aquellas que, una vez probada la existencia de la literatura nacional, pueden impulsar el proceso de canonización hacia su última etapa, la de reevaluar el corpus de textos recibidos. Las antologías borgianas, sin embargo, parecen resistir el establecimiento de un canon rígido y proponen, más bien, un canon inestable, difuso, gaseoso.[17]

La destrucción del determinismo temporal ejercida por la colección se opone a la economía simbólica del *souvenir*, objeto recuperado por las historias literarias. Mientras el *souvenir* se impone como testimonio del pasado, la colección funciona como anuncio del porvenir. En este sentido, la colección o antología propone la fundación de un orden nuevo, donde el acento está puesto no en una relación reverencial con el pasado sino en la capacidad del escritor para elegir precursores y abolir la tradición reemplazándola por una distribución más dinámica y móvil. Todo texto escrito implica de algún modo, según esta idea, una co-

---

17. Resulta interesante que el gesto insolente de Hernández con la tradición sea rescatado por Borges: "Hernández hizo acaso lo único que un hombre puede hacer con una tradición: la modificó" (1996: 91). Cabe destacar que el objeto de la crítica de Borges no es tanto la obra de Hernández como el proceso de canonización del *Martín Fierro*.

lección de precursores. Esta colección tiene la forma de una antología que precede al escritor y por la que él decide ser determinado. De alguna manera, este procedimiento coloca al coleccionista en el centro del sistema y lo dota de una autoridad demiúrgica: es él quien elige (y no quien es elegido por el padre, o determinado por el medio) de dónde viene y a dónde va.

Es decir, el orden de las historias literarias pretende exhumar objetos de un pasado remoto y exponerlos en una teleología que desemboca necesariamente en el presente y en la nación. La tradición se encadena al pasado y a su vez encadena el pasado a la nación, generando una forma rígida. En contra de toda organización lineal, autoritaria, cerrada y paralítica, Borges arma su teoría de la influencia, una teoría que revierte, subvierte e invierte los órdenes tradicionales.

Las antologías –que pueden compararse con otro orden igualmente selectivo, horizontal y autosuficiente: *las enciclopedias*– pueden leerse también como formas de ataque a la razón burocrática, académica (de la que Rojas, rector de la Universidad de Buenos Aires, sería un representante nítido) y, en especial, a la hegemonía de la práctica escrita denominada por Michel De Certeau como "la economía escritural" (De Certeau, 1988: 131-153). Las historias literarias se imaginan a sí mismas como monumentos imperecederos de las culturas que catalogan, pero son ante todo monumentos escritos, archivos que buscan conservar y capturar un corpus de obras y autores nómades, orales, en peligro de extinción o de olvido. También pueden ser leídas como órdenes acumulativos, que funcionan bajo el mandato de agregar y conquistar territorios externos. Frente a esta hegemonía de la escritura, Borges plantea su débil entusiasmo por la palabra impresa (Borges, 1996: 53 y 64) y manifiesta su preferencia por el régimen de la oralidad, reivindicado también por Macedonio Fernández.

El libro impreso funciona así como un bien patrimonial (Chartier, 1995), concebido y utilizado para apropiar y almacenar textos y presentado como algo inamovible, una imagen terminante a la que las prácticas dinámicas de la importación de autores extranjeros, de difusión de textos desconocidos o la corrección permanente de la propia obra con las que Borges ejerció su activismo cultural son, evidentemente, ajenas. Por el contrario, los límites blandos, permeables y porosos que definen a las antologías pueden ser leídos en la propia antología personal que son sus *Obras completas*, siempre en proceso de reescritura y corrección, nunca detenidas, sino localizadas más bien en un continuo devenir en el que no hay superación, acumulación ni progreso.[18] Las antologías, por otra parte, tam-

---

18. La ausencia de progreso es interesante como forma de atacar el concepto de originalidad. No se trata de que la versión de un texto literario más nueva sea mejor o peor que la anterior, sino que es simplemente otra versión. Ambas conviven en una constelación de relaciones en la que unos libros refieren a otros o son reescritos simultáneamente. Refiriéndose a su traducción de *Hojas de hierba* de Whitman, dice: "[P]ese a la superstición comercial de que el traductor más reciente siempre ha dejado muy atrás a sus ineptos predecesores, no me atreveré a declarar que mi traducción aventaje a las otras" (Borges, 1996: 160).

poco cesan de modificarse y antes que funcionar como espacios de consagración permanente, como instrumentos de canonización, pueden ser leídas como una forma de la crítica literaria, disconforme con un saber fijo y más inclinadas a revisar y replantear las fronteras del canon.

Buenos Aires, septiembre de 1999

BIBLIOGRAFÍA

Fuentes primarias

Antologías

Borges, Jorge Luis (comp.) (1920): "Lírica inglesa actual"; "Novísima lírica francesa"; "Lírica austríaca de hoy"; "Lírica expresionista", *Grecia*, n°s 40, 41, 42 y 50 (Sevilla y Madrid).

—— (comp.) (1920): "Antología expresionista", *Cervantes*, Revista Hispano-Americana, Madrid. Reproducida en Borges 1997: 61-69.

—— (comp.) (1921): "La lírica argentina contemporánea" (selección y notas), en *Cosmópolis*, n° 36, Madrid. Reproducida en Borges 1997: 132-141.

—— Alberto Hidalgo y Vicente Huidobro (comps.) (1926b): *Índice de la nueva poesía americana*, Buenos Aires, Sociedad de Publicaciones El Inca.

—— (1927): "Palabras finales" a Idelfonso Pereda Valdés (ed.), *Antología de la moderna poesía uruguaya*, Buenos Aires, El Ateneo.

—— (1930): "Figari", prólogo a *Figari*, Buenos Aires, Alfa.

—— y Pedro Henríquez Ureña (comps.) (1937): *Antología clásica de la literatura argentina* (selección y prólogo), Buenos Aires, Kapelusz.

—— Adolfo Bioy Casares y Silviana Ocampo (comps.) (1940): *Antología de la literatura fantástica*, Buenos Aires, Sudamericana.

—— (comp.) (1941): *Antología de Guillermo Enrique Hudson* incluye "Nota sobre 'La tierra purpúrea'", Buenos Aires, Losada.

—— Adolfo Bioy Casares y Silvina Ocampo (comps.) (1941): *Antología poética argentina*, Buenos Aires, Sudamericana.

—— y Silvina Bullrich Palenque (comps.) (1945): *El compadrito, su destino, sus barrios, su música* (antología y contribución), Buenos Aires, Emecé.

—— (comp.) (1948): *Prosa y verso de Francisco de Quevedo* (selección y prólogo), Buenos Aires, Emecé.

—— y Adolfo Bioy Casares (comps.) (1952): *Los mejores cuentos policiales*, Buenos Aires, Emecé.

—— (comp.) (1955): *Cuentos breves y extraordinarios* (selección y prólogo), Buenos Aires, Raigal.

—— y Adolfo Bioy Casares (comps.) (1955): *Antología de la poesía gauchesca* (selección, prólogo, notas y glosario) México, Fondo de Cultura Económica.

—— y Adolfo Bioy Casares, (comps.) (1960): *Libro del cielo y el infierno* (selección y contribución), Buenos Aires, Sur.

—— (comp.) (1960): Hilario Ascasubi, *Paulino Lucero*; Aniceto el Gallo, *Santos Vega* (selección y prólogo), Buenos Aires, Eudeba.

—— (comp.) (1960): *Antología personal*, Buenos Aires, Sur.

—— (comp.) (1961):·*Macedonio Fernández* (antología y prólogo), Buenos Aires, Ediciones Culturales Argentinas.

—— (comp.) (1961): Edward Gibbon, *Páginas de historia y autobiografía* (selección y prólogo), Buenos Aires, Facultad de Filosofía y Letras.

—— (comp.) (1962): Almafuerte, *Prosa y poesía*, Buenos Aires, Eudeba.

—— (comp.) (1963): Evaristo Carriego, *Versos de Carriego*, Buenos Aires, Eudeba.

—— (comp.) (1968): *Nueva antología personal*, Buenos Aires, Emecé.

—— (comp.) (1969): Walt Whitman, *Hojas de hierba* (selección, traducción y prólogo), Buenos Aires, Juárez.

—— (comp.) (1970): *El matrero* (selección y prólogo), Buenos Aires, Edicomb.

—— (comp.) (1976): *Libro de sueños*, Buenos Aires, Torres Agüero.

—— y María Kodama (comps.) (1978): *Breve antología anglosajona* (selección), Santiago de Chile, La Ciudad.

—— (comp.) (1978): León Bloy, *Cuentos descorteses* (selección y prólogo), Buenos Aires, Librería La Ciudad.

—— (comp.) (1978): Giovanni Papini, *El espejo que huye*, (prólogo), Buenos Aires, Librería La Ciudad.

—— (comp.) (1979): Franz Kafka, *El buitre* (selección y prólogo, traducción en colaboración con Miguel Ballesteros Acevedo), Buenos Aires, Librería La Ciudad.

—— (comp.) (1980*)*: *Libro delle visione* (selección y prólogo), Milán, Franco María Ricci.

—— (comp.) (1981): *Antología poética (1923-1977)*, Madrid, Alianza.

—— (comp.) (1982): Leopoldo Lugones, *Antología poética* (selección y prólogo), Madrid, Alianza.

Libros

Borges, Jorge Luis (1974): *Obras completas*, Buenos Aires, Emecé.

—— (1993) [1926a]: *El tamaño de mi esperanza*, Buenos Aires, Seix Barral.

—— (1996): *Obras completas*, vol. IV, Buenos Aires, Emecé.

—— (1997): *Textos recobrados*, Buenos Aires, Emecé.

Fuentes secundarias

Achúgar, Hugo (1997): "Parnasos fundacionales: letra, nación y estado en el siglo XIX", *Revista Iberoamericana*, vol. LXIII, n°s 178-179, enero-junio: 13-31.
Altieri, Charles (1983): "An Idea and Ideal of a Literary Canon", *Critical Inquiry*, 10, 37-60.
Bastos, María Luisa (1974): *Borges ante la crítica argentina: 1923-1960*, Buenos Aires, Hispamérica.
Bloom, Harold (1975): *Kabbalah and Criticism*, Nueva York, Seabury Press.
Bolaño, Roberto (1996): *La literatura nazi en América*, Barcelona, Seix Barral.
Campra, Rosalba (1987): "Las antologías hispanoamericanas del siglo XIX. Proyecto literario y proyecto político", *Casa de las Américas*, 162, mayo-junio: 37-46.
Clifford, James (1988): "On collecting art and culture", en *The Predicament of Culture: Twentieth-Century Ethnography, Literature, and Art*, Cambridge y Londres, Harvard University Press.
Chartier, Roger (1994): *The Order of Books*, Stanford, Stanford University Press.
—— (1995): *Sociedad y escritura en la edad moderna: la cultura como apropiación*, México, Instituto Mora.
De Certeau, Michel (1988): *The Practice of Everyday Life* (traducción de Steven Rendall), Berkeley, University of California Press.
Derrida, Jacques (1995): *Mal d'Archive: Une impression freudienne*, París, Galilée.
Foucault, Michel (1966): *Les mots et les choses*, París, Gallimard.
Golding, Alan C. (1984): "A history of american poetry anthologies", en Hallberg (1984).
Greenblatt, Stephen (1997): "What is the history of literature", *Critical Inquiry*, 23 (primavera), 460-481.
Guillory, John (1993): *Cultural Capital: The Problem of Literary Canon Formation*, Chicago y Londres, The University of Chicago Press.
Hallberg, Robert von (ed.) (1984): *Canons*, Chicago y Londres, The University of Chicago Press.
Helft, Nicolás (1997): *Jorge Luis Borges: bibliografía completa*, Buenos Aires, Fondo de Cultura Económica.
Kamuf, Peggy (1997): *The Division of Literature or the University in Deconstruction*, Chicago, The University of Chicago Press.
Lentricchia, Frank (1989): "Foucault's Legacy –A New Historicism?", en Veeser, Harold (ed.), *The New Historicism*, Londres y Nueva York, Routledge: 231-242.
Louis, Annick (1997): *Jorge Luis Borges: œuvre et manœuvres*, París, L'Harmattan.
—— (comp.) (1999): *Enrique Pezzoni, lector de Borges*, Buenos Aires, Sudamericana.

Montaldo, Graciela (1989): "Borges: una vanguardia criolla", en *Historia social de la literatura argentina*, Buenos Aires, Contrapunto.

Panesi, Jorge (1995): "Borges nacionalista", en Kaminsky, Gregorio (comp.), *Borges y la filosofía*, Buenos Aires, Eudeba.

Patterson, Lee (1995): "Literary History", en Frank Lentricchia *et al.*, (comps.) *Critical Terms for Literary Study*, Chicago, The University of Chicago Press.

Piglia, Ricardo (1984): "Ideología y ficción en Borges", en Ana María Barrenechea *et al.*, *Borges y la crítica*, Buenos Aires, Centro Editor para América Latina: 87-95.

Rojas, Ricardo (1960[1917-1922]): *Historia de la literatura argentina*, 8 tomos, Buenos Aires, Kraft.

Rojo, Alberto (1999): "El jardín de los mundos que se ramifican: Borges y la mecánica cuántica", en Mario Bunge *et al.*, *Borges científico: cuatro estudios*, Buenos Aires, Página/12/Biblioteca Nacional.

Sarlo, Beatriz (1995): *Borges, un escritor en las orillas*, Buenos Aires, Ariel.

Spivak, Gayatri Chakravory (1993): *Outside in the Teaching Machine*, Nueva York y Londres, Routledge.

Stewart, Susan (1996): *On Longing: Narratives of the Miniature, the Gigantic, the Souvenir, the Collection*, Durham, NC Duke University Press.

Süssekind, Flora (1998): *A voz é a serie*, Río de Janeiro y Belo Horizonte, Sete Letras y Editorial de la Universidade Federal de Minas Gerais.

Taine, Hyppolite Adolphe (1967): "Introduction to the History of English Literature", traducido por Henri van Laun, en George Anderson *et al.* (comps.), *The World in Literature*, Glenviwe, Illinois, Scott, Foresman and Company.

12. Borges y las fábulas de lealtades de clase

Graciela Montaldo
Universidad Simón Bolívar

1. Representar

Quisiera partir de una hipótesis: en la historia cultural argentina, más que una forma de integración, la literatura ha sido experimentada como una manera de poner en escena la incomunicación, de establecer diferencias y marcar fronteras. Esteban Echeverría, que aborrecía a los indios salvajes, les dedica, sin embargo, el lugar de origen en su literatura fundacional; Sarmiento escribe un libro contra el sistema de caudillos en donde "los bárbaros" son los protagonistas absolutos y venerables. La atracción definitiva hacia la diferencia que no se quiere integrar ha sido constitutiva de las ficciones políticas del siglo XIX. Pero también del siglo XX, a juzgar por la cantidad de textos que van a reescribir aquellos materiales. Quisiera también recordar que esta hipótesis se sostiene en un rasgo temprano de las culturas del Río de la Plata: una particular disposición del campo cultural en el siglo XIX que se define por la confrontación entre los letrados europeístas y la alianza del caudillo populista con "los bárbaros". Ella genera la disputa entre los proyectos letrados y los crecientes públicos no ilustrados que, estigmatizados como las "clases peligrosas", son la gran escena donde se juega la ficción nacional. Rosas (como lo hará Perón un siglo después) impide que logre consumarse, de manera natural, una de las principales funciones del intelectual: la representación, porque la alianza con los que "no pueden representarse a sí mismos" ha sido interceptada por el caudillo, con quien la relación se asienta –simbólicamente– no en la representación sino en la mutua identificación.[1]

---

1. Creando una cultura que se mueve con notables diferencias, por cierto, respecto de las relaciones entre intelectuales y política que analizan David Lloyd y Paul Thomas en *Culture and the State* (Nueva York y Londres, Routledge, 1998) para la cultura europea.

Lo concreto es que "los peligrosos" aparecen muy tempranamente como problema de los letrados; casi diría como control y estímulo, como lo ineludible y despreciable a la vez. Como control, su presencia implica que en el horizonte de los letrados europeístas existe el límite de la diferencia con la masa no letrada. Si podemos afirmar que la categoría de cultura popular en la modernidad no es sino una forma para pensar disputas por los bienes simbólicos entre intelectuales, pronto veremos que, como categoría teórica, se sustenta fundamentalmente en las operaciones de la institución letrada cuyos miembros tratan de renegociar su lugar, en una esfera pública ampliada, interpelando a esos otros sujetos e instituciones, pero tratando de conservar su hegemonía. A su vez, en tanto producción cultural, lo popular se sustentará en el mercado, que encuentra en la difusión de algunos de sus productos un público extenso que comenzará a consumir aquello que se le adjudica y que parece pertenecerle.[2] Disputa por el espacio público y mercado marcan –creo– la categoría de lo popular bajo la modernización.

Casi un siglo después de los textos de la generación del '37, Jorge Luis Borges también buscará refundar la literatura argentina y para ello incorpora a las clases peligrosas en su tarea. Lo hace, creo, a través de dos estrategias que son en verdad solo una: nacionalizar y "democratizar" la letra. Cuando hablo de las estrategias de nacionalización de Borges, me refiero a la definición que Antonio Candido ha dado –con un lenguaje característico de los sesenta–: "Una etapa fundamental en la superación de la dependencia es la capacidad de producir obras de primer rango, influidas, no por modelos extranjeros, sino por ejemplos nacionales anteriores".[3] Dejo de lado la cuestión de "superar la dependencia"; pienso, más bien, en la capacidad de trabajar sobre la propia historia cultural como espacio de negociación de una identidad que se piensa como nacional pero nunca se la quiere vincular al Estado sino a los sujetos peligrosos que suelen desafiarlo. Borges hará de este presupuesto la base de la producción de sus primeros textos, al menos hasta los años cuarenta, cuando comienza a escribir sus "clásicos"; en su escritura no encontraremos esta operación como un simple "cambiar" extranjero por nacional sino como un arrasamiento de los presupuestos según los cuales se jerarquizaba, "naturalmente", lo nacional y lo extranjero; encontraremos, por el contrario, un impulso notablemente destructivo hacia las tradiciones según las ordenó el archivo moderno.

Lo particular de su posición, sin embargo, hay que buscarlo también en las firmes relaciones que Borges establece con la industria cultural del Buenos Aires

---

2. Ya Walter Benjamin en "La obra de arte en la época de su reproductibilidad técnica" (*Discursos interrumpidos*, Madrid, Taurus, 1989) había marcado estas diferencias. Ya Josefina Ludmer (*El género gauchesco. Un tratado sobre la patria*, Buenos Aires, Sudamericana, 1988) pensó este problema en la tradición gauchesca.

3. Antonio Candido: "Literatura y subdesarrollo", en Saúl Sosnowski (comp.), *Lectura crítica de la literatura americana*, vol. I, Caracas, Biblioteca Ayacucho, 1997, p. 51.

de los años veinte y treinta porque ellas son el espacio donde se cocinan, de manera cada vez más decidida, formas para interpelar a los otros de la cultura de elites, que hace poco han ingresado a la cultura de la letra. Es en parte gracias a los trabajos recientes de Annick Louis,[4] que dan cuenta minuciosamente de las relaciones de Borges con la industria cultural, que pude visualizar algunos de estos problemas, al pensar en la forma en que Borges se relacionó con aquello otro de la cultura de la letra, sus lectores y lectoras cautivos, para los que escribió los textos que no circularon bajo la autoridad de su nombre.[5]

Respecto de la palabra "populismo", quisiera aclarar que la uso más bien como metáfora del extremo al que esa política enfrenta a los intelectuales. No hablaré, por tanto, de Yrigoyen y Perón en los textos y la vida de Borges, sino de los contextos populistas en que se encararon alianzas, desde el Estado, con las clases peligrosas, de su vocación antiintelectual y el espacio que abrieron para una interlocución ampliada, imaginariamente sin mediaciones, transparente y posible. Rosas, Yrigoyen y Perón harán visibles los otros que convocan a su nuevo pacto cultural.

Quisiera leer algunos problemas de Borges como autor argentino precisamente dentro de este marco. La categoría de populismo la tomo, entonces, *à la diable*, para pensar la invención de una estética en momentos en que la estética está cuestionada. Recurriré, por ello, a una cita novelesca de César Aira, no para comprobar una relación referencial sino para ver una forma de replantear el problema de, en este caso, el peronismo:

> Con todos pasaba igual, todos querían salvarse en una estética egoísta. Hay momentos históricos que son así: durante su vigencia la obra se confunde con el arte, y como nadie puede confiar en que una obra ajena lo exprese, cada uno se ve llevado a inventar un arte propio para mantener en pie su historia dentro de un medio hostil. Ésa era la contracara de la Resistencia.[6]

En la cita de Aira, lo que él llama "el peronismo", uno de esos momentos históricos en los cuales "durante su vigencia la obra se confunde con el arte", supone un momento –y un contexto de escritura– en que la categoría de arte está cuestionada; menos por mala voluntad de un sistema político que por el entramado de nuevas relaciones entre la cultura y el poder. Si la obra se confunde con el arte, es que no hay un sistema de legitimación social para el arte. En la Argentina, en donde Borges vivió por lo menos dos de estos períodos (el yrigoyenismo

---

4. Louis, Annick: *Jorge Luis Borges: œuvre et manœuvres*, París, L'Harmattan, 1997.

5. Trabajé el problema de Borges como "marca" y como escritor anónimo de sus textos cautivos, los que publicó en medios de circulación muy extendida durante los años treinta y cuarenta, en "Borges, Aira y la literatura para multitudes", *Boletín*, Rosario, nº 6, octubre de 1998.

6. Aira, César: *La mendiga*, Buenos Aires, Mondadori, 1998, p. 58.

y el peronismo), podríamos decir que escribió varias formas de sus textos clásicos, cuando inventó articulaciones estéticas que cambiaron, hacia atrás y hacia adelante, el estado de la ficción en la Argentina. Y quizás, como en la cita de Aira, la invención de una estética es menos un ejercicio de resistencia que de supervivencia de un sistema de ficcionalizar.

Si es así, "y como nadie puede confiar en que una obra ajena lo exprese [por lo que], cada uno se ve llevado a inventar un arte propio para mantener en pie su historia dentro de un medio hostil", las escrituras de Borges en esos momentos plantean formas de resolver problemas culturales (de la cultura en su relación con el Estado) que afectaron la ficción y las ideas de otros escritores centrales de la historia literaria argentina; me refierö a algunos: Leopoldo Marechal, Ezequiel Martínez Estrada, Victoria Ocampo, pero antes, también, a Roberto Arlt, Oliverio Girondo, Alfonsina Storni. Quizás Borges tenga esa característica particular que Aira le endilga al peronismo: "Rosa [es un] medular producto del peronismo, era un ser racional, pragmático, directo. Trasplantada tan de repente de su medio, había llevado consigo el más extravagante de los hábitos: la Razón Práctica" (p. 118). La razón práctica que permite, en la ficción de Aira, que los intelectuales "sobrevivan" durante el peronismo –el medio hostil, que los desprecia e inutiliza– será, en la escritura, un excedente cuestionado. Trataré de leer en esta dirección dos textos de Borges: *Evaristo Carriego* y "El Aleph".

2. EVARISTO CARRIEGO

El libro se publica en 1930, con un prólogo en el que Borges confiesa que ha querido razonar a Carriego en relación con su espacio: Palermo. Intenta así un ejercicio de análisis de un poeta que se apega a una territorialidad; fundamentalmente, a representarla. Ya se ha señalado que se trata de una biografía sin énfasis, casi una no-biografía; en general, se la ha tomado como un pretexto autobiográfico para el propio Borges (así lo plantean Molloy y Sarlo).[7] Me interesaría devolverle cierta literalidad y preguntar ¿qué escribe Borges sobre Carriego, ese poeta menor? La pregunta se dirige, obviamente, a buscar una respuesta sobre esos otros de la cultura letrada que Borges ya estaba frecuentando en sus textos periodísticos.

De los pocos datos de la biografía, algunos pueden resaltar no solo por su insistencia sino por su persistencia en textos posteriores: poeta y barrio están inexorablemente marcados por el origen italiano; pero es más, todo está teñido de *lo italiano* en vastas zonas de Buenos Aires (Borges lo nombra: el humo trabajador de las orillas, los barrios conversadores, los mercados, el tango). Casi como

---

7. Molloy, Sylvia: *Las letras de Borges y otros ensayos*, Rosario, Beatriz Viterbo, 1999; Sarlo, Beatriz: *Borges, un escritor en las orillas*, Buenos Aires, Ariel, 1995.

un *Umheimlich*: un elemento familiar y siniestro cuando se pretende reconstruir la tradición. Lo italiano no estará solo sino ligado a su trivialización, que nunca desciende a caricatura, a lo popular y los pobres (el pobrerío). Las citas negativas hacia los "gringos", en boca de Borges y Carriego, abundan (y al Carriego de Borges lo salva, en realidad, su criollismo "oriental" porque también tiene "alguna sangre italiana"). Lo italiano es la atenuación de la pobreza del barrio de Carriego, el elemento que introduce una tensión en esa representación uniforme de la despavorida decencia, la religión barrial, la "cosa decentita, infeliz, como cualquier comunidad gringo-criolla",[8] la patética sociabilidad de los velorios, la pobreza confiada en la lotería y el comité y en la quiniela de módica posibilidad. Es la cara complementaria de la pobreza nativa, su enemigo necesario, que le otorga a la pobreza criolla tanto realidad como cierta grandeza. Borges usa "lo italiano" para contrapuntear la medianía de la materia elegida por Carriego. Aquí reside una de las "insidias" (el término es de Molloy) de esta biografía: su alacraneo. Porque "lo italiano" es el pobrerío. Porque en 1930, en Buenos Aires, lo criollo es lo italiano.

Esa medianía entraña, en verdad, múltiples peligros. Uno no menor es que la relación entre Carriego, Palermo y el pobrerío conversador es tan fuerte, que Borges lee en ella un riesgo estético y político; ambos están implicados en la fábula de lealtades de clase que la relación del intelectual moderno genera en el campo cultural. El riesgo estético es la mimetización; el riesgo político, el populismo: "Carriego creía tener una obligación con su barrio pobre: obligación que el estilo bellaco de la fecha traducía en rencor, pero que él sentiría como una fuerza. Ser pobre implica una más inmediata posesión de la realidad, un atropellar el primer gusto áspero de las cosas: conocimiento que parece faltar a los ricos, como si todo les llegara filtrado" (p. 115). La mediación que los ricos necesitan es, entre otras cosas, la que proporciona la literatura. La escritura que trata de representar algo (una idea, una identidad, un espacio), pues, no vale para nadie: ni para los ricos, que están acostumbrados a las mediaciones y las prefieren sofisticadas; ni para los pobres, que –aspirando a la finura– querrán "realidades más nobles" y tendrán sus propios canales de circulación de la ficción: los versos de Carriego (solo algunos), los tangos, los periódicos sensacionalistas. De allí que sea necesaria menos una reflexión que una anécdota para poner en los extremos la mediación que toda escritura implica:

> Puedo intercalar una historia. Una mujer ensangrentada, italiana, que huía de los golpes de su marido, irrumpió una tarde en el patio de los Carriego. Éste salió indignado a la calle y dijo las cuatro duras palabras que había que decir. El marido (un cantinero vecino) las toleró sin contestación, pero guardó rencor. Carriego, sabiendo que

---

8. Borges, Jorge Luis: *Obras completas*, Buenos Aires, Emecé, 1974, p. 130. Todas las citas de Borges, excepto otra indicación, pertenecen a esta edición.

la fama es artículo de primera necesidad, aunque vergonzante, publicó un suelto de vistosa reprobación en *Última Hora* sobre la brutalidad de ese gringo. Su resultado fue inmediato: el hombre, vindicada públicamente su condición de bruto, depuso entre ajenas chacotas halagadoras el malhumor; la golpeada anduvo sonriente unos días [...] (p. 119).

La recriminación escrita pasa a ser el halago del reconocimiento; un reconocimiento que tiene canales de ida y vuelta y a Borges en el medio, intercambiando escrituras hacia arriba y hacia abajo. Podemos recordar otro texto archicitado, el "Epílogo" de sus *Obras completas*, donde, refiriéndose a su biografía de Carriego, declara: "Los saineteros ya habían armado un mundo que era esencialmente el de Borges, pero la gente culta no podía gozar de sus espectáculos con la conciencia tranquila. Es perdonable que aplaudieran a quien les autorizaba ese gusto" (p. 1144). De este lado, Carriego pone en escritura al pobrerío y sus innobles realidades; del otro, Borges autoriza la lectura de esa zona baja de la letra a los cultos ("los ricos" en *Evaristo Carriego*). En esta fábula de las lealtades de clase, lo que Borges relata finalmente es el conflicto de la letra en la historia cultural argentina, siempre sintiéndose presa, deudora y portavoz de una o varias incomunicaciones.[9]

De allí las conductas politizadas y apasionadas de los escritores argentinos. Hay en ello una moraleja: el escritor que se mimetiza con el destino de sus personajes se vuelve esclavo de su estética, y eso es lo que le pasa a Carriego en la versión de Borges: "Tan adeudado se creyó Evaristo Carriego a su ambiente, que en dos distintas ocasiones de su obra se disculpa de escribirle versos a una mujer, como si la consideración del pobrerío amargo de la vecindad fuera el único empleo lícito de su destino" (p. 115). Borges, en cambio, ensayará otras formas de interlocución con lo popular. Lejos de encontrar una verdad en Carriego o en su literatura, Borges lee los riesgos de una relación siempre peligrosa en la cultura moderna. El letrado ya no confrontado con el militar (las armas y las letras) sino –como ya le había pasado a Rubén Darío– con los gacetilleros, los folletinistas y los lectores de pizzerías. Girondo sienta al vanguardista en el tranvía, lugar público que, sin embargo, no lo une sino que lo separa de los lectores de la industria cultural; quizás esto no alcance a acercarlo a la diferencia pues, en realidad, el nuevo público leía en las pringosas pizzerías y a 32 centavos el folleto.[10] "Carriego se estableció en estos temas, pero su exigencia de conmover lo indujo a una lacrimosa estética socialista, cuya inconsciente reducción al absurdo efectua-

9. Y la biografía misma de Borges habla de ese indecible del barrio pobre; recuerda sobre el Palermo de su infancia: "era el sórdido arrabal norte de la ciudad, y mucha gente, para quien era una vergüenza reconocer que vivía allí, decía de modo ambiguo que vivía por el Norte". Borges, Jorge Luis: *Autobiografía*, Buenos Aires, El Ateneo, 1999, p. 14).

10. Véase Graciela Montaldo: "Integrar, homogeneizar: revistas de izquierda en Buenos Aires", en VV.AA.: *La cultura de un siglo: América Latina en sus revistas*, Buenos Aires, Alianza, 1999.

rían mucho después los de Boedo" (p. 142); Borges se pregunta, a comienzos de los años treinta, acerca de una escritura que, sin mimetizarse, pueda ser legible en las nuevas condiciones de las industrias culturales modernas.

3. EL ALEPH

El contrapunto italiano lo reencontraremos en 1949; no solo como contracara de lo nacional criollo (ya completamente desdibujado en los cuarenta, porque el antiguo referente criollo se empieza a volver siniestro durante el peronismo) sino, nuevamente, como contraparte de la pobreza y la medianía. Solo que ahora la medianía es la oficialidad cultural, la academia, los sectores (pseudo)cultos. Carlos Argentino Daneri, escritor que no puede desprenderse, a dos generaciones de distancia, de la herencia italiana, integrará el "triunvirato" de escritores argentinos premiados en 1942. Daneri es una caricatura de poeta, de intelectual, de argentino, de amante, de sabio e, incluso, de inquilino, pero también Daneri es el lugar de confluencia de los deseos y aspiraciones de "Borges" (de su amor por Beatriz, de sus expectativas literarias) y es también la confluencia de los públicos de la literatura nacional. Daneri crítico, en su estilo altisonante (italiano), habla así de su propia obra:

> –Estrofa a todas luces interesante –dictaminó–. El primer verso granjea el aplauso *del catedrático, del académico*, del helenista, cuando no de *los eruditos a la violeta, sector considerable de la opinión*; el segundo pasa de Homero a Hesíodo (todo un implícito *homenaje*, en el frontis del flamante edificio, *al padre de la poesía didáctica*), no sin remozar un procedimiento cuyo abolengo está en la Escritura, la enumeración, congerie o conglobación; el tercero –¿barroquismo, decadentismo, culto depurado y fanático de la forma?– consta de dos hemistiquios gemelos; el cuarto, francamente bilingüe, me asegura el apoyo incondicional de todo espíritu sensible a los desenfadados envites de la facecia (p. 619; las bastardillas son mías).

El escritor nacional escribe y explica para que su obra *se entienda*; escribe y hace legible para un público generalizado el texto "universal" que su patria premiará. Recordemos que "La Tierra" se proponía versificar toda la redondez del planeta. La paradoja de un hombre mediocre que posee el universo o su reverso –el universo que se entrega democrática o perversamente a un hombre mediocre– no es tal. No hay ningún mal en ello sino que el mal sigue siendo la aspiración a representar. Daneri recurrirá a los libros para componer su poema; "Borges", su contracara resentida y perdedora, recurrirá a las convenciones del sentimentalismo ingenuo ("soy yo, soy Borges" le dice, a solas, al retrato de Beatriz muerta, en la sala de la calle Garay) y también a las marcas del costumbrismo: el alfajor santafecino, la invitación a "tomar la leche", el coñac del país, el aviso de cigarrillos rubios en las carteleras de "fierro". El excedente que la literatura es ("Tan ineptas me parecieron esas ideas, tan pomposa y tan vasta su exposición, que las relacioné inmediatamente con la literatura"; p. 618) tendrá su límite en el Aleph, donde cesa toda representación.

La burocratización de la literatura erudita y la marginalización del costumbrismo ("Los naipes del tahúr" de "Borges" ni figuró en la premiación) son también los dos extremos en que se coloca Borges y su escritura sin esperanzas. Y sin esperanzas porque ya no hay criollos en la Argentina de los cuarenta. Los italianos (¡que no dejan nunca de serlo!) han entrado a la Academia (Daneri segundo premio nacional; el Dr. Bonfanti tercero) y dominan pasado y futuro de vastas zonas de Buenos Aires.[11] El progresismo de Zunino y Zungri ya no se detendrá ni frente a los fetiches criollos de los otros italianos (la casa de la calle Garay) ni frente a las demandas de otro italiano, el prestigioso Zunni. El país les pertenece. Hijos, tal vez, del pobrerío conversador del Norte, estos italianos se han apropiado del Sur y se expanden hacia el futuro. Contenidos en un texto que, desde los epígrafes y en la alegoría del Aleph, hace de la experiencia algo solamente puntual, irrepetible e irrepresentable, los italianos –que son ellos mismos representaciones de italianos, en la copiosa gesticulación y la persistencia de las eses sibilantes– son la Razón Práctica una vez más; la razón práctica del peronismo según Aira,[12] las clases peligrosas de la modernización que se asientan y apropian la tradición.[13]

El estudio de los medios donde Borges publica muchos de sus textos hasta los años cuarenta (desde las editoriales semipiratas y poco prestigiosas, como Tor, hasta el gran medio periodístico moderno de la cultura urbana, *Crítica*) describe espacios no de pares sino de un público extendido, con diversidad de formacio-

---

11. La "venganza" de "Borges" contra Daneri es la venganza de Borges contra la institución literaria también, que en 1941 le da el primer premio nacional de literatura a *Cancha larga* de Eduardo Acevedo Díaz, el segundo a *Un lancero de Facundo* de César Carrizo. "Recuérdese que estas obras de inspiración 'telúrica' halagaban el gusto de las tendencias más nacionalistas, cuando no pronazis, tan relevantes en la neutralidad argentina de principios de la Segunda Guerra Mundial" (Cozarinsky, Edgardo: "Un espacio para crear", en *La Nación On Line*, 18 de agosto de 1999). En 1942, la revista *Sur* le dedica a Borges un número de "desagravio" porque *El jardín de senderos que se bifurcan* no fue considerado para el premio.

12. Daniel Balderston (*¿Fuera de contexto? Referencialidad histórica y expresión de la realidad en Borges*, Rosario, Beatriz Viterbo, 1996) ha leído minuciosamente los vínculos de las ficciones borgianas con su contexto; Josefina Ludmer ha leído las ficcionalizaciones "en movilización" de ciertas experiencias argentinas. Señala: "En 'Emma Zunz' Borges pone en los años veinte los enigmas de los cuarenta en Argentina: el peronismo y el antisemitismo [...]. Lleva a los años veinte, sabiéndolo, el peronismo y el antisemitismo para *representarlos extrañamente* en 'cuento', en delito de la verdad, en otra 'realidad': en otro lugar, tiempo y con otros nombres" (*El cuerpo del delito*, Buenos Aires, Perfil, 1999, p. 412).

13. Como lo muestra la lengua "a la italiana" de los monstruos en el cuento que Borges escribió con Adolfo Bioy Casares, "La fiesta del monstruo" (debo la mención a Josefina Ludmer y Daniel Balderston).

nes culturales. Es sabido que en 1935 Borges ya era un escritor reconocido; en esos años su obra es el lugar de cruce de públicos diferentes, que no se encuentran en otras escrituras. La voluntad de "traducción" del Borges de esa época es muy fuerte y tiene que ver no tanto con los contenidos de las traducciones sino, por el contrario, con las formas de establecer las relaciones con las diferencias (de la cultura nacional con las culturas extranjeras, de la cultura letrada con la cultura extendida de los medios).[14]

Estas estrategias se desarrollan ampliamente en la industria cultural argentina de entonces (donde se está discutiendo la ley del libro, hay una amplia actividad de traducción, varias publicaciones están modernizando el periodismo y la publicación de revistas es una de las más altas del continente) y se visualizan especialmente en el particular fenómeno que representó *La Revista Multicolor de los Sábados*, dirigida por Borges y Ulises Petit de Murat. El trabajo de Borges en esa época tiene que ver con la producción de un nuevo tipo de ficción, completamente funcional al nuevo discurso de los medios y que se articulará posteriormente con sus relatos clásicos. Los cuentos, poemas y breves notas bibliográficas tienen, entre sí, el mismo valor: eran leídos en los mismos medios y por un público extendido y diverso.

Por ello creo que Borges, antes de los cincuenta, tuvo un papel central en la "nacionalización (y extensión) de la cultura". Los ejemplos que podemos citar (el uso del género policial, las relaciones con las vanguardias, los géneros masivos como "Peloponeso y Jazmín", la historieta de *Crítica*) cuestionan centralmente el problema de la traducción pero también el de las formas de la transculturación en el programa de nacionalización de la cultura argentina, articulando la propia cultura en las formas exteriores antes que al revés.

Correlativamente a la nacionalización, hay otra operación que Borges realiza: el establecimiento de sistemas de pasajes y diálogos entre la cultura letrada escrita y la cultura oral popular, problema que será uno de los ejes de toda la literatura argentina posterior. Louis revisa en su libro el "efecto Borges" en la cultura argentina, que necesita "comprendre à quel point son œuvre a modifié les habitudes de lecture, ainsi que de saisir combien il a imposé sa vision des écrivains argentins" (p. 411). Sin duda, Borges ha modificado radicalmente la cultura argentina; pero se podría decir que Borges radicaliza las operaciones que los intelectuales argentinos venían haciendo desde la década de 1820 y les da una dimensión ampliada, casi estableciéndolas como programa (un programa que quizás encontremos como cierre en la base de *Respiración artificial* de Ricardo Piglia en 1980).

---

14. Borges, además de colaborar en *Crítica* y *El Hogar* durante los años treinta, señala en su *Autobiografía* que "También escribí textos para noticieros y coordiné una revista pseudocientífica llamada "Urbe", órgano promocional de un sistema de subterráneos privado de Buenos Aires" (*Autobiografía*, ob. cit., p. 104).

Borges es el escritor que menos le temió a los desafíos (y amenazas) de destrucción del arte y que en la interlocución que tramó desde sus textos contribuyó a diseñar una cultura de clase media, una escritura para la industria cultural, donde varias diferencias pudieran convivir y no tuvieran a la homogeneización como única propuesta, homogeneización que es parte del programa estatal y que se cumple en *Don Segundo Sombra* (1926) de Ricardo Güiraldes. El "misterio" que para muchos representan los textos de Borges en *Crítica*, refiere precisamente esa excentricidad de la escritura borgiana de la época, una escritura que, en contra de los programas culturales –oficiales, de la elite y de los grupos de izquierda– de tendencia homogeneizadora (hacia arriba o hacia abajo), apuesta (de manera aparentemente exitosa) a una intervención intelectual que explicita las diferencias, que no trata de borrarlas. Las multitudes –nombre positivista del fenómeno perturbador de la democratización– que han leído a Borges sin saberlo (en los textos "cautivos" que aparecieron sin firma o con seudónimo en diversos medios), pactan en el anonimato una relación con la ficción y la escritura. Allí no importan los nombres, importan las relaciones en que se constituyen escritores, lectores, libros y en que se inventan historias.

4. FINAL

La relación de Borges con el medio cultural de los populismos es una respuesta que renueva una posición intelectual, recolocando todas las otras. Pero no es solo Borges. Los populismos puntean, en la Argentina, tipos particulares de intelectuales y posiciones culturales; en la afuncionalidad en que los populismos dejan a los intelectuales, sus textos establecen las diferencias.

Desde Sarmiento, que citaba a Shakespeare en francés y equivocaba la atribución de las citas, la desviación de las fuentes y la ilusión de saber han sido categorías atribuidas a los intelectuales argentinos. Las ideas de falsa erudición, de cultura a medias, de simulacro del saber, forma parte de sus versiones de la identidad nacional. Será una vez más Borges, el dueño de todas las citas, quien trabaja, precisamente, con la ilusión del saber, quien sea nuestro escritor internacional; aquel que hace de Pierre Menard una caricatura pero también un héroe o, mejor, la única posibilidad del saber original: el ridículo; aquel que declara no escribir nada sino reescribir los textos ajenos como programa literario. Y será el intelectual argentino que proporcionará motivos (de Michel Foucault a Umberto Eco) para otras escrituras. Una vez más, el modelo del escritor argentino se cumple en Borges que abandona la pretensión de saber por la completa desobediencia a él y crea una literatura francamente negociadora, entre la aristocracia y el populismo.

13. Borges, una poética de la memoria

JÚLIO PIMENTEL PINTO
UNIVERSIDAD DE SÃO PAULO

I.

Algunos comentadores han destacado, en las últimas dos décadas, la necesidad de buscar a un Borges interesado en la historia y en la realidad, y han notado que, a pesar de los importantes esfuerzos de contextualización histórica que se están realizando de su obra,[1] estos intentos por desocultar las *amarras concretas* de sus textos no pudieron, todavía, sustituir por completo la imagen del escritor que sobrevuela en el aire, que carece de conexiones sólidas con la vida y la historia. Estos intentos permiten, sin embargo, tratar con Borges en un universo de historiadores, asociar sus prácticas textuales o sus inquietudes intelectuales a las que se encuentran presentes en el escenario historiográfico. Aún más, permiten indagar si ese Borges históricamente situado –a través de los textos, por el movimiento de sectores de la historia intelectual, que establece entre el hacer historiográfico y la crítica literaria, y a través de referencias históricas localizables en la obra borgiana– no se remite, más que a la historia y a sus formas, a la memoria y a sus rituales intrínsecos. Un Borges más memorioso que historiador, pero que, para trabajar con la memoria, inevitablemente necesita circular por el mundo de la historia. Un Borges entrañado en constituir una memoria que sirva para contener los fantasmas de los cambios conocidos por la Argentina; un Borges que responde a la incertidumbre del tiempo presente apegándose a un pasado vuelto a visitar y recreado en su escritura, inventado por su universo metafórico.

---

1. Balderston, Daniel: *Out of Context. Historical Reference and the Representation of the Reality in Borges*, Nueva York, Duke University Press, 1993; Arrigucci Junior, Davi: "Da fama e da infâmia: Borges no contexto literário latino-americano", en *Enigma e comentário. Ensaios sobre literatura e experiência*, San Pablo, Companhia das Letras, 1987, y "Borges ou do conto filosófico", en Borges, Jorge Luis: *Ficções*, San Pablo, Globo, 1995; Sarlo, Beatriz: *Jorge Luis Borges. A writer on the edge*, Nueva York, Verso, 1993.

Así, a la realidad se le imponen ejercicios de exorcismo de un presente en gran parte indeseable; a la historia –como nos señala Balderston– se le sobreponen alusiones cifradas en una temporalidad pasada, que permiten distinguir ese pasado como un lugar de tradiciones y de fijación de referencias. De esta manera, la figura del memorioso incluye a Borges en el campo de las reflexiones de la historia, pero con una actuación casi siempre dirigida a su constitución como memoria. El texto borgiano evita los dilemas de la historia entendida como maleabilidad y cambio y afirma el valor central de la memoria, lugar de preservación de lo que aparentemente se pierde en el presente. Inscribe lugares en el pasado que reponen la noción de lo colectivo, ofreciendo la densidad de un enraizamiento, de una delimitación de fronteras y territorios, concretos o sutiles, imaginarios o explícitos.

En la definición de esos *lugares de inscripción* de los sentidos de lo colectivo –el argentino, el bonaerense, el pasado–, Borges constituye territorialidades, inventa tradiciones, construye memoria histórica, redetermina espacio y tiempo, permitiendo, por ejemplo, localizar al argentino en los alrededores de Buenos Aires, en un mundo de márgenes, de orillas, en un tiempo pasado que no necesariamente ha ocurrido. Mundo tejido tal vez imaginariamente, en que circunstancias y personajes son producidos o inventados recurriendo a una memoria que articula lo conocido en los textos leídos en la infancia con las historias oídas de cuchillos en los suburbios, de peleas, duelos, venganzas. La Argentina y el argentino históricamente aludidos se van determinando gradualmente en un juego de influencias sufridas por el lugar, por el presente y el pasado, por el autor de la memoria: por aquel que sabe, como recuerda Dominick La Capra, que, incluso en sus lapsos de recuerdo, informa sobre el pasado.[2]

Diversos conceptos y términos se aplicaron a esta producción incesante de referenciales pasados: se puede hablar genéricamente de construcción de identidades o, como prefiere Eric Hobsbawm, de *invención de tradiciones*,[3] para describir la creación de marcas que hipotéticamente surgidas del pasado justifiquen inserciones en la realidad presente, o de *comunidad imaginaria* –bonito término aportado por Benedict Anderson,[4] que trata sobre las imágenes colectivas que el presente ofrece al pasado atribuyendo sentidos a lo que no necesariamente lo tiene en el momento en que ocurre–. O tal vez dejarse guiar por Benjamin, quien habla de la acumulación de restos que las representaciones van imponiendo a la historia pasada y lo distante que se va quedando de la experiencia efectiva vivida a

---

2. La Capra, Dominick: *History and Memory after Auschwitz*, Nueva York, Cornell University Press, 1998, p. 19.

3. Hobsbawm, Eric y Ranger, Terence (orgs.). *A invenção de tradições*, Río de Janeiro, Paz e Terra, 1984.

4. Anderson, Benedict: *Nação e consciência nacional*, San Pablo, Ática, 1982.

medida que los vencedores de todas las épocas *siguen en su cortejo triunfal*. Y por ese mismo camino se puede llegar a la noción de *memoria histórica*, preocupada por rescatar hablas sepultadas de proyectos condenados a la dimensión del silencio por la *trama del hecho*[5] que construyó el éxito político de sus adversarios. Cabe, igualmente, rechazar esa combinación, definir con precisión lo que se entiende por historia y lo que se concibe como memoria, e identificar cuidadosamente ese movimiento de constitución de referenciales pasados que justifican el presente por medio de la localización –física o imaginaria– de *lugares de memoria*.[6] Inclusive se puede reconocer la relación de interacción entre historia y memoria, privilegiando la capacidad de que una y otra se alimentan mutuamente: ya cuando la historia se forma como arte de la memoria,[7] ya cuando la memoria se impone, por el ardor del placer o del sufrimiento de una experiencia de vida, al ejercicio crítico de la historia.[8] Independientemente de la opción que se haga para comprender la relación historia-memoria, se lucha inevitablemente –con estrategias ciertamente distintas, pero sin excepciones– con un problema central: el peso del pasado en las representaciones hechas alrededor de él, sus usos, sus conexiones con el contexto –incluso si no se reconocen diferenciaciones entre texto y contexto–, sus proyecciones políticas, sociales, intelectuales.

Al hablar del pasado, Borges abre un campo de diálogo entre historia y memoria y configura la trayectoria de una poética que insiste en el abordaje de los tiempos idos, constituidos individualmente, pero revelados con la textura de lo colectivo. Pasa del historiador al memorioso, pero no solamente al memorioso expresado en sus ojos perdidos en el horizonte no visto, no solamente al memorioso que repone mediante imágenes al aedo ancestral, que penetra en el Hades al costo de su visión terrena. Un Borges memorioso que, por medio de una crítica histórica alusiva, redefine límites entre historia y ficción y cifra, en esa frontera porosa, el lugar posible de la memoria. Memoria por los textos, por la constitución poética. Una poética, en fin, de la memoria, que, al mismo tiempo –y no contradictoriamente–, incluye Borges en el terreno de la historia y lo distancia de ella, por su voluntad, más interesado en los ritos de conformación del pasado que en su percepción en el momento en que destella.

5. Vesentini, Carlos Alberto: *A teia do fato (uma proposta de estudo sobre a memória histórica)*, San Pablo, Hucitec/História Social-USP, 1998.

6. Nora, Pierre: "Entre mémoire et histoire. La problématique des lieux", en *Les lieux de mémoire I. La Republique*, París, Gallimard, 1991.

7. Véase, por ejemplo, Hutton, Patrick: *History as an Art of Memory*, Hannover, University Press of New England, 1993.

8. Véase, por ejemplo, Langer, Lawrence: *Holocaust Testimonies. The Ruins of Memory*, New Haven, Yale University Press, 1991.

II

El tema de la memoria surge en Borges de varias maneras: en la búsqueda oblicua de una patria que se afirma menos por los colores nacionales que por su dispersión en un patrimonio occidental de lastre; en el rescate de un Buenos Aires perdido en el brote modernizador de comienzos del siglo XX; en la metáfora del recorrido indescriptible que hace que al apartarnos de nuestro origen nos volvamos a aproximar a él; en la identificación de un patrimonio literario, repertorio que sustenta la producción textual y funciona como una especie de memoria del mundo, revelada en citas y provocadora de la fusión, en los textos borgianos, de repertorio y memoria. La memoria se presenta como razón de ser y objetivo de lo que se escribe, de todo discurso, sea derivado del hacer puramente literario o vinculado a prácticas concretas, vividas, marcadas por la experiencia humana. La memoria es lugar de refugio, medio historia, medio ficción, universo marginal que permite la manifestación continuamente actualizada del pasado. Más que adoptar la memoria como tema, la obra de Borges es, como un todo, un ejercicio de la memoria, de la voluntad de recordar, del orden irrefutable de retomar referencias pasadas.

Coleccionar indicios de esa presencia fundadora de la memoria en Borges requiere –a la manera de Pierre Menard– casi su reproducción, palabra por palabra, línea por línea: es reescribir a Borges, cuando, por ejemplo, recorre la memoria para presentar la Argentina, verdadera o mítica, del pasado. O cuando aborda mecanismos de reescritura de los textos: del artificio de las autorías que lapidan infinitamente una única escritura, al mundo de signos ya vueltos a situar, redefinidos a través de la reescritura, ubicados en el presente, en un juego de ida y vuelta con la tradición. Un juego cuyo límite manifiesta no solo al Borges de los tiempos y espacios imaginarios, sino también al Borges que alude a la realidad, alude a la historia –sin que, sin embargo, se comprometa especialmente con una de ellas, sin adherir a los rituales de conexión con lo verosímil, de historicismo del tiempo vivido y críticamente leído–. Además de sus preocupaciones políticas –por otro lado existentes, y que no se restringen solamente al contexto vanguardista de los años 1920–, Borges enuncia una inquietud frente al pasado continuamente sepulto y lo renueva por medio de la potencia emocional que alimenta el racionalismo de sus construcciones literarias o filosóficas. Descubre, de esta manera, un lugar para situar la centralidad de la memoria: su actualización en el momento del texto, reubicado, recontextualizado. En el momento de enlace entre memoria borgiana y memoria histórica, Borges rechaza la historia no porque descarte sus implicaciones críticas ni porque esté concentrado en el oficio de la imaginación, sino por el riesgo que esa historia representa, a causa del historicismo de los artificios de la memoria, de disolver el espacio posible del recuerdo.

Asimismo, en la poesía o en los relatos, Borges celebra la necesidad de recordar su carácter subjetivo, su fuerza y sus riesgos. Marca el sendero que reúne la percepción individual y la colectiva, el diálogo que transforma una experiencia colectiva en foco individualizado del pasado. "Guayaquil"[9] tal vez sea una de las más visibles marcas de su representación de la historia como memoria. Al abordar el célebre encuentro de José de San Martín y Simón Bolívar, ocurrido en 1822, se definen enfrentamientos entre dobles: por detrás de los dos jefes militares, en un primer plano, se establecen disputas entre dos historiadores interesados en publicar una carta inédita de Bolívar, pretendidamente esclarecedora del episodio. Representantes de universidades diferentes, los historiadores reflejan los choques internos de la Argentina: Buenos Aires y Córdoba se disputan la primacía de la publicación. Nacidos en continentes diferentes, demuestran también el contrapunto posible entre América y Europa. Sin embargo, el principal duelo representado en Guayaquil es el que reúne la historia y la ficción, situadas ambas en un mundo de palabras y sujetas, por lo tanto, a la imprecisión provocada por el uso del lenguaje en el trabajo de representación, y a las múltiples lecturas que un texto permite. La cuestión es anunciada por el propio historiador bonaerense, narrador en el cuento, celoso de los límites impuestos al oficio historiográfico, como a cualquier trabajo fundado en la escritura. Sin embargo, la verificación del valor historiográfico de la carta es lo que más mueve la curiosidad borgiana. El diálogo entre los historiadores es claro en la duda inevitable que acompaña el hacer de la historia y que determina la constitución de una memoria en torno a un episodio dado. El acceso a la verdad es restringido, aunque su verificación sea necesaria y ocurra más allá de los límites establecidos por el lenguaje. En "Guayaquil", además de los comentarios sobre el encuentro entre los militares o de las motivaciones ocultas que llevaron a San Martín a abandonar la lucha, se da un sentido posible de escritura histórica, vecina de la ficción, muchas veces como ella, distinta de la verdad, pero compuesta por registros de memoria notables en la base de verosimilitud que revelan. Menos importante que saber lo que verdaderamente ocurrió durante la conversación de 1822 es revelar la constitución del discurso histórico como forma de la memoria. Es la construcción del hecho y de la intriga que lo circunda, atribuyendo sentidos, definiendo perfiles, transformando el vago episodio en un centro de atenciones y escenario de justificaciones.

Si "Guayaquil" define la preocupación por los límites entre historia y ficción, en otros dos registros, un poema y un relato –aquí presentes como solo dos, aunque bellos y bastante importantes, de entre tantos otros ejemplos posibles–, Borges trabaja el sentido y los rostros de la memoria, realiza su culto por las memorias y consuma su apego al arte y a los obstáculos de la memoria: "Everness" y "Funes el memorioso".

9. Borges, Jorge Luis: "Guayaquil", en *El informe de Brodie* (1970), en *Obras completas*, vol. 1, Buenos Aires, Emecé, 1974, pp. 1062-1067.

El conocido relato "Funes el memorioso"[10] metaforiza la memoria infinita: el *cronométrico Funes* sabe la hora sin necesidad de consultar relojes o el cielo, la informa con la monstruosa precisión de quien reconoce lo absoluto del tiempo. Paralítico después de que lo derribó un azulejo, Funes ve en el accidente que lo inmovilizó un ritual de pasaje: la luminosa perspectiva de dedicarse al oficio de recordar, la posibilidad de acceder a un mundo superior en el que la memoria es sobrehumana y carece de restricciones. El narrador asume el contrapunto de la prodigiosa memoria de Funes y, al alertar sobre la fragilidad y la imprecisión del recuerdo humano, hace más evidente la memoria infinita de Funes.

La memoria plena, íntegramente racional de Funes, le permite aprender fácilmente diversas lenguas, estudiar solo variados libros, crear un sistema original de numeración, *un catálogo mental de todas las imágenes del recuerdo*. Proyectos grandiosos, inútiles y vertiginosos en el decir del humano narrador. Capaces, sin embargo, de permitir que se entienda el mundo que Funes teje para sí: ajeno a las generalizaciones, mundo de detalles, de datos acumulados, incapaz de síntesis. La pura y continua percepción de la que se compone la fuerte memoria de Funes se vuelve útil para las clasificaciones y para la formación de sistemas, pero es ciertamente fútil, infértil para cualquier uso ajeno al simple hacer enumerativo al que Funes se dedica. En el tiempo eterno al que se refiere, Funes se vuelve prisionero de su *implacable memoria*, transformándola en un *vaciadero de basuras*. Incapaz de elegir, y sobre todo de olvidar, vive condenado a la repetición invariable, a la imposibilidad de ser libre en la elección y en el rechazo. Limitado por una memoria ilimitada, Funes es, según Beatriz Sarlo, un modelo exagerado de la representación con pretensión realista, una parábola de los límites del realismo en el oficio de representar: es el contrapunto de la lectura borgiana de la memoria.[11]

De la misma manera que Borges no cree en una identidad intrínseca al texto –lo que le permite, por ejemplo, constatar el valor de la obra de Pierre Menard– tampoco defiende la idea de que lo real sea plenamente accesible o directamente representable, nociones centrales para que Funes elabore su proyecto. A la ilusión realista del personaje, Borges le opone la necesidad de percibir la realidad como construcción. Le resta a Ireneo Funes la inevitable reproducción, supuestamente real, supuestamente basada en un tiempo continuo y eterno, tiempo divino. Para Borges, el tiempo de la representación es ciertamente otro: limitado y humano, fragmentado; ese tiempo de la experiencia constituye la memoria no como reproducción exacta del pasado, sino sobre todo como (re)constitución –invariablemente imaginativa– de los tiempos idos, con sus persistencias y olvidos. En estos términos, la memoria no puede prescindir de su lado oscuro más fértil:

10. Borges, Jorge Luis: "Funes el memorioso", en *Artificios. Ficciones* (1944), en *Obras completas*, vol. 1, Buenos Aires, Emecé, 1974, pp. 485-490.

11. Sarlo, Beatriz: *Jorge Luis Borges. A writer on the edge*, Nueva York, Verso, 1993, p. 31.

el olvido. Funes, sin embargo, lo desconoce. Borges proyecta, en la negación de Funes su propio entendimiento de la memoria, nunca plena, pero *memoria real*, construida como discurso que responde a las circunstancias del tiempo, como literatura o memoria. Se trata de construir modelos del pasado, representar sabiendo anticipadamente que en todo viaje hacia el pasado median preocupaciones ajenas a la experiencia humana allí presente, realizar lenguajes como laberintos: aquí se define el papel del memorioso Borges.

Retomando varias de las reflexiones y constataciones presentes en "Funes el memorioso", "Everness" presenta nuevamente la memoria como definidora de las diversas temporalidades, articulación posible entre lo colectivo y el individuo, lugar de reunión entre el recuerdo y el olvido. Una vez más destaca su carácter fundamental en el trabajo escritural:

> Sólo una cosa no hay. Es el olvido.
> Dios, que salva el metal, salva la escoria
> y cifra en Su profética memoria
> las lunas que serán y las que han sido.
> Ya todo está. Los miles de reflejos
> que entre los dos crepúsculos del día
> tu rostro fue dejando en los espejos
> y los que irá dejando todavía.
> Y todo es una parte del diverso
> cristal de esa memoria, el universo;
> no tienen fin sus arduos corredores
> y las puertas se cierran a tu paso;
> sólo del otro lado del ocaso
> verás los Arquetipos y los Esplendores.[12]

Catorce versos rimados en pares como en un soneto. Las palabras *todo* y *memoria* aparecen dos veces. El poema se construye a partir de este par: la *memoria* como tema central y fundamento de la discusión desarrollada en él; *todo* como su sinónimo o contrapunto.

La memoria es espejo y laberinto, dos de los símbolos más constantes en Borges. Se agregan aún otras representaciones en el poema: la *luna*, el *cristal*. En los juegos de metaforización, la memoria revela una duplicidad interna. Como laberinto, lugar de *arduos corredores* y de *puertas* que *se cierran a tu paso*, indica el continuo peregrinar y la infinitud en sus expediciones. Como espejo –además de la referencia al reflejo enfrentado a la realidad–, contiene el pasado y el futuro, imágenes ya

---

12. Borges, Jorge Luis: "Everness", en *El otro, el mismo* (1964), *Obras completas*, vol. 1, Buenos Aires, Emecé, 1974, p. 927.

producidas, imágenes por reflejar. Como luna, sinónimo de espejo, es una y perceptible en muchas apariciones y formas. Como cristal, es siempre igual y sólida, pero diversamente vista, variable, conforme la luz que en él se refracta. Como laberinto, espejo, luna y cristal es la representación de un todo de difícil acceso.

Un tema fundamental se lanza desde el comienzo: el olvido. La enfática negación del primer verso indica ciertamente el descreimiento borgiano de que haya algo que escape al patrimonio que significa la memoria, algo que le sea externo. El olvido –si se lo entiende como contrario y ajeno con la memoria– no existe de hecho; la conciencia de la realidad puede, entonces, ser completa. Pero tal rechazo no significa desconsiderar completamente la posibilidad del olvido; antes bien, marca la refutación de exterioridad en relación con la memoria. Afirmar la inexistencia del olvido como alternativa de la memoria no impide que haya en su interior pérdidas provisorias; hace que se considere el olvidar como la otra cara de la moneda del recordar, ambos componentes de la memoria. Negado fuera de la memoria, el olvido renace en su interior: la referencia a las *lunas han sido* –en oposición a las *que serán* –sugiere pérdida; *los miles de reflejos* dejados, en seguida, por el *rostro en los espejos* –mencionados en contraste a los que *todavía irá dejando*– refuerzan la manifestación de otro tipo de olvido, distinto del negado en el primer verso. Es el olvido como porción de la memoria, su lado oscuro, cara más fértil, lugar posible, aunque incierto, de peregrinación y de búsqueda.

También en el juego realidad-representación se manifiesta la duplicidad de la memoria. El fuerte símbolo de la luna consuma la confusa relación que se enuncia en él. Además de ser única en principio, la luna significa la capacidad de marcar un tiempo cíclico, referido a la eternidad, asociado a un todo genérico y original. Pero, incluso siendo una y derivada de un uno –el tiempo–, la luna está sujeta a múltiples percepciones, notable de varias formas, presente en diversas imágenes. Indica, así el cambio de temporalidad, la variación que cuestiona la hipotética unicidad e invariabilidad del tiempo. Hay, en el poema, varias lunas, aparentes en distintas dimensiones del tiempo: *las lunas que serán y que han sido* sugieren movilidad que se contrapone a la idea primordial de la luna como indivisible e igual. El poema asume, al mencionar tal incertidumbre, doble mano. En el pasaje de la luna inalterable a las muchas lunas, se muestra un posible abismo entre realidad y representación. En la transición inversa –de las muchas lunas al recuerdo de que ellas son, en verdad, una única luna– se manifiesta la perspectiva de exorcizar el cambio y, por la conciencia –a través del recuerdo– del pasado, preservar la referencia al todo, sin que eso signifique el no reconocimiento de las partes que lo componen, de las imágenes exhaladas por él.

Hay todavía un tercer doble en el poema: el enlace colectivo-individuo en el trato de la memoria. Composición fundamental, permite comprender la centralidad de tal tema en el contexto borgiano y sintetiza la relación parte-todo propuesta por los dos aparentes enfrentamientos antes mencionados: olvido-recuerdo, representación-realidad. De la misma manera que el olvido es la parte contrahecha de la memoria y que la representación es el rastro a veces indivisible de la realidad, el rescate individualizado de una memoria colectiva es la manifestación y muerte de un patrimonio universalizado: la *memoria* activada por el individuo, tema básico del poema, refuta la posibilidad de acceso al *todo*.

En el quinto verso –*Ya todo está*–, la seca constatación realza ahora afirmativamente, la idea de absoluta completud anunciada en el primer verso. Bajo el manto de la memoria, se reúnen distintas caras del tiempo; se funda la noción de *todo*. La percepción de un tiempo lineal o cíclico –garantía contra la fragmentación que puede amenazar lo absoluto– está asegurada en los fragmentos que rodean a ese verso: la ya mencionada referencia a las *lunas que serán y las que han sido* autentifica la circularidad de la naturaleza y mantiene la plena continuación de una misma eternidad; los también citados *miles de reflejos* ya dejados y que serán dejados por el rostro en el espejo componen la regularidad de lo lineal, pasado precediendo al futuro, vaticinándolo y, finalmente, confundiéndose con él. Tantas marcas de la eternidad, sin embargo, sólo definen la memoria como patrimonio colectivo dejando al individuo –fugaz, provisorio, histórico– la tarea de dividir el tiempo. Y, de esta manera, por la relación entre el sentido colectivo –componedor del todo– y la apropiación individualizada de la memoria se restablece el lugar del tiempo humano, pasajero, finito. Cuando el individuo rescata parte de la trama del recuerdo, no se trata más de memoria profética y divina. La personalización de la memoria implica la fragmentación del tiempo, el *todo* se vuelve *una parte* de lo diverso, el rostro gana precisión de contorno: *tu* rostro. La presencia del individuo recuerda la temporalidad determinada por la vida: los *dos crepúsculos* entre los cuales se vive, amanecer igualado al origen, anochecer asociado a la muerte; del alba al ocaso se marca el límite del ser, el alcance de su memoria. No se está más ante el *todo* sino ante la parte, radicalmente humana, radicalmente provisoria. En los cuatro últimos versos se retoma aún la dimensión del *todo*, pero ahora después de haber constatado la percepción individualizada de la memoria colectiva, encarado como inaccesible: los *arduos corredores no tienen fin*, *las puertas se cierran*. El tiempo de la vida impide el conocimiento de lo absoluto, solo posible después del último crepúsculo. La memoria sustituye a la revelación.

En "Everness" –cuyo título anuncia de entrada la reflexión sobre el tiempo y la memoria–, la memoria se registra en su incertidumbre: el *todo* –dístico de lo colectivo– y sus lecturas individualizadas; la eternidad por el filtro de la temporalidad humana; la identidad común a todos, pero diversamente rescatada; el *espejo* que refleja con la misma potencia los diferentes rostros que le son mostrados en momentos distintos; *el cristal* de la *memoria* en giro, el todo, lo colectivo, refractando a cada instante lo particular, el detalle, siendo en cada momento, paradójicamente, *diverso y universo*.

Es en la búsqueda del cristal de la memoria y de su significado incierto, de sus dudosas refracciones, que en Borges se define la centralidad de la memoria: tema, simbología, reflexión, duda. Se funda, de la poética de la lectura, una poética de la memoria que rechaza el olvido y compone un diálogo capaz de reconocer que historia y memoria andan recíprocamente por las márgenes, en el curso del río de los tiempos.

14. Borges: destinos sudamericanos y destinos de la traducción

JORGE PANESI
UNIVERSIDAD DE BUENOS AIRES

América es un tema borgiano, un tópico, y probablemente el faro de una ética. La América hispánica, en cambio, una deliberada borrosidad, una borradura, una inexistencia o, cuanto más, la admisión de que hay en otros cándidos espíritus literarios un fervor abstracto que lima las peculiaridades diferenciales para proponernos una suerte de entelequia indemostrable: América latina como poseedora de una historia y de un destino comunes o, en el plano literario, la general nomenclatura que clasifica las historias diversas en una común "historia de la literatura hispanoamericana". Para Borges, hay o puede haber literaturas nacionales (lo que supone una instancia universal, la "literatura" que demarca y a la vez borra fronteras y disparidades); la probable existencia de las regiones literarias constituye para él una cuestión piadosa, un acto de fe compartida, o una plegaria donde la invocación termina por amasar el cuerpo de lo invocado. No solo *Fervor de Buenos Aires* (1923) es un acto religioso, una religión literaria que se empeña en dar consistencia estética a los arrabales de su ciudad, esa zona de intimidad fantasmal –entre lo que ya desaparece al contemplarse y la novedad precaria de lo no aparecido–, sino que esta fe del sentimiento quiere redoblarse, cimentarse, en la racional teología del comentario, en el barrunto teórico de los artículos críticos. Así, *Inquisiciones*, *El tamaño de mi esperanza*, *El idioma de los argentinos*, como una *Summa Teológica*, explican el acto de fe, lo razonan y lo historizan:

> De este mi credo literario puedo aseverar lo que del religioso: es mío en cuanto creo en él, no en cuanto inventado por mí. En rigor, pienso que el hecho de postularlo es universal, hasta en quienes procuran contradecirlo [...]: toda literatura es autobiográfica, finalmente.[1]

---

1. *El tamaño de mi esperanza* (1926), Buenos Aires, Seix Barral, 1993, pp. 127-128.

Este credo estético, desgajado de la kantiana *Crítica del juicio*, inaugura una tensión permanente entre las peculiaridades, pequeñas diferencias, matices entrañables del sentimiento y las categorías universales. La literatura es el operador, el posible garante lingüístico de la universalidad que, en el vocabulario teológico del joven Borges, se denomina "eternidad". La "eternidad" es un postulado de esencia (o un misterio vecino del vocablo "espíritu") que se aplica a la particularidad del criollismo, a la delgadísima franja barrial de la poesía borgiana y a sus prototipos. Un matiz propio de la lengua puede asegurar el umbral de la eternidad, pero no el alojamiento definitivo en lo universal; es la literatura –por sí misma una alquimia que se debate entre la diferencia irreductible y su tendencia universalizadora– quien asegura lo trascendente, porque eleva las particularidades a la región del símbolo y las agrega como riqueza al orden simbólico universal. Como si Borges dijese: "nada existe hasta tanto no se acuñe en una lengua literaria". Por eso no es suficiente que los arrabales de Buenos Aires modulen un hablar lleno de entonaciones propias; lo idiosincrásico es apenas un "símbolo a medio hacer".[2] También quedaría inconcluso un criollismo abroquelado y ensimismado en el mero regodeo de su idiosincrasia: por el contrario, Borges quiere abrir el criollismo hacia el mundo, lo que equivale a postular la dimensión del otro. El reproche a Sarmiento consiste en haber sido demasiado norteamericano, en haberse dejado sojuzgar intelectualmente por ese otro que reaparece, sin embargo, en el razonamiento del credo borgiano con la invocación de Emerson y su esperanza de una América poetizada. Más que un espejo en el que se contemplan las probabilidades propias (como en Sarmiento), América del Norte es el otro que demuestra a través de sus varones insignes (Emerson que profetiza a Whitman) un itinerario expresivo cumplido. Y se trata de varones insignes. La concepción de la historia y de la historia americana en el Borges nacionalista de los años veinte se concibe a la manera de Carlyle: las grandes personalidades heroicas son el motor visible del cambio, la encarnación misma del movimiento. Por consiguiente, el "mayor varón" argentino será el caudillo Juan Manuel de Rozas, duplicado en el presente por Hipólito Yrigoyen. Corregida la doctrina nacionalista en las décadas del treinta y del cuarenta, la visión heroica de la historia se cambia por un agnosticismo histórico, por una desconfianza nietzscheana (o schopenhaueriana) hacia la historia como disciplina, al mismo tiempo que se denuncia a Carlyle en tanto precursor de la mitología nazi. En un prólogo a Carlyle y a Emerson (ejemplarmente contrapuestos) escrito en 1949, Borges sabe matizar las aristas negativas de Carlyle, encontrando en él una concepción de la historia como red infinita de causas y efectos, una red de particularidades en las que el yo heroico, cumplido su papel, se disuelve:

---

2. *El tamaño de mi esperanza*, ob. cit., p. 23.

Pese al tono impetuoso y a las muchas hipérboles y metáforas, *De los héroes y el culto de los héroes* es una teoría de la historia. Repensar ese tema era uno de los hábitos de Carlyle; en 1830 insinuó que la historia es una disciplina imposible, porque no hay hecho que no sea la progenie de todos los anteriores y la causa parcial, pero indispensable, de todos los futuros[...][3].

Notemos que la doble visión contenida implícitamente en Carlyle es la misma que campea en los ensayos tempranos de Borges y que nunca abandonará del todo, por ejemplo, cuando escriba una *Historia de la literatura norteamericana*.[4] En el caso de los fervorosos ensayos juveniles (*Inquisiciones, El tamaño de mi esperanza, El idioma de los argentinos*) será mejor hablar de una tensión no resuelta entre dos perspectivas contrapuestas: si en la historia argentina reina el culto a los héroes, el joven Borges, para la historia o la crítica literarias, borronea otra teoría más acorde con su intuición de un yo ilusorio. Aparece en *Inquisiciones* (1925) censurando a los críticos españoles que endiosaron a Góngora:

Hay una crítica idolátrica y torpe que, sin saberlo, personaliza en ciertos individuos los tiempos y lo resuelve todo en imaginarias discordias entre el aislado semidiós que destaca y sus contemporáneos o maestros, siempre remisos en confesar su milagro.[5]

¿Cómo conciliar en la década del veinte este heroísmo de las grandes figuras con la "nadería de la personalidad", que es pensada contemporáneamente y constituye su contracara teórica? Lo que Borges no desarrolla en esos momentos es una visión de la historia y de la historia literaria basadas en la negación de un "yo de conjunto". ¿Qué lo impide? El nacionalismo y la religión del nacionalismo. La pampa y el suburbio son dioses y quienes cantan esas regiones deberán elevarse a la categoría de dioses: el nacionalismo es la religión laica de la modernidad y también un amplificador de la subjetividad (dicho de otro modo: la nación es un sujeto). Pero el sujeto en Borges no es el sitio de ninguna plenitud, se halla horadado por una ilusión o una nadería, temprana y doblemente: si el yo, a la manera nietzscheana, es concebido como una multiplicidad, si los contornos entre su límite interior y exterior se desdibujan, esto quiere decir que la apertura es esencial, que en ese hueco se alojan el otro, los otros. La plenitud religiosa del nacionalismo está teóricamente horadada ya en sus comienzos, ya en 1925, cuando Borges escribe "La nadería de la personalidad":

---

3. *Prólogos*, Buenos Aires, Torres Agüero Editor, 1975, p. 34.
4. Borges, Jorge Luis y Zemborain de Torres, Esther: *Introducción a la literatura norteamericana*, Buenos Aires, Columba, 1967.
5. "Sir Thomas Browne, en *Inquisiciones* (1925), Barcelona, Seix Barral, 1993, p. 39.

Yo no niego esa conciencia de ser, ni esa seguridad inmediata del *aquí estoy yo* [...] Lo que sí niego es que las demás convicciones deban ajustarse a la consabida antítesis entre el yo y el no yo y que esta sea constante.[6]

Como el yo, el criollismo supone, entonces, un doble movimiento que anula cualquier síntesis; primero, una autoafectación o contacto de lo propio, de lo peculiar argentino, sudamericano, americano, consigo mismo, y luego o simultáneamente, una apertura que implica lo otro, el futuro, la eventualidad. Y aquí encontramos la peculiar visión de Borges: el encuentro con lo otro equivale en su concepción al pensamiento. El pensamiento es una ausencia culposa en la literatura gauchesca; al "gauchismo" le hace falta pensar, pues según leemos en *El tamaño de mi esperanza*, "nuestra realidá vital es grandiosa y nuestra realidá pensada es mendiga".[7] Pensar, o encontrarse con lo otro en medio del pensar, no enajena la singularidad, sino que la apuntala en lo universal: "Lo inmanente es el espíritu criollo y la anchura de su visión será el universo".[8] El yo, como la literatura, está interiormente habitado por otras voces y se corresponde con una red infinita de posibilidades.

Podría afirmarse sin exagerar que, promediando la década del treinta y hasta el fin de sus días, no ha hecho sino empeñarse en revertir o corregir la religión nacionalista enarbolada en el fervor de los primeros tres libros de ensayos. Pero el suyo, ya entonces, ha sido un nacionalismo abierto o, mejor, un pensar que se asienta en el ímpetu; por lo tanto, si pensar es abrirse a lo otro, en este "gauchismo" o criollismo reflexivo encontramos el antídoto que aleja a Borges de la ceguera política nacionalista. Dos son los antídotos: primero, una concepción del sujeto que se aviene mal con el enfático ego de las nacionalidades, y luego, una reflexión crítica sobre el lenguaje, quizá inédita en toda la América hispánica por los problemas filosóficos que abre a la discusión, y que proviene de sus lecturas alemanas, en especial las del tan citado Schopenhauer, y las del no menos plagiado Mauthner, aquel crítico del lenguaje a quien Wittgenstein cita para diferenciarse de él o para diferenciar su propia crítica del lenguaje. Lo inédito en el campo literario latinoamericano es esta discusión crítica que Borges utiliza para pasar revista a la tradición literaria española. Borges nace a la vida literaria como poeta, pero sobre todo, como un crítico a quien no le alcanza sentir la poesía, sino que busca *inteligirla*, pensarla teóricamente: "Creo en la entendibilidá final de todas las cosas y en la de la poesía, por consiguiente. No me basta por suponerla, con *palpitarla*; quiero inteligirla también".[9]

6. "La nadería de la personalidad", en *Inquisiciones*, ob. cit., p. 96.
7. "El tamaño de mi esperanza", en *El tamaño de mi esperanza*, ob. cit., p. 13.
8. "Las coplas acriolladas", en *El tamaño de mi esperanza*, ob. cit., p. 79.
9. "Ejercicio de análisis" (sobre unos versos de Cervantes), en *El tamaño de mi esperanza*, ob. cit. p. 99.

La singularidad de esta crítica dentro del contexto hispanoamericano no pasó inadvertida por los primeros reseñadores de sus ensayos. Me refiero a Valéry Larbaud y a Pedro Henríquez Ureña. El primero desde *La Revue Européenne* en 1925 comprueba la inexistencia de una crítica hispanoamericana que interese a los europeos, con la sola excepción de Borges, que aparece ante sus ojos como el primer crítico sudamericano "interesante", digno por sus juicios de mantener un diálogo con los literatos europeos:

> Durante mucho tiempo, los intelectuales de la América Latina, esos discípulos inconscientes de Simón Bolívar, se sentían satisfechos con los elementos de la cultura puramente francesa, o en el mejor de los casos, franco-española. [...] [E]ste crítico argentino posee un saber (una materia prima) que habría asombrado y tal vez escandalizado a su predecesores del siglo XIX [...].[10]

Pedro Henríquez Ureña desde la *Revista de Filología Española* señala los excesos de *Inquisiciones*, pero recalca el rigor y la novedad de los análisis estilísticos y también la soledad de una crítica amparada en un interés filosófico ("Tiene Borges la inquietud de los problemas del estilo [...]. Sus estudios son de valor singular por su calidad y por su rareza; en español se ha escrito bien poco sobre el estilo, fuera de los libros de preceptiva huecos y vagos en gran mayoría, con el frecuente pecado de ser frutos de traducción o adaptación").[11]

Tanto Valéry Larbaud como Pedro Henríquez Ureña insisten ambos en esta particularidad novedosa que surge de los primeros ensayos "nacionalistas". La visión de América y de la América hispánica no podría desgajarse en Borges de esta apertura de lo americano (al igual que el criollismo o la literatura argentina) hacia otros horizontes intelectuales, representados por las discusiones sobre filosofía del lenguaje y el interés por la literatura inglesa, estadounidense y alemana. Por lo tanto, la cuestión americana se liga con las ideas de Borges sobre la lengua, sobre la cultura literaria española (la tradición), con una cierta idea de la historia y, desde luego, con el nacionalismo. Estos tres hilos convergirán, mucho después, en la madura visión cultural y política contenida en "El escritor argentino y la tradición", texto que contiene su balance, su programa, y un definitivo giro ético-político, en el que la presencia del otro y de lo otro forma una figura determinante. Y volverá a ser determinante en la madurez, cuando reelabore el mundo ficcional de los compadritos según una ética que revierte los valores implícitos en su arrabal mitológico (en esta trasvaloración de los valores, el inmigrante y la mujer aparecen como puntos o núcleos privilegiados que condensan

---

10. Larbaud, Valéry: "Sobre Borges", en Jaime Alazraki (comp.), *Jorge Luis Borges*, Madrid, Taurus, 1976, pp. 27–28.

11. Henríquez Ureña, Pedro: "Sobre *Inquisiciones*", en Jaime Alazraki (comp.), *Jorge Luis Borges*, ob. cit., p. 29.

todas las operaciones narrativas, como ocurre en "Emma Zunz").[12] Pero el paisaje del porvenir, que desarticula la intensa ecuación entre lengua y sangre, ya está allí, en los primeros ensayos, como una *boutade* o más ajustadamente, como un presagio del destino: "Hoy cantamos al gaucho –dice Borges en "El idioma de los argentinos"–, mañana plañiremos a los inmigrante heroicos. Todo es hermoso, mejor dicho, todo suele ser hermoso, después. La belleza es más fatalidad que la muerte".[13]

En "Invectiva contra el arrabalero", el crapuloso compadrito anuda la lengua y la sangre en una progenie literaria, desciende del Pablos quevedesco y la Grajales, lo que a Borges le permite sentenciar: "Yo tengo para mí que nuestros malevos son la simiente de ese triste casal y no me maravilla que sus lenguas corroboren su sangre".[14] Borges ha declarado *después*, muchos años después, que en estos primeros textos pretendió escribir como un autor clásico español.[15] Si se trata de ese nudo entre la lengua y la sangre, podríamos interpretar el añejo sabor hispánico de su prosa nacionalista, aquello que lo empariente con el mismo dejo perceptible en Leopoldo Lugones o en Ricardo Rojas o en tantos otros, más que como un capricho de estilo, como una reacción común de la época ante un embate, un acoso omnipresente de la babel foránea, como un defensivo acto lingüístico que afirma esa sangre amparándose en el ayer del Siglo de Oro.

Un segundo comentario sobre lo añejo y sobre el "después" correlativo de su operación estética: el afán vanguardista rápidamente pasa a ser historia en los artículos de los años veinte, o bien, hay allí un deseo que quiere historiar de forma rápida el ultraísmo, dotarlo con una pátina de apresurado ayer. El impaciente gesto nostálgico se nutre del objeto evanescente que ha elegido para afirmar una estética (el huidizo arrabal). Un gesto que provocó, en su momento, la decepción en quienes aguardaban a un poeta que supiera cantar las aristas contemporáneas de la ciudad de Buenos Aires, como Carlos Alberto Erro, quien en 1929 escribe *Medida del criollismo* y dedica con el título de "El poeta que estamos esperando" unas páginas a Borges. Borges no es el poeta que Erro estaba esperando, pues

12. Quien advirtió este "giro" borgiano ha sido Josefina Ludmer: "Las justicias de Emma" en *Cuadernos Hispanoamericanos*, n° 505/507, julio-septiembre de 1992, pp. 473-480, y en su libro *El cuerpo del delito*, Buenos Aires, Perfil, 1999, especialmente el capítulo V, "Mujeres que matan". Véase también mi "Mujeres: la ficción de Borges", en *Narrativa argentina*, Serie Comunicación y Sociedad, cuaderno n° 12, Fundación Roberto Noble, Buenos Aires, 1998, pp. 58-64.

13. "La felicidad escrita", en *El idioma de los argentinos*, p. 44.

14. "Invectiva contra el arrabalero", en *El tamaño de mi esperanza*, ob. cit., p. 125.

15. "Cuando yo empecé a escribir, trataba de hacerlo a la manera de los clásicos españoles del siglo XVII, a la manera de Quevedo o de Saavedra Fajardo, digamos. Luego pensé que mi deber como argentino era escribir como argentino. Compré un diccionario de argentinismos y llegué a ser tan argentino en mi modo de escribir [...] que no me entendían". En Guibert, Rita: "Borges habla de Borges", en Jaime, Alazraki (comp.), *Jorge Luis Borges*, ob. cit., p. 339 (entrevista originariamente publicada en *Life en Español*, vol. 31, n° 5, 11 de marzo de 1968).

La obra de Borges está íntegramente tendida sobre un pasado muy próximo, y almacenan sus páginas puras cosas murientes. [...] Pero nada del Buenos Aires actual, del único Buenos Aires dentro de muy breve lapso de tiempo, del Buenos Aires que llegará a una forma para no transformarse más, del Buenos Aires último y eterno, figura allí ni de reflejo. [...] En la poesía de Borges, como en la de Lugones, como en la de cualquier poeta sudamericano, no late el porvenir. Está ausente la emoción ante el perpetuo crearse y transformarse que es la marca más típica de nuestra existencia.[16]

La ciudad que Erro reclama es la contracara de *Fervor de Buenos Aires*, la que Borges siente con horror y que por aquellos años condensa en el mexicano Maples Arce y en el argentino Oliverio Girondo. A Maples Arce y a sus *Andamios interiores* (1922) les reprocha el estridentismo, el "diccionario amotinado" y los "cachivaches jadeantes", pero lo que verdaderamente dibuja es el contraste entre dos poéticas de vanguardia:

Permitir que la calle se vuelque de rondón en los versos –y no la dulce calle de arrabal, serenada de árboles y enternecida de ocaso, sino la otra, chillona, molestada de prisas y ajetreos– siempre antójaseme un empeño desapacible.[17]

En cuanto a Oliverio Girondo, la reticencia y la oposición van en el mismo sentido: *"Es innegable que la eficacia de Girondo me asusta [...] me he sentido provinciano junto a él. [...] Girondo es un violento".*[18] Más allá de una competencia en la que se disputa cómo dar voz a las modernas ciudades americanas, está presente aquí, en la retaguardia de la vanguardia, la convicción de Borges sobre el necesario anclaje de la expresión literaria en una tradición que lime las estridentes poses extremas, o la insinceridad de los procedimientos que, como en el caso de Girondo, son pobres por dar siempre mecánicamente en el blanco.[19] Si se piensa en su interés por las coplas anónimas españolas y gauchescas, la eficacia máxima de los procedimientos quedaría a cargo del recuerdo y el olvido de la tradición popular, que borra los nombres y está convencida de la "nadería de la personalidad".

¿Alcanza esta continuidad con la tradición para ubicarlo (la tesis, muy conocida en la Argentina, pertenece a Ricardo Piglia) en el cierre del siglo XIX, o como bisagra entre el pasado y la modernidad? Es cierto que el modo de comprender históricamente el "destino sudamericano" se ampara en el *dictum* de Sarmiento, "civilización o barbarie", pero no sin complejizarlo, matizarlo y hasta invertirlo. Además, su simpatía por la expresión popular (la novela policial, los

---

16. Erro, Carlos Alberto: *Medida del criollismo*, Buenos Aires, 1929, p. 194.

17. "Manuel Maples Arce, *Andamios interiores*, México, 1922", en *Inquisiciones*, ob. cit., pp. 129-130.

18. "Oliverio Girondo, *Calcomanías*", en *El tamaño de mi esperanza*, ob. cit., p. 88.

19. "Girondo es un violento. Mira largamente las cosas y de golpe les tira un manotón. Luego, las estruja, las guarda. No hay aventura en ello, pues el golpe nunca se frustra. A lo largo de las cincuenta páginas de su libro, he atestiguado la inevitabilidad implacable de su afanosa puntería." "Oliverio Girondo, *Calcomanías*", en *El tamaño de mi esperanza*, ob. cit., p. 88.

folletines de Eduardo Gutiérrez, el tango, y el cine) permite arrancarlo de las tenazas con las que, a la manera formalista, se piensa la historia literaria como un "sistema" o un "campo intelectual". Annick Louis ha demostrado recientemente que al colaborar en *Crítica*, un periódico popular y sensacionalista de la década del treinta, Borges incorporó los modos y las técnicas de la reproducción masiva, y logró en ese decisivo paso conformar su universo ficticio de narrador (los relatos de *Historia universal de la infamia*[20] de 1935 fueron previamente publicados en el suplemento literario de *Crítica* que él mismo dirigía). Si hacia 1925 el criollismo debía "amillonar el idioma", lo que hace Borges en la década siguiente, es ampliar su horizonte mediante un acuerdo entre el antiguo interés por la cultura popular (anónima, oral) y una forma de producción masiva. En este momento, el credo nacional es abordado siempre como si se encontrara en el sendero sin salida de una paradoja. Además de una religión, el nacionalismo es ahora un pensamiento paradójico o que sólo puede manifestarse mediante la paradoja. Como es inevitablemente paradójico que aquello que Borges reprochaba a Girondo como una treta fácil –los procedimientos de caricatura tomados del cinematógrafo– sean reivindicados en el prólogo de 1935 a *Historia universal de la infamia*, donde declara que los primeros filmes de von Sternberg han sido su inspiración.

Hay en el primer párrafo del primer relato de *Historia universal de la infamia*, "El atroz redentor Lazarus Morell", una paradoja histórica que abarca deliberadamente a las tres Américas: el padre Bartolomé de Las Casas, compadecido por los indios que trabajaban en las minas antillanas, propone la importación de negros. Según Borges, la acción individual de Las Casas se irradia en múltiples, infinitos efectos, que van desde el *blues*, "el napoleonismo arrestado en encalabozodo de Toussaint Loverture", la palabra "linchar", y llegan a su propia biografía (el celebrado coronel Soler, su familiar ilustre, comandó un regimiento de *Pardos y morenos*). Se aplica a América la concepción histórica de Schopenhauer, para quien la Historia se compone de individualidades y contingencias imprevisibles, no totalizables o reguladas por una finalidad universal, tal como Borges dice del destino: "la infinita operación incesante de millares de causas entreveradas".[21] No habría una América de conjunto o un destino americano, del mismo modo que no hay un "yo de conjunto"; pero pensar las nacionalidades como una paradoja histórica supone también dar cabida al otro, a la diversidad que nos constituye o con la que invariablemente nos reunimos.

Aparentemente hay dos *otros* enfrentados y recíprocos en América, y que muy bien pueden funcionar en *Historia universal de la infamia* como dos conjuntos y

20. *Historia universal de la infamia*, en *Obras completas*, Buenos Aires, Emecé, 1974. La tesis de Annick Louis se encuentra en su *Jorge Luis Borges: œuvre et manœuvres*, París, L'Harmattan, 1997.

21. Sorrentino, Fernando: *Siete conversaciones con Jorge Luis Borges*, Buenos Aires, Pardo, 1973, p. 121.

dos destinos generalizables. Así ocurre en "El proveedor de iniquidades Monk Eastman". En este cuento, Borges contrasta fuertemente la delincuencia de dos Américas disímiles, y subtitula los dos primeros capitulillos "Los de esta América" y "Los de la otra". No es extraño encontrar, en el primero, a dos compadritos porteños trenzándose en un "limpio" duelo a cuchillo, y que esta limpieza se oponga manifiestamente a las sucias iniquidades del segundo, donde se narra la vida de los gángsters de Nueva York. Parecen así enfrentarse dos bloques, dos totalidades, dos universos "americanos", pero el contraste es, en realidad, entre dos ciudades, o mejor, entre dos pequeños universos de dos ciudades. Como si América latina solo pudiera pensarse provisionalmente como una serie de sinécdoques provisorias. Y solo así podrían contrastarse el Norte americano con el Sur. Por ejemplo, cuando Borges observa que Sudamérica ha creado un género literario original, el género gauchesco (producto de letrados de la ciudad), sin equivalente en el Norte.

Pensar en esa totalidad sería otra forma de la paradoja. La historia, comenta el narrador de "El asesino desinteresado Bill Harrigan", es como la técnica cinematográfica del montaje: discontinua. Los personajes borgianos quedan, sin embargo, ignorantes de estas ironías históricas, solo perceptibles (otra paradoja) por una mente que generaliza. Así, Billy the Kid, el héroe de este cuento, insanamente racista, odia a los mexicanos a quienes mata sin piedad, "pero las últimas palabras que dijo fueron (malas) palabras en español. A veces las guitarras y los burdeles de Méjico lo arrastraban".[22]

Como hemos sugerido, las disputas estéticas y literarias giran en torno de las ciudades, o de la literatura que han engendrado o pueden engendrar las ciudades. En la que imprecisamente llamamos "cuestión americana", ocurre otro tanto. Así, Borges, con su oposición y burla al modernismo o al "rubenismo", oblitera la dimensión continental que este movimiento adquirió en Hispanoamérica. Y en el modernismo, se trata también de ciudades, de sus "capitales" que, admite Borges en 1973, son México y Buenos Aires; esta admisión supone una red de puntos esparcidos, particulares, un diálogo individual entre, por ejemplo, Rubén Darío y Buenos Aires, pero no el sentimiento de una patria literaria común. Para Borges, además, el contexto es abrumadoramente latinoamericanista y correlativo de la fe utópica que el aborrecido peronismo de izquierdas, por esos mismos días, convirtió en celebrado eslogan. De ahí el tono encrespado de su comentario: "en casi toda la América Latina la literatura no es otra cosa que un alegato político, un pasatiempo folklórico o de las circunstancias económicas de tal clase de población".

Trece años antes, en 1960, en el prólogo a la obra de Pedro Henríquez Ureña, el disenso es más cortés: el error no consiste tanto en adosar una región a las

---

22. "El asesino desinteresado Bill Harrigan", en *Historia universal de la infamia*, en *Obras completas*, ob. cit., p. 318.

particularidades de un nombre propio (Ureña como "el maestro de América"), sino en la existencia de esa patria común, más allá de dos acontecimientos históricos (la guerra española y la dictadura) que apuntalan una fe "esporádica".

La concepción tardía sobre la historia sudamericana parece agregar dos notas esenciales: la circularidad (la historia como repetición que siempre se encarna en individuos), y un modelo ético que proviene del puritanismo norteamericano. La circularidad y la voluntad figuran en "Guayaquil"[23] a través de dos historiadores rivales, pero unidos en la admiración por Schopenhauer: uno argentino con el derecho de triunfar que le da la sangre patricia, y el otro, un extranjero de Praga, que finalmente se impone. Triunfa lo otro en el vano esfuerzo por comprender lo incognoscible de la historia sudamericana. Historia que, en el caso argentino, se hubiese repetido con diferente color ético, si como libro liminar (para Borges siempre en el origen hay un libro) sus compatriotas hubiesen preferido *Facundo* al *Martín Fierro* (en la ficticia reencarnación histórica que vislumbra –Borges no duda–, Fierro hubiese sido peronista).

En el origen de "Guayaquil", Conrad y *Nostromo* figuran disimuladamente entretejidos, no solo como un patronazgo irónico de la ficción histórica sudamericana, sino como el otro que desde una adoptiva patria inglesa ha lanzado una mirada literaria sobre las crueles repúblicas sudamericanas.

Con toda evidencia, América, tácitamente dividida en dos, es un problema ético, o una doble ética que permite el dramatismo de las narraciones tardías. Los ejemplares valores éticos estadounidenses quedan sintetizados en una franja temática que fascina a Borges desde su incorporación a la enseñanza universitaria: el mundo académico. Sin la ironía corrosiva de Nabokov, que también supo explotar las posibilidades ficcionales del mundo académico estadounidense, Borges en "El soborno" (*El libro de arena*) repite y superpone el esquema narrativo de "Guayaquil", pero en la Universidad de Texas: un viaje académico a un congreso debe dirimirse entre dos candidatos, uno nativo y otro extranjero, escandinavo. Quien vence posee, como el praguense de "Guayaquil", una voluntad poderosa con la que logra entrampar al puritano e imparcial *chairman* del Departamento de Inglés.

Dos observaciones. La primera: podría pensarse que en la novedosa explotación temática del mundo académico, Borges ve, triunfante sobre la barbarie, un último refugio civilizado para las Letras. La segunda: la dimensión del otro, o la apertura hacia el otro norteamericano, constituye claramente una ética posible.

Su paso por la universidad norteamericana le hace imaginar una utopía lingüística para todo el continente: la enseñanza del español en las escuelas elementales de los Estados Unidos, y, como contrapartida, la del inglés en América hispánica. Le dará así la razón a Henríquez Ureña, pues se trata, según le dice a Rita

---

23. En *El informe de Brodie* (1970), en *Obras completas*, ob. cit.

Guibert en un diálogo norteamericano, de una ilusión de bilingüismo por la que cada habitante de América (Norte o Sur) pudiera pensar de dos modos distintos, dos modos cosmopolitas, tener acceso a dos literaturas y evitar el desconocimiento monolítico del otro cultural.[24]

24. "Sería utilísimo que en nuestras repúblicas se enseñara el inglés en la escuela primaria y que en los Estados Unidos y en Canadá se enseñara español. Entonces tendríamos un continente bilingüe [...]. Creo que sería muy importante para la historia del mundo el hecho de que todo hombre nacido en América tuviera acceso a dos culturas, a la inglesa y a la hispánica. [...] Lo importante es que uno aprenda a pensar de dos modos distintos, y tenga acceso a dos literaturas. Si un hombre crece dentro de una sola cultura, si se habitúa a ver en los otros idiomas esa especie de dialectos hostiles o arbitrarios, todo eso tiene que estrechar su espíritu. Pero si un hombre se acostumbra a pensar en dos idiomas, y se acostumbra a pensar que el pasado de su mente son dos grandes literaturas, eso tiene que ser benéfico para él". Guibert, Rita: "Borges habla de Borges", ob. cit., p. 350.

IV. *La reflexión y las formas de Borges*

15. *Borges: el reloj de arena y el tigre mutilado*

MARK GARNETT
UNIVERSITY OF EXETER

1. INTRODUCCIÓN

Resultaría asombroso advertir que Jorge Luis Borges participaba en la supresión de la literatura; e inquietante descubrir que el autor de *La muralla y los libros* trataba de quemar libros publicados por otro autor, por Borges el joven. Son muchos y tal vez apócrifos los métodos y los motivos de esta supresión; parece que Borges inventó el estilo anglo-sajón "urban myth" solamente para cubrir las huellas que dejaba su obra juvenil. Existen cuentos que relatan cómo sus amigos distribuían ejemplares de sus libros y veinte años más tarde tenían que buscar aquellos libros para eliminarlos; no˙podían permanecer en circulación. Existen cuentos en que Borges niega la existencia de aquellos libros. Hubo cambios en los textos; ediciones totalmente reescritas para que nadie supiera que tenían entonces un estilo diferente. ¿Por qué necesitaba Borges presentar esta imagen de su obra, a través de una denegación de sus ensayos juveniles, *El tamaño de mi esperanza*, *El idioma de los argentinos* e *Inquisiciones*? Parece que la razón más verosímil es también la más ordinaria. Borges se sintió avergonzado de su estilo: el estilo "barroco" de "La nadería de la personalidad" no tiene mucho en común con el estilo más clásico de la obra desarrollada. Prefería Borges dar al público una imagen más estable de su estilo, reglamentando las interpretaciones posibles de su obra. Muchos han comentado acerca de este aspecto de la regulación editorial de Borges, no creo que necesitemos aquí otra discusión sobre el estilo del joven Borges. Lo que precisamos es más bien examinar un aspecto de su obra casi olvidado, un aspecto que prefigura los trucos que Borges desplegaba en su obra madura. Me refiero al aspecto *metafísico* de la obra. Vamos a ver como construía Borges una posición filosófica en estos primeros escritos y que más tarde iba a darle un instrumento básico en la fabricación de sus ficciones. Este paradigma metafísico, una aglomeración de los sistemas metafísicos que existían desde Grecia hasta la filosofía analítica del siglo XX, se despliega a la vez que Borges se desarrolla como autor: mientras que el estilo se vuelve más llano y de simple lectura, crecen las preocupaciones metafísicas que forman la base del texto. Voy a examinar, pues, una posible definición epistemológica de la filosofía borgiana, la aparición de esta posición filosófica, su desarrollo, cómo utiliza Borges esta filosofía y las razones que tenía para ocultar las raíces de su pensamiento.

No cuesta mucho encontrar el contenido filosófico del joven Borges (aunque cueste mucho desentrañarlo después). Borges señala que dos de sus ensayos, "La nadería de la personalidad" y "La encrucijada de Berkeley", son los más metafísicos, pero, como es normal en la obra general de Borges, los otros ensayos también tienen contenido filosófico. A través de una lectura de todos los ensayos aparece una imagen de la filosofía que representa problemas filosóficos: la percepción, el conocimiento, la memoria, el tiempo, el yo y la existencia. El paradigma que usa Borges para resolver todos esos problemas (al mostrar que los problemas no existen) tiene dos lados y creo que en forma gráfica se parece a un reloj de arena.

2. EL RELOJ DE ARENA

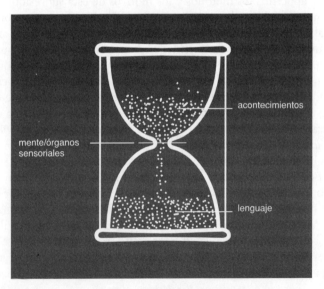

Figura 1
El reloj de arena

La realidad pasa a través del reloj, en forma casi granular. Cada acontecimiento (o cada percepción de la realidad) es individual. ("Cualquier actualidad de la vida es enteriza y suficiente".[1]) Esta realidad pasa por el centro del reloj, que equivale a nuestros órganos sensoriales y el cerebro, y llega al fondo del reloj convertido en lenguaje. No tiene realidad espacial, existe solamente en la mente. El tiempo es la causa de que el reloj no tenga base, aunque podemos invertir el vaso; eso quiere decir que la mecánica del reloj se invierte y podemos entonces transformar el lenguaje en una realidad unidimensional. Para seguir indagando, tendremos que investigar cómo Borges trata los conceptos de la realidad y el lenguaje.

El lenguaje es un sistema de abstracciones. Para Borges el lenguaje es la única cuestión acerca de la que nos interroga la filosofía, mientras que a la vez constituye su respuesta. Los arquetipos platónicos sirven como modelo, una representación del lenguaje en su función abstracta de la realidad, porque cuando una cosa lleva un nombre significa que comparte ciertas cualidades con otras cosas. Borges resume todo con la frase "Todo sustantivo es abreviatura",[2] es decir, todos los sustantivos son abreviaturas de las realidades (acontecimientos) que representan. Cuando usamos las palabras y la gramática, estamos jugando con herramientas muy peligrosas pero que a la vez pueden ser útiles. Las palabras son determinadas por las realidades que representan ("lo determinante de la palabra es su función de unidad representativa y en lo tornadizo y contingente de esa función"),[3] sin embargo, la realidad depende de la manera como la desciframos a través del lenguaje ("La lengua es edificadora de realidades"),[4] y nuestra percepción de la realidad es coloreada por la realidad unidimensional que esperamos percibir antes de que nuestros órganos sensoriales nos den cualquier idea acerca del mundo exterior. La gramática es un sistema codificado por los usuarios habituales de las cifras comunes de abstracción y abreviatura, de modo que puedan asegurar que las realidades que perciben son iguales. Borges dice, en tono casi melancólico: "[...] lo más humano (esto es, lo menos mineral, vegetal, animal y aun angelical) es precisamente la gramática [...]".[5]

Los humanos tememos las rupturas de la comunicación y, por lo tanto, necesitamos de la gramática (aunque seguir una gramática rígida es un exceso, y Borges cree que los argentinos necesitan una gramática argentina en vez de una gramática española por razones bastante claras.)

Así podemos ver que en el fondo del reloj actúa una filosofía analítica y que es semejante al sistema expuesto en el *Tractatus Logico-Philosophicus* de Wittgenstein. En esta parte del reloj, Borges coloca el sistema para convertir la realidad

---

1. Borges, Jorge Luis: *Inquisiciones*, p. 93.
2. Borges, Jorge Luis: *El tamaño de mi esperanza*, p. 52.
3. Borges, Jorge Luis: *El idioma de los argentinos*, p. 21.
4. Borges, Jorge Luis: *El tamaño de mi esperanza*, p. 53.
5. Borges, Jorge Luis: *El idioma de los argentinos*, p. 11.

"espacial" en realidad "unidimensional". Cuando Borges dice: "Dentro de la comunidad del idioma (es decir, dentro de lo entendible; límite que esta pared por medio de lo infinito y del que no podemos quejarnos honestamente)",[6] está afirmando la creencia de Wittgenstein. Todos los problemas de la filosofía tienen lugar dentro de los límites lingüísticos y se puede expresar en lenguaje lógico todo lo que puede existir (y ocurrir). Cualquier error existente, existe por las imperfecciones del lenguaje; no se puede decir lo imposible de manera lógica. Borges toma al punto de vista del acontecimiento, que entra a la mente y se convierte en lenguaje. Todo lenguaje, por consiguiente, debe ser una reflexión de la realidad, de modo espacial (existente) o unidimensional (imaginario):

> El mundo apariencial es un tropel de percepciones barajadas. Una visión de cielo agreste, ese olor como de resignación que alientan los campos, la acrimonia gustosa del tabaco enardeciendo la garganta, el viento largo flagelando nuestro camino, y la sumisa rectitud de un bastón ofreciéndose a nuestros dedos, caben aunados en cualquier conciencia, casi de golpe. El lenguaje es un ordenamiento eficaz de esa enigmática abundancia del mundo. Dicho sea con otras palabras: los sustantivos se los inventamos a la realidad.[7]

La posición de Borges se esclarece entonces: nuestro mundo se basa en el lenguaje. El lenguaje es el factor más importante en nuestro conocimiento del mundo y podemos aumentar el conocimiento solamente después de un aumento lingüístico correlativo.

¿Qué pasa, entonces, al otro lado del reloj? Cuando Borges trata directamente con la realidad, la inspiración viene de Berkeley. Lo que a nuestro parecer constituye una falta de entendimiento de la ciencia de Newton, incita a Borges a pensar en los argumentos (en Borges los argumentos valen más que los resultados). Si invertimos el reloj, podemos ver una consecuencia inmediata: surge una realidad del reloj (del lenguaje), pero esta realidad no tiene mucho en común con lo nuestro, con aquello que experimentamos normalmente. Esta realidad se parece a la de Berkeley; la realidad es creada por el espectador y no posee lo que Berkeley hubiera llamado "extensión". Existen muchos ejemplos de este modo de la realidad en la obra de Borges, donde vemos inyecciones de lo imaginado en el mundo "verdadero" (es decir, espacial). Vemos también que Borges modifica las opiniones de Berkeley para que concuerden con las suyas. Se puede resumir este punto de vista de la siguiente manera. Si Borges percibe algo, existe, porque Borges lo convierte en lenguaje. Si este "algo" no tiene nada que ver con los órganos sensoriales de Borges, no existe; es decir, la mente no ha tenido la oportunidad de convertirlo en lenguaje. Los rumores no son válidos; el periodismo, desde

---

6. Borges, Jorge Luis: *El idioma de los argentinos*, p. 159.
7. Borges, Jorge Luis: *El tamaño de mi esperanza*, p. 52.

luego, no merece nuestra fe ciega... Entonces formamos nuestras realidades personales, combinaciones del universo y de las abstracciones del universo. A un desconocido se le ocurre describir Irlanda a Borges y la imagen borgiana de Irlanda acaba siendo diferente de la imagen que tiene alguien que ha visitado Irlanda alguna vez o de la imagen que tiene alguien que ha visto los barrios pobres de Dublín en una revista. La geografía se transforma en ciencia personal, la Tierra (compleja, en cuatro dimensiones) se transforma en una mapa (simple, dos dimensiones, porque el tiempo no modifica las líneas de un mapa).

Hemos visto, entonces, los dos lados del reloj. ¿Qué utiliza Borges para juntar los dos lados? Borges cita a Berkeley: "Dios le sirvió a manera de argamasa para empalmar los trozos dispersos del mundo[...]".[8]

Borges emplea al "yo" como el centro de su paradigma filosófico. Las partes inseparables que forman la mente y los órganos sensoriales funcionan como un colador a través del que la realidad debe fluir para que la podamos convertir en lenguaje; a la inversa, la mente y los órganos sensoriales funcionan como acreedores de nuestra realidad. Se sigue de ello que no existen los problemas postulados por Descartes: el cuerpo está abierto a la recepción de percepciones del mundo exterior, y todo el cuerpo (el sistema nervioso) participa en los actos de percepción, pensamiento y creación. Se anulan los argumentos de Bergson: el espíritu *es* la máquina. La personalidad no existe ("fuera de lo episódico, de lo presente, de lo circunstancial, no éramos nadie")[9] porque no existe la memoria; existen el lenguaje y nuestros caminos a los que recurre el lenguaje cuando algo ocurre. Somos la suma del lenguaje que utilizamos para describir (hacer) nuestra realidad. Personalizamos el tiempo para medir cuántas cosas acontecen en cada momento, y cada variación en lo medido representa el pasaje del tiempo. El "yo" es inmóvil, mientras que los acontecimientos ocurren a su alrededor. De vez en cuando el 'yo' reacciona contra los acontecimientos, pero no se puede identificar como individual cada acontecimiento: "[...] el yo es un punto cuya inmovilidad es eficaz para determinar por contraste la cargada fuga del tiempo".[10]

Borges no nos describe las consecuencias, aunque resultan claras después de una lectura de su obra juvenil. Borges postula una especie de existencialismo más humanístico que niega al existencialismo normal: podemos percibir, luego podemos existir. Eso ocurre sin que la mente lo sepa. No hay voluntad, ni ansia existencial; percibimos, creamos lenguaje, y existimos como resultado de aquellas dos cosas. Cada persona tiene sus propias habilidades, por ejemplo, para determinar, para sentir el tiempo, para ver (a través del lenguaje) cómo funciona el universo. Es un concepto mucho más positivo que los conceptos de las últimas

---

8. Borges, Jorge Luis: *Inquisiciones*, p. 124.
9. Borges, Jorge Luis: *Inquisiciones*, p. 99.
10. Borges, Jorge Luis: *Inquisiciones*, p. 104.

obras de Borges, aunque los sistemas maduros de Borges tienen en el fondo elementos del sistema juvenil de Borges. El caos de la biblioteca de Babel necesita una interpretación individual de lo caótico y lo ordenado, y una transformación del concepto (orden, o caos) en palabras para ser reinterpretadas cíclicamente.

3. EL TIGRE MUTILADO

Aunque existen muchos cuentos de Borges que operan con el sistema que he descrito, dudo que haya ejemplo más sencillo que el cifrado en el cuento *Dreamtigers*.[11]

En la infancia yo ejercí con fervor la adoración del tigre: no el tigre overo de los camalotes del Paraná y de la confusión amazónica, sino el tigre rayado, asiático, real, que solo pueden afrontar los hombres de guerra, sobre un castillo encima de un elefante. Yo solía demorarme sin fin ante una de las jaulas en el Zoológico; yo apreciaba las vastas enciclopedias y los libros de historia natural, por el esplendor de sus tigres. (Todavía me acuerdo de esas figuras: yo que no puedo recordar sin error la frente o la sonrisa de una mujer.) Pasó la infancia, caducaron los tigres y su pasión, pero todavía están en mis sueños. En esa napa sumergida o caótica siguen prevaleciendo y así: Dormido, me distrae un sueño cualquiera y de pronto sé que es un sueño. Suelo pensar entonces: Éste es un sueño, una pura diversión de mi voluntad, y ya que tengo un ilimitado poder, voy a causar un tigre. ¡Oh incompetencia! Nunca mis sueños saben engendrar la apetecida fiera. Aparece el tigre, eso sí, pero disecado o endeble, o con impuras variaciones de forma, o de un tamaño inadmisible, o harto fugaz, o tirando a perro o a pájaro.	Cinco tigres están en juego aquí; el primero es un tigre idealizado sacado de Kipling y de las imágenes del Indostán ("castillo encima de un elefante"). El verdadero tigre se halla en el Zoológico, fuera (abstraído) de su ambiente normal, y el tigre sacado de los libros es una representación (abstracción) de lo que vio el artista. Todos los tigres pasan a través de la percepción y la mente de Borges para quedar en su lenguaje; crean un tigre de la memoria (o del sueño). Resulta claro el modo de abstracción que sufre el tigre de memoria cuando invertimos el reloj. Entonces, el lenguaje crea la realidad en un sueño; puesto que los tigres que entraron en la mente de Borges fueron abstracciones, las imperfecciones aparecen de nuevo (aumentadas en tamaño) cuando Borges se dedica a causar un tigre. El tigre causado por Borges debe siempre ser un tigre imperfecto porque es un tigre de lenguaje, y para causar un tigre perfecto Borges necesitaría una percepción perfecta y un número infinito de palabras. Borges necesitaría ser Funes.

Figura 2
Cuadro comparativo

11. Borges, Jorge Luis: *El hacedor*, pp. 17-18.

4. LLEGADA A LA CUARTA DIMENSIÓN

Hemos visto que las teorías de la escritura (como arte) implicadas en la obra juvenil de Borges prefiguran lo que Borges iba a perfeccionar en su obra madura: transformar, cambiar una idea (un concepto, un sistema filosófico) en forma literaria. Los sistemas filosóficos deben mantener relaciones con el mundo, a la vez que mantienen su propio sistema interno, verbal. La obra madura presenta ciertos problemas que brotan de este punto de vista. Si Borges construye las ficciones, y las ficciones son abreviaturas de lo visible (del mundo), ¿es Borges el Dios ciego de este mundo? En la obra juvenil, no llegamos a dar cuenta de esta idea; Borges se contenta con sus juegos de lenguaje, sus maniobras con lo cotidiano a través del lenguaje. Un acercamiento al lenguaje por este camino puede ser una descripción del sistema filosófico que utiliza Borges. El joven Borges se contenta con el mundo reducido a nombres y artículos, pero cuando el Borges maduro inventa realidades que carecen de espacio (ficciones) lo análogo es decir que Borges es el *ein-sof* de esta realidad. La obra juvenil de Borges es demasiado abierta para que el mundo pueda interpretarla; un hecho que Borges no ignoró, y para ocultarlo solía reclamar razones puramente estilísticas para que nadie pudiera verlo fácilmente.

Podemos añadir al sistema del reloj más dimensiones: la extensión y el tiempo. Si utilizamos una imagen del mundo científico, podemos ver en Borges una expresión de la física relativista.[12]

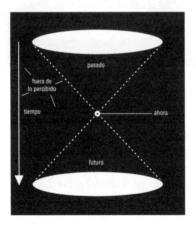

Figura 3
El cono de luz

12. Cono de luz copiado de Hawking, Stephen: *A Brief History of Time: From the Big Bang to Black Holes*, p.30.

Podemos ver en esta figura lo perceptible del pasado para el espectador, y el grado hasta el cual las acciones del espectador van a ser percibidas después. Percibir algo que se halla fuera de los conos es imposible; para la luz es imposible alcanzar el momento del ahora y para el "yo" traducir lo ocurrido en este espacio a lenguaje normal (o traducir al lenguaje cosas que ocurren en este espacio).

5. EL RELOJ COMBINADO CON LOS CONOS DE LUZ

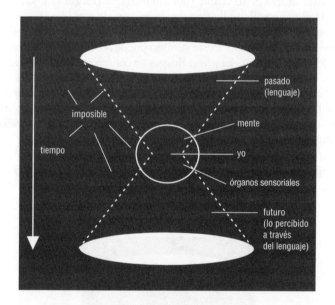

Figura 4
Reloj y cono combinados

Según Wittgenstein, de lo que no se puede hablar, es mejor callar. Quizás existan ciertos conceptos metafísicos en este espacio imposible: Dios, Nirvana, el *ein-sof*. No podemos verlos, no hay palabras para describirlos. Debemos guardar silencio.

BIBLIOGRAFÍA BÁSICA

Borges, Jorge Luis: *Obras completas*, 4 vols., Barcelona, Emecé, 1998.
Borges, Jorge Luis: *Textos recobrados 1919-1929*, Barcelona, Emecé, 1997.
Borges, Jorge Luis: *Inquisiciones*, Madrid, Alianza, 1998.

Borges, Jorge Luis: *El tamaño de mi esperanza*, Madrid, Alianza, 1998.
Borges, Jorge Luis: *El idioma de los argentinos*, Madrid, Alianza,1998.
Borges, Jorge Luis: *El hacedor*, Madrid, Alianza, 1972; reimpr. 1996.

TRABAJOS SOBRE JORGE LUIS BORGES

Alazraki, Jaime: *Borges and the Kaballah and other essays on his fiction and poetry*, Cambridge, Cambridge University Press, 1988.
Barrenechea, Ana M.: *La expresión de la irrealidad en la obra de Jorge Luis Borges*, Buenos Aires, Paidós,1967.
Farías, Víctor: *Las actas secretas:* Inquisiciones *y* El idioma de los argentinos, *los otros libros proscritos de Jorge Luis Borges*, Madrid, Anaya, 1994.
Louis, Annick: *Jorge Luis Borges: oeuvre et manœuvres*, París, L'Harmattan, 1997.
Matamoro, Blas: *Jorge Luis Borges o el juego trascendente*, Buenos Aires, A. Peña Lillo, 1971.

TRABAJOS CONSULTADOS

Ayers, Michael R. (ed.): *George Berkeley: Philosophical Works Including the Works on Vision*, Londres, J. M. Dent, 1975; 7ª ed., 1997.
Blackburn, Simon: *The Oxford Dictionary of Philosophy*, Oxford, Oxford University Press, 1994.
Foucault, Michel: *Les mots et les choses: une archéologie des sciences humaines*, París, Gallimard, 1966.
Hawking, Stephen: *A Brief History of Time: From the Big Bang to Black Holes*, Londres, Bantam Books, 1995; reimpr. 1996.
Lee, H. D. P. (ed.): *Plato: Timaeus*, Londres, Penguin Books, 1965.
Wittgenstein, Ludwig (ed.): *Tractatus Logico-Philosophicus* (trad.: D. F. Pears y B. F. McGuinness), Londres, Routledge & Kegan Paul, 1961.

16. Nietzsche, autor de *"Funes el memorioso"*

Crítica al saber residual de la modernidad

Roxana Kreimer
Universidad de Buenos Aires

I

No es del todo improbable que el cuento de Borges "Funes el memorioso" se haya gestado al amparo de la siguiente analogía postulada por Nietzsche en "De la utilidad y de los inconvenientes de los estudios históricos para la vida":[1] [Imaginemos] "a un hombre que estuviera absolutamente desprovisto de la facultad de olvidar y que estuviera condenado a ver en todas las cosas el devenir".[2] Tras caer de un caballo, en lugar de perder la memoria, Funes ha perdido la capacidad de olvidar. Dotado con la visión profética de "un Zaratustra cimarrón y vernáculo", lo pensado una vez ya no podía borrársele.[3]

Conocía, por ejemplo, las formas de las nubes australes del amanecer del treinta de abril de mil ochocientos ochenta y dos. Le costaba dar fe al símbolo genérico *perro*, ya que abarcaba a demasiados individuos dispares de diversos tamaños y formas; Funes juzga a que el perro de las tres y catorce (visto de perfil) no podía tener el mismo nombre que el perro de las tres y cuarto (visto de frente). Incapaz de olvidar diferencias, de generalizar y abstraer, Funes "no era muy capaz de pensar. [...] En su abarrotado mundo no había sino detalles inmediatos".[4]

Imagina Nietzsche que un hombre incapaz de olvidar "no creería ni siquiera en su propio ser".[5] Cada vez que se mira al espejo, Funes se sorprende al encontrar novedosa su propia cara.[6] Tal hombre, continúa Nietzsche, "acabaría por no

---

1. El hecho de que la evidente relación entre ambos textos aún no haya sido señalada quizá obedezca a la circunstancia de que este trabajo de Nietzsche prácticamente no ha circulado en la Argentina. Borges, en cambio, lo había leído: entre sus libros de filosofía se encontró este ensayo subrayado y anotado en los márgenes con su puño y letra.

2. Nietzsche, F.: *Consideraciones intempestivas*, p. 69.

3. Borges, J. L.: "Funes el memorioso", en *Ficciones*, p. 122.

4. Ibíd., pp. 130-131.

5. Nietzsche, ob. cit., p. 90.

6. Borges, ob. cit., p. 130.

atreverse a mover un dedo".[7] Exánime, paralizado por la abrumadora catarata de su memoria, Funes "no se movía del catre". Pasaba las horas mirando "la higuera del fondo o una telaraña".[8]

"Un hombre que pretendiera sentir de una manera puramente histórica –escribe Nietzsche– se parecería a alguien a quien se obligase a no dormir".[9] A Funes le era muy difícil dormir porque el recuerdo le impedía distraerse del mundo. "De espaldas en el catre, en la sombra, se figuraba cada grieta y cada moldura de las casas precisas que lo rodeaban".[10]

Aunque Nietzsche reconoce que los estudios históricos son imprescindibles por cuanto han contribuido enormemente a la comprensión del mundo,[11] advierte asimismo que su excesivo predominio por sobre otras formas de conocimiento o de experiencia "perjudica al ser vivo y termina por anonadarlo, se trate de un hombre, de un pueblo o de una civilización".[12] Así como la memoria prodigiosa convierte a Funes prácticamente en un muerto en vida, Nietzsche señala que los estudios históricos que quedan reducidos a meros fenómenos de conocimiento están muertos para quien los estudia.[13]

En "De la utilidad y de los inconvenientes de los estudios históricos para la vida", Nietzsche traza un cuadro de la modernidad en analogía con el abatimiento que padece un individuo incapaz de pensar; Funes "el memorioso" es quien encarna esta parábola sobre los saberes residuales de la modernidad, sobre el conocimiento que se ha desvinculado por completo de la experiencia directa de la vida.[14] Funes es "el solitario y lúcido espectador de ese mundo multiforme, instantáneo y casi intolerablemente preciso".[15] El anonadamiento que Nietzsche refiere a la memoria de Occidente en su conjunto, Borges lo circunscribe, tal como sugiere la misma analogía de Nietzsche, al anonadamiento de un individuo sofocado por la vana memoria de los detalles baladíes.

Al igual que la modernidad en su conjunto, "Funes tiene más recuerdos que los que tuvieron todos los hombres desde que el mundo es mundo"; "nadie había percibido el calor y la presión de la realidad tan infatigable como la que día y noche convergía sobre él".[16] Sin embargo, su abrumadora percepción no solo lo priva de la posibilidad de pensar sino también de la de sentir. Funes no se asom-

---

7. Nietzsche, ob. cit., p. 91.
8. Borges, ob. cit., p. 124.
9. Nietzsche, ob. cit., p. 91.
10. Borges, ob. cit., p. 131.
11. Nietzsche, ob. cit., p. 98.
12. Ibíd., p. 91.
13. Ibíd., p. 97.
14. Ibíd., p. 98.
15. Borges, ob. cit., p. 131.
16. Ibíd, p. 128.

bra por nada, enumera con voz monótona aquello que sus sentidos están en condiciones de percibir pero no de sentir; su anestesia y su inmovilidad son las que aquejan al sujeto moderno ante el continuo desfile de iniquidades del pasado y del presente. "Tanto las grandes dichas como las pequeñas –señala Nietzsche– son siempre creadas por una cosa: el poder de olvidar o, para expresarme en el lenguaje de los sabios, la facultad de sentir".[17]

Olvidar no significa aquí, vale la pena reiterarlo, que Nietzsche niegue el beneficio de la memoria histórica. Si bien "toda acción exige el olvido, del mismo modo que todo organismo tiene necesidad, no solo de luz, sino también de oscuridad",[18] el olvido debe dar paso a la memoria, escribe Nietzsche, por ejemplo, para poner en evidencia "la injusticia de un privilegio".[19]

Si Funes encarna la memoria superflua, sofocante, otro escrito de Borges, *El hacedor*, pone en evidencia otra variedad de memoria, la memoria imprescindible del bardo "hacedor" –en la figura de Homero o en la de las múltiples personas que congregamos en su nombre– que labra los cimientos de una cultura.[20] Al poeta que representa el "hacedor" la ceguera le depara el tesoro de la prehistoria oral. La memoria necesaria configura una identidad, la memoria superflua la quita. Otro cuento de Borges, "La memoria de Shakespeare", refiere a la riesgosa mutación de Herman Soergel, quien habiendo aceptado sumar la memoria de Shakespeare a la suya, comprueba que la operación amenaza y casi anega su "modesto caudal". "Ya que la identidad personal se basa en la memoria, temí por mi razón", recuerda Soergel.[21]

II

La profusión moderna de estudios históricos a menudo lleva a olvidar que, como señala Benjamin en su quinta *Tesis sobre la filosofía de la historia*, al pasado solo se lo puede retener como una "imagen que relampaguea para nunca más ser vista".[22] "Cuánta individualidad tuvo que ser deformada y violentamente generalizada –subraya Nietzsche– para dar forma al conocimiento histórico."[23]

En consonancia con esta línea de análisis, en *El diferendo* Lyotard asocia el conocimiento del pasado con el sentimiento de lo sublime, que es el sentimiento que surge frente a aquello que supera nuestra sensibilidad y nuestra capacidad de

---

17. Nietzsche, ob. cit., p. 90.
18. Ibíd., p. 91.
19. Ibíd., p. 109.
20. Borges, *La cifra*, p. 49.
21. Borges, "La memoria de Shakespeare", en *Obras completas*, t. III, p. 398.
22. Benjamin, Walter: *Discursos interrumpidos, I*, p. 180.
23. Nietzsche, ob. cit., p. 101.

representación porque aparece de un modo amenazante y desmesurado. Lyotard se vale del sentimiento de lo sublime para indicar que si bien no se debe cejar en el afán de testimoniar lo irrepresentable, el silencio de las víctimas de Auschwitz establece límites inexorables a nuestra capacidad de representación: se trata de poner en evidencia que algo puede ser concebido pero no visto ni hacerse visible, de traslucir la tensión de aquello que se deja sentir pero no representar ni expresar.[24] Ambos cometidos parecen opuestos tanto a la esfera perceptual de Funes como a la de la modernidad en su conjunto. El sentimiento de lo sublime ocupa los intersticios vacíos de percepciones, aparece allí donde la razón se consterna frente a una valla infranqueable. Abrumado por la catarata de su memoria, Funes es incapaz de sentir lo irrepresentable: su memoria-vaciadero-de-basuras lo ha condenado al letargo y a la analgesia.

III

Nietzsche postula en su escrito tres formas de estudiar la historia que deberían guardar cierto equilibrio entre sí. Como el ser humano sufre y tiene necesidad de consuelo, la *historia monumental* suministra ejemplos, recuerda que lo que ha sido sublime en el pasado podrá volver a serlo en el futuro, hace presente las desgracias de otros tiempos y, si bien sirve para soportar con firmeza las veleidades de la fortuna, también obra a favor del cambio como remedio contra la resignación.[25]

El exceso de "ejemplarismo" de la *historia monumental*, no obstante, propaga "la creencia, siempre nociva, de que todos somos retardados, epígonos", advierte Nietzsche.[26] Con apenas diecinueve años, el prodigioso y "ejemplar" Funes, a quien Borges justamente describe poco menos que como un retardado, es "monumental como el bronce, más antiguo que Egipto" y "anterior a las profecías y a las pirámides".[27]

La *historia anticuario* conserva y venera, hace posible que la historia de una ciudad se convierta en la propia historia y permite "sentir y presentir a través de las cosas".[28] Mientras la utilidad de la *historia anticuario* es la de conservar testimonios de la vida del pasado, la de la *historia monumental* encuentra en la ejemplaridad un impulso para el cambio. El exceso de *historia anticuario*, no obstante, supone el conformismo de quien venera mediante la "bagatela bibliográfica" y la

24. Lyotard, Jean-François: *El diferendo*, pp. 74-76.
25. Nietzsche, ob. cit., pp. 98-99.
26. Ibíd., p. 118.
27. Borges, "Funes el memorioso", ob. cit., p. 132.
28. Nietzsche, ob. cit., p. 105.

curiosidad vana.[29] Análogamente, el fasto de Funes se revela en sus cartas floridas y ceremoniosas, en su curiosidad vana, en su emumeración de casos de memoria prodigiosa, en la forma diferenciada en que percibe cada racimo de uva y en su devoción por la taxonomía, que lo lleva a lamentarse de que no le alcance la vida entera para clasificar los recuerdos de la niñez.[30]

El exceso de *historia anticuario* se vincula también con la crítica al academicismo, un tópico recurrente tanto en Nietzsche como en Borges, que escribe en "La memoria de Shakespeare": "Comprobé, no sé si con alivio o con inquietud, que sus opiniones eran tan académicas y tan convencionales como las mías [...] soy el profesor emérito Hermann Soergel; manejo un fichero y redacto trivialidades eruditas".[31]

En "De la utilidad y de los inconvenientes de los estudios históricos para la vida", Nietzsche cifra en la edición de libros cada vez más voluminosos, rebosantes de "sabiduría podrida", un síntoma de la excesiva profusión de estudios históricos.[32] Con una idea análoga, la voz narrativa del relator presenta la historia de Funes: "Mi testimonio será acaso el más breve y sin duda el más pobre, pero no será menos imparcial que el volumen que editarán ustedes".[33]

En tercer lugar Nietzsche postula la necesidad de una *historia crítica*, la historia de quien, angustiado por el presente, "quiere desembarazarse de la carga" y por consiguiente "juzga y condena".[34]

La duodécima *Tesis de filosofía de la historia* de Benjamin incluye el siguiente epígrafe, extraído del desarrollo que hace Nietzsche en torno a la *historia monumental*: "Necesitamos de la historia, pero la necesitamos de otra manera que como la necesita el holgazán mimado en los jardines del saber".[35] Resulta significativo que Benjamin no extraiga la cita del desarrollo de la *historia anticuario*, cuyo fin es exclusivamente el de la conservación de un patrimonio cultural. La *historia monumental*, aquella que se nutre de la fuerza para el cambio en el ejemplo a imitar, en "la posibilidad de que lo que alguna vez fue sublime vuelva a serlo" para Benjamin representa la transformación que suscita una lucha de clases que debe

---

29. Ibíd., p. 107.
30. Borges, "Funes el memorioso", ob. cit., pp. 124-130.
31. Borges, "La memoria de Shakespeare", ob. cit., pp. 395 y 399.
32. Nietzsche, ob. cit., pp. 138-139.
33. Borges, "Funes el memorioso", ob. cit., p. 122.
34. Nietzsche, ob. cit. p.104.
35. En rigor, la frase de Nietzsche que incluye Benjamin en el epígrafe que encabeza la duodécima tesis (Benjamin, ob. cit., p. 186) no dice exactamente "Necesitamos de la historia, pero la necesitamos de otra manera que como la necesita el holgazán mimado en los jardines del saber" sino "La vida tiene necesidad de los servicios de la historia [...]. El que ha aprendido a interpretar así el sentido de la historia debe entristecerse de ver [...] al desocupado ávido de distracciones o de sensaciones [que] se pasea por allí como entre los tesoros de una pinacoteca" (Nietzsche, ob. cit., p. 98). Es plausible que Benjamin, que redactó muchos de sus escritos lejos de su biblioteca, haya citado de memoria y reformulado una metáfora que expresa la misma idea desarrollada por Nietzsche.

abrevar en el recuerdo y en el dolor por los antepasados esclavizados y no en la imagen menos vigorosa de los descendientes liberados. Benjamin invierte la flecha progresista disparada al futuro por la socialdemocracia alemana, que en su opinión ha desarticulado las fuerzas de la clase obrera sepultando las injusticias pasadas en nombre de un futuro incierto. El *Angelus Novus* vuelve su rostro hacia el pasado; querría despertar a los muertos y recomponer la ruina de catástrofes que se amontonan a sus pies. Justamente la *historia monumental* tipificada por Nietzsche y en la que se inspira Benjamin es la historia que hace presente las desgracias de otros tiempos al hombre que sufre y tiene necesidad de consuelo:[36] no es esta una historia de doblegamiento y conformismo, no se trata de la conservación ni de la veneración de la *historia anticuario* sino de la combinación de lo que Nietzsche denomina *historia crítica*, una historia que juzga y condena las iniquidades del pasado, con una *historia monumental* que obra a favor del cambio como remedio contra la resignación.[37]

Es en este contexto, y en el del exceso de ejemplarismo de la *historia monumental*, en el que el epígrafe de Nietzsche incluido por Benjamin evoca al holgazán (Funes en el catre) mimado en los jardines del saber (la vana sabiduría del memorioso) que concibe a la historia como mera paráfrasis de lo existente, una historia que inmoviliza (Funes permanece estático e inconmovible) y que se resiste al cambio en la promesa de un incierto futuro.

IV

Anegado de pasado y de presente, el hombre desprovisto de la facultad de olvidar con que Nietzsche ejemplifica el exceso moderno de estudios históricos, también "está condenado a ver en todas las cosas el devenir".[38] No casualmente Borges ubica a Funes el registro profético del Zaratustra. La excesiva profusión de saberes exánimes referidos al pasado aparece de este modo desbordando la compuerta que lleva injustificadamente a prejuzgar el porvenir mediante el artículo de fe del progreso.

Así como los economistas irlandeses manifestaron su fe en el progreso vinculándolo al modo de subsistencia; así como el Iluminismo vinculó el progreso a la autonomía de la razón, Compte lo relacionó con la ciencia, Spencer con la libertad y numerosos filósofos del siglo XIX con el poder del Estado nacional, en este escrito Nietzsche descree de todo parámetro que revele la confianza en el advenimiento de una felicidad inexorable, implícita en el ideal iluminista de

36. Nietzsche, ob. cit., pp. 98 y 110.
37. Ibíd., p. 99.
38. Ibíd., pp. 90-91.

progreso. El hombre histórico "llega a creer que la felicidad se esconde detrás de la montaña hacia la que camina".[39] La confianza en que el género humano progresa hacia lo mejor da al historiador la ilusión de ser más justo que los sujetos cuyas acciones estudia; sin embargo, advierte Nietzsche, en rigor su única "virtud" es la de haber nacido más tarde.[40] Ni la historia está de modo inmanente preñada de promesas para el porvenir, ni las promesas son fiables cuando la historia es desvinculada de la *praxis* y reducida a mero fenómeno de conocimiento.[41]

Continuador de las críticas que Nietzsche formulara al progreso (por ello son significativos los cruces de estos dos textos que refieren el tema), Benjamin –que en este punto se separa de Nietzsche– asigna el continuo de la historia a las clases dominantes y las discontinuidades a las clases oprimidas. Porque en aras del progreso industrial se sacrificó el progreso social, señala Benjamin; en la revolución de julio se disparaba simbólicamente a los relojes para detener la marcha del tiempo homogéneo de la opresión y de la acumulación.[42] La memoria del "cronométrico" Funes expresa la inexorable marcha del tiempo lineal en encarnaciones de la técnica que se manifiestan por doquier: como una radio, como los letreros que recomiendan la hora desde la pantalla del televisor, como el cuarzo en la muñeca de cada ciudadano, como el teléfono y la computadora, como el neón de la publicidad callejera, Funes "sabía siempre la hora, como un reloj".[43]

La crítica al tiempo lineal es un tópico recurrente en Borges, quien previno que las fechas esenciales pueden ser, durante largo tiempo, secretas, y elogió a los hindúes por ignorar su propia edad, carecer de sentido histórico y preferir el examen de la ideas al de los hombres y las fechas de los filósofos.[44] "No diré el lugar ni la fecha; sé harto bien que tales precisiones son, en realidad, vaguedades", declara el hombre que acepta la memoria de Shakespeare.[45] En su afán por negar la implacable sucesión temporal, Borges –al igual que Nietzsche– no cejó en una "fatigada esperanza" de eternidad que se sabe reñida con el carácter sucesivo del lenguaje:[46] "Negar la sucesión temporal, negar el yo, negar el universo astronómico, son desesperaciones aparentes y consuelos secretos. Nuestro destino (a diferencia del infierno de Swedemborg y del infierno de la mitología tibetana) no es espantoso por irreal, es espantoso porque es irreversible y de hierro".[47]

39. Ibíd., p. 95.
40. Ibíd., p. 118.
41. Ibíd., pp.97 y 100.
42. Benjamin, ob. cit., p. 189.
43. Borges, "Funes el memorioso", ob. cit., p. 123.
44. Borges, "El tiempo y J. W. Dunne", en *Otras inquisiciones*, p. 27.
45. Borges, "La memoria de Shakespeare", ob. cit., p. 393.
46. Borges, *Historia de la eternidad*, en *Obras completas*, t. I., p. 353.
47. Borges, *Obras completas*, p. 764.

La parábola de Funes es en cierto modo la del *Bouvard y Pécouchet* de Flaubert: ambas ironizan sobre el saber residual de la modernidad, sobre los despojos en los que el mismo Funes se reconoce cuando confiesa sin pesar que su memoria ha devenido un vaciadero de basuras. Alienado del conocimiento y de la acción, Funes encarna el hastío de Bouvard y Pécouchet recorriendo esa pluralidad de saberes modernos que, como apunta Nietzsche, no emparientan al sabio con "una naturaleza armoniosa" sino con una "gallina agotada", "saberes podridos" de quienes, hastiados de galopar sobre las ruinas de la historia, ya no se asombran por nada ni por nadie.[48] El hombre moderno "arrastra consigo una enorme masa de guijarros de indigesto saber que en ocasiones hacen en sus tripas un ruido sordo".[49] Nietzsche juzga residual al conocimiento que ya no obra como motivo transformador y permanece en "una suerte de interior" que con particular fiereza remite a lo que el moderno califica como "la intimidad que le es particular".[50] Es inevitable la resonancia de la undécima tesis de Marx sobre Feuerbach: "Los filósofos no han hecho más que interpretar de diversos modos al mundo, de lo que se trata ahora es de transformarlo".[51] El moderno –escribe Nietzsche, en sintonía con Marx– se atiborra hasta la indigestión de épocas ajenas y consigue ser una *enciclopedia ambulante* de saberes muertos que lo "elevan" a esferas por completo desvinculadas de la experiencia directa de la vida.[52]

Expresión individual de *Occidente la memoriosa*, Funes encarna no solo la fragmentación del conocimiento (y su imposibilidad de ser abarcado en forma reflexiva por un solo individuo) sino la figura del sujeto moderno como espectador, como *público* bombardeado sin prisa ni pausa no solo por una plétora de estudios históricos sino también por un torrente informático que a menudo obstaculiza toda posibilidad de pensamiento reflexivo. El espectador moderno es el holgazán mimado en los jardines del saber del que habla Benjamin valiéndose de la cita de Nietzsche, y también es Funes, que contempla el fluir de una memoria que en su abrumadora perfección lo condena a la anestesia y a la ignorancia.

Nietzsche clama por que "el hombre aprenda, ante todo, a vivir", y por que "no utilice la historia más que para ponerla al servicio de la vida",[53] una vida que no aparece como fenómeno dado sino como un aprendizaje del que los estudios históricos son condición necesaria pero no suficiente: es preciso volver a educar en el arte tal como lo hicieron los antiguos, señala Nietzsche, ya que el arte excede el estímulo racional y se nutre de ejemplos extraídos de la esfera de la expe-

---

48. Nietzsche, ob. cit., pp. 137 y 139.
49. Ibíd p.111.
50. Ídem.
51. Marx, K.: *Tesis sobre Feuerbach*, p. 37.
52. Nietzsche, ob. cit., p. 98.
53. Ibíd., p. 161.

riencia.[54] En consonancia con las *Cartas sobre la educación estética del hombre* de Schiller, Nietzsche no desestima ni la historia ni la política, que compiten con la ciencia por la hegemonía de intereses, sino la pretensión de que sean erigidas en destino único y excluyente de la humanidad.

Inconmovible y mudo espectador del desplazamiento de la voluntad de transformación al torbellino del universo informático, Funes es afectado exclusivamente por el torrente perceptual de lo efímero y vacuo. Privado de olvido, juego, sueño y distracción, su sopor personifica una contradicción primordial del individuo moderno, que es quien se cree en mejores condiciones para conocer el pasado –"Funes tiene más recuerdos que los que tuvieron todos los hombres desde que el mundo es mundo"[55]– pero que al mismo tiempo es quien más lejos se encuentra de la posibilidad de modificar las condiciones de su entorno efectivo. Si el pasmado *Angelus Novus* con el que Benjamin cepillaba la historia a contrapelo volvía su rostro hacia una historia esquiva que amontonaba incansablemente ruina sobre ruina, Funes y el "holgazán" no lamentan una parsimonia análoga a la del ingenuo que, sentado junto al incesante fluir del río, aguardaba pacientemente que dejara de correr. La inmovilidad y la anestesia son el precio que deben pagar por una memoria que se arroga "infalible".

BIBLIOGRAFÍA

Benjamin, Walter: *Discursos interrumpidos I*, Madrid, Taurus, 1990.
Borges, Jorge Luis: *Ficciones*, Madrid, Alianza, 1978.
—— *Otras inquisiciones*, Madrid, Alianza, 1979.
—— *La cifra*, Buenos Aires, Emecé, 1981.
—— *Obras completas*, Buenos Aires, Emecé, 1994.
Lyotard, Jean-François: *El diferendo*, Barcelona, Gedisa, 1988.
Marx, Karl: *Tesis sobre Feverbach*, La Habana, Pueblo y Educación, 1982.
Nietzsche, Friedrich: "De la utilidad y de los inconvenientes de los estudios históricos para la vida", en *Consideraciones intempestivas* (trad. Eduardo Ovejero y Maury), Madrid, Aguilar, 1967.
Quesada, Julio: *Un pensamiento intempestivo. Ontología estética y política en F. Nietzsche*, Barcelona, Anthropos, 1988.
Vermal, Juan Luis: *La crítica de la metafísica en Nietzsche*, Barcelona, Anthropos, 1987.

54. Ibíd., p. 134.
55. Borges, "Funes el memorioso", ob. cit., p. 128.

17. De bibliographica ratio
Un comentario acerca de <lo borgiano> como narración historiográfica. Las ficciones de Josefina Ludmer

CLAUDIO CANAPARO
UNIVERSITY OF EXETER

L'ultima grande invenzione d'un genere letterario a cui abbiamo assistito è stata compiuta da un maestro dello scrivere breve, Jorge Luis Borges, ed è stata l'invenzione di se stesso come narratore, l'uovo di Colombo che gli ha permesso di superare il blocco che gli impediva, fin verso i quarant'anni, di passare dalla prosa saggistica alla prosa narrativa. L'idea di Borges è stata di fingere che il libro che voleva scrivere fosse già scritto, scritto da un altro, da un ipotetico autore sconosciuto, un autore d'un'altra lingua, d'un'altra cultura –e descrivere, riassumere, recensire questo libro ipotetico. Fa parte della leggenda di Borges l'aneddoto che il primo straordinario racconto scritto con questa formula, El acercamiento a Almotásim, quando apparve nella rivista <Sur> nel 1940, fu creduto davvero una recensione a un libro d'autore indiano. Così come fa parte dei luoghi obbligati della critica su Borges osservare che ogni suo testo raddoppia o moltiplica il propio spazio attraverso altri libri d'una biblioteca immaginaria o reale, letture classiche o erudite o semplicemente inventate. (...)

Nasce con Borges una letteratura elevata al quadrato e nello stesso tempo una letteratura come estrazione della radice quadrata di se stessa: una <letteratura potenziale>, per usare un termine che sarà applicato più tardi in Francia, ma i cui preannunci possono essere trovati in Ficciones, negli spunti e formule di quelle che avrebbero potuto essere le opere di un ipotetico autore chiamato Herbert Quain.

Italo Calvino, 1993: 57-58.

1. PROLEGÓMENOS RIOPLATENSES

La culminación del siglo XX literario rioplatense, a inicios de los años ochenta, no produjo síntesis, resúmenes o simplificaciones sino que dejó abierto un melodramático interrogante local: ¿cómo hacer literatura después de Borges? Este breve escrito trata de describir cómo puede ser formulada –entre las innumerables hipótesis posibles– una respuesta parcial a dicho interrogante.[1]

---

1. Los escritos de Néstor Perlongher (1949-1992) constituyen sin duda otra de las alternativas explicativas más convincentes acerca de cómo realizar un trabajo literario de índole posborgiana. No

Aquello que indicamos como el siglo XIX literario rioplatense se inició en torno a *El matadero* –escrito chacarero, como se sabe, del año 1839– y habría culminado en 1960, mientras que el siglo XX, habiéndose iniciado en torno a la publicación de *El hacedor*, culminaría en realidad en alguna fecha entre la aparición de *Respiración artificial* en 1980 y el inicio, en octubre de 1983, de la crónica policial que identificamos como "la nueva democracia argentina".[2] Esta es la hipótesis historiográfica general, a ser demostrada en algún porvenir, sobre la que asentaré mi descripción y comentario; es, para decirlo de otra forma, la *petitio principii* del presente trabajo.[3]

La descripción y el comentario que intento proponer tratarán de establecer cómo se plantea y cómo funciona en forma evolutiva una noción de <ficción>. Dicha propuesta se basa en principio en una comparación –física, argumental– entre dos libros. Un libro pertenece a Jorge Luis Borges y fue editado en diciembre de 1944, mientras el otro, más reciente, es atribuido a Josefina Ludmer y fue editado en marzo del presente año.[4]

Al decir <Borges>* me refiero, claro está, a un *personaje historiográfico* también conocido en forma alternativa por medio de una narración autobiográfica titulada Jorge Luis Borges (véase, por ejemplo, Rodríguez Monegal, 1987, y Borges, 1999b).[5] De igual manera, <Josefina Ludmer> no es aquí una persona sino otro personaje historiográfico o, también, en el mejor de los casos, una narración autobiográfica (véase, por ejemplo, Ludmer, 1991 y 1997).

---

nos ocuparemos aquí de dicha alternativa y remitimos al lector a *El perlongbear*, La Protesta Ediciones, Colección Ediciones Previas [sin indicación de lugar], 1999, 103 páginas.

2. Esta partición historiográfica surge del principio de que existe una fractura inevitable entre tiempo historiográfico y tiempo calendario (o, cuanto menos, entre los ordenamientos que cada uno de ellos genera). Mientras el tiempo calendario se vincularía, de forma conflictiva, con el posible orden y clasificación de una percepción física y cósmica (véase, por ejemplo, Ricoeur, 1983-5, III: 190 y ss.), el tiempo historiográfico se estaría relacionando con una actividad de escritura que rige toda forma de conocimiento –sea éste indicado como pasado/memoria (véase, por ejemplo, McKenzie, 1986) o como principio ordenador de lo que será presente (véase, por ejemplo, Momigliano, 1983).

3. Al respecto, para argumentación más amplia, puede consultarse *Elias Ingaramo. Un escritor caído del mapa*, La Protesta Ediciones, Colección Ediciones Previas [sin indicación de lugar], 1996, 18 páginas.

4. Para este trabajo utilizaremos siempre la numeración de la primera edición de *Ficciones (1935-1944)* de Sur, publicada en Buenos Aires en 1944. Mientras que la numeración de la primera edición de Perfil, también editada en Buenos Aires, será nuestro constante punto de referencia respecto de *El cuerpo del delito. Un manual* de Josefina Ludmer.

* En el presente artículo el signo <...> equivale a concepto, a forma de expresarse conceptualmente. También puede entenderse como *nominación* provisoria o en cuanto palabra entendida *quale* objeto (y no como palabra que denomina ese objeto).

5. Ya en 1984, en *Homo academicus*, Pierre Bourdieu había planteado parcialmente esta cuestión al referirse a los "individus construits". Véase Bourdieu (1984: 21).

¿Por qué Borges entonces? El aniversario de un siglo es evidente pero no basta para generar bibliografías y afectar la historiografía rioplatense en la forma definitiva con que este personaje historiográfico lo está haciendo (véase, por ejemplo, Cabrera Infante, 1997: 3). Borges es el nombre de unas <obras completas> que *cierran* el siglo XIX y que instauran un *horizon d'attente* para toda la literatura que vendrá durante el breve siglo XX rioplatense. En este sentido, el nombre Borges es fundamental no solo para *leer* la actual producción literaria rioplatense sino para elaborar cualquier hipótesis acerca del pasado en cuanto historia o sociología de la literatura. Borges es un lenguaje en el sentido postulado por Humberto Maturana, es decir, una herramienta, un aparato que posibilita una constante reformulación cognitiva, un *lenguajeando* (Maturana, 1995, I: 39 y ss.). De allí que la reflexión acerca de una dimensión *posborgiana* del mundo cultural rioplatense –y de sus alcances *altrove*– no constituya solo un problema literario sino una cuestión cognitiva que atraviesa las narraciones universitarias *in toto*.

¿Por qué Ludmer entonces? Aquello que en Borges es expectativa y porvenir (*horizon d'attente*), en Ludmer es realización y producción (la literatura como inevitable historiografía literaria): Ludmer supera con/por elaboración esa línea de fuga instaurada por Borges desde las páginas de *El hacedor* (1960) y, sobre todo, desde la formulación de las <obras completas> que este libro inauguró.[6] Pero, más aún, a diferencia de otros escritores que hicieron de la radicalización de ese *horizon d'attente* un proyecto, como la novela *Respiración artificial* (1980), Ludmer utiliza y modifica esa especie de punto de fuga y se sitúa más allá del concluido siglo XX rioplatense, en una zona que aún no tiene nombre y cuyas especialidades o disciplinas se asemejan más al azaroso *principium individuationis* de la incierta "enciclopedia china" que a una taxonomía académica (véase Borges, 1989, I: 708).

Desde una perspectiva epistémica –que es donde me gustaría situar en principio la mencionada descripción hipotética– *El cuerpo del delito. Un manual* de Josefina Ludmer utiliza una noción de *ficción* que se remonta de forma explícita y directa hasta Borges, en particular hasta *Ficciones (1935-1944)*. Observar entonces de qué forma la ficta reflexión/creación borgiana (léase <obras completas>) se prolonga y transforma (de manera historiográfica cuanto menos) es, en definitiva, el objeto de este trabajo.

6. La construcción de unas <obras completas> es no sólo uno de los aspectos más interesantes de aquello que llamamos la obra de Jorge Luis Borges sino también el elemento principal en torno al cual se construyó dicha obra (véase, por ejemplo, Borges, 1999b). En el apéndice ofrecemos una breve descripción de la relación del libro titulado *Ficciones (1935-1944)* (de la historia del libro) respecto de estas <obras completas>. Sin embargo, no es el propósito de este trabajo llevar adelante un análisis de dicha compleja elaboración borgiana. Baste por el momento con decir que, además de constituir por su forma y su contenido una especie de *abstract* de las <obras completas>, *El hacedor* es el primer libro de Borges publicado directamente (desde su primera edición) como parte de dichas <obras completas>.

No obstante, antes de comenzar, dos prevenciones de lectura son necesarias:

1. Existe una clara distinción de *registro* entre Borges y Ludmer. Lo que en Borges es indicación hacia el porvenir, espera u *horizon d'attente*, en Ludmer es nombradía, realización de un léxico y titulación de argumentos. Ese registro constituye básicamente una evolución en el lenguaje (*languaging*) en los términos ya citados de H. Maturana (véase, por ejemplo, Maturana, 1995, I: 105 y ss.).

2. No hay "similitudes" entonces entre Ludmer y Borges sino *evolución* en la acepción propuesta en *Fundamentos biológicos de la realidad* cuando se interpreta el concepto de evolución en Charles Darwin, no como una condición sino como una *consecuencia* en sentido biológico (véase Maturana, 1995: ibídem). Que la idea de lo ficto que Borges ejerce en *Ficciones (1935-1944)* sea extendida y prolongada en *El cuerpo del delito. Un manual* no significa en ningún momento que la obra de Jorge Luis Borges y la de Josefina Ludmer tengan ínsitas coincidencias. Borges es un escritor de los únicos dos siglos que posee la historiografía rioplatense y Ludmer sigue siendo una escritora que, a despecho del calendario y de sus iniciales excursiones en el siglo XX, forma parte de una aún anónima época posterior.

2. *LITERATURGESCHICHTE*

Un concepto de ficción no es solo la explicación de una forma de contar historias o el modo de construir historias: esta constituye la lección fundamental que la historia del libro titulado *Ficciones* nos ofrece. Un concepto de ficción involucra una evaluación histórica, una idea de lo escriturable, una acepción de cambio y una prescripción gnósica (véase, por ejemplo, Saer, 1997: *pássim*).

Aquello precisamente que sitúa a Borges como enciclopedista del siglo XIX rioplatense y como artífice del siglo XX, es un concepto de ficción. Este concepto de ficción posee estrecha vinculación con la idea de *philosophie* planteada por G. Deleuze y F. Guattari en 1991, es decir, como una actividad escrituraria encaminada a dos tareas fundamentales: (1) por una parte, inventar un lenguaje y derivar conceptos; (2) por otra parte, trazar planes y plantear hipótesis (Deleuze y Guattari, 1991: 38). Esta es la razón, por ejemplo, por la cual podría explicarse por qué la metáfora principal de un libro como *Les mots et les choses* (1966) se basa en un artilugio borgiano o por qué *Il nome della rosa* (1980), una de las novelas europeas más vendidas en la comunidad universitaria internacional en los últimos cincuenta años, constituye una expansión astuta de una trama borgiana.

El desafío que las <obras completas> de Borges plantean es sin duda la fabricación o re-invención de un concepto de ficción. Si las <obras completas> de Borges instituyeron en sentido epistémico que ya no hay literatura sin historia de la literatura, entonces queda claro que una actividad escrituraria encaminada a "contar historias" no puede sino mala y confusamente refugiarse en un siglo XX que ya concluyó hace más de 15 años.[7] El ejercicio de un concepto de ficción, luego de Borges, supera largamente los departamentos y facultades dedicados a las cronologías y el inventario de los nombres de los autores que las casas editoriales todavía clasifican como "literatura".

Generalizando rápidamente los siglos XIX y XX rioplatenses, tal como aquí los entiendo, puede decirse que existen tres formas de entender la *literatura*:

1. Aquella que asienta su legitimidad en el hecho de "contar historias". Las apelaciones paratextuales de esta literatura son mínimas o están reducidas a una competencia locutiva de amplio espectro, la cual presupondría una relación "progresista" entre periodismo y literatura (elaboración de tramas). Indicaremos a esta forma como Literatura I. Los escritos de Eduardo Gutiérrez constituyen en la actualidad un ejemplo de esta forma.

2. Aquella que asienta su veracidad en el hecho de "representar lo real". Esta forma posee una fuerte base paratextual y exige constantemente una lectura *historicista* por cuanto su efectividad metafórica reside en un vínculo con las narraciones históricas y periodísticas –de allí que tenga lugar, a diferencia de la forma anterior, una relación "prescriptiva" entre periodismo y literatura (elaboración de tramas). Indicaremos esta forma como Literatura II. Los escritos de Roberto Arlt, en un extremo, y los de Osvaldo Soriano y Ricardo Piglia, en el otro, constituyen ejemplos actuales de esta forma.

3. Aquella que se funda en el aspecto constructivo de todo lenguaje –aquí lo especulativo y lo literario se igualan– y cuyo carácter instrumental consiste en "crear mundos". Producir una realidad gnoseológica o, dicho empíricamente, crear un principio de realidad que justifique los léxicos es el objeto más destacable de esta forma. Indicaremos a esta forma como Literatura III. Las <obras completas> de Borges, de manera rudimentaria y fundadora, pero, sobre todo, los escritos de Néstor Perlongher constituyen ejemplos de esta forma.

Estas formas de hacer literatura no necesariamente se ajustan de manera precisa y exacta a la división por centurias historiográficas que hemos planteado,[8]

---

7. *El cuerpo del delito. Un manual* ofrece creo, mediante la teoría de las "coaliciones" y su descripción en dos etapas que intercambiarían posiciones en torno a la primera década del siglo XX en términos de calendario, una interesante alternativa de explicación acerca de cómo el siglo XIX rioplatense (historiográfico) puede describirse a partir de dos momentos, uno premodernista y el otro modernista, entendiendo "modernismo" en su acepción anglosajona, es decir, no solo como movimiento literario sino también como fenómeno político y socio-cultural (véase, por ejemplo, Ludmer, 1999: 459).

8. Cuando me refiero a "formas de hacer literatura" no necesariamente quiero indicar aquello que los mismos autores de literatura consideran como *su* concepto de ficción sino también, y sobre

aunque obviamente estemos sugiriendo que, en general, la Literatura I se vincularía con el siglo XIX, la Literatura II con el siglo XX, mientras que la Literatura III se relacionaría con los fines del siglo XX rioplatense y con sus secuelas.[9] La utilidad de estas formas reside en que ellas posibilitarían reflexionar acerca de cómo, por ejemplo, una historia de los libros o una noción de historia de la literatura pueden ofrecer hipótesis efectivas y eficaces al momento de postular lecturas acerca del *status* del pasado, pasado que, en este sentido cognitivo, como ya Paul Ricoeur ha demostrado, es siempre *literario* (véase Ricoeur, 1983-5, II: pássim).

De aquí que entendamos como "literario" una actividad de auscultación empírica (una historia de los libros), el ejercicio de una noción de ficción, la utilización de una idea de poética (en cuanto forma general de la estética) y la constante elaboración de una historia de la literatura en tales términos. En definitiva, todo aquello que algunos filólogos europeos, en torno a 1870, denominaban *Literaturgeschichte* (véase, por ejemplo, Momigliano, 1983).

Situándonos entonces, por una parte, en un período historiográfico posterior al siglo XX rioplatense (período posborgiano, podríamos también decir) con un contexto argumentativo vinculado a Literatura III y, por otra parte, ateniéndonos estrictamente a *Ficciones (1935-1944)* y a *El cuerpo del delito. Un manual*, trataremos de llevar adelante la conjetura propuesta.

3. DOS EXPLICACIONES DE UN MISMO FENÓMENO

En una condición, entonces, de Literatura III, donde de lo que se trata es de justificar o *explicar* léxicos o, de forma más genérica, producir explicaciones que solventen realidades gnoseológicas, la descripción del uso de la noción de ficción en dos libros diversos –y distanciados públicamente el uno del otro por más de cincuenta años– exige desarrollos que superan ampliamente los posibles vínculos con una acepción de periodismo de masas o con una clasificación de elementos

---

todo, la manera en la que los trabajos de dichos autores son recibidos (recepción) y cómo la historia de la literatura los ha *explicado* posteriormente. En este sentido, como decimos, Borges marca el fin del siglo XIX y el inicio del siglo XX, pues constituye el primer autor rioplatense que hace del manejo del paratexto y de la construcción de una recepción a su <obra> un proyecto.

9. Es evidente que no existe un ajuste perfecto y automático entre formas de literatura y períodos historiográficos, aunque dicha relación, según creo, fundamenta en gran medida el desajuste entre tiempo calendario y tiempo historiográfico –tal como ya P. Ricoeur ha sugerido (véase Ricoeur, 1983-5, III, parte 2). Por ejemplo, es probable hallar ejercicios de Literatura II en pleno siglo XIX o promesas de Literatura III a inicios del siglo XX rioplatense: *Los siete locos* (1929) sería un ejemplo notorio del primer caso, mientras que *El hacedor* (1960) sería un ejemplo no menos notorio del segundo caso. La funcionalidad historiográfica de los libros no siempre está de acuerdo con la unidad bibliográfica otorgada por los nombres de autores, excepto, claro está y como trataremos de ver aquí, por casos *rara avis* como el de Borges.

paratextuales en el sentido estricto establecido por Gérard Genette (véase Genette, 1987: pássim).

La descripción propuesta contendrá entonces dos niveles argumentales. Por una parte, veremos los aspectos físico-tipográficos de ambos trabajos y cómo éstos aspectos preparan y posibilitan alternativas conceptuales. Por otra parte, veremos algunos argumentos conceptuales que estarían reformando y, en última instancia, completando la relación de los dos libros a partir de una noción de ficción.

4. UNA GRAFÍA DE FICCIÓN: *THE BOOKISH SPACE*

Uno

Comparando de forma sencilla la edición de Borges de 1944 con la de 1999 de Ludmer podemos extraer algunas breves conclusiones iniciales.

Ficciones (1935-1944) fue puesto a la venta en librerías en enero de 1945, cuando la atención del público estaba orientada hacia la ofensiva de las tropas aliadas en Europa y hacia las secuelas del terremoto que destruyera San Juan. Su precio era de 4 pesos (valores de la época). Por otra parte, *El cuerpo del delito. Un manual* fue editado 55 años más tarde, cuando el público lector estaba entretenido con los inicios publicitarios de la batalla electoral por las elecciones presidenciales, y fue distribuido a las librerías en marzo de 1999 con un precio de 23 pesos. Ambas ediciones hacen indicación del *copyright*: en favor de Sur en el primer caso y en favor de Perfil y no de Ludmer en el segundo caso.

	PAPEL	TIPOGRAFÍA	IMPRESIÓN	DIMEN-SIONES	CAJA DE LA ESCRITURA
<Ficciones> (1935-1944)	no "acid-free paper" (vida estimada: año 2014)	aprox. 25 líneas por página (doble espacio)	en "caliente" (plomo/linot.)	20,4 x 13,7 (aprox.)	15,6 x 9,5
El cuerpo del delito <Un manual>	no "acid-free paper" (vida estimada: año 2069)	aprox. 38 líneas por página (1,5 espacio)	offset	22,2 x 13,9	18,8 x 9,95

Cuadro 1
Comparación entre la edición de Sur y la de Perfil, teniendo en cuenta algunos de sus elementos básicos. Las medidas están dadas en centímetros.

La edición de Sur fue enteramente realizada en la imprenta López, en el barrio de San Telmo. Ello quiere decir que el armado de las páginas, los arreglos y las tapas de color celeste fueron realizadas allí y que incluso –como solía suceder por la época– las galeras probablemente fueron corregidas en las mesas que con tal propósito existían no muy lejos del linotipista.

Con la introducción del sistema *offset* –así como también con el incremento en la velocidad de producción y distribución– este esquema de un solo sitio para elaborar el libro estaba obviamente destinado a modificarse.[10] La edición de Perfil de *El cuerpo del delito. Un manual* fue diseñada (composición) en la calle Paseo Colón (Taller del Sur) e impresa varios kilómetros al sur de la Capital, en Avellaneda (Cosmos Offset S. A.), y probablemente las galeras hayan sido revisadas en alguna casa particular de la misma capital o en New Haven.

Antiguamente las imprentas solían tener en depósito las copias de los libros por un cierto tiempo e incluso podía suceder que libreros o amigos del autor fuesen a obtener copias, previa autorización del editor, a la misma imprenta. En la actualidad, por razones de costos de *storage* y por la forma veloz en que la distribución es realizada en el mercado, la entera edición de un libro es generalmente retirada de los talleres de impresión no bien concluida la impresión.

El papel *standard* empleado en la edición de Sur (60/70 gramos, elaboración industrial, densidad media) no se hallaba libre de la acidez que, como ya sabemos, principalmente a causa de la utilización de colofonia en el encolado de la pasta de papel, literalmente rigidiza y pone en condiciones de destrucción al papel en un período aproximado de 70 años (véase, por ejemplo, Dupuigrenet des Rousilles, 1997 y Brandt, 1997).[11] Por el contrario, el "retrato del autor" que aparece en la página 4 fue impreso en *carta cerata* y de un gramaje superior (80/90 gramos) al resto del libro, lo cual explica en parte su mejor estado de conservación.

Situación similar –o peor aún– es la del papel *standard* utilizado en la edición de Perfil: 70 gramos, elaboración industrial, densidad baja.

Ninguna de las dos ediciones fueron realizadas entonces bajo las normas del "acid-free paper". La de Sur por obvias razones temporales (la cuestión de la acidez del papel comenzó a ser considerada seriamente recién a fines de los años ochenta) y la de Perfil seguramente por razones de costos u orientación de mercado. Ello significa que, de forma estimada y si no se han tomado las medidas

10. Según los datos que poseo, la primera edición impresa con el sistema *offset* de *Ficciones* fue la realizada por los talleres de la Compañía Impresora Argentina en febrero de 1965 (indicada por Emecé como cuarta impresión).

11. Para una amplia exposición sobre el argumento puede consultarse el monumental trabajo en seis volúmenes de W. J. Barrow quien, entre 1963 y 1969, publicara los resultados de su investigación de campo sobre el particular y que sin duda puede considerarse como la piedra angular acerca de las cuestiones de perdurabilidad y manutención de libros en el siglo XX. La obra de Barrow se titulaba *Permanence/durability of the Book* (Richmond, 1963-1969).

pertinentes, la edición de Sur estará en condiciones de extinción en torno al año 2014, mientras que la de Perfil llegará al mismo estado en torno al año 2069, o tal vez antes.[12] De hecho, la edición de Sur consultada para este trabajo (colección Vaccaro) está ya en situación comprometida: la "petrificación" de las hojas es evidente y la edición pierde entre 2 y 3 gramos cada vez que es consultada con una cierta consistencia; incluso las hojas comienzan a rasgarse por la costura, debido a la rigidez del papel, con lo cual también la pérdida de la encuadernación constituye un evento inmediato y previsible.

Ambas ediciones pueden considerarse *softcover* aunque la edición de Perfil se parezca más a aquello que en la actualidad reconocemos como *paperback* en el mercado editorial anglosajón (papel de baja calidad, encuadernación de pegamento, tapa a tres colores, tipografía *standard*). La edición de Sur se halla cosida y la proporción entre dimensiones del libro y caja de la escritura es amplia y confortable, mientras que, por el contrario, la edición de Perfil no se halla encuadernada sino con pegamento y la proporción entre dimensiones del libro y caja de la escritura es menor, tal como se estila en los trabajos de ficción (novelas, *best sellers*) en formato *paperback*.

Esta situación se clarifica aún más cuando traducimos en cantidad de palabras por páginas las 25 líneas de la edición de Sur y las 38 líneas de la edición de Perfil. La edición de Sur posee aproximadamente 200 palabras por página impresa completa, mientras que la de Perfil tiene alrededor de 380. En este sentido, la edición de Sur estaría reuniendo, en términos de uso del espacio, las características de aquello que hoy entendemos como edición en *hardback*, característica acentuada por el hecho de que la edición presenta una ilustración en la página 4 (retrato del autor), realizada para la ocasión por Marie Elizabeth Wrede.

Teniendo en cuenta el formato podría entonces concluirse que la edición de Sur reúne los elementos físicos que por la época se utilizaban normalmente en los libros de ensayos (las ediciones de libros "de literatura" solían ser más angostas). Es de destacar, sin embargo, que uno de los aspectos más interesantes de la editorial Sur fue su uniformidad en el formato de las obras que editaba, por cuanto más o menos en muy similares dimensiones editaba prosa y ensayo –las ediciones de *El jardín de senderos que se bifurcan* de 1941 y la de *Otras inquisiciones* de 1952, por ejemplo, poseen formato casi idéntico al de *Ficciones (1935-1944)*–, situación que no era del todo usual para la época.[13]

---

12. Todos los métodos de "recuperación" de libros o impresos consisten en tratar de revertir el proceso de acidización del papel. Dichos métodos consisten en impregnar el papel, por un medio gaseoso o líquido, de una solución alcalina que detiene el proceso de acidización (al respecto véase Bustarret, 1997).

13. Incluso la notoria edición de Sur de *Lolita*, por ejemplo, en 1959, poseía casi exactamente las mismas dimensiones que *Ficciones (1935-1944)*.

Por último, si considerásemos los índices, la edición de Sur presenta el esquema hispanohablante típico, es decir, que el índice aparece al final (página 203), mientras que la edición de Perfil presenta el modelo anglosajón con el índice al comienzo (páginas 7 y 8). De acuerdo con la perspectiva que aquí trato de instrumentar, esto último podría explicarse a partir de la "maniobrabilidad" más acentuada y explícita, entre los diversos "libros" (del esquema del libro en el libro que veremos), que presenta *El cuerpo del delito. Un manual.* Por otra parte, en ambos libros, cada nuevo escrito o capítulo es iniciado en hoja impar. En la edición de Sur, dadas las características que hemos visto, ello era plausible. En la edición tipo *paperback* de Perfil, por el contrario, ello estaría justamente contradiciendo dicha tipología, ya que significa una generosa utilización del espacio que el formato *paperback* usualmente no autoriza.

De estas breves conjeturas podemos concluir que, frente a la edición de Sur estamos en presencia de un libro que pudo haber sido de prosa o de ensayos, es decir, que la "ambigüedad argumentativa" que atribuimos a *Ficciones (1935-1944)* (y que veremos con mayor amplitud) se hallaría reforzada por el formato y la composición con que el escrito fue distribuido como libro en el mercado.

En el caso de la edición de Perfil, estamos en una situación un poco más compleja pues, por una parte, el libro se asemeja a ciertas colecciones francesas de ensayos –uno es el caso de Minuit y podríamos agregar, paradójicamente, la colección "espaces littéraires" de L'Harmattan en donde Annick Louis ha editado su interesante trabajo sobre Borges (véase Louis, 1997). Pero, por otra parte, la edición de Perfil puede asociarse a colecciones editoriales ibéricas, como la colección "Andanzas" de Tusquets. En conclusión: por formato, la edición de Perfil aparece como un escrito de carácter testimonial, ensayístico o crítico, mientras que por su encuadernación, por la calidad del papel y por el diseño de tapa aparecería como un trabajo "menos serio" y más vinculado a ediciones de bolsillo de colecciones literarias "de pasatiempo". Situación anómala la de esta edición, en definitiva, incluso para el mercado editorial rioplatense y que, a mi entender, contribuye también a la "anomalía" con la que este trabajo es incluido en las colecciones de la editorial: es un escrito "básico" (así es indicado el nombre de la colección) pero no es literatura, tampoco es filosofía ni tampoco aparece bajo el rótulo de "estudios culturales", no obstante el comentario de contratapa lo vincule con la "literatura argentina" y "latinoamericana" y con "los debates de la crítica cultural contemporánea".[14]

---

14. La recepción del *establishment* literario rioplatense de *El género gauchesco. Un tratado sobre la patria* (1988) –aunque por razones diversas– constituye un buen antecedente de esta "anomalía" en la que el trabajo de Ludmer se sitúa en el mercado editorial rioplatense (véase Ludmer, 1997: 132).

Dos

El libro *Ficciones (1935-1944)* no fue concebido en su origen como una trama de ensayos o una unidad de cuentos sino como una *antología* (de escritos) que abarcaba una producción determinada de Borges a lo largo de nueve años –incluso, acentuando esta situación, en los títulos de cada parte y en el mismo índice, aparecen indicados entre paréntesis los años a los que, tanto *El jardín de senderos que se bifurcan* como "Artificios", estarían correspondiendo (véase Borges, 1944: 7, 127 y 203).[15] En pocas palabras, diríamos que no existe un *manuscrito* de *Ficciones (1935-1944)* sino sólo las "pruebas" de la imprenta López, producidas en la calle Perú 666 en septiembre de 1944 (sobre la noción de manuscrito véase, por ejemplo, Hay, 1993).[16]

En sentido estricto, *Ficciones (1935-1944)* es *El jardín de senderos que se bifurcan* con un apéndice titulado "Artificios" –de allí que las 124 páginas numeradas de la edición de Sur de *El jardín de senderos que se bifurcan*, impresas en diciembre de 1941, se conviertan en las 203 páginas de *Ficciones (1935-1944)*.

De esta anterior observación deberían, creo, extraerse dos conclusiones principales. En primer lugar que *Ficciones (1935-1944)* no es el mismo escrito que *Ficciones* y que la diferencia entre uno y otro libro, además de los cambios más obvios introducidos en la segunda edición de 1956, es de índole historiográfica y de no poca importancia, teniendo en cuenta las operaciones bibliográficas empleadas por Borges en la realización de sus <obras completas>, tal como Annick Louis ha demostrado con acierto en su trabajo (véase, por ejemplo, Louis, 1997: 9 y ss.). En segundo lugar, y más relevante a los fines de este trabajo, que *Ficciones (1935-1944)* está compuesto de tres "libros" en un libro.

Esta disposición del libro dentro del libro, de la cual Borges sacaría mayor provecho argumental y gráfico en el futuro al diseñar sus <obras completas>, constituye un recurso borgiano por excelencia –véase, por ejemplo, *El hacedor*: editado como volumen singular por vez primera en 1960, sin embargo, fue *también*, desde su primera edición, parte de las <obras completas>.

15. De forma similar, Borges ya había editado en 1943 *Poemas (1922-1943)* (Losada, Buenos Aires) y editaría en 1952, ocho años después de la primera edición de *Ficciones (1935-1944)*, *Otras inquisiciones (1937-1952)* (Sur, Buenos Aires). Esta forma de titulación "antológica" puede sin duda ser interpretada como un anticipo de las operaciones bibliográficas que Borges realizará en relación con la construcción de sus <obras completas>, y por el mismo motivo es que puede comprenderse el retiro posterior de las fechas en los mencionados títulos de libros, excepto que, como en el caso de los poemas, se indique explícitamente que es una "selección" (ediciones antológicas o selecciones que tanto Emecé como Alianza han llevado a cabo con cierta frecuencia y a diversos niveles de extensión en el mercado hispanohablante).

16. De todos los catorce escritos incluidos en *Ficciones (1935-1944)*, solo dos no habían sido editados con anterioridad; por ello mismo decíamos que, en el caso más extremo, podría haber existido un "borrador" que reunía todas estas publicaciones ya realizadas bajo la forma de "pruebas de imprenta". Para una breve descripción de esta situación historiográfica de *Ficciones* puede verse el apéndice.

El libro en el libro, en este caso, consiste en un juego –un vaivén, una especulación– entre un <cuerpo> (que indicaremos como Libro I), un apéndice (que indicaremos como Libro II) y una serie de notas de ambos escritos (que indicaremos como Libro III). Composición que en gran medida se halla confirmada por el propio autor al incluir dos prólogos separados: uno para el Libro I (páginas 8-10) y otro para el Libro II (página 129).

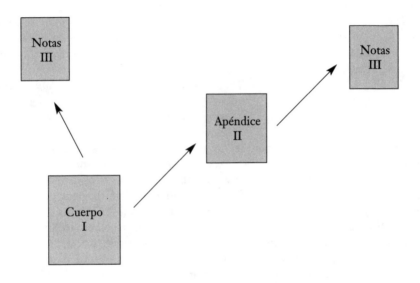

Figura A
El libro en el libro en *Ficciones (1935-1944)*.

El <cuerpo> (Libro I) estaría compuesto por *El jardín de senderos que se bifurcan*, que también fuera editado por Sur, y su función sería la de situar el lenguaje y los argumentos, mientras que las notas (Libro III) estarían realizando una especie de diálogo con el escrito; tanto las notas al Libro I como al Libro II cumplen la misma función, aunque su extensión varíe en uno y otro caso, por lo cual las consideramos como conjunto en términos de espacio. Por otra parte, aquello que indicamos como apéndice (Libro II) funcionaría como una especie de acentuación y refinamiento, al mismo tiempo, del lenguaje y los argumentos del Libro I. De forma tal que, por ejemplo, la relación de este "libro" con las notas (Libro III) se reduce sustancialmente por cuanto estas han sido incorporadas –a menudo como citas– al cuerpo del apéndice, es decir que el diálogo "hacia afuera" del Libro II, como decíamos, se hace más específico y económi-

	CUERPO	**APÉNDICE**	**LUGAR/ FECHA**	**NOTAS**
Prólogo	2		1941	
Escrito 1	27		1940 Posdata 1947	6 notas
Escrito 2	9		1935	1 nota
Escrito 3	14		Nîmes, 1939	3 notas
Escrito 4	9		Sin fecha	
Escrito 5	11		Sin fecha	
Escrito 6	8		1941	1 nota 2 gráficos
Escrito 7	13		1941, Mar del Plata	4 notas
Escrito 8	18		Sin fecha	
Prólogo		1	Buenos Aires, 29 de agosto de 1944	
Escrito 1		13	1942	
Escrito 2		9	1942	
Escrito 3		6	Sin fecha	
Escrito 4		19	1942	
Escrito 5		11	1943	
Escrito 6		9	1944	3 notas

Cuadro 2
El esqueleto de *Ficciones (1933-1944)* en términos de número
dc páginas, fechas declaradas de escritura y cantidad de notas.

co.[17] Los tres "libros" funcionan entonces como uno dentro del otro y sus elementos se intercambiarían expandiéndose o precisándose según los casos.

La entidad "libresca" de estos niveles no se mide solo por su extensión (tamaño) sino también por el hecho mismo de constituir un espacio autónomo, y en el porvenir, será el juego entre estos espacios y las voces narrativas, aquello a partir de lo cual Borges elaborará su noción de <obras completas> (véase Louis, 1997: 26 y ss.). El cuadro 1 constituye una radiografía posible de *Ficciones (1935-1944)* y que nos puede ayudar a precisar estos espacios y sus respectivas tareas.

Sobre un total de 203 páginas, 111 páginas constituyen el Libro I, 68 páginas el Libro II y 18 notas el Libro III. De acuerdo con la fechas ofrecidas por el autor, los escritos del Libro I fueron realizados entre 1935 y 1941, mientras que los del Libro II habrían sido realizados entre 1942 y 1944, declaración que, no obstante su origen autoral, no inspira certeza ya que el primer escrito del Libro I posee una "posdata" fechada en el futuro 1947. Los escritos están situados en tres ciudades: Buenos Aires, Mar del Plata y Nîmes.

El libro en el libro, a partir del juego entre los diversos niveles de narración, oscila entre una expansión de las expresiones metafóricas al mismo tiempo que un acentuamiento de la precisión y economía del lenguaje empleado, ya fuera en descripciones, enumeraciones o caracterización de las voces o los personajes.

Esta distinción de niveles, por otra parte, produce un efecto de *confusión* genérica (o "ambigüedad genérica"): podría tratarse de una antología de ensayos (el sentido del título "Artificios" podría interpretarse de esa manera), de la misma forma que una antología de cuentos (el hecho de que el título de uno de los escritos, "El jardín de senderos que se bifurcan", haya dado nombre a todo el Libro I podría intepretarse como una indicación de que se trata de un libro de cuentos).[18] El autor, por su parte, postula en los prólogos que el Libro I está constituido por siete "piezas fantásticas" (sin aclarar si ello es sinónimo de "literatura" o no) y una "policial" (es decir, esta sí, de supuesta índole novelesca) (véase Borges, 1944: 9). El Libro II estaría constituido asimismo por "piezas" pero sin aclarar en este caso –excepto por la primera que es catalogada como "ficción"– el carácter de las mismas (Borges, 1944: 129).

¿Cómo se vinculan en definitiva los tres "libros" y qué es aquello que al mismo tiempo los diferencia? Veamos "libro" por "libro".

17. Como veremos más adelante, en particular al confrontar *Ficciones (1935-1944)* con *El cuerpo del delito. Un manual*, "notas" y "citas" (*quotations*) no constituyen la misma cosa. En Borges las citas se hallan en el <cuerpo> mismo del escrito y su autonomía es relativa a este, mientras que en Ludmer las citas poseen autonomía y constituyen un "libro".

18. Por una parte la historia de *Ficciones* como libro (véase el apéndice) y, por otra parte, las operaciones bibliográficas de Borges en relación con sus <obras completas>, acentuarán y definirán aún más esta ambigüedad genérica inicial que la disposición gráfica de *Ficciones (1935-1944)* permite observar de forma primigenia.

Libro I. El tono de la escritura de este "libro" –uso explícito del "yo", uso descriptivo de un itinerario físico y libresco, empleo de informaciones bibliográficas o de circunstancias adyacentes a las mismas, constante análisis de los diversos y posibles empleos de lenguajes– genera sin duda una cavilación en el lector acerca del carácter ficticio de lo que se está leyendo. En este sentido el Libro I reenvía al Libro II.

Los nombres de "libros" funcionan aquí no solo como operadores temporales (posibles "modalizaciones" en sentido greimasiano: véase Greimas y Courtés, 1986: 215-217) –lejanías, circunstancias, eventos, capacidad nominativa– sino también como <personajes argumentales> en un sentido similar a los *personnages conceptuels* descritos por G. Deleuze y F. Guattari, por cuanto la consideración autónoma de estos nombres y el estudio de los mismos haría posible, más que un ordenamiento cronológico, una historia de la literatura en sentido conceptual y "borgiano" (véase Deleuze y Guattari, 1991: 60-61).

Libro II. La cavilación de lectura propuesta (situación del *lector in fabula*) del Libro I se especifica en el Libro II y aquello que era argumento en el primero se hace personaje en el segundo: "Funes el memorioso" (páginas 131-143), por ejemplo, podría entenderse, en este sentido, como una reformulación de "La biblioteca de Babel" (páginas 95-107).

Esta situación no deja de ser paradójica si se piensa que "El jardín de senderos que se bifurcan" constituye un título que podría considerarse como "literario", mientras que "Artificios" podría considerarse como un título "ensayístico" –con lo cual lo argumentativo sería *literario* mientras que lo ensayístico sería *biográfico* (véase al respecto Louis, 1997: 439).

Libro III. Las notas funcionan como aclaraciones biográficas o bibliográficas. También funcionan como informaciones que se agregan al Libro I y al Libro II. Este funcionamiento "clásico" de las notas, sin embargo, se destaca por su presencia anómala en escritos considerados como fictos –y que, de acuerdo con los cánones institucionales –gráficos y literarios– de la época, sólo poseían lugar en escritos de carácter reflexivo, académico o ensayístico (véase, por ejemplo, Bottaro, 1964). En este sentido, incluso hasta los mismos prólogos resultan engañosos pues, aunque se declaren "literarios" los escritos, la forma en que el autor habla de ellos asemeja a argumentos o conjeturas hipotéticas propias de los escritos ensayísticos –y <lo literario> ("ficciones"), aunque de forma incipiente, aparece ya aquí *confundido* con la escritura ensayística–.

La relación entre los "libros" es recíproca pero jerárquica, es decir que cada espacio mantiene su autonomía dentro de la subordinación narrativa que la forma del libro ha impuesto (véanse las figuras C y D).

Tres

Tres "libros" en un libro conforman asimismo la estructura sobre la que se asienta *El cuerpo del delito*. *Un manual* y el resultado de su empleo genera el mismo vaivén, la misma ambigüedad genérica que ya vimos en *Ficciones (1935-1944)*, aunque con elementos diversos y con una inevitable especialización mayor.

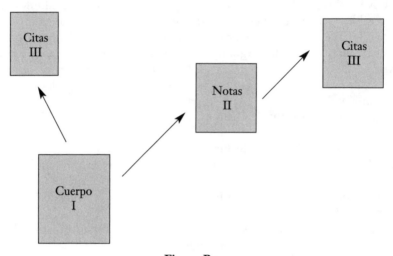

Figura B
El libro en el libro en *El cuerpo del delito*.

En *El cuerpo del delito. Un manual*, el <cuerpo> (*Libro I*) se halla constituido por la argumentación en sí, mientras que las "notas" constituirían una narración alternativa y al mismo tiempo un soporte bibliográfico (*Libro II*). Las "citas" (*quotes*) que pueden hallarse en el <cuerpo> –y ocasionalmente en el Libro II– constituyen las "historias" (*story* y *history*) en sentido estricto (*Libro III*).

Como veremos más adelante, la noción misma de <cuerpo> en *El cuerpo del delito* genera connotaciones conceptuales así como gráficas por cuanto, si en Borges eran los prólogos los que confirmaban en cierta forma la división en "libros", en Ludmer es precisamente esta idea de <cuerpo> la que incita a una lectura autónoma de los tres espacios que constituyen *El cuerpo del delito* –e incluso, también la idea de "manual" estaría reforzando aquí la necesidad de considerar un "libro" respecto del otro para tener, al mismo tiempo, una interpretación y sus posibles razonamientos o derivados.

El *cuadro 2* permite constatar el *acentuamiento* de este esquema del libro en el libro (tres "libros" en un libro) que en *Ficciones (1935-1944)* aparecía en una formato aún rudimentario.

	CUERPO	NOTAS	CITAS (aproximado)
Introducción	6	5	
Parte I	63	52	39 (Libro I) 18 (Libro II)
Parte II	27	54	13 (Libro I) 15 (Libro II)
Parte III	35	39	18 (Libro I) 15 (Libro II)
Parte IV	11	38	6 (Libro I) 10 (Libro II)
Parte V	20	26	7 (Libro I) 6 (Libro II)
Parte VI	20	33	11 (Libro I) 11 (Libro II)
Final	11	29	4 (Libro II)

Cuadro 3
El cuerpo del delito. Un manual desglosado en cantidad de páginas
(<cuerpo> y "notas") y número de *quotes* (<citas>).

Sobre un total de 509 páginas, 193 páginas constituyen el Libro I, 276 páginas el Libro II y aproximadamente 173 *quotes* constituyen el Libro III –de estas últimas, 94 pertenecen al Libro I y 79 al Libro II. Los "libros" de *El cuerpo del delito*, a diferencia de *Ficciones (1935-1944)*, no se distinguen en cuanto a lugar o fecha de escritura sino que se remiten a una misma no indicada fecha final y a dos sitios: la Universidad de Yale y Buenos Aires –esto último indica un cambio respecto de la relación entre "literatura" y territorio: la sugerencia de *estadías* en lugares –y el uso de esos nombres/lugares– trataba de reforzar en Borges la legitimidad de origen, mientras que en Ludmer la relación entre "literatura" y territorio debe ser construida, elaborada, explicada.[19] Dicho de forma más gene-

19. Néstor Perlongher, como pocos, es quizás quien mejor ha expresado esta situación literaria posborgiana en relación con los *territorios* (véase, por ejemplo, Perlongher, 1980 y 1997).

ral: la literatura del siglo XX rioplatense podía generar distancias imaginarias a partir del uso de nombres (lugares geográficos, nombres propios, libros, autores), situación de la que *Ficciones (1935-1944)* –sobre todo en la perspectiva de las <obras completas>– es un ejemplo casi perfecto. Desaparecida esa distancia imaginaria e imposible de obtener por los mismos medios, una de las alternativas literarias, que es la elegida por Ludmer, es la de elaborar un territorio para suplantar esa *amnesia topográfica* actual que Paul Virilio describiera con justeza (véase Virilio, 1988: 11 y ss.).

Como puede observarse, la extensión de los "libros" se ha ampliado considerablemente respecto de *Ficciones (1935-1944)* y existe, en este sentido, un equilibrio cuantitativo más evidente entre los tres. A mi modo de ver, esta extensión acentúa aún más la autonomía de cada "libro" y posibilita que cada uno posea sus propias historias (o "cuentos" en los términos de Ludmer), evento que resulta fundamental, como veremos, para que los elementos que se sitúan al nivel conceptual de una noción de ficción funcionen con todo su alcance.

¿Cómo, entonces, se diferencian y vinculan los tres "libros" en *El cuerpo del delito*? Veamos "libro" por "libro".

Libro I. Es la argumentación en sí y en cuanto que constituye la narración que (1) ordena los "cuentos" en diversos contextos bibliográficos; (2) ofrece las descripciones de los vínculos entre cada uno de ellos; (3) hipotiza y conjetura alternativas de interpretación. Se sitúa aquí el tono argumentativo, el "estilo" de especulación.

Si en *Ficciones (1935-1944)*, bajo este esquema de "libros", los nombres eran en definitiva *stories*, en *El cuerpo del delito* se produce justamente el movimiento contrario, pues las *stories* (los "cuentos") acaban definiéndose como nombres-personajes.

La noción borgeana de cuerpo libresco como equivalente de enumeración-descripción bibliográfica, que surgía según vimos en forma básica en *Ficciones (1935-1944)*, se halla reformulada en Ludmer de manera mucho más precisa y concreta a partir justamente del planteo de una idea de <cuerpo>, no solo en un obvio sentido jurídico, sino también como equivalente de conjunto bibliográfico y de narración historiográfica posible (véase, por ejemplo, Ludmer, 1999: 16 y 459).

Libro II. Al igual que en *Ficciones (1935-1944)*, aquí se produce una expansión y un refinamiento del Libro I. Si la expansión en general es de carácter bibliográfico, la especificación es argumentativa.

Este "libro" provee a *El cuerpo del delito* –y en particular al Libro I– de una *red*, traza un delineamiento espacial (bibliográfico, argumental) sobre el que se inscribe el escrito en su totalidad.

Libro III. Las citas (*quotes*) en el Libro I –y en el Libro II en menor medida– conforman asimismo un espacio autónomo en cuanto constituyen "historias" que –en términos bibliográficos o en términos de la narración– conforman el *nodo imaginario* en torno al cual se conduce gran parte de la argumentación. Al decir "citas" nos referimos, de manera específica, a los párrafos indicados tipográficamente como tales –aún cuando haya gran cantidad de fragmentos que, cumpliendo la misma función, y de forma similar a como sucedía en *Ficciones (1935-1944)*, no se hallan diferenciados tipográficamente.

El Libro III –sea respecto del Libro I o del Libro II– constituye una especie de punto de fuga.

El tono de la escritura, que en *Ficciones (1935-1944)* surgía básicamente en el Libro I, en *El cuerpo del delito* se pone en evidencia sobre todo en el Libro II, pero, no obstante, coincide con aquel en sus rasgos básicos: en la utilización del "yo" por parte del narrador (explícita en este caso: véase, por ejemplo, la página 227), en la concepción de la narración como un itinerario (libresco o descriptivo) o viaje (véase, por ejemplo, la página 467) y en la reflexión constante sobre informaciones bibliográficas (véase, por ejemplo, la nota 40, capítulo I) o sobre circunstancias que tienen alcances historiográficos (véase, por ejemplo, la página 163).

Si, como veremos, el Libro I de *El cuerpo del delito* constituye <lo nacional> (la construcción de una ficción, la ficción de) narrado por el autor o por otros autores "nacionales", el Libro II entonces funciona no solo como una red (bibliográfica, argumentativa) sino también como un compendio de guías direccionales de lectura y como *primeras interpretaciones* de algunos dichos del mismo <cuerpo> (Libro I) –siendo esta última característica el rasgo más determinante del esquema de tres "libros" en el libro (véase, por ejemplo, Ludmer, 1999: 154). Y bajo estas condiciones, el Libro II estaría constituido y funcionaría como una suerte de "lecturas paralelas".

El esquema de los tres "libros" en el libro estaría mostrando, de forma muy elemental, cómo *El cuerpo del delito* parte de una estructura, de una perspectiva libresca que sería, precisamente, aquella hasta donde llega *Ficciones (1935-1944)* leído en sentido historiográfico, es decir, en relación con las <obras completas> atribuidas a Borges y, sobre todo, en relación con las posteriores ediciones y reediciones del libro (véase el apéndice).

Cuatro

El esquema del libro en el libro, tanto en Borges como en Ludmer, funciona no solo, según ya fue dicho, como un principio ordenador y orientativo de lecturas sino, más relevante aún, como un organizador argumental –preparando o acentuando elementos o variaciones que, precisamente, serán luego discutidos y elaborados por la narración.

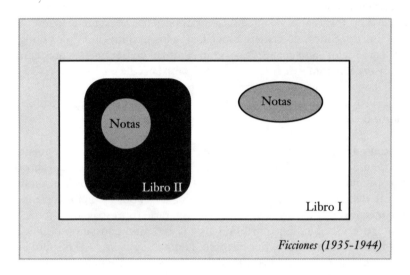

Figura C
Los "libros" de *Ficciones (1935-1944)* vistos en forma de planos.

Si consideramos por ejemplo a *Ficciones (1935-1944)* en perspectiva historiográfica (véase el apéndice), veríamos que los aspectos más destacables surgen básicamente a raíz de este esquema de tres "libros" en un libro –y que sin duda constituye además, como dijimos, el esquema sobre el que se asentará la idea de <obras completas> a partir de su primera aparición en 1956–. Es decir que los "libros" en el libro posibilitan (1) una descripción plausible (una suma de elementos y un ordenamiento) para expresar la *confusión* entre ficción y ensayo que estaría caracterizando la literatura (Libro I y II), y, como consecuencia de ello, (2) dicha confusión podría entenderse como lo específico de una "literatura argentina" (o rioplatense), y (3) dicha confusión, además, afectaría obviamente no solo a una posible idea de <lo literario> sino también a la noción misma de ensayo.

Figura D
Los "libros" de *El cuerpo del delito. Un manual* visto en forma de planos.

Creo que es esta consideración historiográfica lo que *El cuerpo del delito* asume plenamente –en términos conceptuales, según veremos, pero también en sentido libresco, es decir, proponiendo una determinada disposición de eso que indicaremos de forma genérica como *bookish space*–.

Esta disposición consiste en que, si el Libro I presenta la argumentación (<lo nacional> en sentido ficto y elemental o <lo cultural> como una forma de entender la relación entre sociedad y escritura), el Libro II constituiría una interpretación narrativa de la historia de la literatura argentina, de la historia de la crítica argentina y, más relevante aún, de una posible noción libresca de "cultura". Por último, el Libro III constituiría un inventario posible de las formas narrativas ("historias" o "cuentos") vinculadas a las perspectivas expuestas en los Libros I y II.

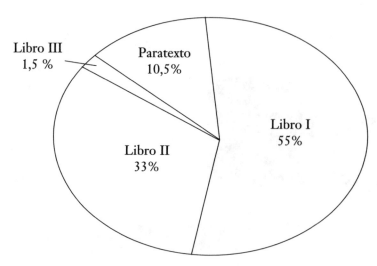

Figura E
Ficciones (1935-1944) de acuerdo con los porcentajes
estimados que en términos de espacio ocupa cada "libro".
El parámetro común de medida fue el número de páginas.

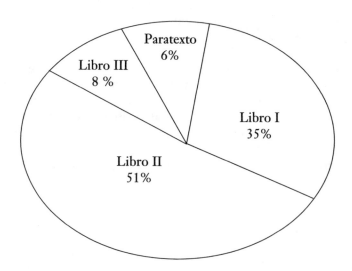

Figura F
El cuerpo del delito. Un manual de acuerdo con los porcentajes estimados
que en términos de espacio ocupa cada "libro". El parámetro
común de medida fue el número de páginas.

Considerando, por último, todos estos elementos, creo que puede postularse una explicación "argumentativa" –y no ya solo espacial– del esquema de los tres libros en un libro. Las figuras C y D tratan de expresar de forma gráfica esta situación en donde ya no solo distinguimos un plano (narrativo y locucional) de otro sino también en donde los niveles se subsumen. Si un modelo arquitectónico de lo que hemos indicado como *bookish space* fuese posible, estos dos gráficos deberían constituir los planos de dicho modelo. Por otra parte, las figuras E y F estarían dando las dimensiones cuantitativas (un escala posible) de dicho modelo.[20]

Cinco

La concepción de <lo literario> como una actividad escrituraria que oscila confusamente entre ficción y ensayo (*non-fiction*) es en líneas generales la conclusión que puede extraerse, como vimos, de una perspectiva historiográfica de *Ficciones (1935-1944)* leída en términos gráficos. Considerar esta situación de evaporación de los géneros, en términos de actividad de escritura, como la característica fundamental de lo que podríamos indicar como "literatura argentina" (o rioplatense), y tratar de narrarla, es, según vimos en términos gráficos, uno de los elementos fundamentales de *El cuerpo del delito. Un manual.*

En este sentido, la relación evolucionista entre Borges y Ludmer es directa –por eso sugerimos al comienzo que, en los términos de lo que indicamos como Literatura III, Ludmer iniciaba su reflexión allí donde Borges la concluía (cierre del siglo XX rioplatense). Y, por la misma razón, nos abocamos a una literatura que inevitablemente –por léxico, por personajes y por tramas– es literatura de literatura (Literatura III).

Por razones de extensión no he analizado aquí algunos detalles tipográficos que caracterizarían a los diversos planos del *bookish space* –por ejemplo, habría razones para conjeturar que el uso de comillas y bastardillas en Ludmer equivaldría como recurso a la utilización de títulos (manejo de voces y atributos por medio de títulos) en Borges.

Las consecuencias historiográficas, en términos rioplatenses cuanto menos, de *Ficciones (1935-1944)* (y de forma más amplia las <obras completas> de Borges) se vinculan con la literatura entendida en general como actividad de escritura pero, sobre todo, dichas consecuencias adquieren relevancia a partir de la concepción de que el conocimiento proviene de la búsqueda de equilibrio o acuerdo

20. Para realizar las figuras E y F, las notas (Borges) o *quotes* (Ludmer) que constituyen el Libro III fueron convertidas de forma estimada en cantidad de páginas. Por otra parte, "paratexto" aquí es entendido en sentido literal: agradecimientos, prólogos, falsas páginas, páginas en blanco y tapas.

entre una lectura de libros –o de la aplicación de dicha lectura a otros ámbitos (véase Foucault, 1966: *Préface*)– y las formas o maneras de la experiencia (percepción), acuerdo que sería obtenido a partir de la ficción entendida como inventiva, como creación, como *poiesis* (véase Maturana, I, 1995: 37 y ss.) Esta perspectiva puede hallarse, bajo determinaciones diversas, en los trabajos de Jean Piaget (1970), de Ernst von Glasersfeld (1995) o, más recientemente, en los de N. Luhmann (1986), y es por ello que hemos hecho referencia a cierto *constructivismo* en Borges y, por lo mismo, entendemos que *El cuerpo del delito* puede ser situado en esta *bookishness perspective* acerca de una noción de ficción y en relación con una idea de conocimiento posible.

En la siguiente sección entonces trataremos de ver esta relación evolutiva entre los dos libros, no ya en términos gráficos sino a partir de algunos elementos conceptuales de esa noción de ficción que, siempre de acuerdo con nuestra hipótesis de origen, vincularía en sentido epistémico *Ficciones (1935-1944)* con *El cuerpo del delito*.

5. ARGUMENTOS CONCEPTUALES DE LA FICCIÓN

La expresión alemana *Verstellung* puede traducirse como cambio de sitio, como regulación o ajuste, como desfiguración o disimulo, como simulación y, en definitiva, como ficción. Con idéntica declinación, *Vorstellung* puede a su vez ser entendida como presentación, como representación, como función, como sesión cinematográfica y también como concepto. De esta forma, tendríamos así asociadas (a partir de una misma raíz similar y de una similar declinación) dos expresiones, ficción y concepto, que según me propongo exponer, serían equivalentes en sentido epistémico, al menos en lo que respecta a una reflexión en donde la idea de actividad de escritura tiene un papel preponderante y, en particular, respecto de *Ficciones (1935-1944)*.

Las diversas acepciones enumeradas para estas dos expresiones ofrecen, creo, un espectro de alternativas a las que –tanto *Ficciones (1935-1944)* como *El cuerpo del delito*– recurren y que, bajo el rótulo propuesto de argumentos conceptuales de la ficción, nos estarían indicando de forma elemental las características generales que pueden vincularse a la relación entre la ficción y la conceptualización, características que, desde la perspectiva de los dos libros que nos ocupan, trataremos de describir en sus alcances y oportunidades.

Sin embargo, los aspectos que a continuación indicaremos como elementos conceptuales comunes (en sentido evolutivo) entre *Ficciones (1935-1944)* y *El cuerpo del delito* no justifican ni autorizan que dichos conceptos funcionen de la misma forma en la obra de los dos autores ni tampoco que puedan atribuirse a orígenes o razones de índole similar. La "comunidad" de estos aspectos conceptuales de la ficción se vincula con elaboraciones historiográficas y fictas que nunca se constituyen dos veces de la misma forma (al respecto puede verse Bourdieu, 1982 y 1984). Aquello que aquí tratamos de destacar, en definitiva, es cómo, a partir de *El cuerpo del delito* uno puede remontarse en sentido historiográfico a *Ficciones (1935-1944)* o, dicho con más precisión, cómo en *El cuerpo del delito* aparece expuesta y *contada* una noción de ficción que inevitablemente se sostiene por referencias y consideraciones a *Ficciones (1935-1944)* en términos de <obras completas>.

A los fines prácticos dividiremos estos elementos conceptuales de la ficción en dos clases: argumentativos y teóricos. En primer lugar expondremos los elementos argumentativos o "de estilo", es decir, aquellos en donde de forma evidente se establecen principios o parámetros "empíricos" de lo ficto. En segundo lugar, expondremos los elementos teóricos, es decir, aquellos con los cuales se pueden sintetizar o esquematizar los anteriores elementos "de estilo" y, en definitiva, la noción misma de ficción.

Uno. Las cuestiones argumentativas

Ficciones (1935-1944) leído a partir de *El cuerpo del delito* posibilita no solo (y no tanto) una caracterización de Borges sino también el inventario de los elementos de referencia y reflexión sobre los cuales necesita sustentarse una especulación acerca del *corpus* literario rioplatense (en *El cuerpo del delito*, por ejemplo, Borges aparece citado y/o comentado en al menos 32 páginas).

A continuación ofrecemos un borrador de ese inventario posible y provisorio.

1. En términos argumentativos, es decir, considerando la trama en su estructura y en su contenido, no habría distinción entre escritura ficta (*fiction*) y escritura ensayística (*non-fiction*) porque los elementos que hacen a la legitimidad de cada género –en particular las "señas de veracidad" del ensayo o la reflexión intelectual– son utilizados también como recursos estilísticos de la narración (Borges) o son utilizados de forma <abierta>, es decir que cada elemento es considerado con el mismo valor epistémico (Ludmer). En otras palabras: la ficción, para ser eficaz, se escribe como ensayo (Borges) y la reflexión, el ensayo rioplatense, para ser efectivo y preciso, se escribe como ficción posborgiana (Ludmer).

2. Las bibliografías de origen editorial europeo o estadounidense son consideradas, en primer lugar, como narraciones y, en segundo lugar, como sucedáneos naturales de las identificadas como narraciones <nacionales> (o, en segunda instancia, de las identificadas como "latinoamericanas").

La biblioteca en Borges y el viaje intelectual en Ludmer constituyen los artefactos por los cuales este cosmopolitismo libresco tendería a funcionar. La lectura del autodidacta y el acceso a las ediciones originales en lenguas diversas del rioplatense constituyen los parámetros de selección de la biblioteca borgiana. La lectura institucional, los debates universitarios y las estrategias sobre la relación local/internacional del mercado constituyen los parámetros del viaje ludmeriano.

Esta situación narrativa y gentilicia, en definitiva, conforma una noción de *mercado editorial* enfocada a partir de una perspectiva bibliográfica. El "principio de organización" que se menciona en la página 193 de *El cuerpo del delito* y "la lógica dual de la fama" que se menciona en la página 194 pueden, creo, considerarse como explicaciones alternativas de este aspecto.

3. La citas (Borges: Libro I) o *quotes* (Ludmer: Libro III) funcionan como *ex-cursus* del <cuerpo> (Libro I) y remiten a lo que podríamos señalar como otras enciclopedias y diccionarios diversos de los más inmediatos y familiares de que se valen ambas narraciones. De esta forma, dichas citas (Borges) o *quotes* (Ludmer) constituirían la parte más *exterior*, en sentido semántico y lexicográfico, del Libro I y del esquema del libro en el libro. Este *ex-cursus* constituiría en definitiva una especie de frontera lábil y móvil –frontera que no solo se refiere a la argumentación "interna" del libro sino, sobre todo, a cómo dicha argumentación *necesariamente* involucra el cuestionamiento de otras "fronteras exteriores" (institucionales, taxonómicas, etcétera) (véase, por ejemplo, Ludmer, 1999: 143-144).

En segunda instancia, las citas (Borges) o *quotes* (Ludmer) estarían funcionando asimismo como un "recurso de estilo", sea aportando consistencia bibliográfica y legitimidad al cuerpo argumental (Borges), sea ofreciendo "cuentos" (*story* y *history*) alternativos (*voces* alternativas al narrador) sobre una misma cuestión (Ludmer), y asimismo, este sería el punto de fuga que mencionamos con anterioridad.

4. El uso de una idea de *antología* se halla presente no solo bajo la forma libresca ya mencionada de selección que aparece en *Ficciones (1935-1944)* –o en la serie de "reseñas" de decenas de libros que aparecen en las notas de *El cuerpo del delito*– sino también en la concepción argumentativa de ambos trabajos, en el sentido que en diversas partes de los Libros I y II de ambos autores pueden hallarse explícitas *selecciones*, discusiones acerca de métodos de selección y descripciones de eventuales técnicas de representación de objetos o palabras. "Funes el memorioso" (p. 131 y ss.) y "La biblioteca de Babel" (p. 95 y ss.) me parecen dos claros y notorios ejemplos en Borges, mientras que la idea de "los poco conocidos" o "no leídos" de Ludmer puede constituir un ejemplo equivalente (véase, por ejemplo, p. 158 o también el proyecto de antología en p. 134 y ss.).

5. El narrador avanza con tramas y/o proyectos de tramas (Borges) o "cuentos" e historias (Ludmer) indicando/sugiriendo formas de leer y *moviendo* el curso de lo narrado de un espacio a otro; de allí, además, la presencia inevitable de

una suerte de itinerario (Borges: la idea de laberinto, por ejemplo) o viaje (Ludmer: los pasajes Buenos Aires-Europa, por ejemplo).[21]

6. La forma del "yo" que el narrador ejecuta o personifica se vincula con una cierta exposición (en sentido fotográfico, de *exposure*), que es erudita y abductiva en Borges (por ejemplo: "Tlön, Uqbar, Orbis Tertius" o "El jardín de senderos que se bifurcan") y cinematográfica y creativa en Ludmer (por ejemplo, Ludmer, 1999: 227, 248 y 254).

El "yo" borgiano expone tramas y los presupuestos de dichas tramas –de allí que la erudición mencionada no sea iluminista sino puramente inventiva en cuanto que no trata de generar la veracidad de un texto, por medio de nombres o escritos, sino que intenta producir una legitimidad editorial (que también será historiográfica a largo plazo) para los textos o, en el mejor de los casos, establecer significados segundos (irónicos) acerca de la utilización de saberes y bibliografías.

Por otra parte, el "yo" más preciso y definido de Ludmer (identificable en sentido institucional: véanse pp. 11-12 y 88) funciona como un "les voy a presentar..." cinematográfico que guía al lector por un recorrido o viaje (véase, por ejemplo, p. 227). Este recorrido o viaje se halla vinculado no solo con elementos paratextuales sino también con una autorreflexión acerca de lo que está *pasando* en la trama misma del libro –situaciones éstas en las cuales el tiempo del relato y el tiempo de enunciación parecieran coincidir (al mejor estilo cinético de la *nouvelle vague*).

La combinación entre primera persona explícita (p. 19), utilización del plural también en primera persona (p. 13), presencia de un autor en tercera persona (p. 12) y exhibición de un autor-narrador asimismo en primera persona singular (p. 34), constituye un ejemplo posible, en un solo escrito de *Ficciones (1935-1944)* ("Tlön, Uqbar, Orbis Tertius", pp. 11-37), de esta situación borgiana en donde la distancia entre tres tramas diversas –autor, narrador y relato autobiográfico– se reduce al mínimo en favor de múltiples coincidencias o, mejor dicho, en favor de un aprovechamiento, en un mismo escrito, de dichas tramas –y es este, dicho sea por añadidura, el principio básico de la utilización de elementos paratextuales en la futura realización de las <obras completas> de Borges–.

Por otra parte, el ir y venir de la página 157, el uso del posesivo en la página 194 y la presentación de la página 227 constituyen ejemplos posibles, en *El cuerpo del delito*, de esta utilización del "yo".

21. Un descripción detallada de este movimiento, en *El cuerpo del delito*, puede leerse en pp. 249-250, donde observamos no solo la raíz historiográfica del "movimiento" sino su situación como recurso "de estilo". El apartado "Cuentos argentinos" (p. 227 y ss.) puede en general ser considerado también como otro ejemplo posible.

En definitiva, el "yo" de *Ficciones (1935-1944)* procura nombres y lugares como eventos de una trama intelectual o sensible (de percepción) que le incluye, mientras que el "yo" de *El cuerpo del delito* utiliza el singular en primera persona (por ejemplo: nota 1, p. 88) o el plural en tercera persona (por ejemplo: "los Moreira", en p. 225 y ss.) para acentuar la *personificación* de los elementos de las historiografías. Y, de tal manera, *El cuerpo del delito* convierte en familiares y conjeturables escritos poco frecuentados (Soiza Reilly o el grupo "Contorno", por ejemplo) o hipótesis literarias insospechadas (Juan Moreira como habitante del año 1914), conversión que por otra parte constituiría, de acuerdo con Marc Augé y Clifford Geertz, el problema fundamental de la cultura de la *surmodernité* (véanse Augé, 1992 y Geertz, 1983).

Dos. Las conjeturas teóricas

Con el sentido "evolucionista" ya mencionado, *El cuerpo del delito* puede ser visto y/o leído como una *antología* de los elementos borgianos de la ficción –no solo, como vimos, en relación con tópicos o *subjects* sino también respecto de problemas o cuestiones relevantes a dicha idea de ficción.

La línea evolutiva entre *Ficciones (1935-1944)* y *El cuerpo del delito. Un manual* puede justamente conjeturarse a partir de esta situación en donde se discurre acerca de cuáles problemas o cuestiones en la escritura de la ficción permiten distinguir las narraciones rioplatenses de otras narraciones.

A continuación esbozamos un borrador con algunos de dichos problemas y cuestiones.

1. La historiografía en su forma y alcance no constituye una narración "lógica" y plausible sino creativa y abierta. La historiografía es una invención, en el sentido no solo de constituir un relato (*récit*, *story*) sino también en la acepción de *inventio*, de *vis imaginativa*, de ejercicio de la φαντασία (en general, véase, por ejemplo, McKenzie, 1986 y 1993; en particular véase Starobinski, 1970: 173 y ss., o también Calvino, 1993: 91 y ss.). La historiografía constituye una creación ficta que se asienta también en la utilización de elementos librescos: detalles físicos de libros, nombres de libros y autores, circunstancias de publicación, etcétera.

"Tlön, Uqbar, Orbis Tertius" (pp. 11-37), valiéndose de historias de libros, de visitas a bibliotecas y de descripciones de *close readings*, entre otros elementos, produce una forma primitiva pero básica de la reflexión historiográfica como forma narrativa.

Por otra parte, la descripción de *Caras y Caretas* en la páginas 250-251 y el "cuento bibliográfico" de las páginas 293-300 constituyen, en *El cuerpo del delito*, un ejemplo claro de esta perspectiva.

2. De forma bibliográfica –tal como ya lo sugería el esquema del libro en el libro– se traza la *red* sobre la que se inscriben tanto *Ficciones (1935-1944)* como *El cuerpo del delito*. Esta red consiste básicamente en una enciclopedia y en un diccionario, en parte ya existentes, con los que se dialoga, a los que se agregan nuevos conceptos, lecturas e interpretaciones o, incluso, con los cuales se debate y disputa (para la idea de enciclopedia/diccionario puede verse Eco, 1975, 1979 y, sobre todo, 1984: capítulo 2).

Si alguna noción de "historia" (*story* y *history*) fuese posible a partir de un concepto de ficción –tanto en Borges como en Ludmer–, ella se vincularía indudablemente con el establecimiento de esta red. Porque es la utilización de esta red, como se sabe, aquello que posibilita al narrador, al autor o al personaje orientar ("buscar el oriente", guiar, dirigir) una recepción del libro.

La frase de Ludmer –"Carriego inventó el barrio para la literatura argentina, dijo Borges en 1930 cuando inventó a Carriego" (p. 249)– constituye una formulación sintética de la condición mencionada. La narración del año 1907, en las páginas 248-261 de *El cuerpo del delito*, puede también leerse de forma similar aunque, en este caso, con mayor extensión.

3. Al paratexto clásico (prólogos, solapas, etcétera) entonces se suma un paratexto alternativo, que podríamos denominar "remoto", bajo la forma de enciclopedia y diccionario en los términos ya mencionados (véase Eco, 1984). En otras palabras: el *diálogo* con variadas bibliografías y diversas historias de libros se halla *explícito* en el mismo escrito, lo cual evidentemente funciona en primera instancia como una forma de orientar la recepción (de mercado, de lectura) de dicho escrito.

No es, sin embargo, la inclusión de los elementos paratextuales en los escritos lo relevante sino el diálogo que se establece con ellos, –de forma tal que estos elementos (bibliografías, historias librescas, "cuentos") continúan siendo *externos* al libro pero la cuestión que instauran, el problema que "traen" o generan, aparece desarrollado o planteado en el escrito. A lo largo del Libro II, en *El cuerpo del delito*, pueden hallarse variadas formas de este "traer" problemas y cuestiones al curso de la narración.

4. La actividad de escritura (<ficción> en sentido estricto) produce *tramas* que son itinerarios o viajes historiográficos (véase, por ejemplo, Ludmer, 1999: 404 y 467). Esta actividad es aquello que con acierto Ludmer ha indicado, en relación con una noción de lo ficto, como "El cuento de <la ficción>" (Ludmer, 1999: 406).

Esas tramas también generan libros *imaginarios* o por venir (véase, por ejemplo, Ludmer, 1999: 445), que es asimismo otra manera de formular la idea, inicialmente borgiana según vimos, del libro en el libro. Y es que la acción de nombrar –y los mismos nombres– posibilitan referirse a escritos (libros y manuscritos) que solo existen de forma nominal o lexical pero que se sostienen *verazmente* por el empleo artilugioso de los elementos paratextuales "remotos" ya mencionados (véase, por ejemplo, Ludmer, 1999: 435).

La explicación de la ficción como "cuento" entonces constituiría, en *El cuerpo del delito*, aquello que podríamos indicar como *literatura* en sentido estricto y que se basa, no por casualidad, en una lectura/interpretación de los escritos de Borges (véase Ludmer, 1999: 406).

5. Producir una narración historiográfica –un *orden de los libros* en sentido chartieriano– que pueda funcionar como *explicación evolutiva* de la "literatura argentina" o, en última instancia, de la "cultura argentina": tal es el propósito último de una noción de ficción cuando es eficaz (véase Chartier, 1994).[22] Más aún, dicha narración historiográfica debería ofrecer una explicación plausible y una interpretación funcional de por qué lo que llamamos "cultura argentina" constituye en realidad una "cultura literaria".

La interpretación borgiana del *Martín Fierro* y la inevitabilidad de esta, al considerar al *Martín Fierro* en la actualidad como argumento, personaje o tema, constituyen, creo, un ejemplo que "Funes el memorioso" (pp. 131-143) anticipa o proyecta en atmósfera, tono y descripciones.[23]

La caracterización del grupo literario denominado "Boedo" en la página 163, la ingeniosa interpretación evolutiva de la trama de *Los siete locos* y *Los lanzallamas* en la página 412 y el comentario acerca del autor Soiza Reilly en las páginas 254-255, constituyen posibles ejemplos, en *El cuerpo del delito*, de algunas condiciones de este ordenamiento libresco.

6. De esta forma, en términos de *lectura*, la ficción puede ser entendida como una red de tramas (Borges) o "cuentos" (Ludmer). Y esto es lo que Ludmer indica como "cadena argentina" o también "cadena literaria" (p. 370, por ejemplo) y que, en la perspectiva de *Ficciones (1935-1944)*, podríamos señalar como <cadena abierta>, pues el eje bibliográfico pasa por una actividad de escritura/lectura más que por el establecimiento inmediato de *territorios*, tarea que, como como ya sugerimos, será llevada adelante más a largo plazo con la elaboración de las <obras completas>.

La caracterización de la idea de "cuento", tal como puede deducirse de la descripción que aparece en la página 364 –incluida la interpretación de Borges que

---

22. La noción de <eficacia>, en términos de lenguaje, la entendemos aquí como sinónimo de "deriva natural" en la acepción de H. Maturana (1995, I: 105 y ss.).

23. La perspectiva borgiana acerca del *Martín Fierro* es conjeturable, entre otros escritos, a partir de "El escritor argentino y la tradición" (1932), "El sur" (1956), "Biografía de Tadeo Isidoro Cruz (1829-1974)" (1949) y, obviamente, de forma explícita en *El Martín Fierro* (1953).

suscita– y la enumeración de los elementos que componen la acepción historiográfica de "cadena" en la página 368, constituyen, en términos de *El cuerpo del delito*, dos ejemplos de los términos de *lectura* mencionados.

7. El esquema del libro en el libro, como ya vimos, facilita una argumentación simultánea a varios niveles. En el sentido de los "contenidos", este esquema puede además distinguirse por su carácter *autorreflexivo*: el libro en el libro posibilita una historia del argumento en cuestión y de sus argumentos derivados.

El comentario acerca del "Manual" en las páginas 312-313 de *El cuerpo del delito* y la breve crónica acerca de la historia de una parte del manuscrito que habría dado origen a dicho libro constituyen, creo, incontestables ejemplos del mencionado carácter autorreflexivo que genera la variedad de niveles narrativos del esquema.

8. Por otra parte, los tres "libros" en el libro permiten al narrador referirse al mismo libro que el lector está leyendo (véase, por ejemplo, Ludmer, 1999: 154) y no ya de forma "prologal" o, mejor dicho, no ya utilizando un clásico elemento paratextual en donde se reflexionaría sobre el escrito en cuestión. La interacción de niveles, en el esquema de tres "libros" en el libro, hace que esta *autorreflexión* del escrito sea hallable por todas partes y lo atraviese de un extremo a otro.

En este sentido, en *El cuerpo del delito*, los trabajos o autores citados aparecen como personajes narrados en tercera persona, como si el escrito fuese una especie de escenario en el cual se exhibirían teorías, libros y tramas biográficas (véase, por ejemplo, Ludmer, 1999: 162, 227 y 364). De igual forma, se cuenta lo que pasa/pasará a los personajes más adelante en la trama (anticipo, prolepsis) y ello como parte misma de la argumentación presente –de forma tal que el presente de enunciación se convierte asimismo en una cuestión, se convierte también en un relato (véase Ludmer, 1999: 248).[24] Y esto, por último, también puede ser señalado como una de las formas por excelencia de "literatura" posterior a las <obras completas> de Borges.

9. Los escritos –aquí la distinción *fiction/non-fiction* es ya irrelevante– *hablan* por sus tramas, por sus *plots* y por las relaciones que estas poseen con elementos paratextuales (clásicos y "remotos"), en particular por la relación que establecen con bibliografías e historias de libros (que son portadores no solo de otros obje-

---

24. Si aceptásemos, por ejemplo, los términos propuestos por *Lector in fabula*, podríamos decir que la noción de ficción de *El cuerpo del delito* trata de resolver el encuentro entre el "nivel de la estructura discursiva" y el "nivel de la estructura narrativa" a partir de la construcción de mundos posibles e ignorando, bajo la forma de una lectura radical, toda distinción entre mundo real y mundo no real (véase Eco, 1979: capítulos 5, 6 y 11).

tos sino también de otros lenguajes). Por ello, como destacamos, la funcionalidad del "yo" es relevante en la consideración argumental de las tramas o "cuentos" y no solo como un mero recurso retórico o lingüístico –de allí que también pueda entenderse que el uso del adjetivo (o del adjetivo sustantivado, como indicaba Julio Cortázar) constituya uno de los recursos más evidentes para quienes se han ocupado de comentar o analizar *Ficciones*; y, de la misma manera, podríamos conjeturar que cierto "expresionismo coloquial" constituye uno de los elementos que más llaman la atención en *El cuerpo del delito* (recuérdese la mención a la *nouvelle vague*).

Esta condición interpretativa, establecida por el *hablar* de los escritos, y que se halla inscrita en la misma trama, es decir, en las características del *lector in fabula* que los escritos postulan, se sitúa en definitiva en las antípodas de toda noción de *intentio operis* como herramienta de análisis.

10. La actividad de escritura que mencionábamos (<ficción> en sentido estricto) sería una tarea encaminada a construir imágenes que, en un sistema de objetos y palabras llamado Mundo, contribuirían a producir un principio de realidad *en construcción* (véase Ludmer, 1999: 373).

De aquí que se produzcan diversas versiones de Mundo (véase Ludmer, 1999: 404) cuya distinción se establece no por una jerarquía de veracidad o legitimidad sino por su capacidad explicativa; el análisis acerca de Borges en las páginas 425-426 y el comentario sobre Hannah Arendt en las páginas 427-428 pueden ser considerados, en *El cuerpo del delito*, como oportunos ejemplos.

Esta situación, en última instancia y valiéndonos de los términos de Ludmer, es aquello que indicaríamos como "ficciones teóricas" (p. 459) y que, con una perspectiva epistémica más amplia y en términos de Ernst von Glasersfeld, podríamos indicar como "the idea to define concepts in terms of operations" (1995: 6) o como <constructivismo> por cuanto:

> It replaces the notion of 'truth' (as true representation of an independent reality) with the notion of 'viability' within the subjects' experiential world. Consequently it refuses all metaphysical commitments and claims to be no more than one possible model of thinking about the only world we can come to know, the world we construct as living subjects (Glasersfeld, 1995: 22).

11. La <realidad> surge entonces como un concepto literario (en los términos de Literatura III) que varía de forma historiográfica respecto del pasado/memoria (Borges) y que se sitúa como *horizon d'attente* respecto del presente (interpretación de Borges por Ludmer). Este concepto literario, como dijimos, funcionaría como un principio de realidad *under construction* y de allí la relevancia que adquiere, como señalara ya Michel Foucault, la cuestión del ordenamiento de objetos y palabras.

El trabajo *Uma Memória do Mundo*, de Júlio Pimentel Pinto, puede considerarse como un valuable comentario sobre esta situación literaria del pasado/memoria en términos borgianos (véase Pimentel Pinto, 1998).

Mientras que, por otra parte, en relación con *El cuerpo del delito*, la consideración acerca de "lo real" que aparece en las páginas 281-282 y el comentario sobre *El casamiento de Laucha* (1906) de las páginas 471-476 conforman, creo, dos versiones diversas de esta misma condición constructiva de la realidad.

6. *LANGUAGING* BABELIA

Uno. Conocer, escribir, ficcionar

Habiendo establecido un *bookish space* como lugar indispensable para la producción de una noción de ficción, en los términos de Literatura III y en relación con una evolución historiográfica de *Ficciones (1935-1944)*, vimos luego cómo, sobre la base de dicho espacio, comenzaban a funcionar una serie de elementos conceptuales vinculados asimismo a la eficacia de lo ficto.[25] Todo lo cual no haría sino exponer hasta qué punto, aun habiendo concluido el siglo XX (historiográfico) hace ya más de quince años, Borges continúa de alguna forma estando presente en aquellas cuestiones que se consideran como *problemas* al momento de establecer un *corpus* bibliográfico denominado "lo nacional" (o también "literatura rioplatense").

Bajo estas condiciones queda claro, creo, que el esquema del libro en el libro puede ser entendido, más allá de su funcionamiento en un caso específico, no solo como un recurso estilístico –usos metafóricos, manejo de un código– sino asimismo como una forma de reflexión respecto de una *theory of knowing* para la cual la relación entre percepción y conocimiento es inconmensurable en lo inmediato –al decir "conociendo", en la expresión de Ernst von Glasersfeld, a propósito trato de enfatizar el carácter cambiante y provisorio de todo conocimiento (véase Glasersfeld, 1995: 1-2)–. Es por ello que una acepción de lenguaje surge asimismo como componente relevante: no hay organización, estructura o taxonomía estable (recuérdese la risa de M. Foucault en el "Préface" a *Les mots et les choses*) sino una constante búsqueda ficta del lenguaje procurando resultar efecti-

---

25. Como ya señalamos, "efectividad" y "eficacia", en relación con una idea de ficción, son utilizados como sinónimo de aquello que en el ámbito de la biología se entiende como *viability*: "I adopted the biologists' term 'viability'. Actions, concepts, and conceptual operations are viable if they fit the purposive or descriptive contexts in which we use them" (Glasersfeld, 1995: 14). Esta postura es, precisamente, aquella que H. Maturana describe en *Fundamentos biológicos de la realidad* y *Fundamentos biológicos del conocimiento* (1995, I y II).

vo, eficaz, "viable": más que lenguaje hay *lenguajeando* (véase Maturana, 1995, I: 20-21).

Y si en este proceso lo ficto adquiere relevancia, es precisamente por su sinonimia con una actividad escrituraria. El conocimiento no se "produce" sino que se *lenguajea*. Solo hay conocimiento si hay escritura y actividad de escritura: tal es una de las sugerencias más provocativas que pueden recogerse de la lectura de *Ficciones (1935-1944)* y de la relación de la misma con la evolución historiográfica de dicho escrito como libro. Y si *El cuerpo del delito* nos pareció una comparación pertinente fue, precisamente, porque comienza a trabajar, como ya fue señalado, a partir de esta última constatación.

Dos. Ficcionar

Si la evolución de lo ficto (en términos de narración historiográfica) entre *Ficciones (1935-1944)* y *El cuerpo del delito* era trazable como hipótesis a partir del momento en que una particular y rioplatense condición de actividad de escritura era posible, entonces la acepción de *lenguaje* surgirá como elemento subyacente e insoslayable de dicha evolución. Describir algunos avatares pocos frecuentados de este lenguaje es, creo, uno de los logros de *El cuerpo del delito*, por cuanto dicho libro no se somete, en sentido historiográfico, a los parámetros instituidos por las <obras completas> de Borges sino que, por el contrario, como hemos visto, los utiliza y les saca provecho.

Dicho esto, habría que destacar que la particularidad, en la noción evolutiva de ficción que hemos planteado, reside, creo, en que esta constantemente reflexiona y revisa los elementos de los que se vale. Esta *autorreflexión* de lo ficto –de origen claramente borgiano– constituye uno de los aspectos que con más fuerza han cobrado forma en *El cuerpo del delito*.

En la página 404 de *El cuerpo del delito*, al hacerse referencia a los "cuentos", se postula justamente una idea de lengua como evolución historiográfica (pasado/memoria) y como *lenguajeando* (*horizon d'attente*). Y de allí que también en *El cuerpo del delito* la relación entre conocimiento, lengua (*lenguajeando*) y actividad de escritura pueda ser articulada a partir de una *theory of knowing* (la noción de "cuento" es la herramienta específica en este caso).

Tres. El ludmeriando

Un actividad ficticia (Literatura III) que se basa en una noción de "cuento" como forma de "ficción teórica" (Ludmer, 1999: 459) y que funciona como operador historiográfico, por cuanto conjetura un *principium individuationis* para un determinado *corpus* narrativo, es aquello que podríamos indicar con el rioplatense gerundio de *ludmeriando*.

Las quinientas páginas de *El cuerpo del delito* se bastan a sí mismas para demostrar la funcionalidad de esta acción, que en términos gramaticales podríamos indicar como "gerundio adjetival en oración independiente" (María Moliner, 1989, I: 1393) y que en definitiva sirve para indicar un forma de concebir la especulación acerca de las bibliografías y sus elementos.

En estas condiciones, *El cuerpo del delito* demuestra y expone que lo interesante en términos fictos no son los libros que en la actualidad se editan bajo el rótulo de "literatura" sino la historia en la que ellos se inscriben o, en el mejor y más raro de los casos, la historia que ellos posibilitan y que, en los términos de Literatura III, podríamos indicar como historia de la historia o historiografía, sea dicha historia referida a tramas, argumentos, personajes o libros en sentido físico. Y al decir "historia", claro está, no me refiero a la anglosajona costumbre de las cronologías y los *facts* sino, como *El cuerpo del delito* mismo expone, a una actividad especulativa cuyo carácter epistémico abierto y cambiante se halla vinculado a la rioplatense indistinción entre *fiction/non-fiction*.

En un mercado universitario regido por cronologías que se editan como historias y por *companions* que se venden como ensayos críticos, el uso de una noción de <manual>, bajo las condiciones del *ludmeriando*, no puede sino resultar irónico y, en cierta forma, provocativo (véase, por ejemplo, Ludmer, 1999: 11-16). En este sentido, es decir, concibiendo a *El cuerpo del delito* como un <manual>, puede interpretarse el ludmeriando como una *oratio obliqua* respecto de los escritos que se producen en el ámbito de los "departamentos de literatura" de las comunidades universitarias –algo que, creo, se vincula directamente con la ironía y la burla con que Borges leía los ambientes literarios rioplatenses –sobre todo porque ambos se estarían basando, según vimos, en una concepción de la actividad de escritura como lo ficto por excelencia.

De esta forma, *El cuerpo del delito. Un manual* estaría *también* describiendo e ironizando (*oratio obliqua*) los alcances de "contar el cuento" o "hacer la historia" (que puede ser vinculado a lo que indicamos como Literatura I y II), no ya solo en términos historiográficos, sino también en relación con la posición que los académicos "nativos" tienen en ámbitos universitarios anglosajones (véase, por ejemplo, Ludmer, 1999: 355 y ss.). Es así que, a mi modo de ver, *El cuerpo del delito* plantea la cuestión del lugar del observador como inherente a los alcances cognitivos de lo observado.

¿Por qué, en definitiva, *El cuerpo del delito*? Porque constituye uno de los pocos escritos éditos, posteriores a las <obras completas> de Borges, que, junto con los trabajos atribuidos a Juan José Saer y a Néstor Perlongher, no se refugia en la noción borgiana de lo ficto sino que, por el contrario, la extrema y radicaliza.

El cuerpo del delito es una máquina de producir lecturas que, sin tratar de ignorar la dimensión historiográfica de *Ficciones (1935-1944)*, indica y señala nuevos horizontes de espera o expectativa, de forma similar, aunque su dimensión última esté aún por verse, a cómo *El hacedor* se situaría respecto de la historia de la literatura rioplatense.

Una clara constatación de los alcances de esta originaria condición borgiana en *El cuerpo del delito*, puede hallarse en la conclusión con la que se cierra la interpretación de Barsut, el personaje de Roberto Arlt, en la página 415. Si en lugar del escrito de Arlt pusiésemos el de Borges, las circunstancias serían divergentes pero la cuestión permanecería.

Cuatro. *Terminus a quo*

Considerando el lenguajear y sus condiciones, surgen sin duda innumerables interrogantes acerca de acepciones como "cultura" y "sociedad" –y la relación de estas no solo con la idea de historiografía aquí postulada sino también con los planteos que, en esa misma dirección, *El cuerpo del delito* deja sin resolver (véase por ejemplo, Ludmer, 1999: 468-469). Es evidente que semejante cuestión, por razones de complejidad y extensión, no puede ser seriamente tratada aquí (y tampoco fue mi propósito hacerlo). No obstante, sí es necesaria una breve referencia al respecto.

Tal vez sin proponérselo, Jack Goody ha demostrado hasta qué punto toda noción de "sociedad" depende de una actividad de escritura y, más aún, hasta qué punto "the states without writing" (1986: 99 y ss.) no pueden en la actualidad sino constituir *historia*, es decir, relato, narración o trama (véase Goody, 1986 y 1987).

Una actividad de escritura no es solo una cuestión vinculada a herramientas arqueológicas o a formas físicas con significados semánticos estandarizados. La actividad de escritura constituye, como ya fue mencionado, el *hard core* de la noción de lenguaje entendido de manera "constructivista" (véase, por ejemplo, Piaget, 1937 y 1967): tenemos lenguaje (*languaging*) porque tenemos escritura. De aquí que pueda comprenderse el alcance y la utilidad de una idea de ficción (como elemento básico del lenguajear), de la misma forma en que se comprende la continua creación de *mundos posibles* como conjeturas que hacen al regular intento por remediar la inconmensurabilidad entre percepción (⟻ experiencia) y conocimiento.

Esta situación es aquello que conduce a postular lo que podríamos indicar como nuestro corolario borgiano: si no hay lenguaje sin actividad de escritura, no hay escritura sin ejercicio de lo ficto. La idea de ficción es implícita a la de lenguajeando porque con ella se motoriza la actividad misma de escritura.

La noción goodyana de "sociedad", con sus implicaciones acerca de una actividad de escritura, tal como aquí la concebimos, nos lleva a una inevitable cuestión como es la idea de "cultura". *Beobachtungen der Moderne* (1992) de Niklas Luhmann y *Modernity and the Holocaust* (1989) de Zygmunt en B. Bauman continúan en cierta medida –y con otros recursos– el razonamiento de *The Logic of Writing and the Organization of Society*, poniendo al descubierto hasta qué punto la violencia pura es condición fundante de todo *socius* (en la acepción de la Escuela de Frankfurt), tal como por otra parte Hannah Arendt puntualizara hace ya más de treinta años (véase, por ejemplo, Arendt, 1962). H. Arendt ha demostrado –y Z. Bauman, en particular, sigue en esto sus razonamientos– cómo es *impensable* concebir una idea de "sociedad" sin algún grado de terrorismo de Estado (véase Arendt, 1964).

Más relevante aún, H. Arendt y Z. Bauman, con argumentos diversos, exponen, creo, una misma cuestión: la violencia que funda las comunidades no puede ser dicha, nombrada y expresada, porque vivimos en una contemporaneidad donde la continuidad iluminista entre percepción y conocimiento ha desaparecido con el diseño imaginario de los primeros *pogroms*. Más que una realidad física, el Holocausto –*ultima ratio* del *pogrom*– constituye un concepto indispensable de la gnosis contemporánea: esta es la verdadera tragedia del pensamiento "moderno" y que el mismo Borges ya entendiera a su manera en su escrito "Yo, judío", que en 1934, y mucho antes de la institucionalización definitiva del *Arbeit macht frei*, apareciera editado por la revista *Megáfono* de Buenos Aires (número 12, sección "Al margen", abril).

La ya notoria expresión decimonónica de Maurice Barrès "La Terre et les Morts" (para responder a la pregunta "¿que es *la patrie*?") pone nombre, a mi modo de ver, a esta perspectiva brutal en donde, sin territorialización y sin "cuentos" o "historias" (para usar la expresión de *El cuerpo del delito*), solo nos queda la violencia extrema y la pura percepción, tal como Paul Virilio ha señalado con acierto (véase Virilio, 1980 y 1988).

En este sentido y desde la perspectiva historiográfica que nos otorga *Ficciones (1935-1944)*, "La Biblioteca de Babel" no es solo una concepción más o menos alegórica o hipalagética del conocimiento, es también una *figura* que postula la mundanidad –en términos fictos y librescos– como un artefacto contra esta desertificación y apología de la inmediatez que genera la violencia "moderna" en los términos de H. Arendt.

Cinco. Mundo y producción de mundanidad

Borges es tal vez el único nombre de autor de origen sudamericano que se ha convertido además en adjetivo calificativo de uso general, saliendo así de un reducido mercado editorial y universitario que es donde en la actualidad circulan la mayoría de los autores de dicho origen. Si <Borges> es sinónimo de trama, personaje o biografía, <borgiano> es sinónimo de acción de imaginar, aquello que aquí hemos indicado como *ficcionar*. La tarea de describir, utilizar y reformular este adjetivo calificativo es, en parte, el logro de un trabajo como *El cuerpo del delito*.

Al proponer como argumento "<lo borgiano> como narración historiográfica", aquello que trataba de realizar era formular una descripción de esta rioplatense combinación de artículo determinante neutro y adjetivo sustantivado, es decir, trataba de conjeturar cuál era el "objeto" del que se predicaba dicha característica. La noción de ficción, descrita en una perspectiva evolutiva, espero, ha sido una respuesta satisfactoria a dicha cuestión.

Habiendo descrito entonces esta noción de ficción, surgió con claridad que la presencia *física* de los libros es indispensable en relación con una noción de ficción y que ello tal vez constituya el argumento más definitivo de *Ficciones (1935-1944)*. Y también por ello este trabajo se titula *De bibliographica ratio*, porque surge de esa *gràzia*, tan borgiana, donde los lenguajes y sus protagonistas ordenan mundos –sistemas de objetos y palabras– a partir de los principios gráficos que rigen la composición libresca.

La existencia de una *raison graphique*, a partir de los ya mencionados planteos de Jack Goody, es aquello que creo que nos inocula contra la fe de que puede existir *gnosis* sin actividad de escritura (véanse, por ejemplo, Goody, 1987, y Chartier, 1996). La descripción del *bookish space* y de los argumentos conceptuales de la ficción deberían constituir una demostración parcial de esta cuestión.

Por otra parte, esta idea de una *raison graphique* de cierto modo facilita y autoriza la reflexión en los términos ya planteados por Niklas Luhmann en relación con la contemporaneidad, es decir, cuando quien está narrando es un "observador de segundo grado" (véase, por ejemplo, Luhmann, 1992: 126): aquí narro algo que ya fue narrado por un autor de nombre Borges y que, a su vez, también fue explicado, comentado y dicho por otros autores, entre los cuales he elegido uno de nombre Ludmer. Aquello que sustenta esta observación de segundo grado no es otra cosa, en mi opinión, que una actividad de escritura, llámese ésta narración historiográfica o ficción.

Y es también esta situación aquella que, por ejemplo, permite comprender por qué el epígrafe de Italo Calvino con el que iniciamos esta reflexión, en ningún momento halla disminuidas su agudeza y eficacia (*viability*) por el yerro cierto de haber considerado a "El acercamiento a Almotásim" como édito por la revista *Sur*. Porque, como bien puede leerse en *El cuerpo del delito. Un manual*, una actividad de escritura siempre se ocupa "de la evidencia de lo que no se sabe" (Ludmer, 1999: 469).

Exeter, agosto-setiembre de 1999

APÉNDICE

Breve historia de la historia de Ficciones

La edición de *Ficciones (1935-1944)* fue concluida el 4 de diciembre de 1944 y puesta a la venta en librerías entre fines del mismo mes y enero de 1945. El ejemplar consultado para este trabajo, dedicado por el autor, tiene la inscripción "Xmas, 1944", lo cual hace pensar que el autor –y su círculo de allegados– obtuvieron copias apenas culminada la impresión. "Ediciones Sur" fue el editor y la imprenta López, de la calle Perú 666, tuvo a cargo la impresión, el armado y el encuadernado.

Hacía apenas dos años que Borges había editado, con el mismo editor y en la misma imprenta López, *El jardín de senderos que se bifurcan* –y que, curiosamente, también había sido impreso en el mes de diciembre–. El día 30 de diciembre de 1941, entonces, aparecía este libro, debido a lo cual, la editorial Sur prefirió la fecha "1942" como data oficial, evento que ha causado no poca confusión entre los aficionados a Borges, ya que algunos críticos, acertadamente creo, citan la fecha y el lugar de impresión, mientras otros, como se estila en la actualidad, citan la fecha dada por el editor y el lugar dado por el editor.

En una reseña periodística de BernardoVerbitsky, titulada "Un libro de cuentos de Jorge Luis Borges", fechada en 1942 y de la que no he podido localizar el origen, puede leerse el siguiente comentario:

> Borges debe mirar con mucha simpatía el procedimiento que utilizó Berkeley, que supo y gustó expresar su concepción metafísica del universo escribiendo sobre las virtudes medicinales del agua de alquitrán, lo que digamos de paso suscitó discusiones entre sus contemporáneos acerca de dicha panacea.

Verbitsky con agudeza señala el carácter inventivo de los autores expuestos por Borges, sugiere que el prólogo "es otro cuento" y destaca, no obstante el título de la reseña, que, por ejemplo, el escrito que da nombre al libro "pudiera ser uno de ellos [un prólogo], por ejemplo, un comentario o una interpretación de Kafka". También afirma que los cuentos, al menos "El acercamiento a Almotásim", *simulan* ser cuentos policiales. Verbitsky habla de una sensación de "vértigo" para indicar este descalabro de las certezas literarias que el escrito produce en el lector y le define con simpática precisión: "Sin exageración, las letras tiemblan".

Este comentario sobre la reseña periodística de Bernardo Verbitsky tiene el propósito, como será ya evidente para el lector, de sugerir que la *recepción* de los libros de Borges es asimismo de gran importancia para comprender las decisiones que el propio Borges tomara acerca del futuro de esos libros. Y si observamos por ejemplo las características de "Artificios", el apéndice agregado en 1944 a *El jardín de senderos que se bifurcan*, y que diera como resultado *Ficciones (1935-1944)*, podemos constatar que dichos escritos acentúan la dirección que sagazmente fuera indicada por Verbitsky. En otras palabras: no estoy diciendo que la persona Borges quisiera conformar la crítica literaria de los periódicos de la época sino que, por el contrario, valiéndose de ella, trataba de diseñar aquello que Borges, como nombre de autor, podía significar o, más importante aun en relación con las <obras

completas>, aquello que podía generar como expectativa. Por otra parte, no obstante el título oficial de "cuentos" con el que se describe al libro, es indudable que la ambigüedad genérica es uno de los elementos que los caracteriza y distingue: un mismo escrito, según Verbitsky, podría ser entendido como un cuento policial, como un prólogo o como una interpretación de Kafka.[26]

En 1984, según estimaciones editoriales no confirmadas, el mercado de lectores de Buenos Aires era calculado en torno a los 75.000 lectores para una población que oscilaba alrededor de los 10 millones, es decir que el mercado literario de lectores representaba el 0,75% de la población de Buenos Aires. Si tomásemos este porcentaje como parámetro, teniendo en cuenta la población de la época, podríamos conjeturar que el mercado de lectores de literatura en 1944, al momento de la edición de *Ficciones (1935-1944)*, y al cual esta reseña de B. Verbitsky era dirigida, estaba compuesto aproximadamente por 2.300 habitantes de Buenos Aires, mercado para el cual un tiraje de 500 ejemplares era entonces una cifra más que razonable, a pesar de que las actuales millonarias proporciones de ventas de algunas casas editoriales nos la hagan parecer irrisoria.

Ficciones (1935-1944), con un tiraje probablemente de 500 ejemplares, constituye como ya dijimos una *antología*. Su carácter antológico se basa no solo en el título del libro, sino, como también vimos, en su propia composición. Excepto por dos escritos, que fueron editados por primera vez al momento de la aparición del libro, todo el resto de trabajos de *El jardín de senderos que se bifurcan* (indicado como Libro I) habían sido editados antes de diciembre de 1941. "La biblioteca de Babel", fechado "1941, Mar del Plata", y "El jardín de senderos que se bifurcan", dedicado "A Victoria Ocampo", constituyen los dos escritos inéditos.

Por otra parte, entre junio de 1942 y agosto de 1944, Borges publicaría en el periódico *La Nación* y en la revista *Sur*, todos los escritos que conformarán el apéndice "Artificios" (indicado como Libro II) que, agregado a *El jardín de senderos que se bifurcan*, producirá la edición de *Ficciones (1935-1944)*.

En un período que abarca 14 años –desde 1939 a 1953– Borges exhibe una consistencia sin par: todos sus escritos incluidos en *Ficciones* fueron regularmente publicados por *Sur* o por *La Nación* –con las únicas dos excepciones ya mencionadas y aparte de "El acercamiento a Almotásim" que había aparecido bajo la forma de libro en 1936, como "pieza" de la *Historia de la eternidad*.

Teniendo en cuenta esta situación y de acuerdo con las fechas declaradas en los escritos, y con las fechas mismas de las ediciones en *Sur* y en *La Nación*, puede concluirse que en los años '40 Borges era ya un autor en condiciones de editar inmediatamente aquello que escribía.

---

26. Esta ambigüedad genérica tenía marcados antecedentes bibliográficos, que sin duda B. Verbitsky conocía. Exceptuando los libros indicados de forma específica como de poemas, el resto de los libros anteriores a 1935 fueron catalogados como *non-fiction*. Sin embargo, el que se consideró de alguna forma el primer libro de "prosa" (*fiction*) de Borges, paradójicamente, llevaba el título de "Historia" (*Historia universal de la infamia*, 1935) –situación que sin duda no contribuía a la creencia de estar frente a un trabajo de ficción. Y lo mismo sucederá con el siguiente trabajo (*Historia de la eternidad*, 1936). Incluso "Las kenningar" de 1933, ¿era un escrito en prosa (*fiction*) o constituía un ensayo?

	PUBLICACIÓN	LUGAR	FECHA	
Prólogo	inédito	Buenos Aires	10 de noviembre, 1941	
Tlön, Uqbar, Orbis Tertius	Revista *Sur* (número 68)	Buenos Aires	Marzo de 1940	
El acercamiento a Almotásim	*Historia de la eternidad* (editorial Viau y Zona)	Buenos Aires	1936	
Pierre Menard, autor del Quijote	Revista *Sur* (número 56)	Buenos Aires	Mayo de 1939	**1941** (Libro I)
Las ruinas circulares	Revista *Sur* (número 75)	Buenos Aires	Diciembre de 1940	
La lotería de Babilonia	Revista *Sur* (número 76)	Buenos Aires	Enero de 1941	
Examen de la obra de Herbert Quain	Revista *Sur* (número 79)	Buenos Aires	Abril de 1941	
La biblioteca de Babel	inédito			
El jardín de senderos que se bifurcan	inédito			
Prólogo	inédito	Buenos Aires	29 de agosto, 1944	
Funes el memorioso	Periódico *La Nación* (2da. sección, página 1)	Buenos Aires	7 de junio, 1942	
La forma de la espada	Periódico *La Nación* (2da. sección, página 1)	Buenos Aires	26 de julio, 1942	
Tema del traidor y del héroe	Revista *Sur* (número 112)	Buenos Aires	Febrero de 1944	**1944** (Libro II)
La muerte y la brújula	Revista *Sur* (número 92)	Buenos Aires	Mayo de 1942	
El milagro secreto	Revista *Sur* (número 101)	Buenos Aires	Febrero de 1943	
Tres versiones de Judas	Revista *Sur* (número 118)	Buenos Aires	Agosto de 1944	
Posdata de 1956	inédito	Buenos Aires	1956	
El fin	Periódico *La Nación* (2da. sección, página 1)	Buenos Aires	11 de octubre de 1953	**1956** (<Obras completas>)
La secta del Fénix	Revista *Sur* (número 215-216)	Buenos Aires	Octubre de 1952	
El sur	Periódico *La Nación* (2da. sección, página 1)	Buenos Aires	8 de febrero de 1953	

Cuadro 1

Detalle de los escritos que componen *El jardín de senderos que se bifurcan* y *Ficciones (1935-1944)*, de acuerdo con la situación editorial de cada uno, al momento de su edición como libros.

Si asimismo observamos las fechas de los prólogos, considerándolos como lo último escrito en la preparación del borrador para la imprenta, entre la realización del prólogo para "Artificios" y la impresión de *Ficciones (1935-1944)*, hubo un espacio de tres meses en los que el autor probablemente revisara las pruebas de imprenta –de hecho, "Tres versiones de Judas", el último escrito de "Artificios" fue publicado por *Sur* en agosto de 1944.

Observando las diversas fechas y sitios de publicación de los escritos (cuadro 1), podemos constatar una vez más el esquema del libro en el libro ya comentado, por cuanto aquello que indicamos como Libro I, el Libro II y los escritos y cambios que representan la incorporación de *Ficciones (1935-1944)* a las <obras completas>, se hallan claramente delimitados en forma espacial. En este sentido, la edición de Emecé de 1956, como veremos, marca el paso de *Ficciones (1935-1944)* a *Ficciones*.

El 14 de junio de 1956 –curiosamente, a exactos treinta años del fallecimiento de Borges– se editaba la segunda edición de *Ficciones (1935-1944)* que, habiendo decidido el autor introducir cambios y orientarse hacia las <obras completas>, será identificada como la primera. Y para acentuar y confirmar este cambio se realizaron algunas modificaciones. A saber: (1) se modifica el título por el de *Ficciones*, (2) se corrigen algunos escritos y se agregan tres más, (3) se modifica y reelabora el prólogo de "Artificios" bajo la forma de "posdata", (4) aparece una dedicatoria, (5) la misma editorial, en los créditos, ignora la edición de Sur (situación que en el futuro dará lugar a que Emecé señale como "primera" la edición de 1956), y (6) el libro aparece como formando parte de las <obras completas> de Borges.

Doce años después de la edición de Sur, se edita entonces *Ficciones*, como resultado de las operaciones historiográficas que Borges realizara para establecer la primera versión de sus <obras completas>. Ficciones aparece como el volumen quinto de esas <obras completas>. Emecé había iniciado la publicación de las <obras completas>, bajo la dirección de José Edmundo Clemente, en 1953, editando sucesivamente *Historia de la eternidad* (volumen I, 1953), *Poemas* (selección 1923-1953, volumen II, 1953), *Historia universal de la infamia* (volumen III, 1954) y *Evaristo Carriego* (volumen IV, 1955).

La segunda edición apareció cuando Borges tenía 57 años y es útil destacar que, en el comentario de la solapa de tapa de dicha edición, se asegura que *Ficciones* está "hace mucho tiempo agotado" y que dicho libro "es imprescindible en la actualidad para juzgar la literatura contemporánea". Es evidente aquí que la concepción de las <obras completas> implicaba una operación historiográfica por medio de la cual *Ficciones* se situaba, no sólo en una posición axial respecto de las <obras completas>, sino que trataba además de ubicar a estas también en un posición central de la literatura rioplatense. Se describen luego en este comentario los escritos, tratando de generar una primera lectura y de orientar la recepción del libro. Se asegura asimismo, no por casualidad, que "todos [los escritos] pertenecen a la clásica categoría de piezas antológicas". E incluso se confirma que *Ficciones*, "varias veces traducido al francés y al italiano goza ya de merecida fama internacional".[27]

---

27. En realidad la primera edición en italiano, por ejemplo, se basaba en la edición de Sur y fue editada por Einaudi, bajo el título de *La biblioteca di Babele*, en 1955, antes de la segunda edición a cargo de Emecé. La traducción era de F. Lucentini. La segunda edición en italiano, siguiendo la versión de Emecé, tendría lugar recién en 1961 y será titulada *Finzioni*, cambio de título que no hace sino confirmar el carácter de *unidad narrativa* (en sentido novelesco) que, debido a la evolución historio-

Si solo 500 ejemplares de *Ficciones (1935-1944)* circularon entre 1944 y 1956, la situación variará en el futuro. De la segunda edición de Emecé ("primera" según los editores), se harán dos reimpresiones hasta la aparición de las primeras <obras completas> –a cargo de José Edmundo Clemente– encuadernadas y presentadas en un cófano verde en tres tomos (*Ficciones* será incluido en el tomo II). La primera reimpresión es de junio de 1958, es decir, dos años más tarde de la primera edición de Emecé y la segunda reimpresión es de octubre de 1961, tres años más tarde de la anterior.[28] La cuarta reimpresión de la edición aumentada y corregida de 1956 será precisamente la de las <obras completas> reunidas en tres tomos y será editada el 5 de febrero de 1965. Esta edición, llevada a cabo en la Compañía Impresora Argentina, en la calle Alsina 2049 de la Capital Federal, es probablemente la primera de *Ficciones* que se produjera con el sistema *offset*. La quinta reimpresión tendrá lugar en abril de 1966, la sexta en mayo de 1966 y la séptima reimpresión en julio de 1967.

	Edición	Colección	Cantidad de ejemplares
Diciembre de 1944	1ª edición Sur		500 (estimada)
Junio de 1956	1ª edición en Emecé	Obras Completas	3.000
1958-1979	2ª a 29ª impresión Emecé	Obras Completas	99.000
	Emecé	Piragua	20.000
	Alianza-Emecé España (7 ediciones)	Bolsillo	83.000
Julio de 1980	30ª impresión Emecé	Obras Completas	5.000
			210.500 (total 1944-1980)

Cuadro 2
Cifras aproximadas de cantidades de ejemplares distribuidos
en el mercado hispanohablante. Las ediciones de *Ficciones* consideradas
son en cuanto libro individual (aun cuando formen parte de las
<obras completas>) y abarcan del año 1944 al año 1980.

gráfica, había adquirido *Ficciones*. Al respecto puede consultarse "Notas a la traducción italiana de *Ficciones*" de Giovanna Bonassi (en *Cuadernos Hispanoamericanos*, Madrid, 505-507, pp. 457-466).

28. Es de destacar que la editorial Emecé se refiere a "impresiones" y no a reimpresiones, considerando de tal manera a la primera edición como la primera impresión.

Para un período de 36 años, desde 1944 hasta 1980, se vendieron en el mercado hispanohablante, como mínimo, 210.500 copias de *Ficciones* –aunque, en realidad, deberíamos considerar tal cifra a partir de 1956, es decir, para un período de 24 años, ya que es con la editorial Emecé que los libros de Borges comienzan a ser distribuidos, al menos en el mercado hispanohablante, fuera del círculo reducido de los lectores de *Sur* y de las otras pequeñas editoriales en donde diera a conocer sus trabajos. Si consideramos entonces este último período, tenemos un promedio aproximado de ventas de 8750 copias por año y alrededor de 729 copias por mes. Situación que, si bien no es comparable con las ventas millonarias de algunos autores contemporáneos, al menos desmiente la reputación de autor de un público reducido que inicialmente circulara en torno a los libros atribuidos a Borges. Ahora bien, que todos aquellos lectores que adquirieron un libro de Borges, lo hayan finalmente leído, eso es parte de otra cuestión que por el momento no nos ocupa.

En 1961, a 17 años de la primera edición, y al momento de la segunda reimpresión de la editorial Emecé, *Ficciones* recibía el Premio Internacional de Literatura (Formentor) otorgado por editores de los Estados Unidos, Francia, Italia, Alemania y España. Evento que le daría a los trabajos de Borges el último empuje para obtener una reputación en Europa y en los Estados Unidos que lejos podía igualarse con el relativo anonimato argentino.

Si a las ediciones individuales del mercado hispanohablante de *Ficciones* agregásemos aquellas de las *Obras completas* en donde, desde 1974, fue incluida, veríamos que las cifras son aún más significativas (cuadro 3).

Año	Edición	Cantidad de ejemplares
1974	Primera	3.000 (estimada)
1975-1982	2ª-12ª (reimpresiones)	65.000
1983	13ª (reimpresión)	5.000
1984-1988	14ª-16ª (reimpresiones)	7.000
1989	17ª reimpresión	5.000
		85.000 (total 1974-1989)

Cuadro 3
Ediciones de *Ficciones* como parte de las *Obras completas* desde que fueran editadas en un solo volumen a partir de 1974. Se consideran solo las ediciones argentinas.

De bibliographica ratio

En un período de 15 años, la editorial Emecé distribuyó al menos 85.000 copias de las *Obras completas* de Borges. En febrero de 1989, al mismo tiempo que se editaba la 17ª reimpresión del volumen aparecido originariamente en 1974, aparecía el segundo volumen de las *Obras completas* (1975-1985) y era distribuido en una tirada de 10.000 ejemplares (el doble de ejemplares que el volumen I). Curiosamente, esta edición fue impresa en los talleres de la Compañía Impresora Argentina S.A. que es donde se produjera asimismo la primera edición de *Ficciones*.

Si consideramos en conjunto las cifras (cuadros 2 y 3), durante un período de 45 años, es decir, entre 1944 y 1989, la cantidad de ejemplares de textos de *Ficciones* distribuidos, como mínimo, se aproxima a los 295.500 ejemplares. En otras palabras: *Ficciones* fue editado a razón de 744 copias por mes desde el momento en que apareciera en el mercado en la primera edición de Emecé.

Por otra parte, si intentamos situar en perspectiva esta evolución editorial de *Ficciones*, pueden establecerse cuatro etapas diversas (véase cuadro 4). La primera etapa sería la perteneciente a la edición de Sur, en donde el libro aparece como una *antología* y en donde, por lo mismo, no hay un manuscrito en sentido estricto sino solo un borrador o pruebas de imprenta.[29]

La segunda etapa sería la de la edición de 1956 y sus sucesivas reimpresiones hasta 1965. En este caso puede hablarse ya de un manuscrito en sentido estricto (compuesto por un ejemplar de la edición de Sur más los cambios, correcciones y modificaciones). El libro aparecería aquí como compuesto con escritos de diversa índole aunque sin el carácter antológico anterior: puede ser entendido como libro de cuentos, como libro de ensayos o como ambos a la vez, pero aún sin unidad narrativa de origen.

La tercera etapa, que podríamos considerar a partir de la edición *conjunta* en 1965 de las <obras completas> de Borges en tres tomos, en realidad tiene sus orígenes en 1960. La publicación de *El hacedor* constituye, a mi modo de ver, un evento único en las operaciones historiográficas de Borges, no sólo por su forma de consagrar la confusión genérica que ya comentamos sino también porque constituye el primer libro de Borges que en su primera forma pública ya aparecía como formando parte de las <obras completas>.

El hacedor cierra y concluye los escritos de Borges en su conjunto y, en este sentido, prepara y anticipa en alguna forma el paso de las <obras completas> ("versión Emecé-Clemente") a las *Obras completas* ("versión Borges") que tendrá lugar en 1974. Y es también, debido a la situación de *El hacedor*, que sugerimos la fecha 1960 como la indicada (simbólicamente) para conjeturar el paso del siglo XIX al XX en términos rioplatenses (historiográficos), ya que, fuera del contexto de las *Obras completas* y en términos rioplatenses, *El hacedor* funciona como una especie de <obras completas> en formato de bolsillo.

La tercera etapa señala asimismo la implementación definitiva de *Ficciones* como una unidad narrativa *ab initio*, es decir, en donde *Ficciones* se convierte en una especie de trama novelesca en varios capítulos, y será justamente en razón de esta situación que *Ficciones*,

---

29. La distinción entre manuscrito y borrador que aquí consideramos se basa en la *unidad narrativa o argumental de origen* de los escritos. Es decir, manuscrito será aquel borrador que fue concebido como unidad de principio a fin y antes de la publicación de cualquiera de sus partes, mientras que borrador será todo escrito que no haya sido concebido en su totalidad como una unidad *ab initio* (sobre el particular puede verse por ejemplo Contat, 1991 y Hay, 1993).

	Primera etapa	Segunda etapa	Tercera etapa	Cuarta etapa
FECHA	1944	1956 1958 1961	1965 (•• 1960)	1974 (•• 1995)
EDICIÓN	Primera edición Sur.	Segunda edición. Primera de Emecé (como volumen V de las <obras completas>). Segunda impresión. Tercera impresión.	Cuarta impresión (primera edición de las <obras> en 3 volúmenes).	Primera edición (en las <obras completas> en un solo volumen).
EVOLUCIÓN HISTORIO-GRÁFICA	Un antología. Un libro ya publicado más otros escritos.	Un libro con escritos diversos. Un libro de cuentos o un libro de ensayos. La edición se corrige y aumenta.	Un libro unitario (de ficción o ensayo).	Una serie de escritos que forman parte de las <obras completas>. Y también un libro autónomo (sobre todo en el mercado no rioplatense).
ORIGINALES	No hay manuscrito en sentido literal sino pruebas de imprenta (o borrador).	El manuscrito pasa a ser la edición de Sur más los cambios y agregados.	El manuscrito se convierte en relevante para considerar la unidad del escrito como libro y como parte de las <obras>. Por eso la edición de Emecé es considera como la "primera".	

Cuadro 4
Evolución historiográfica de *Ficciones (1935-1944)*.

como veremos en la cuarta etapa, por la cual el libro –sacado fuera del contexto de las *Obras completas* y fuera del mercado hispanohablante– funcionará como una especie de <obras completas> en formato reducido para extranjeros, de la misma forma en que *El hacedor* funciona respecto de los lectores rioplatenses.[30]

La cuarta etapa sería, precisamente, la que tiene lugar a partir de la edición de las *Obras completas* en 1974 y en la cual, de forma paradójica, *Ficciones* estaría "perdiendo" de forma paulatina esa autonomía obtenida en 1965 –no obstante lo cual ha seguido floreciendo, en términos de venta, como volumen individual (véase cuadro 2).[31] Aparece entonces aquí una especie de "lógica dual de la fama" en los términos que ya vimos que se daban en *El cuerpo del delito* (véase Ludmer, 1999: 194) por medio de la cual, según la perspectiva territorial de los lectores, *Ficciones* ocupará una u otra posición o significado bibliográfico.

Por último, es necesario destacar que la existencia y aparición de un manuscrito en sentido estricto es un evento que está vinculado directamente con la condición de *Ficciones* como un libro creado *ab initio*, concebido como pieza única de principio a fin, razón por la cual hemos insistido sobre la relación entre libro, manuscrito y borrador. Cabe destacar por ello que la *unidad narrativa de origen* que caracterizaría a todo manuscrito en sentido novelesco es, en el caso de *Ficciones*, un resultado de la evolución historiográfica. *Ficciones* comenzó a ser considerado como libro creado *ab initio*, paradójicamente, a partir de su aparición en el tomo II de las <obras completas> editadas en 1965. Y si "genio" alguno es atribuible a la biografía que indicamos con el nombre de Borges, este sin duda reside en haber convertido una antología de cuentos en una narración novelesca en donde filosofía y literatura pierden sus privilegios epistémicos.

30. De hecho, recientes traducciones de Borges permiten todavía constatar esta situación. Por ejemplo, una selección estadounidense de escritos fue titulada *Collected Fictions*, que tratándose de Borges, claro está, tiene ulteriores connotaciones de las cuales el traductor, Andrew Hurley, no deja de valerse. La edición es de agosto de 1998, estuvo a cargo de Penguin/Viking y tiene 565 páginas.

31. Recordemos que uno de los aspectos que Borges más acentuó en la construcción de sus *Obras completas* fueron las fechas, de manera tal que ello le permitiera *excluir* los trabajos que no quería que allí apareciesen.

BIBLIOGRAFÍA

Arendt, Hannah (1962): *Origins of Totalitarianism*, Londres, Allen & Unwin.

—— (1964): *Eichmann in Jerusalem: A Report on the Banality of Evil*, Nueva York, Viking Press.

Augé, Marc (1992): *Non-lieux. Introduction à une anthropologie de la surmodernité*, París, Seuil.

Bauman, Zygmunt (1989): *Modernity and the Holocaust*, Londres, Polity Press.

—— (1999): *Culture as Praxis*, Londres, Sage.

Brandt, Astrid-Christiane (1997): "Le papier des XIXe et XXe siècles menacé", en P.-M. De Biasi y M. Guillaume (eds.), *Pouvoirs du papier*, París, Gallimard, pp. 96-97.

Borges, Jorge Luis (1944): *Ficciones (1935-1944)*, Buenos Aires, Sur.

—— (1995): *Borges en Revista Multicolor*, Buenos Aires, Atlántida.

—— (1997): *Borges el memorioso*, México, Fondo de Cultura Económica (conversaciones con Antonio Carrizo que tuvieron lugar en 1979).

—— (1989): *Obras completas*, tomo I, Buenos Aires, Emecé.

—— (1999a): *Borges en Sur 1931-1980*, Buenos Aires, Emecé.

—— (1999b): *Autobiografía*, Buenos Aires, El Ateneo.

Bottaro, Raúl (1964): *La edición de los libros en Argentina*, Buenos Aires, Troquel.

Bourdieu, Pierre (1982): *Ce que parler veut dire*, París, Fayard.

—— (1984): *Homo academicus*, París, Minuit.

—— (1992): *Les règles de l'art*, París, Seuil.

Bustarret, Claire (1997): "L'enigme de l'Extra Strong", en P.-M. De Biasi y M. Guillaume (eds.), *Pouvoirs du papier*, París, Gallimard, pp. 85-97.

Cabrera Infante, Guillermo (1997): "El regocijo de la palabra", *El País Cultural* [Madrid],VIII: 374, 3 de enero de 1997, pp. 1-4.

Calvino, Italo (1993): *Lezioni americane*, Milán, Mondadori.

Chartier, Roger (1994): *L'ordine dei libri*, Milán, Il Saggiatore.

—— (1996): *El mundo como representación*, Barcelona, Gedisa.

Contat, Michel (1991): *L'auteur et le manuscrit*, París, PUF.

Deleuze, G. y Guattari, F. (1991): *Qu'est-ce que la philosophie?*, París, Minuit.

Dupuigrenet des Roussilles, François (1997): "La galaxie Tsaï-Loun", en P.-M. De Biasi y M. Guillaume (eds.), *Pouvoirs du papier*, París, Gallimard, pp. 65-83.

Eco, Umberto (1975): *Trattato di semiotica generale*, Milán, Bompiani.

—— (1979): *Lector in fabula*, Milán, Bompiani.

—— (1984): *Semiotica e filosofia del linguaggio*, Turín, Einaudi.

Foucault, Michel (1966): *Les mots et les choses*, París, Gallimard.

Geertz, Clifford (1983): *Local Knowledge*, Nueva York, Basic Books.

Genette, Gérard (1987): *Seuils*, París, Seuil.

Glasersfeld, Ernst von (1995): *Radical Constructivism*, Londres, Falmer Press.

Goody, Jack (1986): *The Logic of Written and the Organization of Society*, Cambridge, Cambridge University Press.

—— (1987): *The Interface Between the Written and the Oral*, Cambridge, Cambridge University Press.

Greimas, A. y Courtes, J. (1986): *Semiótica. Dizionario ragionato della teoria del linguaggio* (ed. Paolo Fabbri), Florencia, La Casa Usher.

Hay, Louis (ed.) (1993): *Les manuscrits des écrivains*, París, Hachette-CNRS.

Louis, Annick (1997): *Jorge Luis Borges: œuvre et manœuvres*, París, L'Harmattan.

Ludmer, Josefina (1991): "Los géneros de la patria", en *El ojo mocho*, Buenos Aires, número 4, otoño, pp. 28-43.

—— (1997): Entrevista en M. Martínez-Richter (ed.): *La caja de la escritura*, Fráncfort, Vervuert (la entrevista fue originariamente realizada el 20 de noviembre de 1991).

—— (1999): *El cuerpo del delito. Un manual*, Buenos Aires, Perfil.

Luhmann, Niklas (1986): *Love as Passion*, Cambridge (EE.UU.), Polity Press.

—— (1992): *Observaciones de la modernidad*, Barcelona, Paidós (tit. orig.: *Beobachtungen der Moderne*).

Maturana, Humberto (1995): *La realidad: ¿objetiva o construida?*, 2 vols., Barcelona, Anthropos/Universidad Iberoamericana.

McKenzie, Donald F. (1986): *Bibliography and the Sociology of Texts*, Londres, The British Lybrary.

—— (1993): *'What's Past is Prologue'*, Londres, Hearthstone Publications.

Moliner, María (1989): *Diccionario de uso del español*, 2 vols., Madrid, Gredos.

Momigliano, A (1983): *Problèmes d'historiographie ancienne et moderne*, París, Gallimard.

Perlongher, Néstor (1980): *Austria-Hungría*, Buenos Aires, Tierra Baldía.

Piaget, Jean (1937): *La construction du réel chez l'enfant*, Neuchâtel, Delachaux et Niestlé.

—— (1967): *Biologie et connaissance*, París, Gallimard.

—— (1970): *L'épistémologie génétique*, París, PUF.

—— (1997): *Prosa plebeya*, Buenos Aires, Colihue.

Pimentel Pinto, Júlio (1998): *Uma Memória do Mundo*, San Pablo, Estação Libertade.

Porzio, Domenico (1985): *Jorge Luis Borges. Immagini e immaginazioni*, Pordenone, Edizioni Studio Tesi.

Ricœur, Paul (1983-5): *Temps et récit*, 3 vols., París, Seuil.

Rodríguez Monegal, Emir (1987): *Borges. Una biografía literaria*, México, Fondo de Cultura Económica.

Saer, Juan José (1997): *El concepto de ficción*, Buenos Aires, Ariel.

Starobinski, Jean (1970): *La relation critique*, París, Gallimard.

Virilio, Paul (1980): *Esthètique de la disparition*, París, Balland.

—— (1988): *La machine de vision*, París, Galilée.

18. Borges y el tiempo de la ceguera

Adam Sharman
Universidad de Nottingham

Siempre en mi vida fueron demasiadas las cosas;
Demócrito de Abdera se arrancó los ojos para pensar;
el tiempo ha sido mi Demócrito.

El presente trabajo tiene por tema a Borges y la ceguera, aunque la calma convicción con la que se utiliza la palabra "ceguera" en singular oculta los sentidos diferentes que se le atribuyen en las páginas siguientes. Por supuesto, invocar la ceguera de Borges es, ante todo, referirse a una condición física y personal, una experiencia íntima y privada, si bien es cierto que la condición que Borges sufrió no era una aflicción única, sino resultado más bien de una herencia genética (tanto su padre como su abuela se quedaron ciegos). Una vez enfrentada esta condición personal, se podría pasar a otra clase de ceguera, la ceguera "literaria", si no fuera el caso que el propio Borges hubiera hecho todo lo posible para borrar las fronteras entre una ceguera vivida y sus avatares literarios. Transformándola en materia de la historia literaria, Borges pretende hacer de la ceguera una condición que, al igual que la variante biológica, ha podido ser transmitida de generación a generación, en este caso conforme a una genealogía de precursores ilustres –desde Homero a Milton, desde James Joyce a Paul Groussac– de los que Borges habla en una conferencia titulada simplemente "La ceguera" y a los que Jacques Derrida hace referencia en sus pocas páginas sobre Borges en *Mémoires d'aveugles*.[1] Al hacer esto, Borges asume la ceguera, en palabras de Derrida, como "herida" que es también signo del elegido, marca del que debe saber conformarse con determinado destino que las musas le han deparado. Derrida tiene razón. En esa conferencia, Borges traza una celebración de la memoria que

1. Jorge Luis Borges, *Seven Nights* (trad. de Eliot Weinberger), Nueva York, New Directions, 1984; Jacques Derrida, *Memoirs of the Blind: The Self-Portrait and Other Ruins* (trad. de Pascale-Anne Brault y Michael Naas), Chicago, University of Chicago Press, 1993. Agradezco a Bernard McGuirk, a quien va dedicado el presente artículo, el haberme presentado a la obra de los dos escritores arriba mencionados. Quisiera agradecer también a Ximena Triquell y a Antonio Lázaro Reboll su ayuda con la traducción de este trabajo.

es al mismo tiempo un autorretrato. Se dibuja a sí mismo en la medida en que describe a ese otro ciego, Milton. Sería erróneo, por tanto, pasar por alto la dimensión autobiográfica que subyace la tematización borgiana de la ceguera.

Sin embargo, la ceguera aparece también (si podemos utilizar ese verbo) bajo otras formas. No solo como tema –si bien como materia difícil y resistente a la tematización– sino como mecanismo. "La ceguera", en este último sentido, está estrechamente vinculada a la preocupación obsesiva que Borges tiene con el tiempo, más concretamente con el tiempo de la eternidad que él opone al tiempo sucesivo y convencional. Ahora bien, de entre las muchas formas de ceguera que es posible encontrar en Borges, el tema principal de lo que sigue lo constituye esta especie de mecanismo textual interno que actúa como gatillo para la entrada del y al tiempo eterno. Me propongo abordar este mecanismo relacionándolo con la cuestión del platonismo, ya que el platonismo, que no dejará de ser una cuestión difícil que hay que tratar con sumo cuidado, es inseparable en la obra de Borges de la cuestión de la ceguera y el tiempo, de la cuestión del tiempo de la ceguera.

Mencioné dos tiempos, el de la eternidad y el de la sucesión. Postular solo dos tiempos es correr el riesgo de cometer un acto de violencia conceptual contra las diversas tradiciones a las que Borges acude y, digámoslo ya, a las que contribuye. (Jamás será cuestión de una relación pasiva entre Borges y las tradiciones, entre Borges y la Tradición.) ¿Están el karma budista, la cábala y el eterno retorno de Nietzsche fundados en el mismo concepto del tiempo? El riesgo pertenece a la historia del platonismo, a la peligrosa tendencia universalizante que tiene esa doctrina y de la que la crítica moderna descree con razón. Pero lo que quisiera sugerir en este ensayo es que si bien hay que luchar constantemente contra los peligros de un platonismo imperioso, tal como el mismo Borges hace con frecuencia, incluso en un ensayo como "Historia de la eternidad" que se dedica por otro lado a elogiar los méritos de la doctrina de Platón, cabe decir que un cierto platonismo es probablemente inevitable y, además, no carente de beneficio.

El libro de Beatriz Sarlo, *Jorge Luis Borges: A Writer on the Edge*, pasa por alto el platonismo.[2] Deliberadamente. Porque a Sarlo le interesa demostrar que, lejos de ser simple producto de la cultura universal, el vanguardismo de Borges debe entenderse como re-escritura de la historia literaria y cultural de la Argentina del siglo XIX. La objeción principal que pondría al libro de Sarlo, por decir demasiado en un espacio tan limitado, no se relaciona con el hecho de que ella elija con plena conciencia recalcar la dimensión argentina de la escritura borgiana, decisión que me parece enteramente válida y que proporciona resultados valiosos. Tiene que ver, en cambio, con que, si bien su análisis está basado en investigaciones en torno a la ciudad de Buenos Aires en los años 1920 y 1930, y tam-

---

2. Londres, Verso, 1993.

bién en torno a las revistas vanguardistas de la misma época, proceda a legitimar su planteo mediante una lectura de la ficción que Borges produjo principalmente a partir de los años cuarenta. Es decir, época en la que una parte importante de la obra de Borges (no vamos a decir toda) ostenta una actitud hacia la modernidad, hacia la actitud que es la modernidad, que es mucho más escéptica que la exhibida por los escritos producidos en los años anteriores. Borges está en deuda con, participa en, otra tradición más. No solo la de la Argentina criolla decimonónica; sino la de la tradición con mayúscula. Cuando nos devuelve al Uruguay de 1880, Funes está leyendo no solo a Locke, sino también a Plinio. Frente a una modernidad concebida como crítica, cambio, desarrollo, pero también ruptura, la preocupación que Borges tiene con el tiempo de la eternidad puede entenderse como afirmación de la tradición. De más está decir, y mi planteo parecerá absurdo si la proposición siguiente no se tiene presente, que la afirmación en cuestión altera aquello que busca conservar. No se trata, entonces, de establecer una nítida oposición entre tradición y modernidad, ni de conferirle a Borges el aspecto de un *gentleman*-avestruz monstruosamente anacrónico que logre de alguna manera hundir la cabeza en un terreno incontaminado por la modernidad. Tampoco se trata de insistir en una rígida periodización respecto de la producción borgiana, según la cual Borges habría sido un escritor local y vanguardista antes de pasar velozmente, y por razones políticamente sospechosas, a convertirse en autor universal. Irrumpe el tiempo circular con demasiada frecuencia en las primeras obras, y están demasiado presentes los hábitos de la modernidad en los escritos posteriores, como para que semejante dicotomía tenga vigencia.

Sin embargo, hay otra dicotomía de la que es necesario recelar. Porque no puede haber una simple oposición entre tradición y tiempo circular por un lado, modernidad y tiempo sucesivo por otro. ¿Qué es el "horror sagrado" que Heráclito demuestra ante el río de nunca acabar sino el reconocimiento de la sucesión, de que él también es río?[3] En una serie de ensayos sobre el tiempo que empiezan en los años treinta y continúan a lo largo de más de una década, Borges no deja de señalar la dificultad lógica en la que se cae a la hora de intentar concebir una clase de tiempo sin la otra. En el cuento "Avelino Arredondo", el tiempo de la eternidad será, por tanto, descrito como "ese tiempo casi sin tiempo".[4] La presencia de la palabra *casi* es elocuente. Resulta difícil, al fin y al cabo, concebir el eterno retorno, imaginar un tiempo que retorna por definición *después* de un tiempo anterior, sin reintroducir el lenguaje y el concepto de la serialidad. Más

---

3. "Heráclito", *La moneda de hierro*, p. 502. Referencias a la poesía de Borges remiten a la *Obra poética, 1923-1977*, Madrid, Alianza/Emecé, 6ª ed., 1990.

4. *El libro de arena* (vol. 4), p. 176. Referencias a los cuentos y ensayos de Borges remiten a la *Prosa completa (1930-1975)*, Barcelona, Bruguera, 1985. Señalo entre paréntesis el número del volumen.

verosímil es pensar en términos de una tradición de "dos" tiempos contrapuesta, al menos según la perspectiva provocativa de Borges, a una modernidad basada tiránicamente en la existencia de uno solo (el tiempo sucesivo). Borges pretende cuestionar una modernidad arrogante mediante el proceso de adivinar en sus pliegues y fisuras los rastros del tiempo platónico (del tiempo de la cábala y del karma…). Disiente con un aristotelismo, que, según escribe en "Historia de la eternidad", "todos hacemos […] *sans le savoir*", un nominalismo (del que el nacionalismo no es sino una forma extrema) cuyo deseo de particularidad termina en una afirmación solipsista de la singularidad, como si semejante fenómeno jamás hubiera sido visto antes y como si tales pensamientos no debieran nada al pasado.[5] Es decir, para Borges se trata de estar atento a un "platonismo" que designa cierto modo –a lo mejor inevitable, a lo mejor necesario– de pensar. Así que cada vez que Borges invoca una variante del tiempo eterno, que él es capaz de llamar "la idea más horrible del universo" (no ignora la inercia potencialmente atroz que la doctrina supone), no es entonces por pura nostalgia del pasado; es más bien para recordarnos que tanto el platonismo como la tradición están inscritos en el nominalismo secular que es la modernidad.[6]

Pero he dicho que mi tema es el del tiempo de la ceguera. Y es cierto. Aunque no creo poder delimitar ese tema, encerrarlo en una tematización que conocería sus límites y que sabría revelar la totalidad de sus recovecos más oscuros. Me propongo explorarlo porque desde cierta perspectiva, que supone dejar de lado un momento la cuestión de las influencias y las deudas (las diversas tradiciones teológico-filosóficas o los avances contemporáneos de la ciencia y la matemática), la concepción del tiempo de la eternidad en Borges se debe al trabajo de una cierta ceguera, de lo que pudiéramos designar un "devenir-ciego", que no se ajusta al tiempo convencional de la historia y la cronología. Las meditaciones del sujeto textual sobre la eternidad serán frecuentemente "causadas" o activadas por el anochecer, por la "muerte", por un momento extático, por una ceguera literal o metafórica que permite la abstracción, preludio a un extraño hiato en el curso banal del tiempo lineal. Este paréntesis da lugar al tiempo circular, tiempo del budismo o de la cábala, tiempo de los sueños, de la poesía y del tango.

Para empezar el análisis de este hiato, vuelvo a mi epígrafe, tres versos del poema "Elogio de la sombra" de la colección homónima (1969).[7] Cuenta la leyenda que Demócrito se arrancó los ojos para impedir que las molestias del mundo material interfirieran con la actividad de pensar. En el caso de Borges, el tiem-

---

5. *Historia de la eternidad* (vol. 2), p. 28. Aristotelismo y nominalismo son sus términos preferidos para lo que la filosofía moderna denominaría empirismo. Para la división de la filosofía en los dos grandes campos del platonismo (el realismo) *versus* el aristotelismo (el nominalismo), véase Borges, Jorge Luis: "El ruiseñor de Keats" y "De las alegorías a las novelas", en *Otras inquisiciones*.

6. La cita es de "La doctrina de los ciclos", en *Historia de la eternidad* (vol. 2), p. 60.

7. *Elogio de la sombra*, p. 361.

po mismo ha realizado el trabajo de Demócrito. El transcurso del tiempo lo ha dejado literalmente ciego, destino que, si bien difícilmente se puede asignar a una fecha, como veremos, tampoco escapa a la cronología (Borges habla del año 1955 como momento clave). Sin embargo, los versos contienen otro sentido, que es a la vez literal y metafórico. El tiempo como temática, como tema de inquisición, la idea y el enigma del tiempo, ha efectuado literal y figurativamente lo que Demócrito se infligió. La temática del tiempo le ha permitido a Borges que borre de la mente el mundo externo, que mantenga a raya las cosas que siempre en su vida fueron demasiadas. Dejando de lado cualquier comparación con la reducción fenomenológica de Husserl, elogiar esta capacidad para abstraerse de la realidad –efectuada en el poema por una voz, por un "Borges", que es mezcla de hipérbole y deseo– tiene una resonancia más antigua: a saber, la del ciego vidente y visionario que, incapaz de percibir el presente, logra de algún modo ver más allá de él.

La misma idea, aunque ejemplificada por su contrario, se encuentra en "Funes el memorioso" (1942).[8] En contraste con "Elogio de la sombra", en el cuento rige la patología. Es a partir del momento en que Funes cae de un redomón que comienza a sufrir la hipertrofia de su percepción sensorial, que el texto describe, sin titubeos, en términos del paso desde una falta total hacia un estado de funcionamiento perfecto: "Me dijo que antes de esa tarde lluviosa en que lo volteó el azulejo, él había sido lo que son todos los cristianos: un ciego, un sordo, un abombado, un desmemoriado" (p. 181). Habiendo sido yo ciego, ahora veo... Los ecos de la Biblia (Juan 9:25) son evidentes, aunque merece la pena reiterar que la "balbuciente grandeza" de los proyectos mnemotécnicos de Funes es fruto de la patología. Se la admira a condición de que no se tenga que participar en ella, de la misma manera como la cultura europea del Renacimiento estaba dispuesta a elogiar la clarividencia de los locos. Tras una breve pausa, el narrador continúa:

> Diecinueve años había vivido como quien sueña: miraba sin ver, oía sin oír, se olvidaba de todo, de casi todo. Al caer, perdió el conocimiento; cuando lo recobró, el presente era casi intolerable de tan rico y tan nítido, y también las memorias más antiguas y más triviales. Poco después averiguó que estaba tullido. El hecho apenas le interesó. Razonó (sintió) que la inmovilidad era un precio mínimo. Ahora su percepción y su memoria eran infalibles. (p. 181)

"Razonó (sintió)": el narrador introduce la precisión entre paréntesis por la buena razón de que los nuevos poderes perceptivos de Funes lo convierten en una infalible máquina-grabadora (con funciones olfatorias, gustativas y táctiles añadidas), capaz de todo menos *razonar*.

8. *Ficciones* (vol. 2).

Me inclino a pensar que en esta afectuosa sátira de un nominalismo hiperbólico está presente no sólo Locke, sino también Nietzsche (a Funes se le describe, aunque el narrador asiente sólo a medias, como "un Zarathustra cimarrón y vernáculo", y muere en 1889, el año en que Nietzsche sufre su crisis).[9] El segundo ensayo de la *Genealogía de la moralidad* (1887) tematiza la importancia del olvido como fuerza activa que permite el cierre provisorio de las puertas y ventanas de la mente humana a fin de dejar espacio para las funciones más nobles que son la previsión y el cálculo. Funes no sabe olvidar; ergo, no sabe pensar. "Pensar es olvidar diferencias, es generalizar, abstraer. En el abarrotado mundo de Funes no había sino detalles, casi inmediatos" (p. 184).[10] Los portales de su mente están siempre abiertos. Es incapaz de romper con los detalles del mundo, o sea, es incapaz de abstraer (*abstraere* significa "cortar"). Es la antítesis de Demócrito, y también del rey-niño de los Yahoos, a quien mutilan, queman los ojos y cortan las manos y los pies, "para que el mundo no lo distraiga de la sabiduría".[11] Pero Funes es la antítesis que confirma la tesis: a saber, que estar constantemente abierto a los "detalles" del mundo condena al empobrecimiento, por no decir la anulación, del pensamiento. Mejor: noche, sombra, ceguera.

De ahí, la divergencia principal que Borges efectúa respecto de la tradición ocular-fotocéntrica de la metafísica (ya no se trata de ser fiel a Platón). Dicha tradición envuelve la verdad en un sistema metafórico que privilegia los valores agrupados en torno a luz, visión, percepción clara y distinta. Ya en su ensayo "Violence et métaphysique", en el que aparece fugazmente el nombre de cierto escritor argentino ciego, Derrida había rastreado la asociación que establece el pensamiento griego entre verdad y visión, entre luminosidad y objetividad teórica, aquella "vieille amitié occulte entre la lumière et la puissance".[12] Vuelve al tema en *Mémoires d'aveugles*, esta vez para afirmar que, dentro de ese esquema griego fotocéntrico, la ceguera ha de entenderse como transgresión de leyes "naturales", es decir, de la concepción griega de lo natural:

The affliction [es decir, la ceguera] affects both Nature and a nature of the will, the will to know [*savoir*] as the will to see [*voir*]. A bad will –an unwillingness– would

9. Los orígenes de un personaje textual son complejos. Es de notar que el abuelo materno de Borges murió de la misma enfermedad que Funes, a saber, una congestión pulmonar. Véase al respecto el poema 'Isidoro Acevedo', *Cuaderno San Martín* (1929), p. 101. Para la presencia de Locke, véase Fishburn y Hughes, *A Dictionary of Borges*, Londres, Duckworth, 1990, p. 143.

10. Borges hace uso de la misma idea, de nuevo con la palabra *abarrotado*, en un poema de 1936, "Insomnio", *El otro, el mismo*, p. 177: "De fierro, / de encorvados tirantes de enorme fierro, tiene que ser la noche, / para que no la revienten y la desfonden / las muchas cosas que mis abarrotados ojos han visto, / las duras cosas que insoportablemente la pueblan".

11. "El informe de Brodie", *El informe de Brodie* (vol. 4), p. 77.

12. Derrida, Jacques: "Violence et métaphysique: essai sur la pensée d'Emmanuel Lévinas", en *L'Écriture et la différence*, París, Editions du Seuil, 1967, p. 136.

have driven man to close his eyes. The blind do not want to know, or rather, would like not to know: that is to say, not to see. *Idein, eidos, idea*: the whole history, the whole semantics of the European *idea*, in its Greek genealogy, as we know –as we see– relates seeing to knowing. (Derrida, *Memoirs*, p. 12).

En el mundo de Borges, la verdad parece alinearse con los valores de noche, oscuridad y ceguera, aunque en cierto sentido sería posible interpretar el valor que Borges confiere a la capacidad del pensamiento para abstraerse de la realidad externa como confirmación más que desplazamiento del idealismo.[13]

De la misma manera, sería necesario recalcar lo que Derrida añade en "Violence et métaphysique" inmediatamente después de citar con aprobación la célebre máxima de Borges, procedente de "La esfera de Pascal", según la cual "quizá la historia universal es la historia de unas cuantas metáforas". ¿Qué lenguaje, qué pensamiento, pregunta Derrida, sabría escapar a la metáfora de la luz? "La lumière n'a peut-être pas de contraire, surtout pas la nuit." Derrida continúa:

> Si tous les langages se battent en elle, *modifiant seulement* la même métaphore et choisissant la *meilleure* lumière, Borges, quelques pages plus loin, a encore raison: "Peut-être l'histoire universelle n'est-elle que l'histoire des diverses *intonations* de quelques métaphores" (Derrida, "Violence et métaphysique", p. 137).

El discurso de Borges no es, entonces, un discurso en contra de la luz, en contra de la luz como verdad o la verdad como luz. Es un discurso contra cierta clase de luz, contra la luz del empirismo y el privilegio que este otorga al ojo y a la doxa del ver es creer. En cualquier caso, ¿qué serían las consecuencias de una luz sin modificar, una luz "inexorable"?: "¿Qué sucedió cuando el inexorable / Sol de Dios, La Verdad, mostró su fuego? / Quizá la luz de Dios lo dejó ciego".[14] Según una variante de la leyenda, aunque desmentida por Plutarco, la ceguera de Demócrito se debió al hecho de que estuvo largo tiempo mirando al Sol. Borges prefiere creer que tal no fue el destino de Gracián, que este continuó resolviendo sus laberintos, retruécanos y emblemas en su memoria. El papel de la memoria como alternativa a la visión, a diferencia de la memoria de un Funes, que se activa a través de la percepción y que refuerza el privilegio que se otorga a los sentidos y, sobre todo, a la visión, es crucial en Borges, como veremos a conti-

---

13. Divergencia respecto de la sentencia de su querido Berkeley, "Hay verdades tan claras que para verlas nos basta abrir los ojos", citada por Borges en "Nueva refutación del tiempo", *Otras inquisiciones* (vol. 3), p. 183. ¿Y confirmación? Derrida reproduce en una nota a pie de página las siguientes palabras de Diderot, para quien el idealismo es una filosofía para ciegos: "Those philosophers, madam, are termed idealists who, conscious only of their own existence and of a succession of external sensations, do not admit anything else; an extravagant system which should to my thinking have been the offspring of blind parents" (Derrida, *Memoires*, p. 102).

14. "Baltasar Gracián", p. 203.

nuación. Puede que sea necesario mirar de otra forma, nos dice Borges, mirar de una manera menos ingenua, menos abrumada por las impresiones sensoriales, a fin de ver las cosas desde otra perspectiva, y conforme con un proceso que no renuncia a la iluminación ni a la lucidez. En fin, puede que la ceguera sea una forma de lucidez.

Esto lo dice el texto "Una oración", en la versión en prosa de *Elogio de la sombra*.[15] Escrito en una época que ignoraba las técnicas de tratamientos con láser y los trasplantes oculares, y que por lo tanto imaginaba la ceguera como un anochecer permanente e irreversible según un tropo que es tan artificial y cambiante como la cirugía moderna (¿desde cuándo el anochecer no fue seguido por el día?), el poema exclama que "Pedir que no anochezcan mis ojos sería una locura" (p. 275). Pero si el orador se consuela pensando que para muchos la facultad visual no ha podido traerles ni la felicidad, ni la justicia, ni la sabiduría (es de notar que ahora no se trata exclusivamente de la abstracción), tampoco la visión constituye *necesariamente* un obstáculo para tales cosas. De hecho, el texto valora la lucidez. Y la reclama también para los ciegos, mediante el "nosotros" inclusivo pronunciado por el orador ciego. "Desconocemos los designios del universo pero sabemos que razonar con lucidez y obrar con justicia es ayudar a esos designios, que no nos serán revelados" (p. 276). No es que esos designios no nos serán revelados porque seamos ciegos; es porque la oración está conforme con una tradición más bien judía que griega, en la que ninguna lucidez, por brillante que sea, puede conducir a la revelación total.

En este sentido, y pese a la traducción autorizada de *Elogio de la sombra* (que pasó a ser *In Praise of Darkness* en inglés), Borges vacila en lo que se refiere a la asociación metafórica que tradicionalmente se establece entre ceguera y noche/oscuridad. A veces la utiliza sin cuestionarla, como en el poema "Amanecer" ('y la noche gastada / se ha quedado en los ojos de los ciegos');[16] en otras ocasiones toma distancias con respecto a ella. "Poema de los dones" empieza alabando la maestría de un Dios que, con "magnífica ironía", simultáneamente le dio los libros y la ceguera, una ceguera que Borges describe como ausencia de iluminación, en términos de "ojos sin luz" y "noche". Sin embargo, el poema pasa a utilizar las palabras "sombra" y "penumbra" que han de marcar insistentemente su evocación de la ceguera, para terminar de una manera menos absoluta que la sugerida por la palabra "noche": "Groussac o Borges, miro este querido / Mundo

---

15. Vol. 3, pp. 275-276.

16. *Fervor de Buenos Aires* (1923), p. 52. En el poema que da nombre a la colección *Historia de la noche*, el topos se invierte. Ahí, la noche es ceguera ("ceguera y sueño"), noche que no existiría "sin esos tenues instrumentos, los ojos" (p. 556).

que se deforma y que se apaga / En una pálida ceniza vaga / Que se parece al sueño y al olvido" (p. 120).[17]

En relación con su propia condición fisiológica, Borges rechaza explícitamente la ecuación metafórica entre ceguera y oscuridad. La ceguera no figura al extremo del espectro de luz y color, mucho menos deja de aparecer en él; es más bien un lento proceso en el que poco a poco se borran y se apagan las cosas, se pierden algunos colores (Borges nunca vería la esencia de Red Scharlach) y se conservan otros. "Cuando alcances mi edad –dice el narrador-Borges en "El otro"–, habrás perdido casi por completo la vista. Verás el color amarillo y sombras y luces. No te preocupes. La ceguera gradual no es una cosa trágica. Es como un lento atardecer de verano".[18] En la conferencia sobre la ceguera que se publicó en *Siete noches*, el proceso de la ceguera está marcado por un ritmo que apenas podría ser más lento, ya que Borges lo hace coextensivo con el mismo proceso de la vida. Es decir, el "lento atardecer" que es la pérdida de la visión empieza en el mismo momento en que comienza a ver.

Muchos de los móviles arriba mencionados –la vaguedad, la penumbra y la lentitud– se encuentran ya en "Elogio de la sombra", que habla de un vivir "entre formas luminosas y vagas / que no son aún la tiniebla". Los versos que siguen a los citados en nuestro epígrafe rezan:

Esta penumbra es lenta y no duele;
fluye por un manso declive
y se parece a la eternidad. (p. 361)

Además de la idea del declive, que, según Derrida, caracteriza a la evocación borgiana de la ceguera, basta notar los valores de penumbra y lentitud que Borges atribuye a la experiencia de la ceguera.[19] Aquí, la ceguera en cuanto obra del tiempo no se presenta bajo el aspecto de una violencia democritana, es decir, en la forma del paso súbito de un "antes" a un "después"; es, al contrario, un perpetuo devenir-ciego.

Este devenir-ciego se dramatiza en el cuento "El hacedor", procedente de una colección (1960) que está tejida en gran parte de la red de asociaciones en torno

17. *Penumbra* vuelve para calificar sus "ya gastados ojos" en el poema "On his Blindness", en *El oro de los tigres* (p. 376); en "Religio medici, 1643", de *El oro de los tigres*, los ojos son "ojos de sombra" (p. 381).

18. *El libro de arena* (vol. 4), p. 109.

19. Para la relación entre ceguera, declive y eternidad, véase el cuento "Avelino Arredondo", en *El libro de arena*: "Para el encarcelado o el ciego, el tiempo fluye aguas abajo, como por una leve pendiente. Al promediar su reclusión Arredondo logró más de una vez ese tiempo casi sin tiempo. En el primer patio había un aljibe con un sapo en el fondo; nunca se le ocurrió pensar que el tiempo del sapo, que linda con la eternidad, era lo que buscaba" (vol. 4, p. 176).

a noche, sueños y ceguera.[20] Allí, se nos habla de un estado anterior a la ceguera, en el que las impresiones sensoriales prevalecen sobre "los goces de la memoria". Acto continuo, se historia el advenimiento de una ceguera que el narrador describe como un distanciamiento y una confusión. El protagonista grita con angustia (el pudor estoico aún no ha sido inventado, dice el texto), pero se despierta un día con la sensación de que ya ha experimentado lo que le está sucediendo. Ahora, por fin, accede a la memoria (proceso descrito como un declive), a esa especie de cuarta dimensión que ha de jugar un papel crucial en las ideas de Borges tanto sobre el tiempo de la eternidad como sobre el arte y la literatura. Primero, el protagonista recuerda a un muchacho que, a instancias de su padre, empuña un cuchillo para restaurar un honor agraviado, muchacho que sueña con ser Ayax y Perseo. Segundo, recuerda haber penetrado en un laberinto en busca de una mujer que los dioses le habían deparado. El resultado, el don, el premio de estos descensos no es solo la entrada al pensamiento. En la ceguera que mantiene a raya el hermoso universo de las impresiones sensoriales, "en esta noche de sus ojos mortales, a la que ahora descendía", hay memoria, amor y riesgo, hay "un rumor de gloria y de hexámetros", hay literatura.

El esquema temporal es importante. La ceguera que poco a poco envuelve al protagonista no figura como un acontecimiento que inaugura lo nuevo. Es el gatillo que permite que se entre a los "goces de la memoria" en los que le acechaban el amor y la aventura, en los que ya estaban guardados los rumores de las Odiseas e Ilíadas que, siendo Homero, era su destino cantar. Incluso en aquellos textos donde la experiencia del devenir-ciego asume el aspecto de un acontecimiento vertiginoso o momento extático, hay que tener en cuenta que tal acontecimiento abre un archivo ya existente; no instaura lo absolutamente nuevo.

Tal lectura –de un cuento que, conforme a una estética seudo-épica, seudoplatónica, opta por limitar la expresión de la experiencia de la ceguera a sus rasgos genéricos– parecería confirmar lo enunciado en el epígrafe del cuento "El inmortal", otra historia homérica. Allí, Borges deja espacio para las palabras (platónicas) de Francis Bacon: "Solomon saith: *There is no new thing upon the earth. So that as Plato had an imagination, that all knowledge was but remembrance; so Solomon giveth his sentence, that all novelty is but oblivion*".[21] Sin embargo, no debemos perder de vista una diferencia importante, aquella que existe entre el contenido de la proposición y el hecho de que Borges la reitere más de tres siglos después de ser enunciada por Bacon. Por un lado, el contenido afirma que no hay nada nuevo; pero por otro lado, el mismo acto de repetir tales palabras en un texto de 1949 no puede menos que cambiar el valor de las mismas. (He aquí una de las lecciones de "Pierre Menard, autor del Quijote".) Pronunciada en una

---

20. Vol. 3, pp. 209-211.
21. "El inmortal", *El Aleph* (vol. 2), p. 239.

época más dada a creer que *todo* es nuevo, la proposición "no hay nada nuevo" resulta novedosa. Sin embargo, e insisto en este matiz que me parece fundamental, proclamar, en 1949, que todo conocimiento no es sino recuerdo no equivale a *ser* Bacon o Platón u Homero o cualquier otro exponente de la tradición; es más bien ser –o quizás estar en vías de devenir– un tradicionalista moderno. Como para confirmar esto, es decir, que no hay relación de exterioridad entre lo nuevo y lo antiguo, entre modernidad y tradición (que no han de concebirse como épocas distintas), es de notar, en aquellos cuentos y poemas cuya ubicación es más o menos contemporánea y en los que figura un instante de revelación, la frecuencia con que el advenimiento de lo fantástico o de la eternidad –si es que esta última puede advenir– es precedido por un detalle verosímil (sea la fatiga, la pérdida de conocimiento o un simple cerrar de ojos), como si la idea de un tiempo (platónico) muy antiguo no pudiera existir sin las marcas de la estética moderna (el "efecto de realidad" propio del realismo) en la que halla expresión.[22]

Sería justamente en esta coyuntura de "El hacedor", a estas alturas de mi comentario, que se podría aprovechar la ocasión para inscribir en la matriz de la literatura griega como rumor, como lo siempre ya dicho, una serie de sustituciones temáticas, si no fuera uno de nuestros propósitos cuestionar la serialidad. La lista comprendería los temas de la inmortalidad, el tiempo circular, el eterno retorno, el budismo, la cábala, el idealismo, los sueños, la transmigración, el libro, la biblioteca, los gauchos. Todos estos temas reciben, de una manera u otra, un tratamiento, si no platónico al menos platonizante, a través de un gesto antimoderno que no puede menos de enunciarse desde el piso de una cierta modernidad. Todos están marcados por un sentido de anterioridad y predeterminación (es comprensible el atractivo que Borges presenta en los años sesenta para una *nouvelle critique* parisina todavía regida por el estructuralismo).[23]

Sin embargo, el objetivo del presente trabajo ha sido menos ambicioso. Me he limitado al propósito de demostrar de qué forma la ceguera, o mejor, un devenir-ciego literal o metafórico, funciona a menudo en los textos de Borges como mecanismo que introduce dichos temas. Este devenir-ciego permite (aunque no siempre, la ceguera no es siempre motivo de elogio) un despliegue anacrónico dentro del tiempo convencional, la apertura de "esa suerte / de cuarta dimensión, que es la memoria".[24]

22. Pienso en la fatiga en "Sentirse en muerte"; la pérdida de conocimiento en "El sur" y, como hemos visto, "Funes el memorioso"; un cerrar de ojos en "El Aleph".

23. Es evidente que estoy privilegiando lo griego a expensas de otras tradiciones. Esta orientación viene del hecho de que mi entendimiento del tiempo en Borges derive de sus ensayos sobre ese tema, en los que la matriz de investigación es griega. Véase el trabajo de Alejandro Kaufman en el presente volumen para otra perspectiva.

24. "Adrogué", *El hacedor* (p. 159). Para el aspecto negativo, véase el poema "El ciego", de *La rosa profunda*, donde ser despojado del "diverso mundo", y tener por tanto que contentarse con la memoria, lo convierte en "prisionero", con tan solo su universo "insípido" (p. 449).

Si bien me he ocupado principalmente de un mecanismo textual interno, no por eso he dejado de rozar algunos de los motivos por el tratamiento platonizante que Borges da al tiempo de la ceguera. Quisiera, para terminar, volver sobre estos motivos. Se me objetará, por ejemplo, que dicho tratamiento no es más que una estrategia de evasión ideada por un individuo que era ciego durante –y *estaba* ciego a– tiempos dictatoriales. De modo parecido, aunque sin reproche alguno, Sarlo postula que la obra de Borges puede considerarse una fuga mitologizante del proceso de la modernización socioeconómica argentina, de lo que en otro contexto Julio Ramos llama la "variedad cegadora" desencadenada por la modernidad.[25] Creo que ambos puntos de vista tienen su grado de verdad. Pero si bien la producción textual de Borges puede entenderse como fuga tanto de realidades políticas como de una modernidad claramente en desacuerdo con el proyecto soñado por Sarmiento, sucede que no tiene lugar fuera de la *polis*. A manera de conclusión, entonces, reitero dos razones filosófico-literario-políticas para el elogio que Borges hace de la "sombra".

En primer lugar, descender a "la memoria detenida del ciego",[26] que posibilita una lectura de los rastros del pasado, es oponerse a la teleología y violencia de una noción lineal del tiempo, el tiempo como sucesión que avanza porque deja atrás. En "La doctrina de los ciclos", Borges escribe acerca de un san Agustín que, refutando la idea del eterno retorno, considera a Jesús como la "vía recta que nos permite huir del laberinto circular de tales engaños".[27] (Tal vez la tradición judía nos ayude a su vez a confrontar los riesgos de la idea platónica del círculo sin volver a caer en la metáfora de la línea recta.) La metáfora lineal ostenta una certidumbre violenta que Borges no acepta. Prefiere la idea del laberinto porque se adecua más al misterio y a la complejidad del universo.[28] La ceguera también servirá de metáfora para una búsqueda que no esté regida por una teo-teleología dogmática. Los ciegos, avanzando a tientas, a veces tambaleantes "In this dark world and wide", apenas pueden permitirse el lujo de la certeza agustiniana, y acaso son más judíos que griegos en su manera de entender la imposibilidad de la revelación.[29] Lo que no quiere decir, repito, que la ceguera haya de oponerse a la razón o a la iluminación. Las manos extendidas que orientan el errar de los cie-

---

25. Ramos, Julio: *Desencuentros de la modernidad en América Latina: Literatura y política en el siglo XIX*, México, Fondo de Cultura Económica, 1989, p. 192.

26. "Barrio norte", *Cuaderno San Martín*, p. 111.

27. *Historia de la eternidad* (vol. 1), p. 59.

28. Borges no está siempre bien dispuesto a la idea de la ceguera como laberinto. Véase el poema "El laberinto", *Elogio de la sombra*, p. 331.

29. La frase, que es de Milton, es citada por Borges en la conferencia sobre la ceguera en *Seven Nights*, p. 117. En otro lugar, en el "Prólogo" a *El otro, el mismo*, Borges dice algo parecido acerca de la poesía. "Sin prefijadas leyes [la poesía] obra de un modo vacilante y osado, como si caminara en la oscuridad" (p. 175).

gos, manos que palpan y tantean al parecer por delante de la cabeza, simultáneamente preparándole el camino y protegiéndola de este, aprehendiendo el espacio de una manera aprensiva, no suelen ser las manos de individuos que ignoran la previsión o el cálculo. Estos individuos no se pierden, en palabras de Derrida, en un errar absoluto (Derrida, *Memoirs*, p. 5).

En lo que se refiere a Borges, ¿sería cierto afirmar que su descripción de la "incertidumbre corporal" (tanteo, lentitud) característica de los ciegos se reserva más para sus poemas y confesiones, mientras que los cuentos tienden a constituir la ceguera, ante todo y conforme a una estética seudo-épica, como aflicción mental? Borges reivindica la razón, los poderes y placeres de la mente, lo cual es al mismo tiempo una vindicación de la literatura.[30] Algo de Apolo tiene, de un Apolo a quien poco a poco le falla la vista. Es cierto que dedicó la mayor parte de su vida, sacrificó la mayor parte de su visión, a la tarea de descubrir las paradojas inherentes a sistemas de clasificación genéricamente defectuosos. Pero hay en la *dispositio* de esas "secretas aventuras del orden" una lucidez gloriosa, un poder imponente que consiste en saber cómo controlar la expresión de un orden que se desmorona. En esta vindicación de la razón, incluso de una razón desplegada para exponer los límites de la razón, hay también una vindicación de la ética del pensamiento –la ética concebida como un hacer, no como mera doctrina– que hace que no rehúya la tarea de criticar a su vez los excesos del platonismo y de lo apolíneo.

En segundo lugar, y para terminar, el elogio de la ceguera se opone a la teleología de *este* tiempo, nuestro tiempo, que probablemente no es una época separada de las demás pero que viene afirmando lo contrario mediante el nombre propio ("modernidad") que logra imponerse. Debemos proceder con cuidado. Valorar positivamente el devenir-ciego como defensa contra el bombardeo sensorial, no es rechazar el mundo moderno; es rechazar la idea, la creencia, de que la modernidad es un bebé recién nacido que acude sin memoria y está ciego a todo menos el presente. A pesar del determinismo oprimente que caracteriza a la idea platónica de la eternidad, Borges aboga por ella por lo que tiene que decir a una época (que acaso no lo es) regida por el individualismo desmesurado. Se opone a la arrogancia e inclusive a la ceguera de una modernidad desmemoriada que es incapaz de ver los rastros del pasado que se encuentran en los fenómenos supuestamente nuevos y que cree, con el incomparable Carlos Argentino Daneri, que basta con enumerar sincrónicamente las muchas cosas del mundo para llegar a la verdad.

---

30. Lo que Borges escribe a manera de tributo a Valéry, en "Valéry como símbolo", en *Otras inquisiciones*, bien puede decirse del propio Borges. Valéry era el símbolo "De un hombre que, en un siglo que adora los caóticos ídolos de la sangre, de la tierra y de la pasión, prefirió siempre los lúcidos placeres del pensamiento y las secretas aventuras del orden" (vol. 3, p. 83).

Sospechamos (ahora que la doctrina ha sido inventada) la presencia del pudor estoico cuando Borges habla del "don" de la ceguera. Intuimos igualmente que cuando repite, en el poema "Un ciego", las palabras de ese otro ciego, Milton, a quien solo se le ha perdido la "vana superficie de las cosas", lo hace a sabiendas de que son tan solo un consuelo.[31] No obstante, sigue siendo el caso que cerrar los ojos, o sufrir que el tiempo se los cierre, que no es lo mismo, no ha de suponer el empobrecimiento intelectual y acaso puede arrojar luz sobre la anacronicidad que está inscrita en el corazón del presente.

---

31. *La rosa profunda*, p. 451.

19. El escepticismo y lo ilegible en el arte de la lectura

WILLIAM ROWE
KING'S COLLEGE LONDON

> *El mundo, para el europeo, es un cosmos, en el que cada cual íntimamente corresponde a la función que ejerce; para el argentino, es un caos.*
>
> Jorge Luis Borges

Quisiera presentar algunas breves reflexiones sobre la contribución de Borges al arte de la lectura, en cuanto a su relación con el escepticismo británico. En los relatos escritos en la década de 1940, reunidos en los libros *Ficciones* y *El Aleph*, hay varias escenas de lectura. Dahlmann, el personaje de "El Sur", abre el primer volumen de *Las mil y una noches* en un tren, mientras viaja hacia el sur, pero no lee mucho porque "la felicidad lo distraía".[1] Después, cuando algunos jóvenes ebrios comienzan a provocarlo en un café, abre de nuevo el libro "como para tapar la realidad". La historia es suficientemente conocida y es innecesario abundar en ella.

Como muchos otros relatos y ensayos de este período, "El Sur" hace de la lectura una acción vista desde afuera, pero luego procede a cuestionar la validez de ese afuera, como por ejemplo en "La muerte y la brújula", cuando Eric Lönnrot, perspicaz investigador y lector de la Cábala, se encuentra a sí mismo dentro de una trama diferente de la que había previsto.

El método –es decir, el de Borges– se asemeja en algunos aspectos al del escepticismo británico (pienso en particular en John Locke) pero también tiene las características de una preocupación propia del siglo XX acerca de los límites de la literatura. Francis Bacon escribió en el *Novum Organum*: "considero todas las filosofías heredadas o inventadas como otras tantas obras de teatro creadoras de mundos ficticios e imaginarios",[2] y que "el entendimiento humano [...] supone un mayor orden y uniformidad de las cosas que el que encuentra en ellas. Y aunque hay muchas cosas en la naturaleza que son únicas y distintas a cualesquiera otras, elucubra paralelos, correspondencias y relaciones que no están allí", órdenes imaginarios que Bacon denomina "sueños".[3] Locke, en el *Ensayo sobre el entendi-*

---

1. Borges, Jorge Luis: *Ficciones*, Buenos Aires, 1956, p. 191.
2. Bacon, Francis: *Novum Organum*, aforismo 44. El tema es los "Ídolos del teatro".
3. Ídem, aforismo 45.

miento humano, va más allá y distingue algunas de estas ficciones, como la definición aristotélica de sustancia o la noción de tiempo como duración. Así, la sustancia es, dice Locke, una de "esas falacias capaces de imponérsenos, al tomar las palabras por las cosas".[4] Y la idea del tiempo como duración continua es una pura ilusión dado que todo lo existente es "las partes fugaces y perpetuamente perecederas de la sucesión".[5]

Borges sigue en forma estricta el método escéptico en "Nueva refutación del tiempo", donde Locke, Berkeley y Hume son empleados unos contra otros y contra sí mismos para demostrar la inexistencia del tiempo. En este caso se crea un afuera *conceptual*. El final es uno de los fragmentos más reconocidos de Borges: "El tiempo es un río que me arrebata, pero yo soy el río; es un tigre que me destroza, pero yo soy el tigre; es un fuego que me consume, pero yo soy el fuego".[6]

¿La relación entre el lenguaje y el afuera es aquí la misma o no lo es? En otras palabras, la relación entre las palabras y las cosas ¿es la misma, en este párrafo final, que en las partes anteriores del ensayo? Si lo es, nos encontramos aún dentro de la definición de Locke de las palabras como "ruidos agradables" que "interponen una bruma ante los ojos".[7] Si no lo es, entonces las palabras contienen algo de lo desconocido.

Estas alternativas, que he expresado en forma bastante rápida y abstracta, atraviesan las diversas escenas de la lectura que aparecen en los relatos. En el cuento "El Aleph" se presentan dos modos de lectura. El nominado patrióticamente Carlos Argentino Daneri lee de manera sintáctica, con absoluta confianza en la transcriptibilidad del mágico Aleph que posee en el sótano de su casa. El Aleph, como se recordará, es una pequeña esfera en la cual se puede ver todo el tiempo y el espacio, en ilimitada simultaneidad. Daneri usa el Aleph para escribir una épica laboriosa, como aquella épica decimonónica tediosa que procuraba registrar la flora y la fauna de América latina. El personaje denominado Borges, por otra parte, llama la atención sobre los límites de la literatura:

> Arribo, ahora, al inefable centro de mi relato; empieza, aquí, mi desesperación de escritor. Todo lenguaje es un alfabeto de símbolos cuyo ejercicio presupone un pasado que los interlocutores comparten: ¿cómo transmitir a los otros el infinito Aleph, que mi temerosa memoria apenas abarca?[8]

---

4. Locke, John: *An Essay Concerning Human Understanding*, libro II, capítulo XIII, sección 18.
5. Ibíd., libro II, capítulo XIV, sección 1. Ambas nociones se combinan en los lenguajes de Tlön, donde también incide Hume.
6. Borges, Jorge Luis: *Otras inquisiciones*, Buenos Aires, 1960, p. 256.
7. Locke, ob. cit., libro III, capítulo IX, sección 21.
8. Borges, Jorge Luis: "El Aleph", en *El Aleph*, Buenos Aires, 1957, p. 166.

Me parece que nos encontramos aquí ante la noción de ilegibilidad. Como proposición, la idea de ilegibilidad sería más o menos la siguiente: que en relación con el carácter perpetuamente perecedero del acontecer, por un lado, y con la velocidad de la imagen por el otro, la literatura, como herencia del pasado, es una forma de expresión limitada. Borges puede exhibir los modales de un enciclopedista que delibera sobre problemas filosóficos eternos, no obstante lo cual, parte de lo que es interesante en su escritura es su particular compromiso con algunas cuestiones inconclusas del siglo XX. Pienso en la obra de las vanguardias, y en especial en su interés por el azar y el caos. Una forma de señalar esta relación remite a una semejanza entre la relación de Borges con la lectura y un corpus con el cual no tiene relación directa. Me refiero a la inquietud de John Cage en cuanto al azar en la música, es decir, la variación deliberada del grado hasta el cual interviene el azar en la composición y ejecución musicales, en el uso alternante de determinación e indeterminación. Él se refiere al logro de ello como "una multiplicidad de centros en un estado de no obstrucción e interpenetración",[9] que es una forma de considerar el Aleph.

En un temprano ensayo, "Indagación de la palabra", Borges toma la primera frase de *Don Quijote* y pregunta cómo se la debe leer en realidad. La interrogación se encuadra en forma lockeana: "¿Mediante qué proceso psicológico entendemos una oración?". Se presentan dos respuestas, una filológica y otra representacional. La primera toma la sintaxis como la dimensión de control del lenguaje, pero es refutada por el hecho de que un lector no lee las palabras como partes gramaticales del habla sino que las reúne como unidades de representación.[10] Locke llamaría *ideas* a estas representaciones, y el ensayo de Borges enfrenta el escepticismo contra el escolasticismo, no como argumentos sino como prácticas subyacentes de orden. El escepticismo sirve para exponer la forma en que la filología convierte a un texto en un objeto estable y cómo hace lo mismo el escolasticismo, que todavía persiste en la memoria de la lengua castellana.

Don Quijote reaparece como una prueba de lectura por lo menos dos veces en la obra de Borges. "Pierre Menard, autor del Quijote" comprende una reflexión sobre cómo la inestabilidad de un texto –su capacidad de significar diferentes cosas para diferentes personas en diferentes momentos– es lo que permite la emergencia de nuevos significados, de modo que puede hablarle no sólo al futuro sino también del futuro. Y en una conferencia tardía, cuyo texto fue publicado en forma póstuma, Borges experimenta con lo que pasaría si a la primera frase de Don Quijote se la leyera como ficción policial.[11]

---

9. Cage, John: *Silence*, Londres, 1968, 36; v. 38, 46: este es un estado de no dualismo, una elusión de los controles del dualismo.

10. Borges, Jorge Luis: *El idioma de los argentinos*, Buenos Aires, 1994, p. 11. Este ensayo abre la puerta a las prácticas paratácticas de las vanguardias sin describirlas realmente.

11. Borges, Jorge Luis: *Borges oral*, Madrid, 1998, p. 64.

La proposición, en el temprano ensayo "Examen de la palabra", acerca de que las unidades mínimas que constituyen la lectura no son simples palabras sino representaciones, se complica y perturba por dos razones. La primera es que nadie sabe qué son esas unidades de representación: "El inventario de todas las unidades representativas es imposible; su ordenación o clasificación lo es también".[12] El segundo factor que socava la proposición es el tiempo: la "línea angostísima que sólo nos presenta las cosas una por una".[13]

Esta línea reaparece al final de "La muerte y la brújula", como una de las formas más simples y elegantes del laberinto. Si una línea es infinitamente subdivisible, no es posible recorrerla: se divide sin término y no se puede avanzar. Sobrevienen dos efectos: no poder desplazarse, encontrarse completamente estático, es, en la esfera del afecto, la expresión de un temor al movimiento. Al mismo tiempo, la línea infinitamente subdivisible es ilegible.[14] Leer, por el contrario, acontece en el tiempo. Estos efectos, además, nos podrían suministrar una glosa a la forma insistente del dramático párrafo, ya citado, con que termina "Nueva refutación del tiempo". Por ejemplo, la refutación incluiría un deseo de inmovilidad, que el proceso de la lectura, por su parte refuta.[15]

La ilegibilidad tiene diversas formas en la obra de Borges, y no las mencionaré todas. Pero querría citar el ensayo de Proust sobre la lectura porque presenta un contraste con el tratamiento que hace Borges del tema. La lectura, en la descripción de Proust, es siempre una escena con límites a su alrededor, a través de los cuales se filtra el afuera –las voces de los adultos afuera del cuarto de los niños, el perfume de las flores en el campo, el mundo más allá de las paredes del cuarto de hotel–.[16] Hay un espacio de lectura, dado por un límite poroso a través del cual pueden pasar algunas partes del mundo exterior. Las maravillosas páginas iniciales de la novela de Proust describen este espacio, que tiene la forma de la memoria en un sentido decisivo. Las dramatizaciones de la lectura en los relatos de Borges son diferentes en cuanto a que el exterior puede penetrar de maneras imprevistas y violentas. Antes hice mención de "El Sur": la realidad que Dahlmann intenta tapar abriendo su ejemplar de *Las mil y una noches* lo llevará a la muerte. De manera similar, en el cuento "El Evangelio según San Marcos", la lectura es un asunto riesgoso.

12. Borges: *El idioma de los argentinos*, ob. cit., p. 19.

13. Ibíd., p. 16.

14. J. J. Saer, en su ensayo publicado en este libro, llama la atención sobre la forma afectiva y retórica del mismo párrafo.

15. De esta manera la lectura produce una ilegibilidad fuera de ella misma. Afuera y adentro. En Borges, el afuera y el adentro intercambian constantemente sus fundamentos. De ahí la complejidad del proceso de la lectura de/en Borges

16. Proust, Marcel: *Sur la lecture*, París, 1988, p. 30.

El reciente libro publicado por Alberto Manguel, *A History of Reading*,[17] presenta un compendio de diferentes formas de lectura de distintas épocas y lugares. Pero excluye las prácticas fuera de la lectura que componen los contextos y cambian históricamente. Me refiero, por ejemplo, a los cambios en la información, tales como, digamos, los efectos del advenimiento de los diarios o el cine, los cuales, debido a que son construcciones contextuales,[18] influyen sobre las formas de lectura. En este sentido, el estudio de David Olson, *The World on Paper*, es más útil.[19] Una cuidadosa atención respecto de la historicidad de las formas de lectura es esencial para una mayor comprensión del enfoque que hace Borges acerca del problema.

Un breve ejemplo. Las relaciones entre la ciudad, el cubismo, la imagen y las comunicaciones son cruciales para uno de los libros clave de la vanguardia argentina, "Veinte poemas para ser leídos en el tranvía", de Oliverio Girondo (1922). Borges, en una reseña sobre Girondo en aquel entonces, se lamenta de que su escritura es demasiado estridentemente moderna para él. No obstante, alrededor de dos décadas más tarde, cuando escribió "El Aleph", Borges produjo un texto que dramatiza la modernización del Buenos Aires del siglo XX contra diversos deseos contrastantes de inmovilidad, como los del supuesto poeta épico, aún habitante del siglo XIX, o de "Borges" el narrador, que jura no permitir que una imagen determinada de una amante muerta llamada Beatriz Viterbo sea afectada por los cambios acontecidos en la ciudad a su alrededor, como el implicado por un nuevo aviso de cigarrillos rubios. Este relato, entre otras cosas, exhibe una lectura de la ciudad. Uno de sus epígrafes es un pasaje del *Leviatán* de Thomas Hobbes, donde Hobbes desmantela las ideas escolásticas acerca del tiempo y el espacio: otra vez el siglo XVII inglés se interseca con el siglo XX de Buenos Aires.

Finalmente, querría mencionar el cuento de Borges "Funes el memorioso", o como se lo denomina en la nueva traducción de Penguin de las *Collected Fictions*, "Funes, His memory". La dicción arcaica inglesa es oportuna, porque evoca la incidencia de Locke en esta narración, como en el siguiente pasaje:

> Locke, en el siglo XVII, postuló (y reprobó) un idioma imposible en el que cada cosa individual, cada piedra, cada pájaro y cada rama tuviera un nombre propio; Funes proyectó alguna vez un idioma análogo, pero lo desechó por parecerle demasiado general, demasiado ambiguo. En efecto, Funes no sólo recordaba cada hoja de cada árbol de cada monte, sino cada una de las veces que la había percibido o imaginado.[20]

17. Londres, 1996.

18. Contexto en el sentido de "segunda naturaleza" de Marcuse.

19. Cambridge, 1994. Traducción castellana: *El mundo sobre el papel*, Barcelona, 1998. Olson insiste, por ejemplo, en que "las consecuencias conceptuales [de la escritura] surgen de *los modos de leer*" (p. 39, las bastardillas son del autor).

20. Borges, *Ficciones*, ob. cit., p. 125.

El resultado es una particular ilegibilidad y el método, otra vez, una extensión del escepticismo, específicamente el escepticismo británico de los siglos XVII y XVIII.[21] Aunque el antiguo escepticismo se asocia con la idea de una "vida sin fe", el tema que plantea el escepticismo moderno es el del fundamento. Así la réplica dada al escepticismo por el filósofo del siglo XX, G. E. Moore, que extendió su mano ante sí y afirmó saber que tenía dos manos y que si las manos eran objetos en el mundo exterior, existía un mundo exterior. El problema del mundo exterior, tal como se plantea en el cuento "Funes el memorioso", es que sin selección no puede convertirse en lenguaje.

En este aspecto se plantea un problema con gran parte de la crítica de Borges, dado que los críticos han tendido a interpretar lo ilegible en Borges como una abstracción y una aberración. Consideremos lo que escribe Beatriz Sarlo:

> Cuento filosófico sobre teoría literaria, "Funes el memorioso" puede entenderse como una parábola acerca de las posibilidades e imposibilidades de la representación, porque Funes experimenta hasta el límite los problemas del traslado de la percepción, la experiencia y los recuerdos de la experiencia al discurso.[22]

Pero si tomamos la memoria de Funes como lo que resiste toda selección y reducción a símbolos, entonces por el mismo rasgo no es una abstracción, no es una "imagen hiperbólica de los efectos devastadores de un realismo ingenuo y absoluto", como la describe Beatriz Sarlo, sino una materialidad, de cualidad física. El argumento de Sarlo, que cito porque es un ejemplo típico del modo en que Borges tiende a ser leído, excluye lo caótico y lo inestable.[23] El texto de Borges los incluye.

En otra escena de lectura, el espía chino Yu Tsun escucha la lectura de la novela de un antepasado suyo, leída en voz alta por un sinólogo inglés. Si la sinología es una filología, esta se encuentra sobrepasada en el cuento "El jardín de senderos que se bifurcan" por la "pululación" de tiempos múltiples, sentida por Yu Tsun. Los personajes son lectores, pero hay más: son nombres de modos de leer. Y la pululación sería un nombre que se da a lo que serían las cosas si no estuvieran ordenadas por "the names belonging them", y por ello se multiplicaran en todo momento.[24] Habría que mencionar dos cosas más. La pululación no es una idea: es una materialidad, una de cuyas formas es una bala mortífera. Y justamente en las inmediaciones de la pululación ilegible que se llama tiempo suele aparecer –en los cuentos de Borges– la palabra poética.

---

21. Hume nació en 1711.
22. Sarlo, Beatriz: *Jorge Luis Borges*, Londres, 1993, p. 31.
23. Tengo presente que lo caótico y lo inestable no son lo mismo en la moderna teoría del caos.
24. Cito y resumo un pasaje de Locke, libro III, capítulo III, sección 4.

Sugiero que la escritura de Borges es más radical de lo que la figura institucional llamada Borges –por ejemplo, la que se asocia con la teoría literaria– tiende a permitir. Volviendo a "Funes…", el relato lleva a cabo intersecciones de tiempos y lugares: Londres 1670, el Río de la Plata 1880, Londres 1942, Buenos Aires 1942. Todos ellos son momentos en que las fronteras estaban sufriendo desplazamientos radicales: las fronteras entre el interior y el exterior del conocimiento y de los discursos. Londres de 1670 es el tiempo de Locke y el fin de la Revolución Británica. El Río de la Plata de 1880 es un momento fundacional en el legado simbólico conocido como el Estado Argentino. Londres de 1942, entre otras cosas, es el tiempo de la primera computadora práctica, inventada por Alan Turing, capaz de microprocesar millones de unidades de información. Turing es una versión de Funes. Buenos Aires 1942 está en el umbral de una máquina estatal que comparte sobre todo con Alemania y la Unión Soviética lo que Simone Weil en 1933 llama la dominación de "la función burocrática". Las intersecciones están sugeridas, no subrayadas, de acuerdo con el principio de que "la historia […] es más pudorosa [que Hollywood] y que sus fechas esenciales pueden ser, asimismo, durante largo tiempo, secretas".[25]

Pero la historia –como otras de las mejores historias de Borges– hace más que esto. Reúne dos sentidos diferentes de la cuestión del fundamento. El problema del fundamento tal como lo plantea el escepticismo confluye con la cuestión del fundamento en la lectura: ¿cómo, dónde, sobre qué base se ligan unas con otras las cosas que leemos?[26]

La famosa aserción de Mallarmé, "tout, au monde, existe pour aboutir à un livre" (todo en el mundo existe para terminar en un libro), que puede entenderse en el sentido de que el libro es un lugar para el devenir de todas las cosas, es transformada por Borges en algo diferente. Su famosa "Biblioteca de Babel" toma a la biblioteca como el lugar para el devenir del libro. La biblioteca, en ese relato, es también el universo, que es desconocido. El relato crea una imagen de la lectura como una apertura infinita hacia el afuera.

Pero también da una imagen de la lectura como algo completamente cerrado, dentro de galerías infinitas y filas de libros y teorías del significado. Esto sugiere una similitud interesante entre Borges y Locke. Como Locke, Borges es dado a reflexionar acerca de los ídolos que se recortan contra el nuevo campo sin ídolos que Francis Bacon consideró imprescindible para que el pensamiento fuera un "método de descubrimiento" y no "solo una bella disposición de cosas ya

---

25. Borges: "El pudor de la historia", en *Otras inquisiciones*, ob. cit., p. 229.
26. Empleo la palabra "ligan" para evocar deliberadamente los comentarios de Heidegger sobre *légein* = reunir, ligar una cosa con otra. *Légein* = hablar, decir, significar y puede usarse también para inscripciones. En latín, *legere* (proveniente del griego *légein*) = poner en conjunto, reunir, juntar, seleccionar, atravesar el mar, recolectar con los oídos, unir fibras en el hilado, reunir con los ojos, leer un libro, leer en voz alta.

descubiertas".[27] Cuando discute las limitaciones de la memoria humana, Locke escribe "los diversos órdenes angélicos probablemente tienen una más amplia visión, y algunos de ellos estarán dotados de capacidades que les permitan retener en conjunto y ver constantemente, como en una sola visión, la totalidad de sus conocimientos previos, todo de un golpe. Esto, es fácil comprenderlo, sería una no corta ventaja para un hombre que cultiva su espíritu".[28] Aquí Locke se asemeja bastante a Borges. La diferencia está en el objeto de la ironía de Locke: sentía más cercanos los obstáculos de las formas escolásticas de la lectura.

Traducción de Alejandro Kaufman

---

27. Bacon, ob. cit., aforismo 8.
28. Locke, ob. cit., libro II, capítulo, X, sección 9.

20. *Acerca de algunas formas de lo judío en la obra de Borges*

ALEJANDRO KAUFMAN
UNIVERSIDAD DE BUENOS AIRES

[...] un hombre que es el Libro [...]
Jorge Luis Borges (997)[1]

Un cuento: un hombre estuvo en Cracovia y al regresar le cuenta a su amigo: "Los judíos de Cracovia son gente extraordinaria. ¡Vi un judío que dedica todas sus noches a soñar con la revolución y todos sus días a planearla. Vi un judío que dedica todo su tiempo a estudiar el Talmud. Vi un judío que persigue a todas las polleras que se le cruzan y vi un judío que no quiere saber nada con las mujeres. Vi un judío colmado de planes para volverse millonario lo antes posible!"

El otro hombre le contesta: "No sé qué te asombra. Cracovia es una gran ciudad y allí hay muchos judíos, toda clase de personas."

"No", dice el primero, "era el mismo judío".

Rafael Felek Scharf[2]

Nombrar lo judío, siempre, y en especial en relación con la obra de Borges, implica apurar el malentendido de la cosificación que convierte en *tema* o *motivo*[3] aquello que, sin dejar de serlo, se sacude frente al principio de identidad como pez fuera del agua. Desarraigado, errante, vive en una atmósfera pobre en oxígeno y cada gesto es una forma de agitación impuesta por la supervivencia. ¿En qué orden de la existencia puede tener algún viso de realidad el verso "un hombre que es el libro" que adoptamos como epígrafe? Por lo pronto, pertenece a "Israel" (*Elogio de la sombra, 997*). ¿Algo más que una suerte de apología de un

---

1. Los números en bastardilla y entre paréntesis remiten a Borges, Jorge Luis: *Obras completas.* 1923-1972, Buenos Aires, Emecé, 1974.

2. Copio el epígrafe de un libro que relata la existencia de un anónimo cabalista londinense. Algún día, en la década de 1960, desapareció sin dejar rastros de su persona. Solo quedó su cuarto, laberíntica y multiforme biblioteca. La historia es digna de quien nos ocupa (Lichtenstein, Rachel y Sinclair, Iain: *Rodinsky's Room*, Londres, Granta Books, 1999).

3. Aquellos que abordaron la relación entre Borges y el judaísmo han enfrentado de un modo u otro la tensión entre el *tema* y la incomodidad frente a lo que el tema significa como *clasificación*. Es el caso de Edna Aizenberg, Jaime Alazraki, Evelyn Fishburn y Saúl Sosnowski; también Ricardo Forster y Josefina Ludmer, en el *Cuerpo del delito. Un manual*, Buenos Aires, Perfil, 1999.

pequeño pueblo?: la descripción de un problema. El problema de la identidad judía en tanto problema de Occidente. Que el hombre sea el libro explica más que cualquier otra cosa el que se lo haya arrojado a las llamas. Y fuera de ellas, cuando transcurre la mayor parte del tiempo histórico, explica más que cualquier otra cosa el drama de la dualidad característica entre interioridad y exterioridad que define en una de sus formas a lo judío y que configura también la cuestión del origen, la circulación por los intersticios y el destino de Occidente.

El libro es patrimonio común. El libro es el texto único y originario al que remiten todos los textos. No lo dice una doctrina entre otras, sino la trama de enunciados que constituye uno de los linajes del tejido conjuntivo de Occidente. No es posible asistir a estas afirmaciones sin negarlas al mismo tiempo, sin eludirlas o relativizarlas. Sobre todo: sin olvidarlas una y otra vez. En la serie de paradojas, primero se yuxtaponen los opuestos del hombre y del libro. Luego, aparecen los opuestos del olvido y la memoria. El libro pertenece al pasado, pero mentar la identidad implica referir a hombres de carne y hueso, presentes. La ley fue otorgada otrora, pero las persecuciones son actuales. Y la atribución del Pacto, también. Por otra parte, lo judío en su interacción con Occidente puede estar ausente como nombre, pero presentirse en su implicación (al estar ausente) como homología de lo *diferente* frente al poder y la fuerza: "La acción transcurre en un país oprimido y tenaz: Polonia, Irlanda, la república de Venecia, algún estado sudamericano o balcánico" ("El tema del traidor y del héroe", *496*). Borges, el escritor de matriz protestante y judía en uno de los países de raigambre más tradicionalmente católica encuentra en la figura de Kilpatrick los juegos de las paradojas y de las traslaciones yoicas que aluden a una conflictividad esencial de la narratividad de lo subjetivo. El yo como campo de fuerzas en lucha. El yo como sitio de la elucidación de las luchas que afuera, en el orden social, aparecen en oposiciones confrontadas entre sí como exterioridades, pero que al inscribirse en el sujeto, lo heroico o traidor lo es en su relación con las entidades molares de las historias estatales. En el terreno de la interioridad los relatos dicen otras cosas. El dualismo judío "no opone el cuerpo al espíritu, o la naturaleza a la mente, sino más bien coloca la exterioridad frente a la interioridad" (Bloom, 1991, p. 140) y "el dualismo judío no es la ruptura cuerpo y alma ni tampoco el abismo entre sujeto y objeto. Más bien es la incesante lucha dentro del yo no sólo contra toda injusticia externa sino también contra lo que yo he llamado la injusticia de la exterioridad, o más simple, la forma en que las cosas son" (*139*). No es necesario abundar en la relación entre lo judío y lo revolucionario moderno para indicar su presencia en este relato. Por lo demás, recordamos enseguida, no estaba tan ausente: no hay revolución sin referencia a una tierra prometida, y Moisés interviene entonces, con su propia muerte ante la puerta. Kilpatrick, "a semejanza de Moisés que, desde la tierra de Moab, divisó y no pudo pisar la tierra prometida [...] pereció en la víspera de la rebelión victoriosa que había premeditado y soñado" (*496*). En la idea de revolución aplicada a la historia se producen dos desdoblamientos: entre el impulso a la realización y la imposibilidad de la realización, y en ciertas zonas de los movimientos revolucionarios, la confusión jánica entre quienes defienden lo establecido y quienes lo cuestionan. No obstante, no se trata sólo de lo establecido, sino también de la destrucción, por la conquista, de lo establecido. La violencia en la historia, en la medida en que instaura un orden, puede hacerlo hacia la justicia y también hacia la injusticia. Los movimientos contienen una contradicción insalvable: no obstante los sueños y las acciones de ruptura, llevan en su seno también lo establecido. Que en toda lucha cada uno de los contendientes posea algún rasgo del oponente es lo que subyace a la tensión jánica entre los contrarios.

En "El milagro secreto" se presentan como problemas, incluso como motivos, el de la memoria como conocimiento (el paradigma cognitivo de Borges no es representacional sino anamnésico): "Hladík preconizaba el verso porque impide que los espectadores *olviden* la irrealidad, que es condición del arte" (*510*). Aunque la irrealidad puede ser leída como contingencia en el sentido posmoderno, también significa una referencia gnóstica acerca de la otredad y la función del arte como *presencia real*. La referencia a los sueños (imágenes visuales, según el perspectivismo modernista) como pertenecientes a Dios, la cita de Maimónides referida a la palabra en el sueño "cuando no se puede *ver* quién las dijo" (*511*), y la observación irónica que homologa ("absurdamente", *512*) la fotografía al fusilamiento, ponen en escena una estética de lo sublime en su vertiente hebrea, de varios modos superpuestos y concomitantes.

> Lo que excluyen de J es una ironía radical, distinta de casi cualquier otra, que en ciertos momentos encuentro también en Kafka. Esta ironía no es el contraste o la diferencia entre expectativa y realización, ni el decir una cosa queriendo decir otra. Es la ironía de lo hebreo sublime de J, en que realidades absolutamente incomensuradas chocan y no pueden resolverse (Bloom, 1991: 14).

Páginas más adelante, y en un ejercicio de radicalidad irónica que extrema los límites de la hermenéutica del libro, los signos escritos son tratados como imágenes, para remitir en el límite a la palabra hablada, la pura presencia que se intuye mesiánicamente al pensar en que algún día la "literatura" va a encontrar su fin (con lo que va a encontrar su fin también la historia, la historia de la lucha de clases, la historia del campo literario, las estrategias, la angustia de las influencias, las luchas nietzscheanas por el *ecce homo*).

En "La muralla y los libros" lo sublime se describe en forma densa y compacta en relación, ya no con la dialéctica visible/no visible en términos de accesibilidad a los sentidos físicos espaciales, sino en relación con la temporalidad, la ambigüedad que caracteriza al presente, entre la inminencia y la sucesión de lo inmediato, con el uso consecutivo del término *espiritual* de la *revelación*:

La música, los estados de felicidad, la mitología, las caras trabajadas por el tiempo, ciertos crepúsculos y ciertos lugares, quieren decirnos algo, o algo dijeron que no hubiéramos debido perder, o están por decir algo; esta inminencia de una revelación, que no se produce, es, quizás el hecho estético (*635*).

Borges simula no enunciar creencias, pero las formula en el registro de lo sublime, en lenguaje poético. La ubicuidad de lo sublime en tantos textos teóricos recientes deja en un segundo plano la fe, o la certeza, o la creencia. El autor dedica sus menesteres a tramar los hilos de un discurso suspendido sobre un fondo indecidible de creencias. Borges usa el estilo oblicuo para poner en primer plano ese fondo de creencias. Lo hace a la manera de la carta robada. Está siempre presente, pero no lo ve quien no lo quiere o no lo puede ver. "El unicornio, en razón misma de lo anómalo que es, ha de pasar inadvertido. Los ojos ven lo que están habituados a ver: *Tácito no percibió la Crucifixión, aunque la registra su libro*" ("El pudor de la historia", *754*). "A esta reflexión me condujo una frase casual que *entreví* al hojear una historia de la literatura griega y que me interesó, por ser *ligeramente enigmática...*" (*754*). El estilo oblicuo es irónico en relación con un contexto cultural que no soporta los discursos de la convicción sin estigma. De modo que Borges enuncia sus convicciones en forma cifrada. En secreto, Borges es un creyente, pero sabe que no se puede decir tal cosa sin hacerse inaudible. Y sus autores más amados son aquellos que problematizan esta cuestión de manera afín.

Es dudoso que el mundo tenga sentido; es más dudoso aun que tenga doble y triple sentido, observará el incrédulo. Yo entiendo que así es; pero entiendo que el mundo jeroglífico postulado por Bloy es el que más conviene a la dignidad del Dios intelectual de los teólogos (*722*).

Ningún hombre sabe quién es, afirmó León Bloy. Nadie como él para ilustrar esa ignorancia íntima. Se creía un católico riguroso y fue un continuador de los cabalistas, un hermano secreto de Swedenborg y de Blake: heresiarcas (*722*).

Aquí, Borges habla de sí mismo, como siempre que lo hace en el sentido del yo como campo de lucha entre interioridad y exterioridad. Las creencias reales no tienen por qué ser las que se creen como tales, sino otras implícitas y ligadas por vínculos secretos o misteriosos con otras creencias. En el fondo, todas las creencias que valen por tales proceden del mismo fondo común del que se revela la poética. Las distintas manifestaciones son accidentales. El poeta es el que puede intuir a través de las diferencias, de las minucias, aquello que constituye el revés de la trama de los textos y es la unidad entre todo lo que existe y acontece, más allá de las manifestaciones. Repetir el catálogo de los orígenes de estas ideas requiere ir de nuevo tras los pasos de los detalles. Por eso Borges gusta de las listas y los inventarios. Pero todos ellos están unidos por la filigrana esbozada en "El espejo de los enigmas" (*720*).

La dificultad insondable, de límites difusos, reacia a ser tratada en términos de equivalencia universal, no radica en la definición de un inexistente *judaísmo normativo*, sino de aquello que individuos pertenecientes a las corrientes de lo moderno postulan como obras universales en las que, por una parte, ciertas lecturas interpretan como atravesadas por lo judío, y otras lo ignoran y las consideran en su carácter universal. Esa negligencia, incuestionable como tal desde su propia perspectiva, plantea sin embargo un problema y genera planos de lectura contrastantes y conflictivos. En este campo de lecturas son autores mencionables: Freud, Kafka, Scholem, Benjamin, entre muchos otros. Lo que se puede decir de ellos en relación a las lecturas postuladas no tiene carácter meramente *filológico*, ni desemboca en algo tan restringido –en este contexto– como la crítica literaria. Tampoco admite un concepto convencional de canon. Y, desde luego, las consideraciones relacionadas con conceptos como poder, campo intelectual, marcos normativos y teóricos son simplemente inaplicables en el terreno que intento considerar aquí. Lo que se plantea es una pregunta sobre la lectura que remite efectivamente al libro originario y a las maneras de interpretarlo. Requiere haberlo leído de una manera que, a la luz de las categorías que mencionamos como "inaplicables" supone algo semejante a una mirada *ingenua*, en la que la teoría, por otra parte insoslayable, es objeto de un tratamiento cuasi extravagante. En esto no estamos diciendo nada nuevo, sino solo situándonos en enunciaciones plausibles en relación con obras culminantes de la modernidad, aunque en formas cuyas evidencias son de difícil delimitación. El otro carril que define el problema que nos interesa, y determina sus condiciones de posibilidad y también sus extremas dificultades, es sin duda la relación entre lo judío, Europa y la modernidad. Se nos presenta la cuestión porque en el marco de los tres términos mencionados, en el contexto de la dialéctica histórica que va desde la Emancipación al Holocausto, se encadena un rosario de sujetos creadores y obras que pueden ser leídas con total prescindencia del paradójico e inasible epíteto de judío. Y que a la vez no pueden ser leídas sin él, si se trata de designar el *valor* en la noción de lectura.

El hecho de que Borges desconociera por completo las lenguas *judías*, adquiere en el marco de su obra un sentido positivo en relación con su concepto de traducción, sostenido por la idea de texto subyacente universal y único, dador de significados desde el pasado. Como otra paradoja, de las que vamos recorriendo, el desconocimiento aquí se convierte en virtud, y se extiende además a la otra lengua originaria, el griego, y a la propia y conocida lengua castellana, de manera que da lugar a un nuevo movimiento radical. Leer la propia lengua como si fuera una traducción implica un acto extremo de pasividad piadosa ante la tragedia de Babel. Las lenguas son hermanas. La materna es accidental y el traductor, es decir el lector, sin abjurar ni un instante de la propia identidad –que asume rasgos hasta obsesivos– se entrega al universo de las lenguas y a lo que todas ellas tienen de fraterno. Lo demás es circunstancia biográfica y amabilidad, cercanía o distancia atribuibles al azar. Lo esencial no está situado en las categorías usuales, de nación, etnia, en ninguna de las que separan a los hombres. Lo esencial refiere a una noción universal acerca del significado. Universalidad nómade e intersticial, legible hasta las fechas más remotas a través de los meandros del lenguaje. Hay un solo libro, que se manifiesta en múltiples textos, pero remite a un mismo orden subyacente, del que nadie es dueño ni representante, y al que solo se accede mediante el acto de la lectura. Es en este punto donde lo *argentino* como condición del azar histórico que nos trajo a una tierra vacía es condición de posibilidad de lecturas semejantes.[4] La condición del azar como origen, condición insoportable, ligada estrechamente a los rasgos peculiares de lo barbárico y violento que nos atraviesa, es también la fuente de la que mana una creación tan poderosa como la de Borges (y que en el sentido que nos interesa, comprende también a otros escritores argentinos, precisamente vinculados de distintas maneras a Borges: en especial, Macedonio Fernández, Martínez Estrada, Murena).

Entonces, lo judío en Borges, más allá de lo que implica como tópico, motivo o tema, es trama vital de extrema precariedad, inconmensurable con *todo lo demás*: "evasividad (en la obra de Kafka) ante cualquier posible interpretación como tópico o tema central de su obra" (Bloom, 1991, p. 146). En "Pierre Menard, autor del Quijote" la tautología se presenta como una forma de evasividad. El texto es el mismo, pero no se trata de una copia, ni de una confirmación de la identidad, porque cambia la circunstancia. Pierre Menard es homólogo del intérprete bíblico. El texto es fijo, pero cambia todo lo demás, y con eso alcanza, dado que de cualquier manera "todo está ya en el pasado y nunca más puede haber nada completamente nuevo" (Bloom, p. 148).

Los enunciados apologéticos sobre lo judío presentes en Borges y las menciones temáticas no son lo que definen su originalidad e interés en este campo. No lo sitúan en la serie de escritores que, judíos o no judíos, argentinos o no argentinos, consideran a lo judío en un sentido identitario. El devenir judío de Borges dialoga con el de Martínez Estrada, que fue explícito, o simplemente permanece en silencio, aunque vigilante de la entrada al significado. En "Apocalipsis de Kafka", dice Martínez Estrada:

> En mi situación de expatriado, agobiado de achaques y nostalgias, siento que soy, por temperamento y destino, mucho más judío de lo que más o menos barruntaba, y

---

4. "El interés de Borges por la cultura judía es de hecho producto de una característica y un problema esenciales a la cultura latinoamericana: la profunda vinculación con Europa enlazada con una sensación de otredad frente al Continente y al orden occidental que representa. La historia de la fascinación de Borges por lo hebreo es la historia de un latinoamericano a quien su herencia europea y sus relaciones con la cultura occidental lo llevaron al judaísmo, y para quien el judaísmo se convirtió en paradigma para ser latinoamericano" (Aizenberg, 1986, p. 11).

su obra se me aparece iluminada por una luz más clara y cenital que cuando me ocupé de él hace muchos años. Para comprenderlo mejor hube de encontrarme en la situación en que vivió, en cierto modo extranjero en su patria, solo entre sus semejantes en razón de poseer ojos nictálopes, hasta adquirir conciencia de que había sido condenado y arrojado fuera de su época y su país, por un tribunal inexistente y en un proceso de indicios y pruebas fantasmagóricas (Martínez Estrada, 1947: 38).

Más adelante, Martínez Estrada se refiere a las aportaciones que podrían obtenerse de "escritores y lectores comprensivos de la obra de Kafka", aportaciones que serían "de otra clase que la de los críticos y exegetas especializados, con valor de testimonios sobre el sentido de revelación que pueda contener efectivamente su obra. Vale decir, accesoriamente, *lo que el pueblo de Israel ha depositado en Kafka para ser, como otras veces por otros intermediarios, entregado al patrimonio de la cultura* en busca de la verdad, la justicia y la belleza" (p. 41). La distinción acerca de la heterogeneidad entre una "lectura comprensiva" y otra por "críticos y exegetas especializados" es aludida más arriba en otros términos, al reconocer en forma de deuda con Kafka el haber "pasado de una credulidad ingenua a una certeza fenomenológica de que las leyes del mundo del espíritu son las del laberinto y no las del teorema" (p. 37) y al "significar que a Kafka se lo comprende mejor que reflexionando abandonándose a las sugestiones de la intuición" (p. 38). No obstante, entendida la distinción estradiana entre reflexión e intuición, conviene señalar que es una dualidad "griega". Esa dualidad produce una clausura interpretativa respecto de los textos de Borges, porque, como resulta fácil convenir, la *intuición* no nos resulta un buen destino alternativo a la reflexión. Ese fue el término disponible para Martínez Estrada. El comentario acerca de lo judío en Borges se enfrenta con el mismo problema: lo judío "impregna" a Borges, "va más allá" del tema o motivo. Términos que sustituyen al menos sustentable, hoy en día, de intuición. El paso necesario es hacia una categorización por fuera de lo griego, para lo cual se requiere una consideración informada que re-enuncie, en términos de traducción, la significación específica de lo judío.

Harold Bloom define una de las tensiones cardinales de lo judío por contraste con lo griego. Encuentra una forma peculiar de definir la vertiente jerosolimitana de la cultura occidental al establecer cierto cotejo con la vertiente ateniense sin atenerse a la raíz griega como referencia cenital sino, por el contrario, mediante el empleo de un método capaz de asimilar y conmensurarse con la especificidad de lo judío en su versión moderna. Tal especificidad es analizada en relación con subjetividades literarias. Los autores de referencia son Kafka, Scholem y en algún grado Proust. En los pasajes dedicados a la relación entre lo judío y la literatura, esta aparece considerada como texto conmensurable con la tradición que va desde la Biblia hebrea hasta la Cábala. Las series textuales son consideradas en su problematicidad hermenéutica desde un punto de vista alejado de cualquier expectativa acerca de un "judaísmo normativo". En ese sentido se puede entender a Kafka como un sucesor moderno de la Cábala.

De modo análogo al linaje al que se refiere Bloom, Emil Fackenheim postula la creación de nueva literatura midráshica como sucesora de la tradición y constitutiva de la continuidad del pueblo judío. Vale la pena reseñar el modo como define el pensamiento midráshico, ya que sus rasgos son correlativos de la especificidad de lo judío, y asumen modos narrativos. La forma que adquiere esta constelación da cuenta también de las peculiaridades borgianas en relación con la traducción e interpretación, e incluso con su indiferencia por el conocimiento en el sentido "académico" de la palabra.[5] Al caracterizar lo judío, Fackenheim dice que existe una relación entre el pensamiento midráshico y el fundamento de la experiencia del judaísmo. Esto no se limita a lo litúrgico. Por esta razón, la reflexión midráshica, lo mismo que la filosófica, expresa las contradicciones presentes en los fundamentos de la experiencia del judaísmo. Sin embargo, a diferencia de la reflexión filosófica, se rehúsa a priori a destruir estas experiencias, aun cuando se coloque por fuera y reflexione sobre ellas. Por ello permanece en el interior aun cuando se exteriorice, obstinadamente comprometida con su verdad. Por lo tanto, el pensamiento midráshico no puede resolver las contradicciones existentes en los fundamentos de las experiencias del judaísmo sino solo expresarlas. Esta expresión es *plenamente consciente de las contradicciones expresadas*; *completamente deliberada en cuando a dejarlas irresueltas*; por ambas razones combinadas, *es conscientemente fragmentaria* y es insistente en cuanto a qué esta *fragmentariedad es fundamental para el pensamiento humano* y aún destinada a una resolución última. Por lo tanto, el pensamiento midráshico es fragmentario y holístico. Al buscar una forma literaria, el material midráshico la puede encontrar solo en las narraciones, parábolas y metáforas. La proyección en el mundo moderno da lugar a la posibilidad de una reflexión de segundo orden destinada a explorar el estatuto ontológico y epistemológico del *midrash*. Sin embargo, esto no reemplaza a la reflexión de primer orden, comprometida con las experiencias básicas del judaísmo, aun cuando se reflexione sobre ellas. Aun cuando se reflexione resulta imperativo volver a relatar los viejos midrashim, o relatar nuevos. Sin pertenecer *de hecho* al "pueblo" judío, la poética borgiana dialoga en términos afines con estos linajes.

---

5. Muchos de los que se empeñan en reseñar y señalar con enjundia el pensamiento borgiano en todos los órdenes imaginables, pasan extrañamente por alto sus lagunas, ignorancias y omisiones, deliberadas y explícitas (cuando no se las perdonarían a otro cualquiera). En algunos casos deberían ser inconcebibles para esos lectores de Borges, por ejemplo, su ignorancia y ¿desinterés? por el hebreo y por el griego, objeto esto último de su más aguda ironía en "Las versiones homéricas". Quiero decir: no *leen* a Borges, rinden homenaje al canon. Contribuyen a confirmar su carácter de clásico, precisamente al no comprenderlo.

Conviene recordar que en relación con el judaísmo no hay autoridad ni trama institucional que den cuenta de las interpretaciones establecidas, y que existe una multiplicidad de interpretaciones. El hecho de que las posibilidades hermenéuticas son infinitas y de que las que se leen y releen son limitadas, la distancia entre ambas y sus determinaciones, si bien no descarta el tipo de análisis estratégicos y sociológicos que son corrientes en los estudios literarios, los vuelve de relevancia débil en relación con la historia de la hermenéutica judía, de carácter sedimentario, inclusivo, en la que el "canon" no se puede asociar en forma mecánica a un sistema de jerarquías ("la jerarquía no es un concepto judío", Bloom, 1991: 153) imperiales y ordenadoras del sentido en una forma homóloga a la institución *ausente* de la historia judía, el *Estado*. Incluso en los breves intervalos estatales, sucede que el rey padece a su respectivo profeta contradictor: "el principio mismo de una instalación es inadecuado para una tradición en que los reyes, los políticos habrán sido siempre denunciados por los profetas en nombre de una Palabra que desinstala. Los judíos no forman un pueblo, en el sentido de una *nación*. No poseen *naturaleza*, ni tierra. Los une únicamente la ley del libro y·la deuda de una alianza y una promesa" (Lyotard, 1997 p. 76). La esfera del significado flota sobre los hombres terrenales y les habla *a través, en forma transversal a las relaciones sociales*. De ahí que según George Steiner, el socialismo contenga una marca profética que lleva a denominarlo "socialismo mesiánico", en el sentido de que pensar, imaginar y desear una sociedad sin clases remite *también* a esos reyes hebreos acosados por la moral proferida por el *nabí*.

Al referirse a las razones por las que en el judaísmo se insiste en la lectura de la Biblia en *hebreo*, Emmanuel Levinas se refiere a una de ellas, la ambigüedad y la polisemia del texto hebreo, en cuya sintaxis "las palabras co-existen, no se subsumen inmediatamente en estructuras de coordinación y subordinación, a diferencia de la tendencia dominante en las lenguas 'desarrolladas' o funcionales" (Levinas, 1989: 193). Así, esta ambigüedad inherente tiene importantes consecuencias: la dificultad extrema para determinar el significado "obvio" de un versículo o libro de las Escrituras, la apertura del texto a multitud de interpretaciones, y el hecho de que esa apertura del texto es una invitación a la participación activa del lector en la producción del significado (p. 194). La coexistencia de las palabras en un mismo plano lógico es correlativa de la presencia de enunciados no inferenciales articulables como relatos. La escritura de Borges puede considerarse como una traducción radical de todo lo antedicho, una traducción de difícil reconocimiento como tal, que al alejarse tanto de su origen, hecho hasta garantizado provocativamente por la prescindencia del hebreo, consigue paradójicamente una forma de amorosa fidelidad.[6]

6. "Según los cabalistas, el lenguaje en su forma más pura, es decir, el hebreo, refleja la naturaleza espiritual básica del mundo; dicho de otro modo, el lenguaje tiene un valor místico." (Scholem,

Bloom dice que "no es griego vacilar entre la necesidad de serlo todo en uno mismo y la ansiedad de ser nada en uno mismo" (p. 127). Borges inscribe el conflicto del yo en la historia de la literatura, pero además inscribe la historia de la literatura en la escatología mesiánica. El modo en que lo hace no es ajeno a la doctrina secreta de la séptima carta platónica, como resulta que no está *ausente* la filosofía griega en la historia judía, pero en la frase predomina el modo de lo judío al que pretendo aludir: "la literatura es un arte que sabe *profetizar* aquel tiempo en que habrá enmudecido, y encarnizarse con la propia virtud y enamorarse de la propia disolución y cortejar su fin" ("La supersticiosa ética del lector", *205*). La propia escritura señala una conflictividad sujeta al tiempo y a la oscilación entre la plenitud (que vuelve entonces prescindible a la literatura, de ahí que en estado de felicidad no haya literatura) y la nada. Las perpetuas oscilaciones que juegan entre el "todo en uno mismo" y la "nada en uno mismo" se colocan en el plano subyacente a la muy extensa producción borgiana, escrita y oral, alta y baja, como conferencista y como conversador, acerca de una problemática del yo. Lejos de tratarse de mera estategia, ejercicio de la seducción, simulación destinada a los juegos sociales del campo literario, y sin dejar de ser todo eso (¿cómo podría ser de otro modo en *esta* sociedad?), da cuenta de un modo que *podemos* considerar en forma *plausible* como *esencial* de una de las formas matriciales de lo judío que caracterizan a Borges. Así, el epígrafe de *Fervor de Buenos Aires* (*15*) no es mera fórmula de cortesía, ni tampoco simplemente manifestación del hinduismo, budismo y escepticismo borgianos (aunque también lo son). Que el lector sea el lector y que el redactor sea el redactor son circunstancia fortuita y

---

1993, p. 27) Es interesante recordar aquí lo místico como posibilidad de prestar atención simultáneamente a ideas incomponibles entre sí. El hebreo, entonces, sería una lengua dispuesta estructuralmente al eslabonamiento de lo incomponible.

La siguiente cita nos remite a una atmósfera inequívocamente borgiana: "Debemos tener en cuenta que, en el sentido en que lo entiende el cabalista, el conocimiento místico no es algo privado que le ha sido revelado exclusivamente a él en una experiencia personal. Por el contrario, cuanto más puro y más perfecto sea ese conocimiento místico, más cerca se hallará del caudal original del conocimiento común a toda la humanidad. Para emplear la expresión del cabalista, el conocimiento de lo humano o de lo divino que poseía Adán, el padre de la humanidad, es en consecuencia también propiedad del místico. Por ello, la Cábala propuso algo que fue simultáneamente una reivindicación y una hipótesis: que su función era transmitir a sus discípulos el secreto de lo que Dios le reveló a Adán. [...] El respeto por lo tradicional ha estado siempre profundamente arraigado en el judaísmo, e incluso los místicos, que en realidad rompieron con la tradición, mantuvieron una actitud reverente respecto a ella. Esta actitud dio lugar a la idea de la coincidencia entre la verdadera intuición y la verdadera tradición. Esta teoría hizo posible también la aparición de algo tan paradójico como la Cábala de Itsjak Luria, el sistema más influyente de la Cábala posterior, aunque el más difícil. Casi todos los puntos importantes así como las tesis fundamentales del sistema de Luria son novedosos –se podría decir que apasionadamente novedosos–, y sin embargo fueron aceptados en todas partes como la Cábala verdadera, es decir, como el saber tradicional. *Nadie pensó que esto fuera una contradicción*" (Scholem, 1993: 30; las bastardillas son mías).

trivial, porque el yo es contingente. No trato de negar ni devaluar otros sentidos también presentes en el pensamiento de Borges, provenientes de diversas matrices intelectuales, religiosas y filosóficas que no son judías. Por otra parte, no bien nos separamos de un supuesto judaísmo "normativo", para abrevar en autores como Kafka, Benjamin, Scholem o incluso Simone Weil, esas otras fuentes se encuentran presentes, ¡como si no estuvieran también en algún grado en la antigüedad!, aun de maneras poco discernibles. De nuevo, mencionar la matriz judía no implica meramente un tema, ni un motivo, ni tampoco un origen, sino una formación histórica subjetiva con fechas y lugares precisos, que conducen a unas interpretaciones con preferencia respecto de otras, sin que por eso se constituyan en aparatos de concatenación lógica, ni nos remitan a una serie conceptual coherente, dado que lo judío no se sigue de esas referencias. La contingencia del yo se puede leer en Borges de manera más o menos pragmatista o posmodernista, y de hecho se trata de lecturas predominantes. Señalar la matriz judía en Borges no implica en principio desafiar esas lecturas, pero sí señalarles una ausencia primordial.

En su prólogo a "La metamorfosis" de Kafka, Borges describe "la prohibición expresa" de publicar su obra, destinada a Max Brod por su amigo. En "inteligente desobediencia", Brod "publicó sus múltiples manuscritos". Max Brod, dice Borges al pie de la página, "acató la voluntad secreta del muerto. Si este hubiera querido destruir su obra, lo habría hecho personalmente; encargó a otros que lo hicieran para desligarse de una responsabilidad, no para que ejecutaran su orden" (Borges, 1999, p. 165). La responsabilidad reside en el yo. Desligarse de la responsabilidad de la publicación de la obra remite a una operación de negación de sí, retirada del yo con relación al "espíritu". *Nadie* puede, en términos yoicos, asumirse como portavoz (amanuense, ver más abajo) del espíritu. Los señalados por Dios en la Biblia para hablar en Su Nombre, suelen oponer reparos, o incluso huyen antes que hacerse cargo de semejante cosa, imposible para la dimensión humana. En la interfase entre la obra literaria (o incluso el relato oral) y la *otredad* se desenvuelve una ambigüedad que deviene en alguna forma de *violencia* para el yo. En contraste, Bloom señala de nuevo, otra de las formas de lo griego:

> Olvidamos con frecuencia una razón, por qué la Biblia Hebrea es tan difícil para nosotros: hemos heredado nuestra única forma de pensar de los antiguos griegos y no de los hebreos. Ningún estudioso ha sido capaz de conseguir una comparación convincente entre el pensamiento griego y la psicologización hebrea, tan sólo porque los dos modelos parecen irreconciliables. Los intentos de explicar esta oposición desde una base lingüística han fallado, como toda reducción debe fallar cuando se comparan dos visiones tan antitéticas de la vida. Nietzsche sigue siendo la mejor guía que conozco para confrontar las culturas griega y hebrea. En *Así habló Zaratustra* atribuye la grandeza griega a la máxima: "Siempre deberás ser el primero y superar a todos

los demás: tu alma celosa no amará a nadie, a menos que sea el amigo" (Bloom, 1991: 31).[7]

Borges se cuenta entre los críticos de la modernidad, en favor de los vínculos significativos entre los hombres tal como dejaron de acontecer en la corriente dominante de la cultura, durante el transcurso del presente siglo. Lapso temporal por otra parte continente de su lapso vital. "Una vindicación de la Cábala" (*209*) resume dichas transformaciones con su habitual economía. Alude a la narración fundamental, aquella del Génesis. "Los cabalistas, como ahora muchos cristianos, creían en la *divinidad*[8] de esa historia, en su deliberada redacción por una inteligencia infinita" (las bastardillas son mías), y alude también a las "consecuencias de ese postulado" (*211*). Entonces formula una historia transversal de las metamorfosis jerárquicas y sus recategorizaciones.

La distraída evacuación de un texto corriente –verbigracia, de las menciones efímeras del periodismo– tolera una cantidad sensible de azar. Comunican –postulándolo– un hecho: informan que el siempre irregular asalto de ayer obró en tal calle, tal esquina, a tales horas de la mañana, receta no representable por nadie y que se limita a señalarnos el sitio Tal, donde suministran informes. En indicaciones así, la extensión y la acústica de los párrafos son necesariamente casuales. Lo contrario ocurre en los versos, cuya ordinaria ley es la sujeción del sentido a las necesidades (o supersticiones) eufónicas. Lo casual en ellos no es el sonido, es lo que significan (*211*).

En el otro polo se encuentra la Escritura como "texto absoluto, donde la colaboración del azar es calculable en cero. La sola concepción de ese documento es un prodigio superior a cuantos registran sus páginas. Un libro impenetrable a la contingencia, un mecanismo de infinitos propósitos, de variaciones infalibles, de revelaciones que acechan, de superposiciones de luz ¿cómo no interrogarlo hasta lo absurdo, hasta lo prolijo numérico, según hizo la cábala?" (*211*). La taxonomía que propone Borges para una suerte de dispositivo de lectura tiene un carácter irónico. Construye una taxonomía crítica basada en la relación entre el azar y la necesidad. El espíritu es ajeno al azar. El "periodismo" y "los versos" son ambos formas combinatorias. En uno el azar se aplica a la forma, en los otros, al significado. La ausencia de forma del periodismo y la dictadura de la forma en "los versos" son ambas modalidades que la crítica sustentada por la observación de Borges considera desde una distancia. El modelo narrativo que expresa lo espiritual responde al paradigma de la Cábala. Pero no se refiere meramente a la Cábala como objeto textual o cultural, ni tampoco como tema. Se trata de un referente homólogo a lo que Borges considera literatura de primer grado. Lo sig-

---

7. Tal vez podría afirmarse sin mayor hipérbole que la obra de Emmanuel Levinas fue escrita en oposición a esta frase de Nietzsche.

nificativo de esta taxonomía crítica es que no es tampoco meramente jerárquica. No instituye niveles o escalones que pudieran definir una serie entre textos sin forma y significado seudorrelevante, textos con forma y sin significado, y textos de significado pleno, en los que no hay distinción posible entre forma y "contenido". Los textos de significado pleno, cuyo canon no deviene del "campo", respecto del cual Borges no dejó nunca de ironizar, hasta la parodia y el ridículo, sino de una referencia transtextual, transtemporal, asocial y, diría, hasta ahistórica.

Mentar la doble pertenencia de Occidente a sus inconmensurables orígenes situados imaginariamente en Atenas y Jerusalén conduce desde el inicio a una imposibilidad taxonómica. Lo que esas dos referencias significan es incompatible respecto de cada una hacia la otra y, a la vez, la historia cultural de Occidente entreteje un diálogo inconmensurable entre ambas. En el interior de cada una se inscriben las contradicciones de la otra, a través de las influencias recíprocas y las lecturas mutuas. Las heterogeneidades lo son, por otra parte, en sentidos que profundizan la incompatibilidad: no se trata de diferencias entre conceptos o formas de clasificación:

> el conflicto intelectual espiritual entre judío y griego es cualquier cosa menos ilusorio, y efectivamente todavía parece irreconciliable. La conceptualización occidental es griega, y sin embargo la religión occidental, por muy conceptualizada que resulte no lo es (Bloom, 1991: 126).

Nombrar a Grecia es hablar de filología e historiografía de un modo que no tiene punto de equivalencia con Jerusalén, tradición para la cual los modos de lectura difieren. Después de todo, se trata precisamente de una tradición de lectura. Como tal, presenta una relación de inaprehensible paradoja con el pueblo que recibe la denominación correspondiente. Esa tradición de lectura se sostiene en la historia por la terca continuidad de un linaje, una serie de lazos filiales. A la vez, en tanto que tradición de lectura, es relativamente autónoma, y capaz de desencarnarse de sus sostenedores vivientes. Sin embargo, nunca es posible ignorar por completo a los cuerpos. Están, en alguna parte. La persecución exige su precio. No hay aquí *idea*, sino otra clase de entidades que reclaman la mirada, pero se ausentan cuando la atención se fija en ellas: "Un prosista chino ha observado que el unicornio, en razón misma de lo anómalo que es, ha de pasar inadvertido. Los ojos ven lo que están habituados a ver: *Tácito no percibió la Crucifixión, aunque la registra su* libro" (p. 754). Indican puntos de relevo, pero cuando la mano intenta aferrar el objeto, se encuentra con el vacío: "A esta reflexión me condujo una frase casual que entreví al hojear una historia de la literatura griega y que me interesó, por ser ligeramente enigmática" (754). En este dominio, la tautología no remite al principio de identidad, sino a lo *otro*, que se desprende de lo visible, lo pronunciable, para situarse en el terreno imposible, pero *real*, de la dialéctica infinita entre proximidad y lejanía, discreción y dispersión. La dispersión se instala entre la identidad y la repetición. *No es posible repetir, no es posible crear.* Doble negación nebulosa que recorre el texto, ya escrito, de todo lo que ha sido dicho y no da lugar a la novedad. Y sin embargo, vivir es crear y producir novedad. No se pronuncian meramente motivos sino tramas de eslabonamiento y significación que parten de los motivos, pero huyen de ellos, para luego volver. La frase casual entrevista al *hojear* una historia de la literatura griega es el punto de relevo de la atención, a través del *interés*, en aquello que no se deja ver como objeto del interés. Interés paradójico, porque es su cualidad "ligeramente enigmática" lo que atrae. *Ligeramente*, un soplo de ambigüedad que atraviesa a una frase en un recorrido aparentemente distraído. Distraído de lo que aparece como lo central para el ánimo corriente, pero atento a lo *otro*, que nunca se manifiesta como tal, sino *a través* de lo mismo, y por lo tanto de lo obvio, lo simple o lo casual.

Los escritores son amanuenses del Espíritu. En "La flor de Coleridge" (*639*) se lee:

> Hacia 1938, Paul Valéry escribió: "La Historia de la literatura no debería ser la historia de los autores y de los accidentes de su carrera o de la carrera de sus obras sino de la Historia del Espíritu como productor o consumidor de literatura. Esa historia podría llevarse a término sin mencionar un solo escritor". *No era la primera vez que el Espíritu formulaba esa observación*; en 1844, en el pueblo de Concord, *otro de sus amanuenses* había anotado: "Diríase que una sola persona ha redactado cuantos libros hay en el mundo; *tal unidad central hay en ellos*[8] que es innegable que son obra de un solo caballero omnisciente" (Emerson: *Essays*, 2, VIII). Veinte años antes, Shelley dictaminó que todos los poemas del pasado, del presente y del porvenir, son episodios o fragmentos de un solo poema infinito, erigido por todos los poetas del orbe (*A Defence of Poetry*, 1821) (639; las bastardillas son mías).

Este es el plano en el que no hay tal cosa como un campo literario, ni tan siquiera un canon que sugiera una dimensión histórico-social como tal. Simone Weil llama "sagrado" al "dominio impersonal y anónimo" de lo que es valorable como de "primer orden". Los "amanuenses" son para Weil "los seres a través de los cuales esas cosas pasaron para venir hasta nosotros". Los amanuenses del Espíritu son excepcionales, pero también su presencia se manifiesta en unas pocas líneas de cualquier escritor. "Cualquiera" habrá sabido *hacernos llegar* por lo me-

---

8. La referencia a esa unidad central que heredamos del pasado da cuenta de una ética ajena a todo relativismo, y afín en cambio a las tradiciones que conciernen a las religiones como tramas de valores. Borges adopta un alineamiento como por casualidad y en forma implícita, cuando escondido entre tantas citas que parecen un despliegue de erudición, desliza: "otro de sus amanuenses". Aquí, como tantas otras veces es Borges quien habla, y adopta como propio lo que otros dijeron, ya que de eso se trata...

nos un buen párrafo, una página o siquiera un verso que valgan la pena. *Recordemos ahora* el epígrafe de *Fervor de Buenos Aires* en este contexto –nada más lejos de la "contingencia" y el "juego"–:

> Si las páginas de este libro consienten algún verso feliz, perdóneme el lector la descortesía de haberlo usurpado yo, previamente. Nuestras nadas poco difieren; es trivial y fortuita la circunstancia de que seas tú el lector de estos ejercicios, y yo su redactor.

¿Cuál es la clase de creencia que se nos demanda? Dado que "cesan los sueños / cuando sabemos que soñamos" (*37*), una lectura que propugne un utilitarismo hermenéutico y un empleo meramente heurístico del mito resulta insuficiente, por razones vinculadas a la elucidación del significado. Significado y valor no son escindibles, y no es posible aprehender el uno sin abordar el otro. No tendría mayor importancia hablar al respecto, si no fuera por el mundo que nos circunda, pleno de interpretaciones secularizadas, cultoras de lo que George Steiner llama secundarismo, proliferante e indiferente.

BIBLIOGRAFÍA

Aizenberg, Edna (1986): *El tejedor del Aleph. Biblia, Kábala y judaísmo en Borges*, Madrid, Altalena.

Bloom, Harold (1991): *Poesía y creencia*, Madrid, Cátedra. (Título original: *Ruin the sacred Truths. Poetry and Belief form the Bible to the Present*, Harvard University Press.)

Borges, Jorge Luis (1974): *Obras completas, 1923-1972*, Buenos Aires, Emecé.

—— (1999): *Prólogos, con un prólogo de prólogos*, Buenos Aires, Emecé.

Fackenheim, Emil L. (1997): *God's Presence in History. Jewish Affirmations and Philosophical Reflections*, New Jersey y Jerusalén, Jason Aronson INC.

—— (1996): *Jewish Philosophers and Jewish Philosophy*, Indiana University Press.

Levinas, Emmanuel (1989): "Revelation in the Jewish Tradition", en *The Levinas Reader*, Oxford, Basil Blackwell.

Lyotard, Jean-François (1995): *Heidegger y "los judíos"*, Buenos Aires, La Marca. (Título original: *Heidegger et "les juifs"*, París, Galilée.)

—— (1997): *Lecturas de infancia*, Buenos Aires, Eudeba. (Título original: *Lectures d'enfance*, París, Galilée.)

Martínez Estrada, Ezequiel (1947): *En torno a Kafka y otro ensayos*, Barcelona, Seix Barral.

Scholem, Gershom (1993): *Las grandes tendencias de la mística judía*, México, FCE. (Título original: *Major Trends in Jewish Mysticism*.)

Steiner, George (1991): *En el castillo de Barba Azul. Aproximación a un nuevo concepto de cultura*, Barcelona, Gedisa (Título original: *In Bluebeard's Castle*.)

Weil, Simone (1957): "La personne et le sacré", en *Écrits de Londres et dernières lettres*, París, Gallimard.

Wright, Tamra (1999): *The Twilight of Jewish Philosophy. Emmanuel Levinas Ethical Hermenutics*, Amsterdam, Harwood Academic Publishers.

V

¿Cómo salir de Borges?

JOSEFINA LUDMER
YALE UNIVERSITY

¿Desde dónde se podría leer a Borges para salir de él? ¿Desde qué posición de lectura?

Confieso que esta es la pregunta recurrente que me hago desde que llegué a Buenos Aires, en mayo, y me encontré con el Centenario. Me encontré con Borges en la calle, la televisión, la radio, las exposiciones, los suplementos de los domingos y las encuestas de opinión, y hasta con los niños de escuelas primarias construyendo laberintos en su homenaje. La proliferación de Borges se parece demasiado a la que él mismo atribuye a Orbis Tertius: "Manuales, antologías, resúmenes, versiones literales, reimpresiones autorizadas y reimpresiones piráticas de la Obra Mayor de los Hombres abarrotaron y siguen abarrotando la Tierra". Borges se nos impone no solo como el Orbis Tertius o el imperio que él mismo imaginó, sino como el canon mismo. El canon contiene también, como el imperio, un principio de dominación, porque es la cima de una escala lineal y jerárquica, una lista de cumbres, en relación con las que se miden todos los otros productos de su misma especie.

Por eso quisiera compartir hoy con ustedes mis inquietudes sobre los centenarios, los imperios y los cánones en la era de los medios, para ver si entre todos podemos concebir un lugar de lectura interno de Borges desde donde poder salir de él. Y ver qué quiere decir "salir de Borges con Borges", desde adentro.

Como ustedes saben, todo lo que se lee se lee desde una posición determinada, con un tipo de mirada que es una perspectiva compleja: una serie de modos, de distancias, de discontinuidades y de movilidades. Como es una perspectiva revela algunos aspectos y oculta otros; contiene un punto ciego, un resto que se le oculta, si no, no sería perspectiva, sería una mirada totalitaria o panóptica como la de Dios. Desde dónde se lee a Borges (que es también qué se lee en Borges) podría ser la pregunta que nos hace ver la superposición y la variabilidad de esas posiciones, que son subjetivas, culturales y sociales, y a la vez históricas, literarias e institucionales. Porque en el juego complejo de relaciones que constituyen las posiciones de lectura se mezclan lugares y tiempos reales (imaginados y deseados), formas, procedimientos, estéticas, políticas y géneros. Las posiciones de lectura son móviles y ponen en tensión los puntos de vista que marcan los mismos textos literarios (y que dependen de sus estéticas o concepciones de la literatura) y los puntos de vista (institucionales o pasionales) que toman los lectores.

En la tensión entre una posición interna, que la misma literatura de Borges parece imponer, y las otras posibles posiciones que podrían tomar los que leen, *quisiera instalarme hoy* para buscar cómo salir de Borges desde adentro de Borges.

Por ejemplo: podemos leer a Borges desde la nación y desde el exterior (en una posición interna-externa en relación con la Argentina), porque él se nos aparece hoy a los argentinos como el signo de la exportación literaria en el siglo XX: es el escritor que se globalizó. Y entonces se nos abren de entrada dos perspectivas: leerlo desde la Argentina, desde adentro de la literatura argentina, y leerlo desde afuera, desde el exterior (y él mismo se colocaba en esa intersección, entre la historia universal de la literatura y la literatura nacional) o en la tensión entre este mismo discurso que lee a Borges desde la Argentina y lo enuncia en Londres. Si estoy en Estados Unidos o en Inglaterra podría preguntarme: ¿de qué tipo de producto literario se trata, y específicamente de qué producto literario latinoamericano se trata? ¿Cuáles son las condiciones literarias –y también culturales, históricas y sociales– para que un escritor latinoamericano como Borges pase a formar parte de "la literatura universal", o de un canon occidental que abarca un siglo?

O también: la innovación de Borges, su diferencia, ¿se debería, como la de Joyce, a que se sitúa en un margen, una periferia de un imperio, para mostrar el carácter potencialmente innovador de esa posición, la libertad de proliferaciones y de mezclas que permite, junto con el consumo canibalístico de la literatura occidental?

Pero no es esta pregunta la que me interesa directamente ahora, no me interesa marcar hoy el carácter latinoamericano de Borges, que lo ligaría y opondría a Octavio Paz o a García Márquez, por ejemplo. Ni tampoco su carácter periférico del imperio, que lo ligaría y opondría a Joyce o a Kafka. Ni tampoco me interesa hoy su bilingüismo periférico, que lo ligaría y opondría a Beckett y a Nabokov.

Mi pregunta hoy es desde dónde se podría leer a Borges desde adentro, desde la nación, desde la Argentina (y también desde el mismo Borges), porque se pregunta cómo salir de él. Los argentinos lo leemos desde adentro, en la literatura argentina, como casi todos leen la literatura nacional en la Argentina, sin pensarlo como latinoamericano, como se pensaría quizás desde Estados Unidos. Nos quedamos con Borges como *nuestro* producto literario argentino de exportación del siglo XX, el escritor nacional contemporáneo que se universalizó. Borges nos representa y nos unifica a todos los argentinos en el mundo, junto con Gardel, Eva Perón, Maradona y el Che Guevara, que exportó lo inexistente: nuestra revolución social. Y la serie de íconos argentinos del siglo XX parece articulada con algo popular y algo que tiene que ver con la cultura de masas, o con las masas. Porque Borges también cultivó ese elemento popular que, para él, era el gaucho o el compadrito y escribió milongas; para él lo popular se situaba en el pasado y era lo nacional-popular literario, las masas de la literatura gauchesca y las del barrio de Carriego. En 1940, Borges podría estar al lado de Eva Perón pero en el polo opuesto del equipo nacional exportable por su representación opuesta de las masas. Para Eva Perón las masas peronistas eran sus "queridos grasitas", para Borges son una horda asesina de un judío en "La fiesta del monstruo" (escrita en alianza con Bioy Casares en 1947), que es una reescritura de "La refalosa" de Hilario Ascasubi, y por lo tanto una reescritura de la construcción literaria de la lengua del mal, del suelo más bajo de la lengua. (¿Será esa representación de las masas argentinas lo que exportamos, lo que nos define como nación en el campo de la literatura, la cultura y la política en el siglo XX?) Pero si dejamos de lado lo popular o las masas de los años cuarenta y cincuenta, Borges también podría estar al lado de una figura como la de Bernardo Houssay, premio Nobel de química de 1947, como los dos representantes de la alta cultura, de nuestra ciencia y nuestra literatura en el campo internacional (y no de César Milstein, premio Nobel 1986, que trabaja en Inglaterra). La ciencia nacional, la literatura nacional, la política nacional, el tango nacional, el fútbol nacional: cada uno de estos productos nacionales que se globalizaron en el siglo XX señala un momento de nuestra historia y nuestra cultura, y también señala los diferentes niveles de nuestra cultura. Para Borges, entonces, si se lo lee desde la nación (desde la historia de la nación), la literatura argentina y la alta cultura argentina en un tiempo preciso: entre los años veinte o treinta y los años sesenta. Y es posible que sea eso lo que nos representa como producto de exportación, ese momento literario, cultural, político, preciso. Por eso creo que el primer paso para ir saliendo de Borges hoy es sacarlo del presente de las celebraciones oficiales y pensarlo histórica o arqueológica o genealógicamente, como uno de los puntos supremos de una tradición cultural y literaria nacional, entre los años veinte y sesenta. Borges realiza la utopía de la cultura "alta" de 1880 en 1940 y 1950, que es cuando alcanza su punto literario más alto y cuando se lo ataca como antipopular.

Mi hipótesis es que Borges se encuentra en la intersección de una serie de historias culturales nacionales que llevaría a su culminación; estas historias estarían ligadas entre sí y su literatura las pondría en intersección o escribiría esa intersección. Y esa intersección implica también la historia de la canonización de Borges. El punto culminante de todas estas historias (y el punto culminante de la literatura de Borges) sería a la vez un punto crítico, el momento de "el fin" y "el imperio".

También podría decir: la literatura de Borges implica una serie de historias culturales que, con él, llegan a una fusión y a un punto crítico. Las historias serían:

– la historia de la autonomía literaria (y con ella la historia de la idea de autor, de obra, de autorreferencia y de ficción);

– la historia de las editoriales nacionales (y este punto es importante para mí hoy, en que ya casi no existen);

– la historia de la idea de "lo nacional-popular";

– la historia de la "alta" cultura nacional.

El lugar de lectura que pienso para salir de Borges sería el lugar de la literatura de Borges donde se ve la fusión de esas historias culturales, el lugar donde cada una de ellas llega a un punto crítico. Y esto, con la premisa básica para leer a Borges: es el escritor que nos escribe la cultura como otra realidad. Escribe Enrique Pezzoni en *Sur* en 1952 que después de las primeras críticas y elogios se produce una revisión fundamental de la opinión sobre Borges: "lo que empezó a descubrirse en él fue su posición frente a la realidad y la cultura, concebida ésta como una nueva realidad en el mismo nivel que aquélla, y tan vasta, tan urgente, como aquélla".[1] (Voy a retomar esto más adelante, porque creo que es crucial hoy para nosotros, o por lo menos para mí: la cultura y la realidad, dos realidades con el mismo peso. Y creo que sin esta premisa no podría leer a Borges.)

Pero veamos algo de esas historias nacionales, comenzando por la de la autonomía (con su idea de autor, obra, autorreferencia y ficción).

Como todos saben, Borges siguió en la Argentina un proceso típico de canonización, primero muy discutido por sus contemporáneos (tanto política como literariamente) entre los años treinta y cincuenta, como lo muestra la compilación *antiborges*, que hizo Martín Lafforgue;[2] era discutido cuando precisamente escribía los textos que lo hacen canon y exportable. Fue discutido desde el nacionalismo y la izquierda por su estética cosmopolita, gratuita, puro juego, artificio y ficción. Se le dijo paradójico, mordaz, inhumano. No era un escritor nacional ni popular, era un escritor de torre de marfil, como se decía entonces. Y no sólo por su lengua y su voz sino también por su cultura (por sus culturas en plural), por su imaginario, por su clase social y su ideología. Borges representaba en la Argentina de esos años la literatura pura, la pura función literaria de los formalistas rusos. Su estética era la del asombro: ponía todo en *ostranenie*, desfamiliarizaba y extrañaba el mundo. Definió en la Argentina una literatura moderna, puramente literaria, sin dependencia de otras esferas, sin esferas por encima de ella. Inde-

---

1. Pezzoni, Enrique: "Aproximación al último libro de Borges", en *El texto y sus voces*, Buenos Aires, Sudamericana, 1986.

2. Buenos Aires, Javier Vergara, 1999.

pendizó la literatura, o mejor, completó el proceso de autonomía que se abre en 1880, con el establecimiento del Estado nacional y la independencia de la esfera política. Todo lo redujo a literatura y escribió que la filosofía era una rama de la literatura fantástica.

Borges siguió un proceso de crecimiento y de canonización que tiene que ver con la autonomía literaria y con los debates de la autonomía (literatura pura o literatura social), que son los debates sobre el poder de la literatura. Pero esa historia cultural también se relaciona, en Borges, con el crecimiento de la industria editorial nacional, como lo ha demostrado Annick Louis,[3] modernizada por el exilio de intelectuales de la guerra civil española en los años treinta y cuarenta. Borges también representaba en esos años, junto con la radicalización de la autonomía literaria, con el florecimiento de las editoriales nacionales, con el periodismo cultural moderno y el cine, los destinos de la "alta" cultura argentina, que (como todas las "altas culturas" latinoamericanas) se definió como la que maneja más de una cultura y una lengua.

Entre los años treinta y sesenta, y en ese tiempo cultural (y en sus *Obras completas*), los textos de Borges definen una literatura autonomizada, "puramente literaria", y postulan una serie de usos y posiciones específicas de lectura. Y también definen la ficción de la literatura autónoma y la lectura de su ficción. Borges nos hacía leer sus textos desde adentro, como joyas, desmontando o desconstruyendo cada una de sus vibraciones, irradiaciones y movimientos, cada uno de sus procedimientos y cada uno de sus problemas lógicos y verbales. Es un miniaturista que pide una lectura de miniaturista, es decir, una posición de lectura precisa fundada en una teoría literaria, la de la autonomía de la literatura en el siglo XX: la de los formalistas rusos, los estructuralistas, y también la lectura adorniana o frankfurtiana y postestructuralista, intertextual. Borges nos define un tipo de imaginación literaria moderna, científica y exótica, centrada en la exploración de las condiciones verbales de la ficcionalidad, donde se inventan otros mundos y tiempos y se plantean enigmas y paradojas. Su territorio era el de la Biblioteca de Babel, donde la palabra impresa es el universo, cada libro tiene su contralibro que lo refuta, y la lectura y la escritura son sinónimos de la vida misma. Porque su campo era el de lo simbólico, el de la exhaustividad del pensamiento simbólico: el campo de la filosofía del lenguaje de principios de siglo, con la autorreferencia y las paradojas que hacen indecidible la relación del lenguaje con la verdad y el sentido. *Lo indecidible y lo ficcional* se ligan o identifican en Borges y en la culminación de la alta cultura, porque lo indecidible produce ficción: un más allá de lo verdadero/falso. Y esa es la ficción de la era de la autonomía literaria y la ficción de Borges, que es una máquina generadora de enigmas que gira alrededor de la descomposición verbal de la verdad legítima y de la ambivalencia per-

---

3. Louis, Annick: *Jorge Luis Borges: œuvre et manœuvres*, París, L'Harmattan, 1997.

petua, del texto indescifrable, y de la forma misma del secreto en literatura. Eso era lo específicamente literario, un efecto del cierre-autonomización de los textos y de una posición de lectura.

Con Borges, entonces, entre los años treinta y sesenta, culmina la historia de la autonomía literaria en la Argentina. Y esa historia coincide con la historia de la alta cultura argentina a partir de 1880, con la modernización de fin de siglo. El proceso Borges de canonización y autonomía abarca así un tiempo cultural, literario y político específico; la historia de la nación entre esos años es la de su escritura y la historia de su canonización.

A partir de los años sesenta, cuando se hace indiscutible (ya han aparecido sus primeras *Obras completas*, ya ha sido traducido a las lenguas del Primer Mundo, y ya aparece el adjetivo borgiano y la cita en medios como *Primera Plana*, que como algunos recordarán fue uno de los medios que inventaron el *boom* de la literatura latinoamericana), Borges es el ejemplo del hombre de letras, del bibliotecario, y también el escritor que nos define la literatura, la ficción, ciertos modos de leer y ciertas posiciones de lectura en la Argentina.

Cuando Borges se hace indiscutible se dejan de plantear problemas de ideología, de clase y de posición política. Quiero decir que en los años sesenta cambia la lectura, la posición de lectura con respecto a Borges y a la literatura nacional. Ya no se considera que las posiciones políticas explícitas de un escritor tengan efectos en el valor de su literatura. Y el mismo Borges llevó ese postulado a su límite cuando dijo que la poesía política de Neruda era lo mejor de su obra. Es la culminación de la historia de la autonomía literaria en una cultura latinoamericana, y es el momento en que en la crítica argentina aparece la lectura del texto (el análisis textual), y entonces, a partir de los años sesenta, las posiciones políticas explícitas y las posiciones textuales se diferencian radicalmente, y hasta pueden oponerse: Borges puede aparecer entre los años sesenta y ochenta como un escritor revolucionario en la Argentina porque la ideología de los textos (el sujeto textual) puede contradecir la ideología explícita del escritor. Y así aparece, nihilista y anarquista, en las clases de Enrique Pezzoni de los años ochenta[4] (editadas por Annick Louis); Pezzoni lee su procedimiento técnico de invención de series que se niegan sucesivamente, mientras absorben todo tipo de otros discursos. Y encuentra un sujeto textual que supera la división entre la literatura pura y la literatura social.

Con esto quiero decir que Borges nos define la literatura y también un código de lectura que es el que usamos muchas veces para leer hoy (su) literatura. Y que esa definición y ese código son los de la autonomía literaria en la Argentina: una concepción del texto, del autor, de la ficción y de la literatura. La historia de

---

4. Louis, Annick (comp. y prólogo): *Enrique Pezzoni, lector de Borges. Lecciones de literatura 1984-1988*, Buenos Aires, Sudamericana, 1999.

la autonomía es la historia de la alta cultura en la Argentina y la historia de la canonización de Borges.

Pero ocurre que esa historia de la canonización interna de Borges (que yo pongo entre los años treinta y sesenta) es la que hoy, en 1999, en 2000, se nos impone como presente y como imperio. Hoy ya no estamos en la plena autonomía literaria de la época de las editoriales nacionales; el mercado global se ha puesto por encima de la literatura nacional y hay un cambio en la cultura, que tiende a borrar las diferencias entre sus diversos niveles: ya no hay más literatura "alta", ya no hay más una alta cultura, o mejor, hay otros niveles y "otra" alta cultura. Y también hay un cambio en las categorías de autor, de literatura y de obra. *Las obras literarias*, en este fin de siglo, ya no serían todos orgánicos o sistemas autónomos sino construcciones y secuencias en relaciones múltiples, una red. Y *una literatura* sería un sistema de escritos o documentos interconectados, no una galería de autores, como habitualmente se la lee en la Argentina. Sería una multiplicidad sin la imposición de un principio de dominación.

Entre la lectura interna y autorreferida de la autonomía, y la lectura de la pérdida de la autonomía que nos lleva a leer la literatura con otras conexiones, en redes y flujos con otros discursos, se me ocurre que los cambios en los niveles de cultura y los cambios en la idea de autor, de literatura y de cultura que trae este fin de siglo podrían llevarnos a leer de otro modo la literatura de ese pasado nacional que encarna Borges. Se trataría de romper sistemas cerrados, de disolver las unidades de la autonomía textual, y también de disolver la estructura del canon, porque *la estructura alternativa del canon* (que es una lista jerárquica, un principio de dominación) *es la serie y la red* donde todos los textos se ligan por una textura de alusiones y referencias. Se puede empezar en cualquier parte y moverse a través de la tradición literaria y cultural entera. El resultado es la inestabilidad del texto (porque caen valores tradicionales de la obra literaria como estabilidad, monumentalidad y autoridad: se disuelve la fijeza del texto), y la disminución de la autoridad del autor (cae la autoridad del autor, signo de la unidad de una obra, que acompaña a la era de la imprenta). Es el fin de la ideología romántica, sustituto de la revelación religiosa.

La posición de lectura de Borges que imagino hoy se pondría así entre la nación y algún más allá de la nación, entre la ilusión de alta cultura que nos da su literatura y la cultura de hoy, entre la autonomía y la pérdida de la autonomía, entre el pasado que es Borges (el momento cultural preciso que representa entre los años cuarenta y sesenta) y nuestro presente, entre su nombre y su dispersión en tradiciones. Y esa posición sería el lugar de Borges donde se podría leer la fusión de muchas historias.

Hoy, cuando la ficción de Orbis Tertius como enciclopedia ha invadido la realidad, se trataría para mí de salir de Borges con Borges (de buscar una perspectiva interna-externa), leyendo algunos procedimientos con los cuales él mismo cuestionaba al autor, al canon y al texto. Porque esa descomposición del autor y de la unidad orgánica del texto, esa red que la reemplazaría (y esa reflexión sobre los nexos), él mismo las escribió, por ejemplo, en "La flor de Coleridge" (de *Otras inquisiciones*, 1952). Vayamos por un instante al texto para ver cómo procede con el autor y el canon.

Borges cita a Paul Valéry que dijo hacia 1938: "La Historia de la literatura no debería ser la historia de los autores y de los accidentes de su carrera o de la carrera de sus obras, sino la Historia del Espíritu como productor o consumidor de literatura. Esa historia podría llevarse a término sin mencionar un solo escritor." Dice Borges que estas consideraciones, junto con las de Shelley, están implícitas en el panteísmo y permitirían un debate inacabable, pero que las invoca para ejecutar la historia de la evolución de una idea a través de los *textos heterogéneos* de tres autores. Comienza con una nota de Coleridge sobre la flor: alguien soñó que estaba en el paraíso y le daban una flor; cuando se despierta la tiene en la mano. Dice Borges que detrás de esta invención está la general y *antigua invención* de las generaciones de amantes que pidieron como prenda una flor. Más tarde, siempre dentro de la lengua inglesa, dice que Wells continúa y reforma una *antiquísima tradición literaria*: la previsión de hechos futuros, pero el protagonista de Wells viaja físicamente al porvenir, y trae del futuro una flor marchita. El tercer fragmento de la red o la serie es del norteamericano Henry James, que dejó al morir una variación o elaboración de *The Time Machine*, titulada *The Sense of the Past*. Y este tercer término es *lo opuesto de Wells*, porque en la obra póstuma de Henry James no es una flor sino un retrato, y lo que se une es el presente y el pasado. El protagonista regresa al pasado a fuerza de compenetrarse con esa época, y el nexo entre la actualidad y el pasado es un retrato del siglo XVIII que misteriosamente representa al protagonista. Fascinado por la tela, se traslada a la fecha en que la ejecutaron y encuentra al pintor que lo pinta; la causa es posterior al efecto, el motivo del viaje es una de las consecuencias del viaje, dice Borges. Esta historia de una idea que hace Borges es *la historia de un nexo en imagen* (una flor y un retrato), de la conexión sensible entre dos universos aparentemente incompatibles. Ese nexo es también el que conecta escrituras y disuelve textos porque construye una serie con el signo del enlace entre dos universos y también con el signo de las tradiciones literarias.

Borges no discute aquí autores sino ideas o escenas que enlazan textos y universos; le interesan los nexos. Dice Borges: Si es válida la doctrina de que todos los autores son un autor tales hechos son insignificantes. Para las mentes clásicas, la literatura es lo esencial, no los individuos. (Y yo agregaría: la literatura y las tradiciones, la relación de la literatura con las tradiciones y con el pasado y el futuro, como el mismo Borges lo marca.)

Y termina así con el problema del autor: "Durante muchos años yo creí que la casi infinita literatura estaba en un hombre. Ese hombre fue Carlyle, fue Johannes Becher, fue Whitman, fue Rafael Cansinos-Assens, fue De Quincey". Los autores que condensan la literatura se suceden; siguen el mismo orden de la serie para disolver el principio de dominación y de unidad. Pero yo no sustituiría un nombre por otro, que es la lógica misma del canon, no opondría la literatura de Borges a la de otro escritor, sino que intentaría disolver la estructura misma del canon. Porque para mí, salir de Borges, sacarle el nombre y la autoridad a Borges no quiere decir no nombrarlo, *sino disolver la unidad orgánica de su obra*, quitarle estabilidad y monumentalidad. Sería disolver una unidad orgánica autonomizada y romper también la unidad de sus textos para construir con su literatura, con algunos fragmentos de su literatura, otro campo que no sea un campo regido por su nombre.

Entonces me doy cuenta que los dos puntos donde podría fundar otra posición de lectura que me permita salir de Borges están en Borges. Uno, disolver la autonomía, la lectura de la autonomía textual (que sería una unidad orgánica o un sistema simbólico cerrado) con *la historia de una idea que es una escena y a la vez un enlace*; dos, apelar a las tradiciones culturales; tres, atacar el principio mismo del canon. (Y este podría ser un modo de salir de Borges con Borges, poner sus fragmentos o ideas o palabras, sus escenas, en otras tramas y otras redes y flujos, y en tradiciones, por ejemplo, las de la autonomía literaria, la de la cultura nacional y la de la cultura alta en la literatura argentina entre los años veinte y sesenta. Él llevaría estas historias y tradiciones desde fin del siglo XIX hasta los años sesenta a su punto supremo y exportable.)

Y entonces otra vez, para salir de Borges con Borges (desde adentro), tratemos de ver cómo trató sus tradiciones, desde qué posición de lectura. Qué hizo con la idea de lo nacional-popular y con Martín Fierro, que lleva a su punto culminante la tradición gauchesca: en los años cincuenta (que es cuando se lo cuestionaba como "escritor nacional") se enfrentó con el canon literario nacional-popular. (Borges fundó su ficción en 1939 con el canon de la lengua, el *Quijote*, en "Pierre Menard...") Y veamos también qué hizo con una de las tradiciones literarias de la alta cultura de 1880, una de sus marcas, que es la combinación del elemento criollo con la enciclopedia o el orden enciclopédico.

Los ejemplos de estas dos posiciones de lectura-escritura de Borges con respecto a sus propias tradiciones se encuentran en dos cuentos: "El fin" (1953) y "Tlön, Uqbar, Orbis Tertius" (1940). Son dos cuentos donde aparecen gauchos, es decir, la representación cultural de "lo nacional-popular" desde el siglo XIX.

En "El fin" desafió el centro mismo de Martín Fierro porque lo mató. Borges da vuelta el texto didáctico, que enuncia la nueva ley de la unificación jurídica del Estado: los gauchos deben abandonar su código de justicia (no necesariamente su lengua) para integrarse a la ley única, universal. Martín Fierro dice en *La vuelta* de José Hernández: "El trabajar es la ley", y el negro pierde la payada porque su maestro fue un fraile y porque no conocía las tareas del campo, que es lo que está en juego en la ley. Y la guerra a cuchillo se transforma en guerra puramente verbal en la payada de Martín Fierro y el negro. Hay un momento final en que el negro y Martín Fierro van a luchar, pero los presentes los separan. Las disputas se solucionan con diálogo en 1879.

Pero en "El fin", en 1953, Borges enfrenta a *La vuelta* con la lógica de *La ida* (o a Hernández consigo mismo): Martín Fierro se separa de sus propios consejos, reniega de sí mismo, asume la antigua justicia, y saca el cuchillo, pero el negro se tiende en una puñalada final y venga a su hermano: el negro hace justicia desde más abajo que el gaucho. Borges da vuelta *La vuelta*, le pone "El fin" o le inventa un verdadero fin que no es más que otro principio, porque el negro que mata al viejo Martín Fierro para vengar una injusticia se transforma en el mismo Martín Fierro de *La ida*: había matado un hombre y no tenía destino sobre la tierra. La cierra y la hace retornar a su punto de partida, a la *Ida* del negro, al *Martín Fierro* de un negro. Borges cierra el ciclo y lo abre otra vez con otro sujeto, como si al gaucho hubiera seguido el negro; representa "lo nacional-popular" de otro modo, con otro protagonista literario que pone en el pasado, no en su presente con los otros "negros" de los años cuarenta y cincuenta: usa literariamente la cultura nacional, usa la cultura como otra realidad.

Así Borges lleva a su extremo lógico el canon nacional del siglo XIX, le aplica su propio principio contra él mismo, le pone otro sentido pasado y presente a la vez; lo cierra y lo abre al mismo tiempo. (Y así me gustaría imaginar hoy cómo se podría dar vuelta el mismo canon de Borges.)

Veamos ahora qué hace con la historia de la "alta" cultura argentina, que también usa lo nacional-popular de los gauchos, combinado con la apropiación enciclopédica de la cultura universal. En el caso de "Tlön..." Borges lleva a su paroxismo una de las marcas centrales de la alta cultura argentina que surge en 1880. Es la combinación entre un elemento criollo y una enciclopedia o un orden enciclopédico universal, que es un orden utópico y un orden del saber (y de poder). La combinación específica de la alta cultura argentina de "lo criollo" o "lo nacional" con una serie de elementos de la cultura europea y universal que se ordenan en forma de enciclopedia puede leerse desde 1880, en *Juvenilia* de Miguel Cané. Borges no repite ni imita; toma ciertos momentos, fragmentos, los pone en otra parte y en otro tiempo, les inventa otros mundos. Modula la enciclopedia de la alta cultura de 1880 a propósito de la reproducción, los espejos y la paternidad. Reproduce la enciclopedia y el orden enciclopédico y la transforma en un territorio fantástico. Le inventa un mundo, una lengua sintética sin nociones ideales, y le da un sistema filosófico y una realidad cuyo principio es la reproducción: cada enciclopedia genera otra que la bastardea, la duplica o la multiplica. Y ese orden enciclopédico de Tlön, que contiene el Orbis Tertius, retorna "a la realidad" como imperio y se introduce en "el mundo real" por los criollos, los gauchos. Y al combinar el orden enciclopédico con el elemento criollo de la literatura gauchesca desnuda esa marca o rasgo de la alta cultura, y lo muestra como un artefacto de dominación. Borges reordena los elementos de una tradición y los vuelve *no en contra sino contra la tradición misma*, con la ficción de un orden imperial que habla el post-inglés de *Tlön*, Exhibe el fundamento mismo de la combinación de lo criollo y la enciclopedia de la alta cultura argentina porque muestra que el orden mismo del saber enciclopédico (que requiere esa relación con los criollos) es una organización jerárquica del saber que reemplaza, en las periferias, poder total con saber total. Una de las marcas fundamentales de la alta cultura argentina (que inventó la generación del ochenta, en el momento mismo en que se establece el Estado nacional) se muestra de golpe como una construcción imperial-colonial.

Esta operación de Borges con las tradiciones de lo nacional-popular y de la cultura alta ha sido llamada irreverente y ha sido explicada como propia de las periferias; yo la llamaría apropiación crítica de la tradición nacional. La *posición de lectura* de apropiación crítica de la tradición no era nueva, la pensaron Bloch, Brecht, Benjamin en los años veinte en su teoría de la refuncionalización o reutilización; por eso los pongo en relación con Borges, por sus temporalidades.

Yo incorporaría esta apropiación crítica (con la interpretación que quieran) como posición de lectura de nuestras propias tradiciones, entre las cuales estaría la de la literatura de Borges, y así saldría de Borges con Borges. Leería a Borges (y con él las historias de la autonomía literaria, de la "alta" cultura y de las editoriales nacionales) como él mismo leyó el canon y la tradición, dándolos vuelta para escribirles "el fin" y expandiéndolos para escribirles "el imperio". *Me quedaría con una posición de lectura borgiana, de utilización y crítica. Y transformaría a Borges en tradición.* La tradición irreverente de Borges sería una tradición de lectura crítica de las propias tradiciones e historias nacionales. *Al leerlo como tradición, saldría de Borges desde adentro, con su posición de lectura crítica de las tradiciones culturales, haciendo de esta posición una tradición nacional.*

Poner a Borges en nuestro pasado (leerlo como nuestro pasado, en una historia que es fusión de varias historias, y en el momento en que llegan a un punto crítico) sería *disolverlo en las tradiciones para leerlo críticamente. Sacarlo del presente*, leerlo desde adentro y desde el pasado y el futuro. Las tradiciones se escriben en plural, y son parte de los rasgos distintivos de una cultura en un período particular. La posición de lectura que pone a Borges en la tradición nacional (como lo que nos fue dado, transmitido) lo pone en pasado para hacerlo "otro", porque las tradiciones son formas de alteridad que pueden desafiar la existencia cotidiana. Hacen ver el presente desde otra perspectiva *y provocan contradicciones sobre lo que es en relación con lo que fue.* Me gustaría leer a Borges como tradición, y leer el presente con la tradición Borges, que sería la de la apropiación crítica (la de una suerte de contraescritura) de sus propias tradiciones literarias y culturales.

Me gustaría imaginar cómo sería esa lectura futura de Borges que opere con él como él mismo operó con los clásicos y con sus tradiciones. Es como si hoy sólo pudiera pensarla en futuro: ¿cómo será ser borgianamente irreverente con

Borges? ¿Cómo se lo leerá? ¿En qué consistirá la apropiación crítica de la tradición Borges? ¿Cuál será la literatura del futuro, de qué tradiciones Borges se alimentará? Y entonces quizás podamos entrever cuál será la literatura argentina y latinoamericana exportable en el siglo XXI.

Epílogo

WILLIAM ROWE

Las ponencias de la Borges Centenary Conference y las discusiones que las siguieron permitieron advertir una dificultad que existe en los estudios literarios y culturales que tiene que ver con la retención de los tópicos a debatir. ¿En qué espacio de la memoria o del discurso habría que colocar los hechos literarios de Borges, no para que se incluyan en el discurso académico –que más bien se alimenta muy fácilmente de ellos– sino para que la invitación a repensar la literatura desde su escritura sea productiva hacia el futuro? Así, la necesidad de "salir de Borges con Borges" –la frase es de Josefina Ludmer– sería cuestión no solo de desmantelar desde Borges las operaciones canonizantes que el centenario nos está poniendo en evidencia, sino además de salir de la fe en el archivo y en el texto estable que recorren la crítica actual, y que de algún modo entrañan el Estado nacional y la autonomía de la literatura como agencias estabilizadoras. Síntoma del problema sería la traductibilidad rápida de la escritura de Borges en ideas o teorías, con coherencia de enciclopedia pero no necesariamente –según nos llama la atención Juan José Saer– de proyecto intelectual, con menoscabo del arte de la lectura, a la que Borges contribuyó decisivamente.

Decir lectura es referirse a las operaciones de una composición espacio-temporal, cuyas características varían según la conformación de los campos culturales y la historia de lo simbólico, que no tienen por qué ser simétricas entre sí. La lectura como arte, la lectura literaria, no es la traducción rutinaria de los signos en discurso, sino una verdadera *mise-en-scène* de las relaciones sentido-entorno, que varían, por lo mismo, históricamente. Con las vanguardias del siglo XX, la lectura abarca tanto el espacio tipográfico como el cultural y postula la radical recomposición de ambos. En el caso de Borges, la lectura toma lugar entre la transformación de todo en símbolo (triunfo de la cultura, que se cifra en la idea de que el mundo es la escritura de algún dios) y lo a-simbólico (las paradojas de Zenón, por ejemplo), entre la exacerbación de la simbolización y su colapso, sin que ese "entre" signifique un punto medio hallable. Encuentra sus modelos en Dante y Cervantes pero también en la Cábala y en Kafka, y en sus versiones más radicales no se apoya en un orden estable de libros-modelos sino que goza de la remoción constante de todo orden, de toda historia literaria.

Si estos temas ya están planteados en la obra de Borges, como buen número de los ensayos que componen este libro lo indican, ¿de qué recursos dispondríamos para hablar de la lectura –el estilo de lectura– que esa obra en sus aspectos más radicales nos propone? Tendríamos la serie heteróclita, cuyo ejemplo más conocido sería tal vez la "enciclopedia china" que figura en "El idioma analítico de John Wilkins" y también en *El manual de la zoología fantástica*, y que impide pensar en términos de espacios y tiempos regulares o compatibles con la *episteme* occidental que ha dominado hasta ahora. Y tendríamos, a la vez, esa idea que recurre tantas veces en Borges, con distintos ropajes, la de que todos los libros podrían ser de un solo autor. ¿Pero no estaríamos también frente a otras propuestas de lectura, como la que incluye lo irrepresentable, semejante tal vez al estilo de pensar de Bataille (véase el texto de Raúl Antelo) o de Adorno? Y no sólo articuladas como aporías de la escritura (como en "El Aleph") sino acompañadas a veces por una hermenéutica aparentemente alejada del secularismo occidental, como en el caso del manejo de materiales judíos, como cuando la obediencia al "Espíritu", en "La flor de Coleridge", se deduce de la eliminación del autor (véase el texto de Alejandro Kaufman).

Otro factor enturbiador es la violencia, que llega a ser, como sugiere George Steiner, una fascinación para Borges. En el ensayo "El pudor de la historia" hay una meditación sobre la historia, cuyas "fechas esenciales pueden ser, [...] durante largo tiempo, secretas." Entre los ejemplos ofrecidos, el relato más prolijo es de un hecho violento: la muerte de un rey vikingo. Abundan ejemplos de lo que Borges, en este ensayo, llama, con tono épico, "el elemental sabor de lo heroico", y los frecuentes relatos de la traición no los contradicen, los confirman en cuanto acumulación de valores. Sin embargo, el mismo ensayo incluye una renuncia que apunta a un futuro: sucede que el escritor pertenecía a la nación enemiga a la del héroe. El dueño de la palabra épica cede lugar al de la palabra literaria. Tendríamos, escribe Borges, "una fecha profética de algo que aún está en el futuro: el olvido de sangres y de naciones, la solidaridad del género humano". La palabra "profética" puede leerse, claro está, en varias claves: temporal, religiosa y poética.

La situación de lectura delineada se asemejaría a otras que se dan en la obra de Borges. Instituye tensiones cuya plena realización requeriría un cierto sentido de futuridad. Tal sería el caso del cuento "Guayaquil", en que el que se hace dueño del discurso no es el personaje argentino, heredero material de los símbolos violentos de la patria que se encuentran colgados en la pared, sino el historiador judío inmigrante. Ni el sentido croceano (la historia es lo que tenemos adentro) ni el posmoderno (la historia es lo que la retórica de la época permite decir) agotan la tensión producida.

Pasa de por medio el hecho de que la violencia en la obra de Borges muchas veces es del lugar de la enunciación. Vale decir, es del idioma de los argentinos, de la trama social de la lengua –mejor dicho, del habla, que es su lugar de reproducción– que típicamente, según ha demostrado Alan Pauls, es un lugar cruzado por el racismo. Los escritos de Borges que tienen como referente el nazismo están enmarcados por una tensión congénere. Por un lado tenemos el coraje de denunciar la situación de las poblaciones judías de Occidente (remarcado por Steiner) y por otro la posibilidad de ser heredero de Occidente (tema tocado, aunque de diferentes modos, por Juan José Saer y Annick Louis). Si se trata del fetichismo que rodea actualmente a la obra de Borges, habría que ver de qué modo suprime esta tensión, como también qué tiene que ver con las maneras en que se fue constituyendo *l'œuvre* que se llama Jorge Luis Borges (véase el texto de Juan José Saer), las particularidades de su constitución en serie, pero también, para salir buenamente de él, habría que considerar cómo las obras de Borges contribuyeron a enmarcar el cortísimo siglo XX de la literatura argentina (que según Claudio Canaparo abarcaría los años 1960-1980).

Otra necesidad que habría que enfrentar, para el que quiere salir de Borges con Borges –para repetir la excelente formulación de Josefina Ludmer–, se refiere al carácter desigual y limitado de la obra, señalado por Juan José Saer. Por allí pasa también la única laguna grave del Congreso, el tema de la poesía de Borges, que surgió, por cierto, en la discusión (por ejemplo, la pobreza de ciertos versos, o la afinidad con Martínez Estrada). Suplir esta ausencia no es cuestión de mostrar el lugar de la poesía dentro de *l'œuvre*, cosa que ya se ha hecho, sino de enfrentar la relativa debilidad de gran parte de la poesía de Borges, frente, por ejemplo, a la de Juan L. Ortiz. La obra de Ortiz, que incluye tanto la poesía lírica como la épica ("El Gualeguay"), parte de otras premisas, que no son ni el criollismo ni el universalismo, y se articula desde la revelación.

El tema llevaría a repensar la literatura argentina –los modos como se piensa y se lee– al igual que lo hacen los otros temas vitales de los ensayos aquí reunidos. Hablar ahora de Borges, es decir, no desde la herencia que se llama Borges (que, lejos de desmantelarse con la polémica, se alimenta de ella), significa encontrarse con el Borges que viene, con el futuro que nos permitiría colegir.